# 常宗豪先生文存

常宗豪 著

上海辭書出版社

常宗豪教授

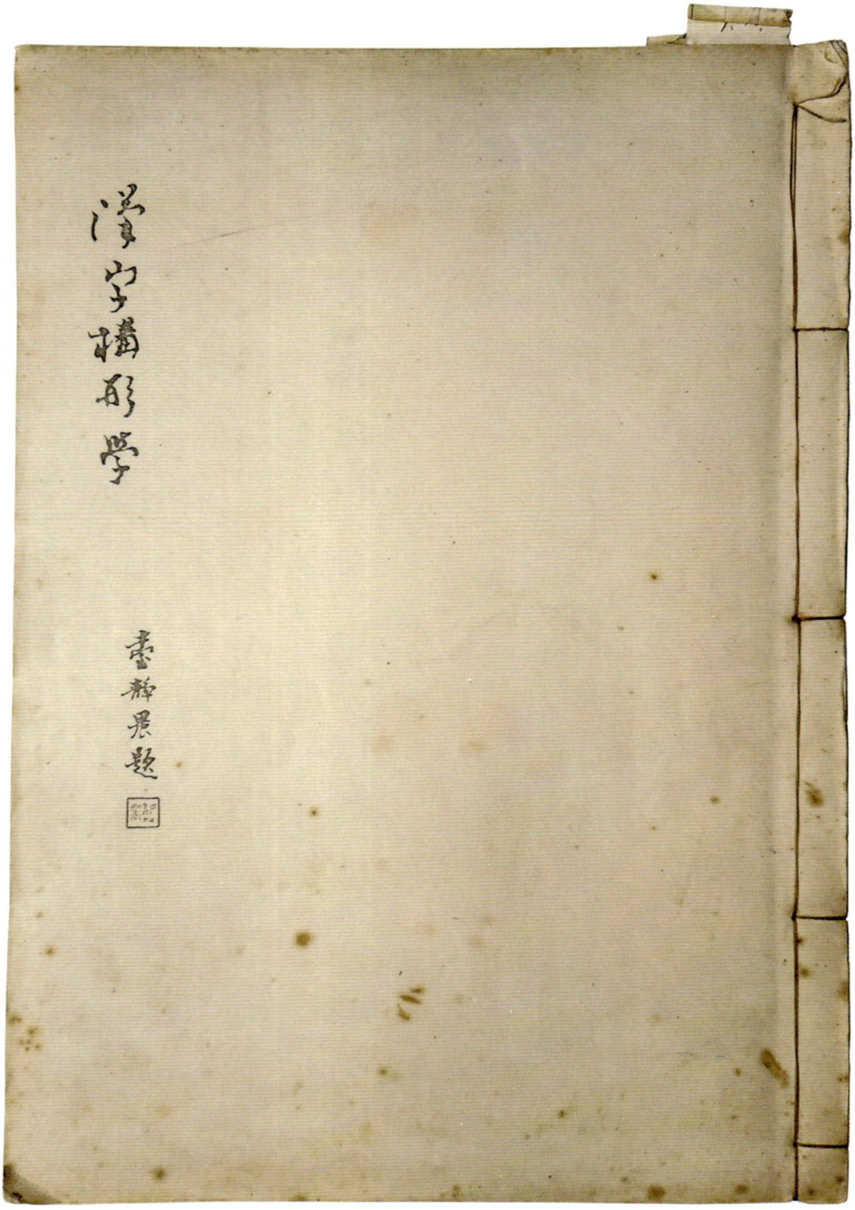


《漢字構形學》手稿本

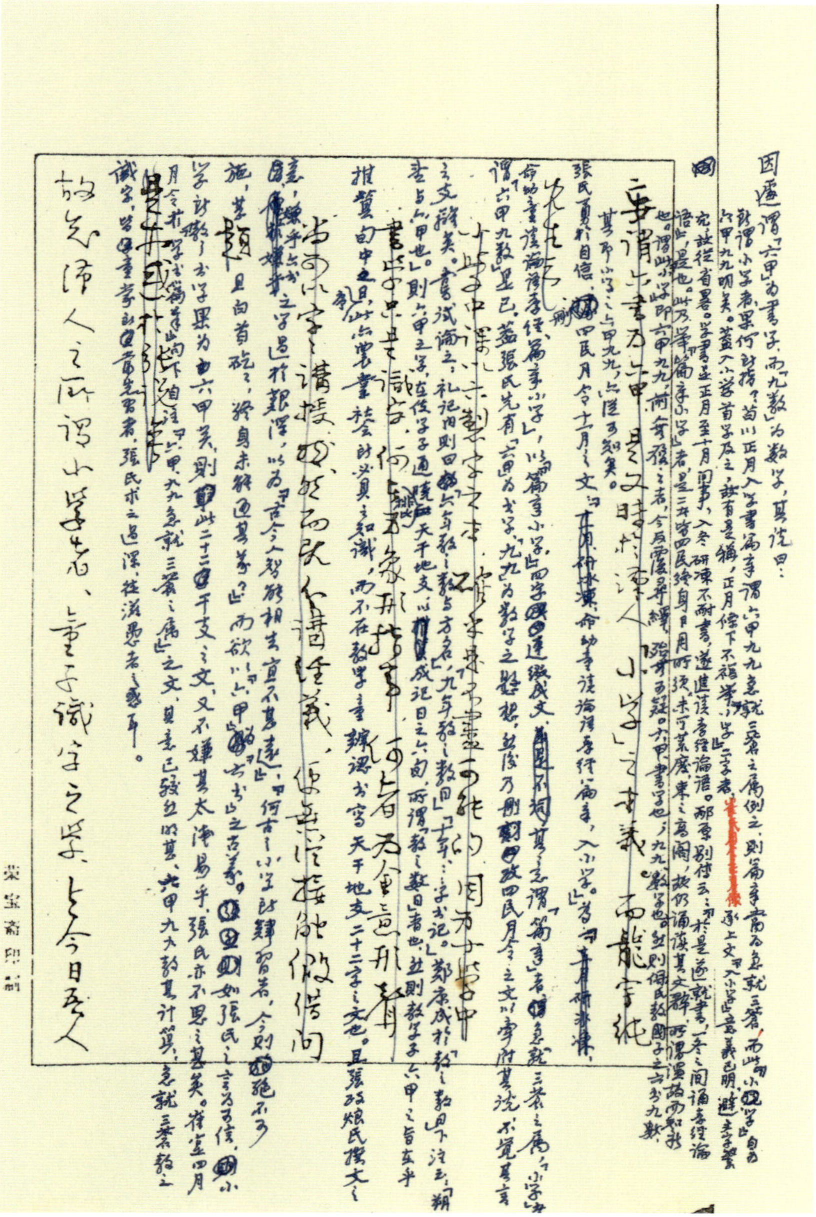

訂正《漢字構形學》文稿手迹

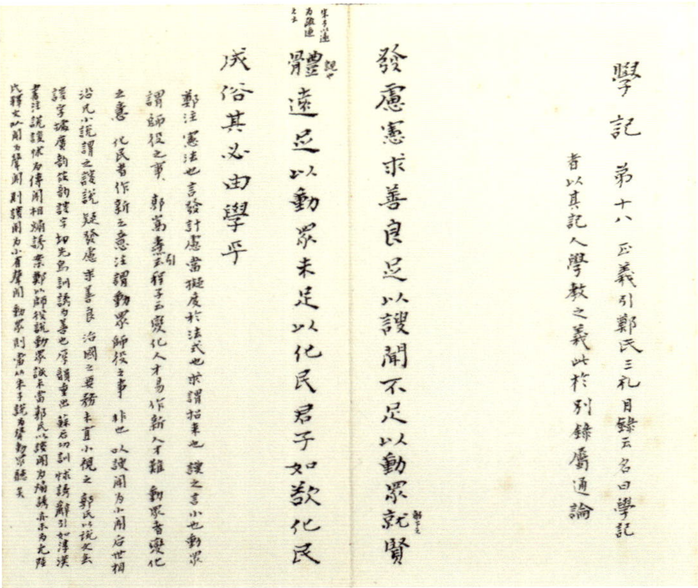

學記 第十八 正義引鄭氏三禮目錄云名曰學記者以其記人學教之義此於別錄屬通論

發慮憲求善良足以謏聞不足以動衆就賢體遠足以動衆未足以化民君子如欲化民成俗其必由學乎

鄭注憲法也言發計慮當擬度於法式也求謂招來也謏之言小也動衆謂師役之事

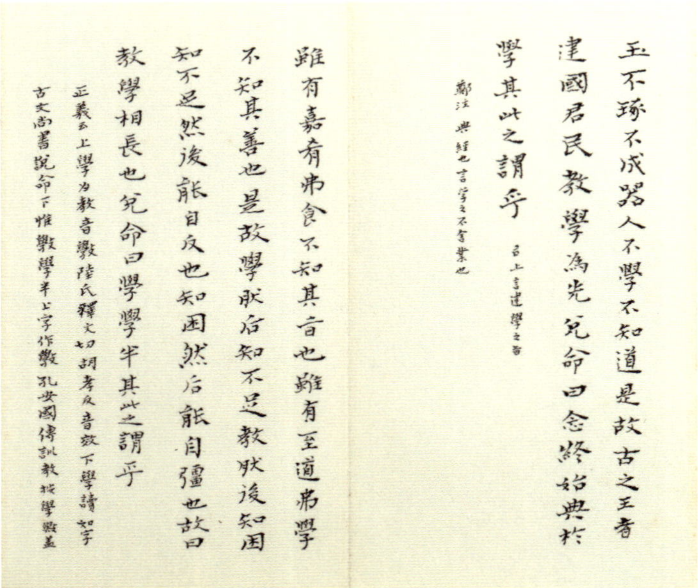

玉不琢不成器人不學不知道是故古之王者建國君民教學為先兌命曰念終始典於學其此之謂乎

鄭注 典經也言學之不舍業也

雖有嘉肴弗食不知其旨也雖有至道弗學不知其善也是故學然後知不足教然後知困知不足然後能自反也知困然後能自彊也故曰教學相長也兌命曰學學半其此之謂乎

正義云上學為教音斆陸氏釋文切胡孝反音效下學讀如字

古文尚書說命下惟斆學半上字作斆孔安國傳訓教按學斆蓋

《學記》——教學自用筆記

《九歌新論》《唐五代詞講義》

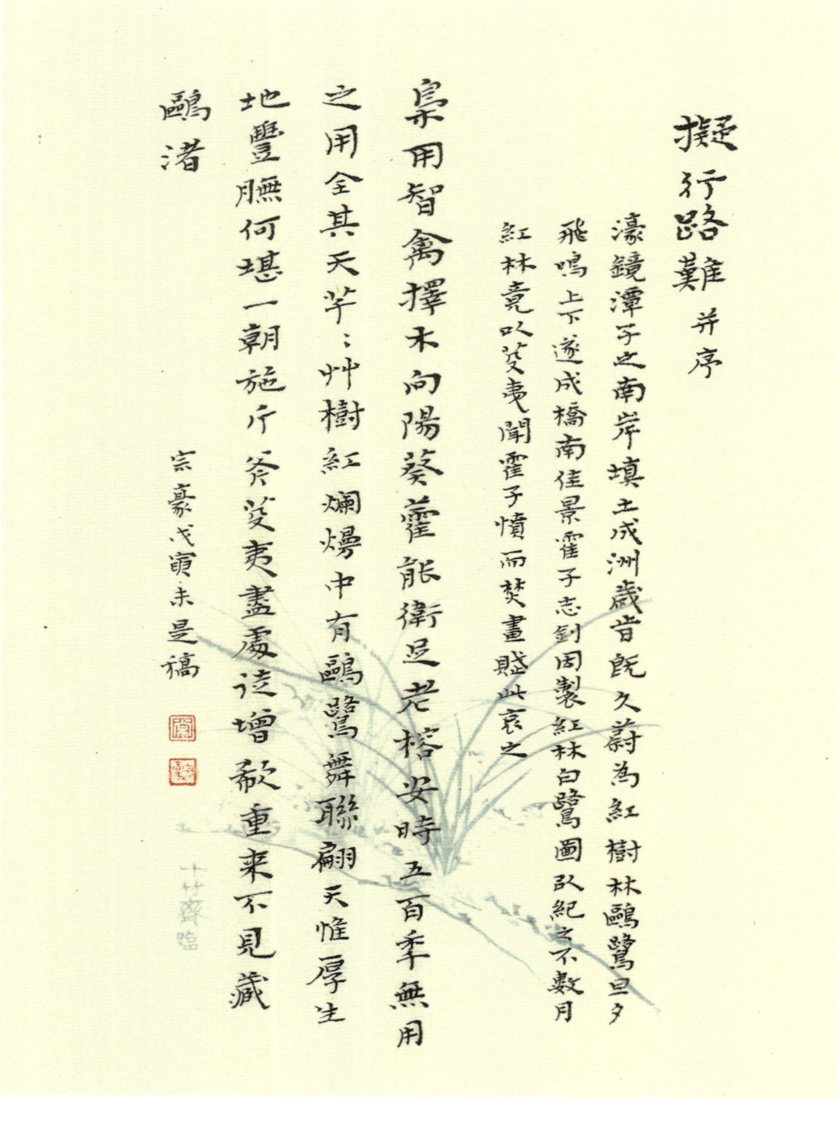

# 擬行路難 并序

濠鏡潭子之南岸填土成洲歲旹既久蔚為紅樹林鷗鷺旦夕飛鳴上下遂成橋南佳景霍子志釗固製紅林白鷺圖以紀之不數月紅林竟以芟夷聞霍子憤而焚畫賦此哀之

梟用智禽擇木向陽葵藿能衛足老榕安時五百年無用之用全其天芊芊艸樹紅爛熳中有鷗鷺舞聯翩天惟厚生地豐膴何堪一朝施斤斧芟夷盡處遠增欷重來不見藏鷗渚

宗豪戊寅末是稿

十竹齋臨

詩稿手迹一

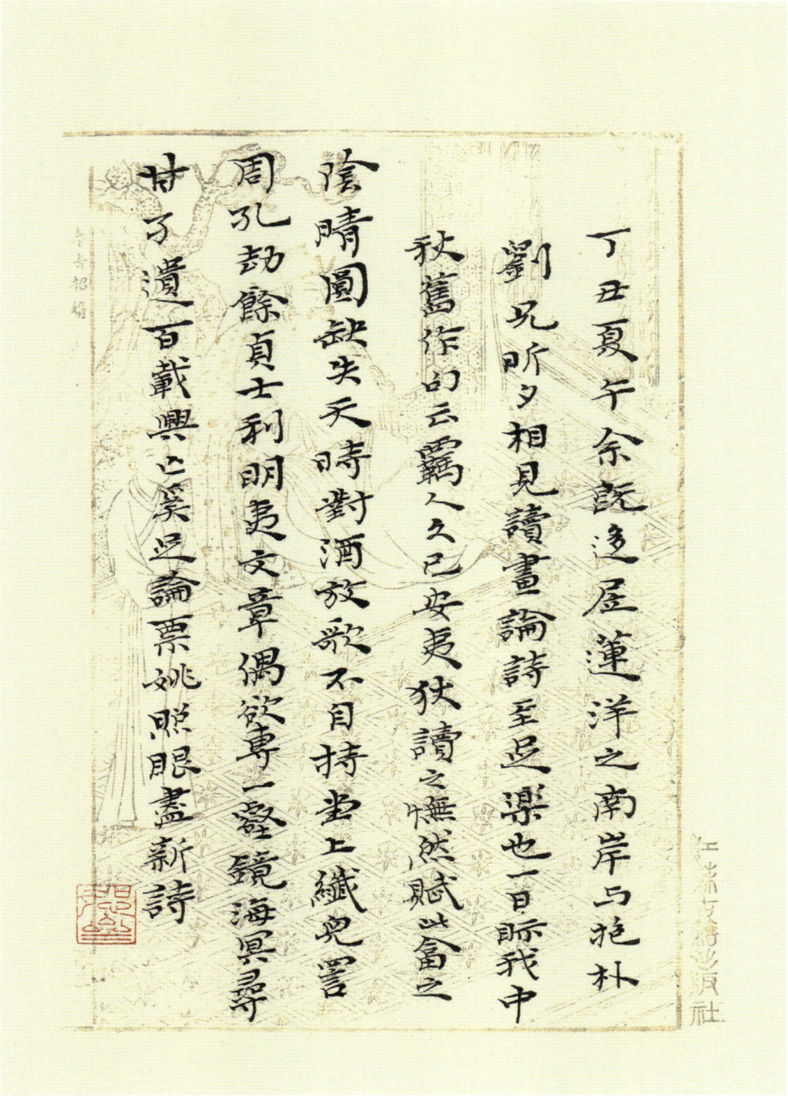

丁丑夏予既逸居蓮洋之南岸與抱朴
劉兄昕夕相見讀書論詩至足樂也一日眎我中
秋舊作句云羈人久已安是狀讀之憮然賦此答之
陰晴圓缺失天時對酒放歌不自持坐上纖兒詈
周孔劫餘貞士利明是文章偶欲專一發鏡海冥尋
甘不遺百載興亡奚足論票姚照眼盡新詩

詩稿手迹二

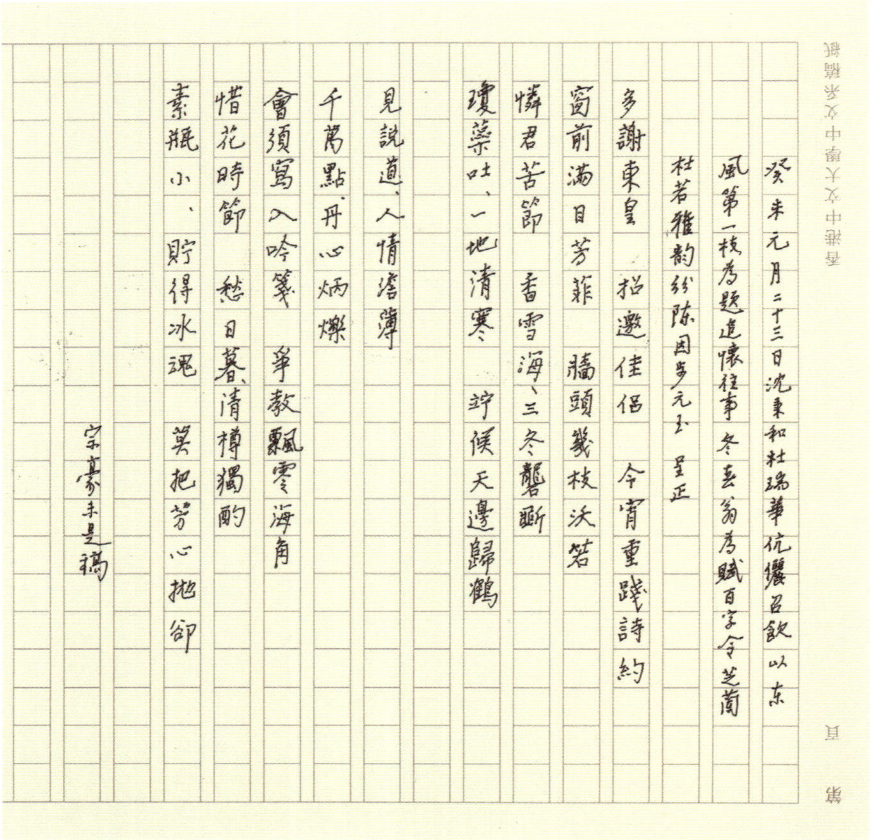

癸未元月二十三日沈秉和杜瑞華伉儷召飲以东
風第一枝為題追懷往事　冬去翁為賦百字令芝蘭
杜若雅韵紛陈因步元玉　呈正

多謝東皇　招邀佳侶　今宵重踐詩約
窗前滿目芳菲　牆頭數枝沃若
憐君苦節　香雪海、三冬讋斷
瓊蘂吐、一地清寒　竚候天邊歸鶴
見說道、人情澹薄
千萬點、丹心炳爍
會須寫入吟箋　爭教飄零海角
惜花時節　愁日暮、清樽獨酌
素瓶小、貯得冰魂　莫把芳心拋卻

宗豪未是稿

詩稿手迹三

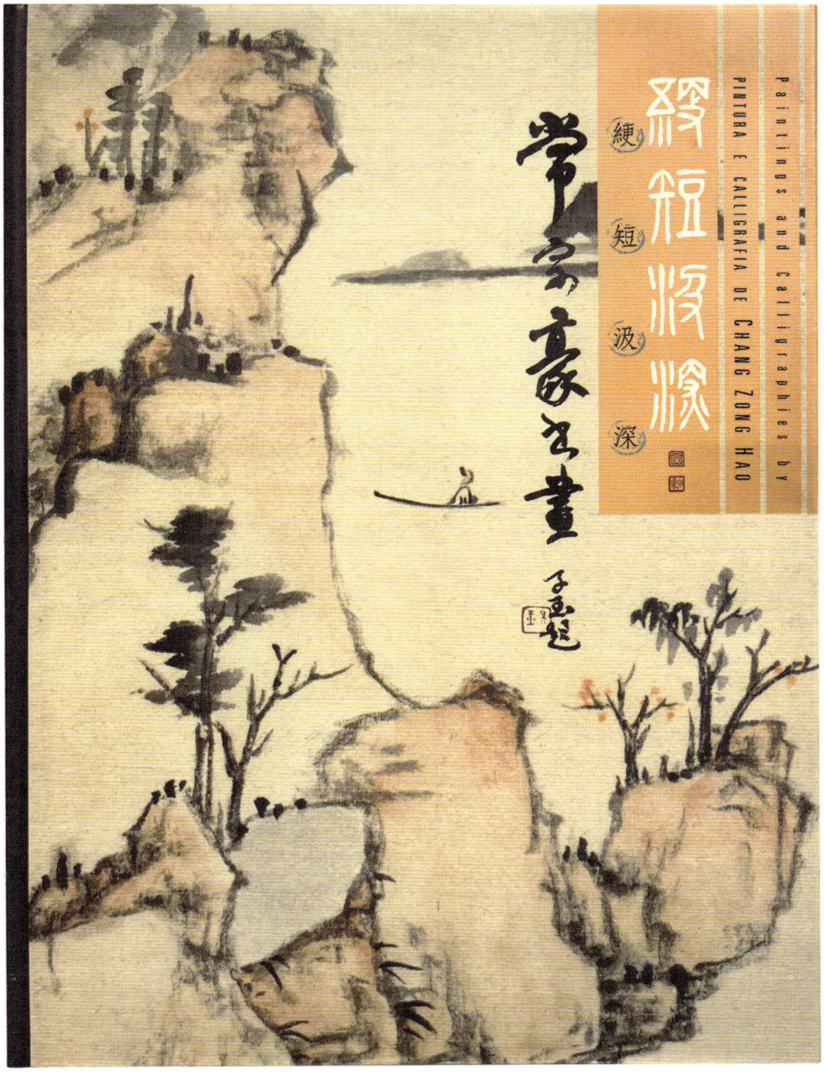
綆短汲深
常宗豪書畫
Paintings and Calligraphies by
PINTURA E CALLIGRAFIA DE CHANG ZONG HAO

《綆短汲深——常宗豪書畫集》

常宗豪教授攝於七十年代

# 序一

恕齋先生稟性豪邁，才氣過人，小學、詞章、法書之學，無不兼擅。復因學識賅博，擢任香港中文大學中國語文系系主任，多歷年所，主評審事，獻替良多。洎乎晚歲，以豪宕淵沖之氣，運縱横醇粹之思，潛心書道，優游藝林，從游諸生，莫不得霑化雨。受業門人爲紀念先生之行誼德範，乃將先生著述，輯録其要者，以示後學，亦一本弘揚中華文化爲主旨，恭行之義，於焉亦顯矣。

余於詞章之學，無所用心，惟對書中所録《漢字構形學》初稿，旋入眼簾，感念之懷，即不能自已。蓋當日先生講學上庠，曾親將影本持贈，光裕隨即受命負責文字學及古文字學講授。初稿對傳統六書説及唐蘭三書説，皆有精闢論述，本書收録《通志六書略六書義類指瑕》《章太炎轉注説辨疑》《楊魯交誼及其叚借説》《唐蘭三書説的反思》諸篇，復有所發揮，益見先生爲學之精審所在。再者，先生於文字學科之輔助教學，更别出心裁，特設「漢字通釋」作業，使同學於學習之餘，得以實際體驗資料蒐證、分析及思辨能力之功效，時至今日，學者沿波，仍蒙其惠澤。紀念文集行將付梓，爰書數語，用誌昔日勉學情誼，是爲序。

丁酉暮春雪齋光裕於澹煙疏雨樓

# 序二

常君宗豪，吾故友也。君生於鄒魯之鄉，長於嶺南之海隅，秉南北之靈氣，通古今之正變。君幼而好學，習文學藝術，畢生用功乎是。轉益多師，造詣日深，見識日豐，執教上庠。門下濟濟多士，均能尊師重道，熱愛師門。宗豪捐館已多年，其門下弟子蒐集其遺作，輯其舊著，不憚辛苦，使余爲之感動。於今之世，尚有如此古道熱情之士，宗豪在天之靈倘若有知，其當欣然而笑。今歲夏日，其門人吴麗珍女士邀余茶叙，謂將付印《常宗豪先生文存》，以廣流傳。甲部爲文字學篇，已恭請文字學專家張光裕教授撰序，乙部爲文學篇則乞序於余。

余頓念昔年與宗豪交游，詩酒之會，宗豪善飲，酒酣之際，暢論文學藝術，或月旦人物。至激烈處，宗豪豪氣頓生，拍案罵世，其快人快語，滿座爲之絶倒。當其於上庠榮休後，退藏於澳門，輒逢春秋佳日或其初度之辰，必邀余買舟赴濠江共飲。其情深，其意摯。某年曾爲澳門博物館協辦馮康侯老師書法篆刻遺作展覽，並邀余撰文，其於師門之未見忘懷，極力爲馮師之藝術弘揚，孰謂宗豪不近人情耶。

宗豪之於國畫，識力甚深。古今畫家之技法，一一可以歷歷道來。熟記古人之名畫，述其風格，析其綫條皴點，鑒賞能力極高。其所作之畫，必依古人之傳統，絶不走趨新媚俗之途徑。蓋以古人之技法，寫己之胸中丘壑。明乎劉彦和《文心雕龍》通變之理，奚必從世俗之好惡而俯仰，此真豪傑之士也。

其書法博文精深，各體皆工。其夫人黎曉明女士亦工書法，伉儷情投意合，數次聯袂舉辦展覽。門前車馬如潮，名震於藝林，其書法專集亦行世已久。宗豪論書畫之作，定可爲藝海之明燈，津航之指南也。

宗豪早年於有國學少林寺之稱之經緯書院進修文學，後再入中大聯合書院專攻文學。其師傳之真，立志之高，讀書之多，駸駸乎於文學境域中。學成後曾主理中大中文系行政及教學。其文學修養之深，教學之勤，門人咸推其爲名師。今其高弟成材者，均已在上庠執教。

宗豪在世時，每於酒後論文談詩，所見所聞，余視之爲畏友。其間酬唱之篇，惜其不自珍惜，散佚難覓，今僅存二十餘首。其詩得宋人之骨幹，敷以唐人之風韻，可歌可誦也。今輯其專書《唐五代詞講義》《九歌新論》及論文十餘篇，見解精闢，信可傳之於無窮之世。

戊戌年夏日晋江洪肇平敘於侵雲樓

# 目録

## 文字學篇

專書

漢字構形學 …… 三

論文

保卣「祉兄六品」郭鼎堂說商榷 …… 七二
陳璋壺考年 …… 七七
評許進雄《明義士收藏甲骨釋文篇》 …… 八四
評張瑄《中文常用三千字形義釋》 …… 九〇
通志六書略六書義類指瑕 …… 九四
唐蘭和他的文字構成的新體系——三書說 …… 一〇七
章太炎轉注說辨疑 …… 一一六
楊魯交誼及其假借說 …… 一四〇
唐蘭三書說的反思 …… 一六六
甲骨文士字的再考察 …… 一八五

# 文學篇

## 專書

唐五代詞講義……一九五
九歌新論……二八三

## 論文

詩商頌考……三九一
論阮嗣宗詩……三九五
詩小雅鹿鳴、四牡、皇皇者華釋……四〇三
荀子性惡論與化性起僞説……四一五
「飛卿下語鎮紙」解……四二八
錯綜倒裝與詩詞句法……四三六
楚辭學六十年……四五〇
與何文匯論東坡詞書……四五六
柳宗元謫居永州柳州的孤囚生活和詩文……四五七
校訓與校歌……四六七

## 藝文篇

### 詩詞

宋王臺懷古……四七五
颶風襲港凍雨横窗徹夜不寐有作……四七五
夜坐……四七六
重游石澳……四七六
春日雜詩……四七六
甲辰歲除花市老梅……四七七
酒後……四七七
乙巳冬日從馮梁二師游青山奉和簡齋師原均……四七八
秋熱……四七八
春老……四七八
冬前……四七九
步兩當軒都門秋思韻二首……四七九
奉題小山草堂詩稿車塵集續……四八〇
石橋詩稿題詞……四八〇
紙花二首……四八一

題疏篁樓詩詞稿 …… 四八一
擬行路難並序 …… 四八二
丁丑夏午余既迻居蓮洋之南岸與抱樸劉兄昕夕相見讀畫論詩至足樂也一日睎我中秋舊作句云「羈人久已安夷狄」讀之憮然賦此答之 …… 四八二
東風第一枝 …… 四八三
次均肇平秋日見寄 …… 四八三

## 編校

齊白石年表 …… 四八四

## 文稿

繪事述 …… 五一三
高句麗廣開土好太王碑跋 …… 五一四
論師古與創新：李研山先生的藝術道路 …… 五二四
論筆墨與氣韻 …… 五三〇
簡岸先生學述 …… 五三七
影印殷粟齋集弁言 …… 五四九
湖南博物館藏白石篆刻跋 …… 五五二
李棪教授行狀 …… 五六一
康侯先生百齡冥壽書畫篆刻展覽序 …… 五六二

重印《温文節公集》序……五六四
文化尋根的反思……五六五
《綆短汲深——常宗豪書畫》自序……五七五
**附録　常宗豪年表**……五七八
**後記**……五八一

# 文字學篇

# 漢字構形學

臺靜農題

# 漢字構形學

## 目録


上篇　導論

第一章　緒論……七

第二章　漢字之源起……一二

第三章　六書説之完成及其發展……一七

第四章　唐蘭三書説……二八

下篇　漢字之構成

第一章　象形……三二

第二章　指事……四四

第三章　會意……五〇

第四章　形聲……五四

第五章　假借……五九

第六章　轉注……六六

# 上篇　導論

## 第一章　緒論

### 文字學之名義

文字之學起於近代，古無是名（沈兼士《從古器款識上推尋六書以前之文字畫》，《輔仁學志》一卷一期）。民國六年（一九一七）錢玄同、朱宗萊執教北京大學，分編「文字學講義」爲：

《文字學音編》

《文字學形義編》

馬宗霍著《文字學發凡》（一九三五年十二月商務印行），亦分形、音、義三篇（三卷），則其時文字之學實兼音訓言之。以文字學爲研究漢字字形之演變與結構專門之學者，晚近之事耳。論者或以昔日之小學當今日之文字學，夷考其實，恐未盡然。《漢書·藝文志·六藝略》曰：

古者八歲入小學，故周官保氏掌養國子，教之六書。

又《周禮·地官·保氏》云：

保氏掌諫王惡，而養國子以道，乃教之六藝。一曰五禮，二曰六樂，三曰五射，四曰五馭，五曰六書，六曰九數。

論者（王力《中國語言學史》）或以此當八歲入小學時之所學，恐亦不然。《禮記・内則》云：

六年，教之數與方名；七年，男女不同席，不共食；八年，出入門户及即席飲食，必後長者，始教之讓；九年，教之數日（鄭注：朔望與六甲也）；十年，出就外傅，居宿於外，學書計……十有三年，學樂、誦詩、舞勺；成童，舞象、學射御；二十而冠，始學禮。

《漢書・食貨志》：

八歲，入小學，學六甲五方書計之事。

此葢以小學所習者爲書計之事，而以《周禮・保氏》之所謂六書，即書計之事。

按：《漢書・藝文志・六藝略・小學類》下著録凡十家：

一、《史籀》十五篇

二、《八體六技》

三、《倉頡》一篇（上七章，秦丞相李斯作；《爰歷》六章，中車府令趙高作；《博學》七章，太史令胡毋敬作）

四、《凡將》一篇（司馬相如作）

五、《急就》一篇（史游作，以三字或七字爲句之口訣式文體也）

六、《元尚》一篇（李長作）

七、《訓纂》一篇（揚雄作）

八、《别字》十三篇（疑即《輶軒使者絶代語釋别國方言》）

九、《倉頡傳》一篇

十、揚雄《倉頡訓纂》一篇（王先謙云：合《倉頡》《訓纂》爲一篇）

十一、杜林《倉頡訓纂》一篇

十二、杜林《倉頡故》一篇

計以上十家四十五篇，今多亡佚，但存史游《急就篇》與揚雄《方言》而已。而十二類之中，《別字》一書，似與其他書不相類外，其他各書率相似，而以《倉頡篇》爲主。今以《倉頡篇》佚文及《急就篇》觀之，恐皆是四言或七言之齊整口訣式文體，所以便學童諷習之字書耳。晁公武《郡齋讀書志》云：

《急就篇》凡三十二章，雜記姓名諸物五官等字，以教童蒙。急就者，謂字之難知者，緩急可就而求焉。

然則此種童蒙識字課本，果當視作文字學之研究專著乎，抑當認爲文字學研究中之文獻耶？諸君自能辨之。近人張政烺著《六書古義》，據崔寔《四民月令》所載：

……正月，……研凍釋。命幼童入小學，學篇章。（本注：謂六甲、九九、《急就》、《三蒼》之屬。）

妄謂「六書」爲「六甲」，是昧於漢人「小學」之本義。而張氏云：

所謂「小學」者，果何所指？苟以「正月入學，書篇章」謂六甲、九九、《急就》、《三蒼》之屬例之，則篇章當爲《急就》《三蒼》，而此「小學」自爲「六甲」「九九」明矣。蓋「入小學」首學及之，故有是稱。「正月」條下不複舉「小學」二字者，承上文「入小學」意義已明，避文字繁冗，故從省略。學書是正月至十月間事，入冬研凍不耐書，遂進讀《孝經》《論語》。《邴原別傳》云「於是遂就書，一冬之間，誦《孝經》《論語》」是也。此乃舉「篇章小學」者，是二者皆四民終身日用所須，未可荒廢，束之高閣，故仍誦讀其文辭，所謂温故而知新也。謂此「小學」即「六甲」「九九」，前人無發之者，今反覆尋繹，殆無可疑。「六甲」，書學也；「九九」，數學也。然則保氏教國子之「六書」「九數」，其即「小學」之「六甲」「九九」，亦從可知矣。

張氏勇於自信，删《四民月令・十一月》之文：「命幼童讀《孝經》《論語》篇章，入小學」，爲「命幼童讀《孝經》《論語》、篇章小學」。以「篇章小學」四字連綴成文，其意謂「篇章」者，《急就》《三蒼》之屬；「小學」者，謂「六甲、九數」是已。蓋張氏先有「六甲」爲書學，「九九」爲數學之懸想，然後乃删改《四民月令》之文以牽附其説，不覺其言之支離矣。

嘗試論之：《禮記・内則》曰：「六年教之數與方名」，「九年教之數日」，「十年……學書記」。鄭康成於「教之數日」下注云：「朔望與六甲也。」則「六甲」之學，在使學子通曉排比天干地支，以成記日之六旬，所謂「教之數日」者也。然則教學子「六甲」之旨，在乎推算旬中之日序，此亦農業社會所必具之知識，而不在教學童辨認書寫天干地支二十二字之文也。且張政烺氏撰文之意，嫌乎「六書」之學過於艱深，以爲「古今人智能相去宜不甚遠」，「何古之小學所肄習者，今則絶不可施，甚且白首矻矻，終身未能通其義？」而欲以「六甲」爲「六書」之古義。如張氏之言爲可信，小學所教之書學果爲「六甲」矣，則此二十二干支之文，又不嫌其太淺易乎？張氏亦不思之甚矣。崔寔《四民月令》於「學書篇章」句下自注「六甲、九九、《急就》、《三蒼》之屬」之文，其意已較然明甚，「六甲、九九」，教其計算，《急就》《三蒼》，教之識字，皆童蒙所當先習者，張氏求之過深，徒滋愚者之惑耳。

故知先漢人之所謂小學者，童子識字之學，與今日吾人所從事之文字學殊科。然古人亦有討論文字之概念否？曰：有。第古不曰「文字」，而曰「名」耳。蓋古人自其著之竹帛言，謂之書；自其有聲音言，謂之名。書者，文字之總名，析言之，則獨體爲文，合體則爲字也。《論語・子路篇》云：

子路曰：「衛君待子而爲政，子將奚先？」子曰：「必也正名乎。」子路曰：「有是哉？子之迂也。奚其正？」子曰：「野哉！由也。君子於其所不知，蓋闕如也。名不正，則言不順。言不順，則事不成。事不成，則禮樂不興。禮樂不興，則刑罰不中。刑罰不中，則民無所措手足。故君子名之必可言也，言之必可行也。君子於其言，無所苟而已。」

梁皇侃《疏》「必也正名乎」句下引鄭注云：

正名，謂正書字也。古者曰名，今世曰字。《禮記》曰：百名以上則書之於策。孔子見時教不行，故欲正其文字之誤。

是知古人所謂名者，猶今人所謂文字也。而先秦載籍中論「名」之説，其詳莫如荀子《正名篇》。其言曰：

君子之言，涉然而精，俛然而類，差差然而齊。彼正其名，當其辭，以務白其志義者也。彼名辭也者，志義之使也，足以相通，則舍之矣。苟之，姦也。故名足以指實，辭足以見極，則舍之矣。外是者謂之訒，是君子之所棄，而愚者拾以爲己寶。

又曰：

名無固宜，約之以命，約定俗成謂之宜，異於約則謂之不宜。名無固實，約之以命實，約定俗成謂之實名。名有固善，徑易而不拂，謂之善名。

是知正名之義，務求「白其志義」也。所謂「辭達而已」者也，不欲立異以爲高也。而所謂「實名」「善名」者，皆約定俗成之力也。又曰：

今聖王没，名守慢，奇辭起，名實亂。是非之形不明，則雖守法之吏，誦數之儒，亦皆亂也。若有王者起，必將有循於舊名，有作於新名。

是知文字者代有因革，以今非古妄也；以古難今愚也。古人之所謂六書、小學固不得謂今日之文字學亦明矣。即古之審名辭、辨志義之名學，亦不過粗具文字學之意識而已，不可謂其即等同文字學也。

# 第二章　漢字之源起

近世考古創穫至豐，西安半坡出土，有公元前六千年之文字標本百十三種，此百餘種之標本，又可歸納爲二十二種文字形狀規則（詳《西安半坡》，一九六三）。大汶口出土陶文，唐蘭氏亦以爲當屬公元前五千年之遺（詳《大汶口》及唐蘭所著《文字學規劃初步設想》）。中國漢字之起源遠矣，綜述近世之説，約有下列五種：

## 一、起源於八卦説

《周易・繫辭下傳》云：

古者庖犧氏之王天下也，仰則觀象於天，俯則觀法於地，觀鳥獸之文，與地之宜，近取諸身，遠取諸物，於是始作八卦，以通神明之德，以類萬物之情。

又如許慎《説文解字・叙》云：

古者庖犧氏之王天下也，仰則觀象於天，俯則觀法於地，視鳥獸之文，與地之宜，近取諸身，遠取諸物，於是始作《易》八卦，以垂憲象。

後世論文字之起源者，乃取益字所从之水字，横置作☵，有似於坎水之象，或六朝碑版坤字，有書作☷者，以爲易卦爲文字起源之證矣。

## 二、起源於結繩説

《周易・繫辭下傳》云：

上古結繩而治，後世聖人易之以書契。

鄭康成《周易注》云：

結繩爲約，事大，大結其繩；事小，小結其繩。

《説文解字・敘》云：

及神農氏結繩爲治，而統其事，庶業其緐，飾僞萌生。

論者又往往取金文中改橫畫爲點之現象，以爲結繩之遺，如十作，廿作者是。甚或取近代南美洲原始部落中之結繩風俗，以爲佐證。

## 三、倉頡造字説

記倉頡造字之説，載籍多有之，如《説文解字・敘》：

黄帝之史倉頡，見鳥獸蹏迒之迹，知分理之可相别異也，初造書契。

《易繫傳》：

上古結繩而治，後世聖人易之以書契。

《荀子・解蔽篇》：

好書者衆矣，而倉頡獨傳者。

《吕氏春秋·任數篇》：

倉頡作書。

《世本》：

沮涌倉頡作書。

《論衡·骨相篇》：

蒼頡四目爲黄帝史。

《淮南子·本經訓》：

昔者倉頡作書，而天雨粟、鬼夜哭。

## 四、起一成文説

鄭樵《通志·六書略》云：

衡爲一，縱爲丨，斜丨爲丿，反丿爲乀，至乀而窮。

鄭漁仲此説，純就真書筆劃立論，恐不足以論文字之起源。

## 五、起源於圖畫説

主此説者，以沈兼士、董作賓兩家爲代表，沈氏撰《從古器款識上推尋六書之前的文字畫》一文有云：

余以爲文字之起源，實由於紀事之繪畫。

沈氏以爲：

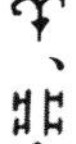、之字爲記祭祀之事。

、之字爲記戰爭。

遂謂：

此等文字畫可視爲《說文》中象形指事之祖先。

又云：

由是可知文字畫與六書象形指事之區别，前者爲繪畫的，複雜而流動不居，後者爲符號的，簡單而結構固定。（沈兼士《從古器款識上推尋六書以前之文字畫》，《輔仁學志》一卷一期）

董作賓雖亦以爲文字起源於圖畫，然其說有不盡同於沈氏者。董氏云：

我所認爲原始文字的，乃是殷代還在使用著的「古字」。他們認爲美術體的文字，就是現存的二千件以上的金文銘刻。

以前大家把這種字叫做「文字畫」「圖騰」「族徽」，不當作文字。現在我們的看法是：殷代有通用的符號文字如「甲骨文」，是他們的「今文」。刻在精美花紋銅器上的文字，是他們的「古文」。總之，我們認爲殷代金文中的簡單銘刻，是殷代的古文，是美術體，是原始圖畫文字。（董作賓《中國文字的起源》，《大陸雜誌》五卷十期）

並觀沈、董兩家之說，則漢字之起源，可以下圖表之：

圖畫 → 文字畫 → 文字

以上五說之中，謂文字起源於八卦者，多以坎☵、離☲附會爲水、火之字，其實細考許《叙》文意，實謂六十四卦之作，皆起於近取諸身，遠取諸物； 謂先民得賴此簡單之奇偶符號，以表識其得諸自然界之概念。《易經》之基本精神，亦不過在以此簡單之奇偶符號象徵陰陽、日月、天地、乾坤、男女、牝牡、山澤等相對概念而已。 許君之意，豈不謂先民未製文字以前，人類已具備若干得諸大自然之相對概念，而此類相對概念得以簡單之奇偶線條表之乎？其作用固與以意符文字象徵人類概念之作用無殊，許意固未嘗謂文字「起」於八卦也。

次説謂文字起於結繩，結繩之意義，亦不過在記事之大小、多寡，與以文字記事之作用實同。 先民未有文字之前，必有類似結繩記事之法者。 而近世論中國文字之起源，若必掇拾現代落後部落中所用結繩之法，以證中國神農之世亦當有其法者，其於中國文化之毫無信心乃至於此極耶？至於金文中、之字，謂爲法結繩之遺者，亦屬迂闊。

倉頡造字之説，載籍多記之，論者或以晚出文獻所載文字加詳，而疑其事，不知後世文獻翔實，乃出於語增之故，而無害於其事之本有也。 蓋文字之孳乳，必待社會群衆之使用，其間容或有一二聖智之士導乎先路，固不必謂文字必出於一人之所製，其理甚明。

鄭漁仲「起一成文」之論，恐亦許氏「維初太極，道立於一」之説有以啟之。 然鄭氏説「一」「丨」「丿」「乀」之説，則是據真書筆劃立論，識者自能辨其陋矣。

故諸家説文字之「起源」，自以第五説最爲可信。 沈、董兩説之異，在沈謂爲「文字畫」者，董彥堂氏則以爲是「圖畫文字」。 然就其形體之複雜而流動不居之特質觀之，其圖畫性質實强於其符號性質，故沈説較爲近理。

# 第三章　六書説之完成及其發展

## 一、漢儒之六書説

「六書」一詞始見於《周禮・地官・保氏》，其言曰：

保氏掌諫王惡，而養國子以道，乃教之六藝：一曰五禮，二曰六樂，三曰五射，四曰五馭，五曰六書，六曰九數。

此「六書」一名之所由出，而漢人説之者，班、鄭、許三家（張政烺《六書古義》標舉「四家三説」，於三家之外，别舉荀悦《漢紀》之説，不云荀説實隱括班説耳），班固《漢書・藝文志・六藝略》云：

古者，八歲入小學，故周官保氏掌養國子，教之六書，謂象形、象事、象意、象聲、轉注、假借，造字之本也。

班氏首揭「造字之本」之義，而荀悦《漢紀》乃有「凡經皆古文，凡書有六本」之説。後儒不察，遂以爲六書云者，謂古人造字悉本此六種法則，而不復深考此六書者，實是漢儒歸納漢字構造而得此六種條例，非謂中國文字不出此六種條例。故稱舉六書，猶言文字也。非古人造字之初，先有此六種條例而後造字也，此學者習六書所應知之第一義。

### （一）六書之名目

漢儒説六書之名目，班、鄭、許三家異其辭：

班固：象形、象事、象意、象聲、轉注、假借。

鄭衆：象形、會意、轉注、處事、假借、諧聲。

許慎：指事、象形、形聲、會意、轉注、假借。

六書之中，除象形、轉注、假借三者而外，三家異其說。後世論者，大抵名目從許君，而次第從《漢志》。鄭衆之說，雖云異作，然其名目不如許，而次序又不如班。

先鄭名目之異於許者，曰「處事」，曰「諧聲」。「處事」之不如「指事」之明確，自不待言。獨「諧聲」則似可於「形聲」以外別存一說，何則？言「形、聲」，則形主聲從，其義分明。曰「諧聲」則可指出此字之聲符在該字中之作用——用以諧合該字之聲。（《說文》：「諧，詥也。」詥有合義。）足以說明形聲字中，聲符之重要性。故近世治語音學者，多取此名。

## （二）六書之次第

先儒每好言六書之次第，其所以次第六書之先後，蓋自文字發生之先後言之，如張行孚《六書次第說》云：

> 六書次第，當以製字先後爲序，而許氏云：「惟初太極，道立於一。」則製字莫先於一畫，故王弼亦云：「造文者起於一也。」夫造文者起於一，而段氏、王氏皆謂一之形於六書爲指事，則象形豈得次於指事之前乎？

王鳴盛且衍爲《六書分君臣佐使說》云：

> 謂指事，君也；象形，臣也；形聲、會意、轉注，佐也；假借，使也。

然文字之產生，原屬先民生活經驗之積累，決不出於一時一人之手；而治文字之學者，固對六書涵義之解釋各異而生異説，以滋後世之惑矣。

原夫六書之名義，殆漢儒就當時所有之字（以《説文》言之，即有九千餘字），加以分析，歸納所得之結論，故其中一書所包涵之文字，決不得局限於某一時期。試以象形與指事二者觀之，象形字之産生大抵屬上古期，此點是較簡單而易知者，而指事則決不屬同時之産物，指事字大抵可分三類：

1　純符號性質之指事字，如𠄞（上，長横劃純粹表示位置限界）𠄟（下，短一表示位置之符號）等是。

2　在象形字基礎上加上指事符號（此類符號無詞彙意義）之指事字，如本、末、刃、卒、亦等是。

3　更改或反倒他字以見意之指事字。如帀（反之）、𠫓（不順忽出）等是。

以上三類之中，除第一類或可出現於象形字之前外，第二、三兩類俱在既有之象形字基礎上，增益符號或改易其形體。是則必謂指事之發生在象形字之前者，可知其誣矣。「一」字之發生，固當在一切文字發生之前，文字所以記事表意，人類容或在未有文字之前，而早已知使用「一」字。故大可以謂：指事字之小部分，其發生在象形之前。至於基於學者對六書之内涵解釋不同，亦頗影響於六書之次第，如鄭樵《六書略》以諧聲、轉注爲一事之二端，以「役他爲諧聲，役己爲轉注」，故列轉注於諧聲、假借之前，元楊恒、戴侗並從其説。兹分列三家之説如下：

鄭樵：象形、指事、會意、轉注、諧聲、假借。（《六書略》）

楊恒：象形、會意、指事、轉注、諧聲、假借。（《六書泝源》）

戴侗：指事、象形、會意、轉注、諧聲、假借。（《六書故》）

試取三家之説與鄭衆之次第並觀，則鄭氏置轉注於指事、假借、諧聲之前，亦不爲無故矣。近人龍宇純先生撰《論形聲假借之發生先後》及《轉注學平議》（見《文字學論稿初輯》、《崇基學報》五卷一期），其意以爲：

轉注字則在其注釋形符之前，固已由其聲符通行兼代，不過轉加形符於聲符之上，使成專字而

是龍氏以形聲當居假借轉注之後，是又衍鄭漁仲之説而爲之者矣。近世唯沈兼士先生之説，最足理己。（《中國文字學》第一六八頁）

傳統論六書次第之惑，其説曰：

竊謂意符文字之起原，初非語言之符識，而爲與語意同屬直接傳示思想之方法而别成一派。語言用聲音表示思想，由口以傳於耳；意符文字用形象表示思想，由手以傳於目。……兹試本德國文化史學家藍浦瑞喜提 Lamprecht（1856—1915）就社會心理的歷史觀所擬人類思想發達之各階段比例以觀中國造字原則發達之次第。（《段硯齋雜文・造字原則發展之程叙説》）

沈氏據藍氏所分五階段，爲意符文字發展期，分别列舉各期所生之文字於下：

1　象徵主義：在六書爲指事，丄、丅之屬，乃一種象徵之符識。

2　模型主義：在六書爲象形，⊙、月之屬，由符號演變而爲象形。

3　因襲主義：在六書爲象形中之借象，如屮、米之屬。（實係指事。）

4　個性主義：在六書爲合體象形及會意兼象形，如鹵、竊、盈、盜之屬，漸漸脱離實物標本之束縛，作者能自由拼合各種形體，以發揮其綜合之指趣。

5　主觀主義：在六書爲會意，如走、信之屬。此類文字，超乎迹象，主觀的視各體爲有機體而化合之，以表現其抽象意義。至此階段，意符區域乃擴張至極大之限度。物窮必變，於是直接代表語言之音符字乃應運而生，形聲爲半音符，假借爲純音符，適應語言變化則或易其音符，是爲轉注。

既謂意符文字「擴張至極大之限度」故「音符文字乃應運而生」云者，則沈氏實分文字爲「意符文字」與「音符文字」可知矣。沈氏之二分法，固屬卓識，而能從人類思維之發展以推論表達人類思維之意符文字發生之先後，而不復閶閶爭論於六書之孰先孰後，尤非陋儒之可能及矣。

## 二、六書説之發展

### （一）徐鍇「六書三耦説」與「轉注説」

徐氏之論見其《説文解字繫傳》中，其論六書云：

> 大凡六書之中，象形、指事相類，象形實而指事虛；形聲、會意相類，形聲實而會意虛；而轉注則形、事之別。然立字之始，類於形聲，而訓釋之義以叚借爲對。叚借則一字數用，轉注則一義數文。（《説文繫傳》卷一「上」字下注）

徐楚金以轉注與形聲爲同類字，因觀察角度之不同，遂有形聲、假借之別，故曰：「散言之曰形聲，總言之曰轉注。」意謂就每字本身構造而言，其字爲形聲字；就同義字間之關係言，是轉注字。故徐氏轉注之説，旨在詮説「同意相受」四字，其言曰：

> 轉注者，建類一首，同意相受。謂老之別名，有耆、有耋、有壽、有耄，又孝子，養老是也。一首者，謂此孝等字皆取類於老，則皆从老，若松柏等皆木之別名，皆同受意於木，故皆从木。（《説文繫傳》卷一「上」字下注）

> 轉注之言，若水之出源，分歧別派，爲江爲漢，各受其名，而本同注於一水也。（《説文繫傳》卷一「上」字下注）

然則楚金果以耆、耋之於老，松、柏之於木，江、漢之於水，俱爲轉注字耶？曰：否。徐氏又有附加條件以區別之：

> 江河，同水也；松柏，同木也。江之與河，但有所在之別，其形狀所異者幾何？松之於柏，相去

何若？……有此形也，然後諧其聲以別之，故散言則曰形聲。江河可以同謂之水，水不可以同謂之江河；松柏可以同謂之木，木不可以同謂之松柏。（《説文繫傳》卷一「上」字下注）

又老、壽、耋、耄、耆可同謂之老，老亦可同謂之耆，往來皆通，故曰轉注。（《説文繫傳》卷一「上」字下注）

是楚金亦有感於以「散言」「總言」之言以爲形聲字與轉注字之別，而欠妥貼，因復以老字之於壽、耋、耄、耆之字「往來皆通」爲辨別轉注字之附加條例，其後鄭漁仲之混同諧聲、轉注，楚金實有以啟之也。

## （二）鄭樵六書説

鄭氏《通志・六書略》凡五卷，計卷首爲《六書序》，次列象形十七類六百零八字，其中象貌之字如：八（分别之皃）、入（从上俱下）、壬（象物出地挺生也），象數字、象位字如：上、中、下、旁之屬，象聲之字如牟、梟（鳥在木上羣鳴也）等，多屬指事字。他如形兼聲、兼意兩類亦多可議。

復次爲指事四類百七字，多以會意爲指事，如尢（行皃）、叟（入水有所取也，从又在回下）、及（逮也，从又，从人）、美（甘也，从大）、央（中央也，从大在冂之内）、用（可施行也，从卜从中）、甫（男子美稱，从用父）、支（去竹之支也，从又持半竹）、爭（象二手而競一物之狀）、冓（不行而進謂之冓）、𠬪（受也，从爪，从又，象爪取而手受之也）之屬皆是會意字，鄭氏率以會意説之，復創爲事兼聲、事兼形、事兼意之目，指事之旨益晦矣。

卷二首列會意二類七百四十字，次列轉注字四類，下序云：

諧聲轉注一也，役他爲諧聲，役己爲轉注。轉注也者，正其大而轉其小，正其正而轉其偏者也。

卷三列形聲字六類二萬一千八百十字。其六類爲：

1　子母同聲　如啎、鼓。

2　母主聲　如瞿、舋。

3　主聲不主義　如匏。

4　子母互爲聲　如靡。

5　聲兼義　如復（从彳从复）、後（从彳从夋）。

6　三體諧聲（四體坿）　如寶（珍也，从宀，从貝，珤聲）。

計鄭氏所列六類中，如聲兼義之「復」字，亦見於其三體會意例中，「後」字亦重出於會意字中，而以爲是从彳、幺、又三體者矣。鄭氏分類之不完有如此者。

卷四收假借十二類五百六十八字

1　同音借義　如初（裁衣之始而爲萬物之始）、基（築土之本而爲凡物之本）、始（女子之初而爲凡物之初）、本（木之基而爲凡物之基）。

2　借用同音不借義　如業（大版也，而爲事業之業）、牢（牛圈也，而爲牢固之牢）、畜（田畜也，而爲畜聚之畜）、蚤（蝨類也，而爲蚤夜之蚤）、爲（母猴也，而爲作爲之爲）、來（麥也，而爲來往之來）、易（蟲屬也，而爲變易之易）、能（熊類也，而爲賢能之能）。

3　協音借義（異讀轉義）　如中爲中、上爲上、分爲分、趨爲趨（七六切）、爲趨（側口切）、咽爲咽（音嚥）、爲咽（以結切）。

4　借協音不借義（異讀借義）　如荷之爲荷、鮮之爲鮮、燕之爲燕、邪之爲邪、信之爲信。

5　因義借音　如以有惡也故可惡，以其内也故可内。

6　因借而借　如爲（母猴也，因音借爲作爲之爲，因作爲之爲借爲相爲之爲）、來（本麥也，因音借爲往來之來，因往來之義借爲勞來之來）。

7　語辭之借（虛言難象，故因音而借焉）　如惟（思也）、而（面毛也）、須（鬚也）、夫（丈夫也）、害（本災害也）。

8　五音之借　如宮、商、角、徵、羽。

9　三詩之借　如風、雅、頌。

10　十日之借　如甲、乙、丙、丁、戊、己、庚、辛、壬、癸。

11　十二辰之借　如子、丑、寅、卯、辰、巳、午、未、申、酉、戌、亥。

12　方言之借　如羹之爲羹（郎，楚地名）、咎之爲咎（咎陶，皋陶）。

鄭氏分類之繁瑣，固無論矣。其分別六書概念實亦甚模糊。其論諧聲、轉注曰「役己」「役他」，而於「己」「他」竟無一字詮釋，索解爲難。其於象形、指事、會意之別，「文」「字」之殊，實亦未了然。其言曰：

指事類乎象形。指事，事也；象形，形也。指事類乎會意。指事，文也；會意，字也。獨體爲文，合體爲字。

又曰：

象形、指事，文也，會意，字也。文有子母，母主義，子主聲，一子一母爲諧聲。諧聲者，一體主義，一體主聲。二母合爲會意。會意者，二體俱主義，合而成字也。

其所謂子、母者，與其諧聲字類互校，則竟有「子母同聲」，「母主聲」者，益嫌其牴牾不安矣。

## （三）楊慎六書四象説

升庵之説見其《古音後語》（附《轉注古音略》後）中，其説云：

六書，當分六體。班固云：象形、象事、象意、象聲、假借、轉注是也。六書以十爲分：象形居其

又曰：

一，象事居其二，象意居其三，象聲居其四。假借，借此四者也；轉注，注此四者也。四象以爲經，假借、轉注以爲緯，四象之書有限，假借、轉注無窮也。

《周官》六書之名曰：象形、指事、會意、諧聲、假借、轉注，舊矣。余舍經而取班固象形、象事、象意、象聲之名，非好異也，以其因名可以得其義也。固意謂六書，四者有象可見，故以象名。假借、轉注，則隱於四象之中，而非別有字也。恐後人失傳，故特著之。

升庵此説實開戴、段四體二用之先。楊以形、事、意、聲四者爲「有象可見」，而以假借、轉注爲「隱於四象」之中，是其分置六書於兩層次也，較然明甚。以圖表示之：

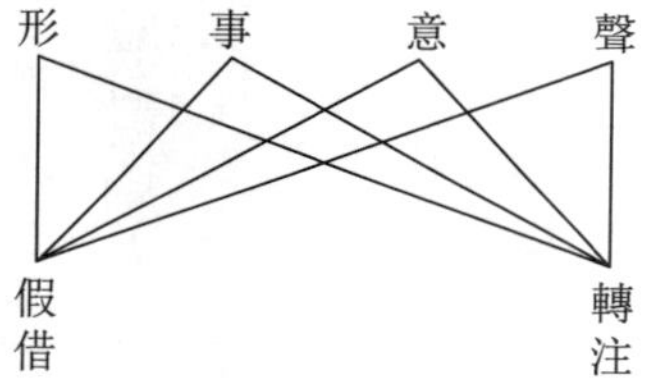


## （四）戴震、段玉裁之四體二用説

戴氏《答江慎修先生論小學書》有云：

大致造字之始，無所憑依。宇宙間事與形兩大端而已，指事，一、二、上、下是也；

> 象其形之大體曰象形，日、月、水、火是也。文字既立，則聲寄於字，而字有可調之聲；意寄於字，而字有可通之意，是又文字之兩大端也。因而博衍之，取乎聲諧曰諧聲，聲不諧而會合其意曰會意，四者，書之體正此矣。由是之於用數字共一用者，如初、哉、首、基之皆爲始，卬、吾、台、予之皆爲我，其義轉相爲注曰轉注。一字具數用者，依於義以引申，依於聲而旁寄，假此以施於彼曰假借。所以用文字者，斯其兩大端也。

戴氏之説，較然甚明，其意蓋區別六書爲造字與用字兩大類。以爲書之體止於形、事、意、聲四者，四者之中，指事、象形二者爲指事實，象形體之兩端；形聲、會意爲調其聲，通其意之兩端。而轉注、叚借則爲用字之兩大端焉。

段玉裁承東原之説而推衍之。段氏《説文·叙》「知此者稀」下注云：

> 劉歆作《七略》，班固述《藝文志》，學者所奉爲高山景行者也。而《六藝略》中，以《孝經》《爾雅》《小爾雅》《古今字》爲《孝經》家。以《史籀》《八體》《倉頡》《凡將》……《倉頡故》爲小學家……且曰：「象形、象事、象意、象聲、轉注、叚借六者，造字之本。」此語實爲巨謬，指事、象形、形聲、會意者，造字之法也；轉注、叚借者，用字之法也。有《史籀》《八體》《倉頡》《凡將》《急就》《元尚》《訓纂》《別字》等篇以著指事、象形、形聲、會意之文字，乃有《倉頡傳》《倉頡訓纂》《倉頡故》等篇。又自古有《爾雅》三卷二十篇、《小爾雅》一篇、《古今字》一卷，皆所以説轉注、叚借之用者，其不當歧視明矣。

段氏注《説文·叙》云：

> 指事、象形、形聲、會意者，造字之法也；轉注、叚借，用字之法也。

又云：

六書者，文字、聲音、義理之總滙也，有指事、象形、形聲、會意，而字形盡於此矣；字各有音，而聲音盡於此矣；有轉注、叚借，而字義盡於此矣。異字同義曰轉注，異義同字曰假借，有轉注而百字可一義也。有假借爲一字可數義也。

段氏視《倉頡傳》《倉頡故》《倉頡訓纂》《爾雅》《小爾雅》爲發明文字轉注、假借之「用」者，是亦於文字形體聲音以外，專説文字之義，頗足以發轉注、假借之藴。

# 第四章　唐蘭三書説

## 一、唐氏創立三書説之原因：

（一）六書無明確義界，説者異其辭。

（二）以六書類別文字，不易斷定某字屬某類。

## 二、唐氏三書説之理論架構

唐氏三書説之理論建基於漢字演變之規律。唐氏以爲漢字之演變不出分化、引申、假借三途。分述如下：

### （一）形的分化

唐蘭氏以象形字爲漢字之原始字，引韓非《解老》之言以明「象形」字之義：

> 人希見生象也，而得死象之骨，按其圖以想其生也，故諸人之所以意想者，皆謂之象也。

先民往往憑此意想之象形字，或剌取其片段，或增益意符以賦予新意，是之謂分化，如：爲一原始象形字，而得分化爲、、、、等象意字，進而又分化爲、、、、之字，其或更改、反倒、損益原始之意符而得、、、、之字。凡此等由原始象形字分化而成之新字，唐氏率謂之曰「象意」。

## (二) 義的引申

唐氏所謂「義的引申」，係以原始意符爲基礎，憑作者之想象力，得以引申而成新義，例如：

⊙　本象太陽之形，而引申出「今日」「明日」之義。

𠆢　象人體之形，而可引申爲「衆人」「別人」「人道」諸義。

一　爲象衆數之始，而專一、統一、偶一、略一之義亦由引申而得。

凡此等由引申而得之字，唐氏統謂之曰「象語」字。

## (三) 聲的叚借

唐氏說假借之義至爲清晰，凡「烏」「虖」、「不」「弗」、「朕」「余」諸字，率因其聲而借形，假借所涵之新義與其初義無涉。

綜唐氏《古文字學導論》中「三書」之說，得以簡圖說明如下：

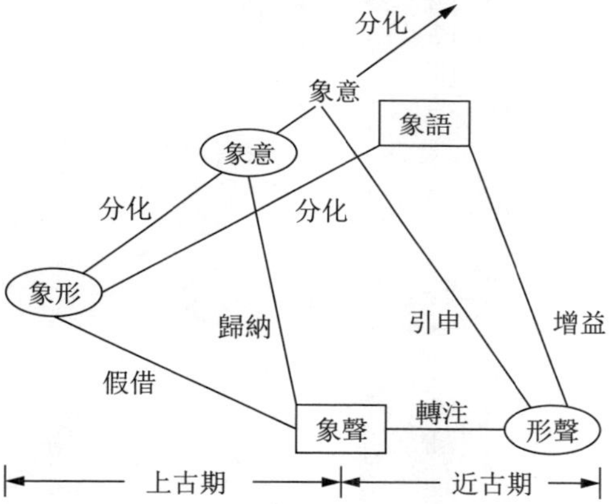

圖中象形、象意、形聲三類字統以圓形符號識之，是爲漢字之類屬，即唐氏所謂三書者：

象形文字　（上古期）

象意文字　（上古期）

形聲字　（近古期）

綜觀唐氏「三書説」，其所謂象形字，大抵與「六書」之象形無殊。唐氏之象意字，實兼包六書中指事、會意兩者，唐氏舉謂之象意，亦可以息指事、會意混淆之爭辯。故唐氏之「三書」，實統攝形、事、意、聲四者，而假借、轉注二事，唐氏則視爲産生形聲字之兩種延續程序，其説豈不勝於戴、段四體二用之説乎？雖然，楊升菴四象之説實有以導夫先路矣。

## 三、唐氏前後期「三書」説之差異

唐氏「三書説」始見於所著《古文字學導論》中，其後撰《中國文字學》（一九四七年）頗修改舊説，其先後乖牾處純在於解釋形聲字産生之途徑上：

### （一）唐氏初期以爲形聲字來自以下三途：

1　自假借之象聲字轉注而來，如「子」之爲「好」，「商」轉爲「滴」。

2　自引申之象語字增益而來，如「戔」之爲「淺」，「多」之爲「侈」，「少」之爲「妙」。

3　自象意字歸納而來，此類字分兩種：

（1）名詞變動詞時，主動爲形，被動爲聲：如「魚」爲「魰」時，在「魰」字中「又」爲形，

「𩵋」爲聲；又如「𦨶」字，「爻」爲形，「舟」爲聲；「𣥐」字中「止」爲形，「屰」爲聲。

⑵ 主語加詮釋性符號而成形聲字：如「見」爲主語，加「日」而爲「晛」；「𦣠」加「月」而爲「朢」，「㝵」加「彳」而爲「得」，「武」加「行」而爲「𧗟」。

## (二) 唐氏後期以爲形聲字之來源亦有三途：

1 孳乳：以一語根爲聲符而加一形符以爲區別，如「羊」之爲「祥」「洋」「恙」「姜」是。

2 轉注：主要意義是形符，如老、𦒷、丂、句、至等字不屬同一語根，而因此等字意義相同，因各加以「老」旁以統其義。

3 踵益：因時代之不同，原來文字不足以表達字音或字義，而加聲符或形符以足之：

⑴ 加聲符：如「雞」，之加「」；「鳳」，之加「」，俱是後加之聲符。又如「鑄」字由至，其中之「𦒷」亦是注音之聲符。

⑵ 加形符以補足其義：如之爲「蜀」或「蠋」；之爲「蠶」者是。

唐氏後期「孳乳」一詞爲前期所無，自其所舉諸例觀之，此「孳乳」一類實兼包由象聲字「轉注」及象語字「增益」兩者。後期「轉注」一途，謂𦒷、丂、句、至之字意義相同，而以老統之，尤爲誣妄之論。至於「踵益」中加聲符以注音，固不得不謂之形聲字矣。至於加意符以補足其義者，則只是象形字或象意之繁化，不得謂之形聲字（當於下文「衰」「求」字下辨之）。故唐氏「三書」之説，以前期之説爲可取，特其第三途自象意字「歸納」而得之形聲字，亦嫌思路淆亂，「歸納」云者，不過是唐氏「歸納」既有之文字現象之思考方法，不可謂爲文字演化之途徑。以唐氏朢、晛、得、𧗟諸字例之，吾寧視之爲象意字之繁化，不謂之形聲字也。

# 下篇　漢字之構成

## 第一章　象形

### 一、象形字之義例

許君《說文解字・敘》云：

象形者，畫成其物，隨體詰詘，日、月是也。

許說象形之義，至爲明確，以「日」「月」爲例，亦足以説明隨體詰詘之義。許書於「日」「月」字下説解云：

 實也，太陽之精不虧，从口一，象形。 古文，象形。

 闕也，大陰之精，象形。

日、月俱是具體之自然物，其義原難以文字描繪之，許氏以「實」訓「日」，以「闕」釋「月」，是以聲訓之理詁之。聲訓者，漢儒習用訓詁之法，以語音相同或近似之詞、字爲他字之詁，於許書中多見於訓釋干支、五行、四方之名及其他常用詞之不易詮釋之例，如：

天　顛也。

地　萬物所陳列也。

土　地之吐生物者也。

神　天神，引出萬物者也。

祇　地祇，提出萬物者也。

王　天下所歸往也。

木　冒也，冒地而生，東方之行。

水　準也。

火　焜也。

門　聞也。

户　護也。

尾　微也。

髮　拔也。

顛之釋天，陳之釋地，吐之釋土，引之釋神，提之於祇，往之於王，冒之於木，準之於水，焜之於火，聞之於門，護之於户，微之於尾，拔之於髮，或爲雙聲，或屬疊韻，此處以「實」「闕」釋「日」「月」亦其一例耳。

許書於象形字下，例多注明「象形」。然有非象形而許氏亦以「象形」或「象某某之形」説之者，如：

亼　三合也，象三合之形。

八　别也，象分别相背之形。

大　天大地大人亦大，故大象人形。

凵　象形，張口也。

臣　牽也，事君也。象屈服之形。

屮　艸木初生也。象丨出形，有枝莖也。古文或以爲艸字，讀若徹。

釆　辨別也。象獸指爪分別也，讀若辨。

㡀　敗衣也。从巾，象衣敗之形。

上舉諸字，或爲名詞，或爲動詞，或爲形容詞，而俱屬指事字。許氏皆説其字爲象某某之形。初讀許氏書者易滋惑焉。王箓友嘗説之曰：

> 案指事字而云象形者，避不成詞也。事必有意，意中有形，此象人意中之形，非象人目中之形也。凡非物而説文云象形者皆然。（《説文釋例》卷一頁十八）

前儒説象形、指事之異，多以形、事爲分，以虛、實爲分，以名、動爲分，以成文、不成文爲分，俱得其一偏。段玉裁云：

> 指事之別於象形者，形謂一物，事晐衆物，專博斯分。故一舉日月，一舉上下；上下所晐之物多，日月祇一物。學者知此可以得指事象形之分矣。（《説文解字敘注》）

段氏亦以物事爲説，物專指一物，事則兼晐衆事，然亦嫌其陷於名詞、非名詞之偏。朱宗萊氏曰：

> 〔蓋〕事物莫不有形，而形象非止一端，有天地自然之形，有人心營構之形，其出於天地自然者，形成於未造字之先，造字者本之，而象形文字生焉。其出於人心營構者，形成於既有字之後，造字者定之，而指事之文生焉。故指物程形，依質造文，象形之純例，汎籠一切，因字定形，指事之正軌。……然則欲明指事象形之異，要當措意於字形之所自出，不煩斷斷以事、物、名、動不同爲辭。雖事也而以實物寫形則爲象形；雖物也而以懸想定體則爲指事。（《文字學形義篇》頁十）

按朱氏之意，以象形是實物寫形，指事則是懸想定體；象形則指物程形，指事乃泛籠一切。其説庶乎中肯，以上舉屮、釆、㡀諸字爲例論之：

屮字之初義，當是象形之艸木字，故許氏云「古文借爲艸字」，然許訓此字爲艸木「初生」，謂其形「象丨出」，説其聲則「讀若徹」，則是許於此字已賦予「通徹」之意，憑懸想以定其字之體，不復爲象形之文矣。

釆字初文當象獸類蹏迒之形，然許訓其義爲獸指爪「分別」，而釋其聲曰「讀若辨」，則是其字已賦有「辨別」之義，於許書中爲指事矣。

㡀許訓敗衣，於詞爲名詞。然所象「衣敗」之形，亦是在巾字之象形上加注指事符號，抽離巾字形象所涵之義而注入主觀之「破敗」概念，且使之更凌駕於巾字本義之上，是亦懸想定體之指事字也。

## 二、象形字之類別

近代諸家類分象形字，多分爲獨體象形、合體象形、變體象形三類，朱宗萊、馬宗霍皆是矣。潘石禪先生且於三者之外益以借體象形一類，獨容庚則據造字之先後與純複之不同，於純象形之外別出增益、減損、改變、重複四類，而不複列變體指事字。今分別撮舉朱、馬、容、潘四家象形指事類別之異，以觀其會通。

朱、馬、容、潘四家象形指事區別比較：

| | 象形字分類 | 例字 | 指事字分類 | 例字 |
|---|---|---|---|---|
| 朱宗萊 | 純象形 | 日、月、云、雨、山、水、火、糸、人、大 | 純指事 | 上、冂、亼、[illegible]、厶 |
| | 合體象形 | 雲、至、血、眉、米、朱、巢 | 合體指事 | 畺、寸、亦、㡀、甘 |
| | 變體象形 | 𠂆、県、夨、夭、不 | 變體指事 | [illegible]、匕、[illegible]、帀、𠂢 |

（續表）

| | 象形字分類 | 例字 | 指事字分類 | 例字 |
|---|---|---|---|---|
| 馬宗霍 | 獨體象形 | 日、月、云、气、雨、山、水 | 獨體指事 | 丄、丅、一、丨、八、厶 |
| | 合體象形 | 眉、県、石、巢、衰 | 合體指事 | 刃、朱、亦、立、朮 |
| | 變體象形 | 尸、夭、夨、了 | 變體指事 | 未、本、帀、凵、乇、交、夕 |
| 容庚 | 純象形　容氏以爲同屬象形文字，其造字亦有先後純複之不同，其從純象形孳乳而出者，可分四類： | | | |
| | 增益 | 益、巢 | 純指事 | 一、二、三、白、厶 |
| | 減損 | 凵、了 | 加標識於他字以爲指事 | 刃、刅 |
| | 改變 | 未、夭、甘、朮、尾、交、亦、立 | | |
| | 重複 | 艸、林 | | |
| | 上列四類象形字，容氏俱以爲是純象形，其中增益與重複兩類爲純象形之屬於物者；減損與改變兩類爲純象形之屬於事者，其例如下：<br>屬於物者五類：<br>（一）人類：人、尸、𦣻、面、丄、幺<br>（二）鳥獸蟲魚類：鳥、隹、牛、羊、犬、豕<br>（三）艸木類：屮、艸、禾、米、木<br>（四）天地類：日、月、夕、水、火、山、丘<br>（五）宮室衣服器械類：冂、宀、門、戶、冓<br>屬於事者：大、夭、夨、交、尢、了、凵、孑、糸、㳄、厶 | | | |

（續表）

| | 象形字分類 | 例字 | 指事字分類 | 例字 |
|---|---|---|---|---|
| 潘重規 | 純象形 | 气、牛、日、隹、[illegible]、[illegible] | 純指事 | 一、二、三、上、下、八、凵 |
| | 借體象形（下分四類）： | | 借體指事（下分七類）： | |
| | 借一文 | [illegible]、[illegible] | 借一文 | 屮、王 |
| | | | 借二文 | 爻、[illegible] |
| | 又合一文 | 番 | 又合一文 | 小 |
| | | | 又合一文而省 | [illegible] |
| | 借複體象形又合一文 | 器 | 借體變文指事又合一文 | [illegible] |
| | | | 又合二文 | [illegible] |
| | 又合一文而從其聲 | [illegible] | 而所從又變形者 | [illegible] |
| | 合文象形（下分三類）： | | 合文指事（下分二類）： | |
| | 合一文 | [illegible]、[illegible]、眉 | 合一文 | [illegible] |
| | 所合省者 | [illegible] | 合二文指事而所合又變形者 | [illegible] |
| | 象形加一聲者 | 齒 | | |
| | 變體象形 | 尸、[illegible]、[illegible]、[illegible]、交、[illegible] | 變體指事 | [illegible]、[illegible]、[illegible]、[illegible] |

各家所舉例字中尸字，俱以爲變體象形字。按《説文》云：

尸陳也，象卧之形。

然則據許説，此字所象者，是「臥之形」。則當屬抽象之事，是「意中之形」，當是指事字。又《説文》：

𠤎 變也，从倒人。

匕 相與比敘也，从反人。

使尸字諸家既以爲象形，而同屬反倒人字次之𠤎、匕二字又何以屬指事？倒「子」之「𠫓」，倒「止」之「帀」又何以爲變體指事而不入變體象形耶？諸家所以認尸字爲象形者，蓋以祭祀之「尸」，是具體之物名故。不知許訓尸字爲「陳」，而祭祀之「尸」亦「陳」以供祭祀者，故謂之尸耳。又如改變大字而成之夨、夭，諸家俱以爲象形，然則變木爲禾、變木爲交之字又何以爲變體指事？

從子無臂之了字，既爲省體之象形，則省月之夕，省木之𣎳，省口之凵等字，自不當列爲指事矣。

是則凡反倒如尸、𠤎、匕、𠫓、帀、県，改易如夨、夭、禾、交、尢，減損如凵、了、夕、𣎳諸字，俱當視爲一例，其作意悉在改變一既有之意符，以顯示一主觀的新意念，其作用與朱、末、亦、刃、文諸字無殊，而朱、末諸字則無不以爲是指事字矣。則此類反倒、改易、減損而成之新字，又何不可以盡歸之於指事哉？故今分象形爲二類：

（一）獨體象形

（二）合體象形

而諸家之變體象形，悉歸於變體指事字。略舉象形字之例如次：

## （一）獨體象形

此類是簡單之象形字，除許《敘》之例「日」「月」以外，凡象自然物象之字俱屬之，如：

山　象三峯並立之形，甲骨文作山，金文作山。

水　象水流波動之形。

云　象雲气回轉之形，此古文，小篆增雨成雲。

气　象雲起之貌，重三畫而屈曲之，以象其气之流動也。甲骨文有重三畫作三，論者訓爲乞、迄者，應與此異。

申　象閃電形。甲文作申、申、申，金文作申、亦有譌作申者，小篆沿之作申或申，假爲十二支之名。

人　象人有臂脛之形。此取其側視之者，正視者則爲大字矣。

鳥　象鳥形，許訓長尾禽之總名。其字象鳥之首、喙、目、翼、尾形。

木　象木之有榦、莖、根、枝之形。

网　象网形。說詳下「合體象形」例。

它　象蛇之盤曲昂頭垂尾形。說詳下「合體」例。

## (二) 合體象形

合體象形字係由簡單之獨體象形字衍化而成。象形字爲漢字發生之最早者，因字類衍生漸多，簡單之獨體象形字之表意作用漸嫌隱晦，甚或與其他形近之字相混，故必逐漸增加注釋性符號以足其意，此漢字繁化自然之趨勢也。簡單之獨體象形字繁化之途有二：一爲增益注釋性意符以補足其意，一爲增益注音性聲符以記其音。分別述之。

1　象形字加注釋性意符

白　白　《說文》曰：「白，西方色也。陰用事，物色白。从入合二。二，陰數。白　古文白。」

按：《說文》皃下云：「皃，頌儀也，从人、白，象人面形。貌　皃或从頁，豹省聲。貌　籀文皃，从豹省。」皃下既言白象人面，則白當皃字之初文，其後以白字之義不顯，且又假借爲伯仲之伯，或黑白之白，故復於其下加人以顯其意，《說文》或體从豸，許以爲从豹聲者，恐未確。想是增加意符豸，避與皃字相混耳。

厶　厷　肱　《說文》云：「臂上也，从又，从古文厶。厶古文厷，象形。肱，厷或从肉。」

按：此字繁化之迹較然，厶爲初文，衍而爲厷，後復益肉旁成肱，許說此曰「厷或从肉」，是許氏已能辨此字非从月厷聲之形聲字也。

且　《說文》云：「且，薦也，从几足有二橫，一其下地也」。段注本作「所以薦也」。注云：「且古音俎，所以承藉進物者。引申之凡有藉之詞皆曰且。」

按：段以且爲俎豆字說之。俎字甲文作俎、且，字雖从二肉，其外則鼎俎之器，然則段蓋不從許氏从几足有二橫之說矣。

祖　《說文》云：「始，廟也，从示，且聲。」

按：祖字亦可視爲且字之繁文，使吾人信且字爲俎豆字之初文，祖字加示旁亦所以足俎豆薦蓋供祭祀之義。

囱　窗　《說文》云：「囱在牆曰牖，在屋曰囱，象形。窗或从穴。囧古文。」

按：囱字初文或是囧字，加穴於囱，是避與腦囟字混也。

㐭　廩　《說文》云：「㐭，穀所振入也，宗廟粢盛蒼黃，㐭而取之，故謂之㐭，从入、回，象屋形中有户牖，廩，亩或从广从禾。」又稟下云：「賜穀也，从亩禾。」

按：金文亩字作□，象形之意較著，亩字增禾作稟，復增广作廩，亦由亩形不顯故也。

□□□《説文》云：「雲，山川气也。从雨，云，象雲回轉形。□，古文省雨。□亦古文云。」

按：甲文作□□諸形，象形之意未若《説文》所載古文作□爲近似。而其形近於《説文》之古文作□者，故此字初文宜爲□或□，加雨頭以足其意，許云古文省雨者是倒果爲因矣。

□□□《説文》云：「鳳，神鳥也，天老曰：鳳之象也，鴻前麐後，蛇頸魚尾，鸛顙鴛思，龍文虎背，燕頷鷄喙，五色備舉，出於東方君子之國，翱翔四海之外，過崐崘，飲砥柱，濯羽弱水，莫宿風穴，見則天下大安寧。从鳥，凡聲。」

□古文鳳。象形。鳳飛群鳥從以萬數，故以爲朋黨字。□，亦古文鳳。

按：鳳字初文作□，與貝朋字易混，朋字金文作□，形與古文鳳作□相似，許君逕以□爲朋黨字，□旁益鳥爲鵬，亦由□□譌亂之故，今作鳳者是加□以注其音而成。

□□《説文》云：「□皮衣也。从衣，求聲。一曰象形，與衰同意。□古文省衣。」

按：甲骨文作□□□金文作□□□，是甲、金文俱已繁化而加衣字矣。《説文》云：「从衣，求聲。」又云：「古文省衣。」俱不確。而段氏改曰：「从衣，象形。」下注云：「各本作从衣云云，淺人妄增之也。」是段氏已能辨許氏之非，特委諸淺人所改耳。許君復云：「一曰象形，與衰同意。」是許君存此字不屬形聲字之異説矣。

□□《説文》云：「□，艸雨衣，秦謂之萆。从衣，象形。□古文衰。」

按：此字初文當作□，易與□字混，《説文》古文作□者，是兼象其頭衣，許君説其形从衣，象形。

其不屬形聲字，審矣。

𠀠𠀠𥫗𠀠箕匪《說文》云：「箕，簸也。从竹、𠀠，象形。下，其丌也。𠀠古文箕省。𠀠亦古文箕。𠀠亦古文箕。𠀠籀文箕。匪籀文箕。」

按：箕初文當是𠀠或𠀠，其後加丌或丌而爲其𠀠，再增竹匚意符而成箕匪矣。

匜匜鉈鉈《說文》云：「匜似羹魁柄中有道，可以注水。从匚也聲。」

按：此字金文作匜匜鉈鉈諸形，其累增意符之迹較然明甚，但欠一从匚之匜字。《說文》適足以補其闕。

朮秫《說文》云：「秫，稷之黏者。从禾朮，象形。朮秫或省禾。」

按：秫字初文自是朮字，增禾旁而成秫，許書謂秫省禾而成朮，不確。

𣶒囦淵《說文》云：「淵，回水也。从水象形，左右岸也，中象水皃。𣶒，淵或省水，囦古文从口水。」

按：淵字初文作𣶒，金文有作𣶒者可證，增水成淵不當云淵省作𣶒也。

2　象形字加聲符注音

𠚕𠚕齒《說文》云：「齒，口斷骨也。象口齒之形，止聲。𠚕古文齒。」

按：齒之初文作𠚕或𠚕，𠚕形易與𠚕混，齒从凵不從口（說詳王筠《釋例》），加止以記其音。

厂厈《說文》云：「厂，山石之厓巖，人可凥。象形。厈籀文从干。」

按：厈之初文爲簡單象形厂字，加干以注其音。

𩙣《說文》云：「翄也。从飛異聲。翼篆文翼从羽。」

按：翼字金文省作、諸形，是純象形，後加異爲聲符，以注其音，从飛或羽皆之變。

《說文》云：「雞知事畜也。从隹，奚聲，籒文雞从鳥。」

按：甲骨文雞作、諸形，知其字本純象形，後加奚旁以注其音，右旁非隹，鳥也。

# 第二章　指事

## 一、指事字之義例

許《叙》云：

指事者，視而可識，察而見意，上、下是也。

許氏所下定義推之，則所謂指事者，殆謂此類字所表現者爲抽象之意義，而不重具體之形。簡言之，則「指事」者，猶「指其意」。

許《叙》釋形聲字云：

以事爲名，取譬相成。

許所謂「事」者，實即該字之意符，取譬相成者，謂以聲符譬況其聲也。

又許《叙》釋叚借云：

叚借者，本無其字，依聲託事。

此處之「事」猶「義」，「依聲托事」者，猶「依聲託義」，謂此字依於他字之聲以寄其意也。是知許氏釋指事之義，亦當謂指示出抽象之意念，是指事可易言之曰「指意」矣。

## 二、指事字之類別

指事字，大別之可分爲三類：

（一）以純符號表示概念者
（二）意符加指事符號以指其事者
（三）更改或反倒他字以指其事者

其中（一）類出現較早，而（二）、（三）類則有待簡單象形與（一）類産生後始見之。分述如次：

## （一）以純符號表示概念者

丄《説文》云：「上，高也。二 古文上，指事。」

按：甲骨文正作 二 或 二，金文作 二、丄、丄等形，爲表示位置之符號。

丅《説文》云：「下，底也。指事。」

㒳《説文》云：「㒳，再也。从冂、闕。《易》曰：『參天㒳地。』」《説文》别出「兩」字，曰：「二十四銖爲一兩，从一㒳，㒳，平分也，㒳亦聲。」

按：㒳、兩二字蓋古今字，其初文㒳，象兩物相合之形。二十四銖之兩，蓋是後起之借義，故復制「兩」字爲之。

囗《説文》云：「囗，回也，象回帀之形。」段《注》云：「按圍繞字，周圍字當用此。圍行囗廢矣。」

員《説文》云：「物數也，从貝，囗聲，員 籀文从鼎。」按石鼓作員，與籀文近。

圓《説文》云：「圓，全也，从囗，員聲。」

圍《説文》云：「守也，从囗韋聲。」

按：囗、員、圓是古今字，初文作囗（《商周金文録遺》有其字）。加鼎作員者，象其鼎口之圓也。後復於員外加囗以成圓字，周圍之圍義，則是其引申之義矣。

《説文》云：「右戾也，（段注：自右而曲於左）象左引之形。」

《説文》云：「左戾也，从反，讀與弗同。」

《説文》云：「凶，惡也。象地穿交陷其中也。」

## （二）意符加指事符號以指其事者

此類指事字出現較遲，而其作意與第一類實無殊。自人類之思維成長程序言，此類字較第一類爲複雜，又可分爲指示位置及著明其指事之意兩類：

1 加指事符號以指示位置者：

《説文》云：「木下曰本。从木，一在其下。古文。」

段注本依《六書故》所引唐本改爲「从木从下」，故段本此篆作，則是會意字矣。

《説文》云：「木上曰末，从木，一在其上。」

段注本改爲「从木从上」，亦以會意説之。

《説文》云：「高而上平也，从一，在人上。」又云：「始也。从一从兀。」

按：兀、元二字本一字，其本義爲首，字金文作，其朔誼甚顯。「高而上平」與「始」皆其引申義。

《説文》云：「人之臂亦也。从大，象兩亦之形。」徐鉉曰：「今別作腋，非是。」

《説文》云：「刀堅也。象刀有刃之形。」

《説文》云：「内也。从口，丨上下通。古文中。籀文中。」

按：甲骨文作、、，金文作、諸形。知非口字，而僅屬指事符號而已。其作用與亦刃字之作，本末字之作一無殊。

《説文》云：「顏前也。从百，象人面形。」

按：亦是指示位置之符號，無詞滙意義，與中字所从之同。

《説文》云：「身中也。象人要自臼之形。从臼，交省聲。古文要。」

按：中字之非口，面之亦不成字。要之雖本是臼字，而許氏亦以「人要自臼之形」説之。愚以爲此臼亦不必訓爲臼字，而只可視爲不具詞滙意義之指事符號。否則此「要」「中」等字俱是會意字矣。

2　加指事符號以著明其意者：

《説文》云：「牛鳴也，从牛。象其聲气从口出。」（段注：「合體象形。」）

《説文》云：「羊鳴也，从羊。象聲气上出，與牟同意。」

《説文》云：「美也，从口含一。一，道也。」

按：一無義，如許氏説訓一爲道，則此字屬會意矣。

《説文》云：「詞也，从口，乙聲。象口气出也。」

《説文》云：「多言也。从品（衆庶也）相連。」

按：象相連之意，非山字。

《説文》云：「隸人給事者爲卒。」（古以染衣題識，故从衣一。）

《説文》云：「廱蔽也。从人，象左右皆蔽形。讀若瞥。」

按：冂是象蔽意之指事符號，與訓首鎧之兜字所從之冂形同義異，於兜則爲象形字矣。

夾　《説文》云：「盜竊褱物也。从亦，有所持。俗謂蔽人俾夾是也。」

按：所从之人是象「有所持」意之指事符號。

犮　《説文》云：「犬走皃。从犬而丿之。曳其足則剌犮也。」

工　《説文》云：「巧飾也。象人有規榘，與巫同意。𢒄古文工，从彡。」

巫　《説文》云：「祝也，女能事無形，以舞降神者也。象人兩褎舞形。與工同意。」

按：許氏云「工」「巫」二字同意，恐當謂𢒄、巫同意爲是。蓋𢒄之有彡與巫之有从，其意大同也。彡意巧飾之意，从象兩褎舞形，許君釋巫字曰：「女能事無形。」「無」蓋「舞」字之初文，非有無字，「巫」字以从象舞形，亦是指事符號，不具詞滙意義也。

## （三）更改或反倒他字以指事

更改或反倒他字以爲指事者，其作用實與在意符上加指事符號之作用無殊，皆所以改易原來意符之意義，以顯示一新概念而已。

乏　《説文》云：「《春秋傳》曰：『反正爲乏。』」

按：段《注》云：「不正則爲匱乏。二字相鄉背也。」

正　《説文》云：「是也，从止，一以止。𤴓古文正從上。𤴔古文正。从一足。足亦止也。」

按：甲文作正、正、正諸形，以爲征伐字。

帀　《説文》云：「周也。（段本改匊）从反之而帀也。周盛説。」

按：此字爲甲骨及金文所未見，蓋後起字。甲骨、金文有帀、帀字，用爲師字，無周帀義。《説文》

又云：「㞢出也，象艸過中，枝莖漸益大，有所㞢也。」如此則㞢字當訓往，許以象艸過中說之，則反㞢爲帀之意晦矣。

《說文》云：「歸也，从反身。」

按：徐鍇曰：「古人所謂反身修道，故曰歸也。」此字从反身，而讀於機切。不知皈依字是否從此字分化而出。待考。

《說文》云：「厚也，从反亯。」段《注》：「到亯者，不奉人而自奉厚之意。」

# 第三章　會意

## 一、會意字之義例

許《叙》云：

會意者，比類合誼，以見指撝，武、信是也。

段《注》：「誼者，人所宜也。」鄭衆《周禮注》：「今人用『義』，古書用『誼』。……『指撝』與『指麾』同，謂指向也。」

按：許説會意，蓋謂比合數字之誼，以見此新字之指向也。原無領會其意之義。爲此説者皆楊桓《六書統》「使人望之而自悟」之言有以啓之耳。或謂指事易與會意混者，蓋是惑於指事符號與意符之分耳。如前所舉「中」之从口、丨，而不知口實爲指事符號，異於束之訓縛，从口木，則爲會意矣。要之从臼，許説爲自臼之形，而不知此臼字已用作無詞滙意義之指事符號矣。又如甘之从口含一，許君以一釋道，謂口含一者，蓋謂其慕悦聖人之道，則甘字亦屬會意矣。

許氏以武、信二字爲其例，説詳後。

## 二、會意字之類别

會意字之義界既如上述，以兩意符組成新字以表示新概念者，則其字類可分爲：

（一）異文會意。

（二）同文會意。

異文會意之意符之結合，必先辨其意符有無主從正偏關係。如二意符有主從之別，則只是象形之累增字，不得蒙會意字之名矣。會意之組合意符必無主從正偏之別，而屬均衡組合，學者宜細辨之。

## （一）異文會意

 《説文》云：「楚莊王曰：『夫武定功戢兵，故止戈爲武。』」

按：「武」字金文作、、、諸形。古文凡从止之字，俱有前進之意。此字初義當是步武，象兵士步武勇武之皃。許以戢兵訓止戈，而引楚莊王「止戈爲武」之訓，則又賦予較深之涵義，是亦人類文明進化，其觀念亦從之演變矣。

 《説文》云：「誠也。从人言。古文。亦古文信。」

按：「信」字古文从，从；而「訊」字古文作，「謀」字古文作、，「詩」字古文作。諸字所从之或，恐皆象人舌形，古文「言」「舌」殆不可分。甲骨文「言」字作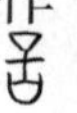、、、諸形，而「飲」字作，所从之，當即之倒文，即「舌」字。許氏以干口釋「舌」字，非是。故「信」字之初義蓋是人舌之所出之義，謂人言而必信者，是又人類道德觀念進化之徵也。

 象二人相向進食形。甲文作，金文作、形。

 《説文》云：「就食也。」甲骨文作、等形，人居左右不定，皆象就食之形。

 《説文》云：「歠也，从欠，酓聲。」

按：飲字甲骨文作，象倒舌字，倒之就以象舐酒之形。甲骨文又有作、者，論者或以爲是增益今爲聲符，余恐皆由字譌亂所致。

《説文》云：「小阱也。从人在臼上。」

按：字金文作，象人墜阱中。訓小阱者殆非。

《説文》云：「取也。从見寸。」

按：《説文》「彳」部別出「得」字，訓「行有所得」。㝵、得蓋古今字。甲骨文㝵字作、，金文作、形，皆从貝不从見。

《説文》云：「日且冥也。从日在茻中。」

《説文》云：「矢鋒也。束之族族也。从㫃，从矢。」（段《注》：今字用鏃，古字用族。）

按：段《注》以「族」爲「鏃」之古文，是説「族」之後起義。甲骨文「族」字作，金文作，俱象人立旗下之形，有聚族之意，然金文已有从矢作者，則其字譌變已久矣。

## （二）同文會意

同文會意字蓋重複同一意符以見意，雖或位置倒寘，如𣥠字，亦是重複意符止，不必視爲止字之反文也。

《説文》云：「相聽也，从二人。」

按：甲骨文及金文俱从二人作，金文有从作或者，是其繁化之體。

《説文》云：「密也，二人爲从，反从爲比。古文比。」

按：許氏反「从」爲「比」，由古文觀之，「比」字亦當从二人。此字右旋以別於「从」字，不必爲

「从」之反文也。

 《說文》云：「乖也，从二人相背。」

按：甲骨文作、等形，金文作、，俱象二人相背形。

 《說文》云：「衆立也。从三人，讀若欽崟。」

 《說文》云：「多也。从㐺目。衆意。」

按：「众」「衆」當是古今字，許君分爲二字，讀众爲「魚音切」，蓋漢時音義已歧。

 《說文》云：「併也。从二立。」

按：甲骨文、金文俱象二人並立之形。

 《說文》云：「驚嘑也。从二口，讀若讙。」

按：《玉篇》與「言」部「讙」字通，「言」部「讙」字訓「譁」，與「驚嘑」義殊。

 《說文》云：「衆庶也。从三口。」

 《說文》云：「足剌𣥠也。从、，讀若撥。」

按：「登」「癹」字从此。象人足剌𣥠之形。其字與「犮」字音義俱近。「剌𣥠」「剌犮」「狼跋」，俱古語音轉。

 《說文》云：「竦手也。从从。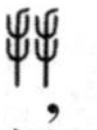，揚雄說，从兩手。」

 《說文》云：「引也。从反。、或从手从樊。」

按：爲初文，「攀」爲後起字。

# 第四章　形聲

## 一、形聲字之義例

許《叙》云：

形聲者，以事爲名，取譬相成，江河是也。

「事」猶義也，「名」猶字也；「以事爲名」者，謂形聲之字，以其字之事義爲形符也。「譬」謂譬其音讀，「取譬相成」者，謂該字之聲符係用以譬該字之讀音者。以許氏所舉「江」「河」兩例觀之，知許所指之形聲字，專指聲符不具表意作用之形聲字也。

鄭衆述六書之名，不曰形聲而曰諧聲，然則鄭氏之名亦果有可取乎？試以六書中前四書例之（轉注、假借不數）：

曰象形、曰指事、曰會意、曰形聲（或諧聲）

前三書悉爲動詞加賓語組成之動賓短語，則此第四名似亦宜以與前三者同類之動賓短語爲是。「形聲」之名，雖足以見該類字之組成成份爲半形半聲，然「諧聲」之名，尤足以見此類字以聲注形之實質也。故鄭漁仲獨有取於「諧聲」之名，其言曰：

諧聲、轉注一也。役他爲諧聲，役己爲轉注。

鄭氏立說之本，蓋基於：

聲爲母　爲己　爲大　爲正

形爲子　爲他　爲小　爲偏

鄭氏所以混同諧聲、轉注者，是以此類字之區別在乎聲符在此等字之中之作用而定。「役他」者謂以聲注形，鄭氏以此類字屬諧聲字與許君同。「役己爲轉注」者，謂以形注聲者，鄭氏析出此類爲轉注字，爲許君所未及。以故「諧聲」之名，於分析文字結構或有勝於「形聲」者。

## 二、形聲字之類别

前人於形聲字之分類，多涉繁瑣，於純形聲之字，則分爲：

左形右聲：如河、江。

右形左聲：如鳩、鴿。

上形下聲：如草、藻。

下形上聲：如婆、娑。

外形内聲：如圜、國。

内形外聲：如聞、問。

於純形聲之外，復分亦聲、省聲、一字兩聲等例。今悉不取焉。試以形聲字發生之過程而區分之如下：

### （一）意符加聲符以注音者

此類字已見前「合體象形」節。其字雖蒙形聲之名，然其字仍以形符爲主，聲符爲從屬。所加之聲符除用以注音外，兼且以此字之形易與他字混同，故加聲符以爲區别耳。如：

右旁之意符原象鷄形，後以其形不顯，遂加「奚」爲聲符以記音，亦以别於他禽也。

加「凡」爲聲符，義亦同「鷄」。

古文作，形近舂米之「臼」，故增「止」爲「𦥓」。

草器也。，古文蕢，古文形與近，故孳乳爲「蕢」。

盧，飯器，以柳作之，形近張口之，乃孳乳爲笭。

綜觀此類字之組合，是以意符爲主，而聲符只屬注釋性符號，其組合屬主從組合。

愚以此類字悉當歸之繁化之象形字，與形聲字之意符及聲符作均衡組合者不同，不當蒙形聲之名。

然而習非勝是，所由來久矣，姑寘此以待學者辨之。

## （二）意符加聲符以區别異名者

此類字是形聲字之標準字，意符與聲符無正偏之别，製字者但取意符與聲符作均衡之組合，以見新字之義，其方式與會意字同，例如：

《説文》云：「水，出蜀湔氐徼外崏山，入海。从水，工聲。」

《説文》云：「水，出敦煌塞外昆侖山，發源注海。从水，可聲。」

《説文》云：「豆莖也。从艸，其聲。」

《説文》云：「辛菜，薔虞也。从艸，翏聲。」

《説文》云：「大菊，蘧麥也。从艸，匊聲。」

《説文》云：「染青艸也。从艸，監聲。」

《説文》云：「艸也，南陽以爲麤履。从艸，包聲。」（意符「艸」表示是草之一類。）

《説文》云：「果，出江南。从木，矞聲。」（从「木」表示橘爲樹木一類。）

《説文》云：「衣内也。从衣，里聲。」

《説文》云：「半枯也。从疒，扁聲。」（从「疒」以示其爲枯，今偏枯字假「偏」爲之。）

## （三）假借字加意符以區别異義者

此類字以製字過程言之，實即唐蘭三書説中假借而來之象聲字復加意符轉注而成者，就其製成之字言之，則假借字爲聲符，後加意符，遂成形聲字矣。例如：

金文作。若者，或爲璧之初文。《説文》云：「法也。从卩辛。卩（節）制其辠也，从口，用法者也。」

其字借爲「僻」：《孟子・梁惠王》：「放辟邪侈。」

又借爲「闢」：《孟子・梁惠王》：「欲辟土地，朝秦楚。」

又借爲「譬」：《中庸》：「辟如行遠，必自邇。」

又借爲「避」：《中庸》：「而莫之知辟也。」

「僻」「闢」「譬」「避」之字，初無專字，本皆假辟字爲之，後始加「人」「門」「言」「辵」等意符，遂成專字矣。

又如：

《易・夬》九四爻辭曰：「臀無膚，其行次且。」孔《疏》曰：「次且，行不前進也。」《象》曰：「其行次且，位不當也。」

「次且」係假借字，以托行不前進之義，其後乃造爲「趑趄」「跛跙」等專字矣。

## 附論：形聲字聲符之位置

形聲字中聲符之位置純屬約定俗成，原無一定之規限，然沿襲既久，遂成定例，變易位置，則將淆爲他字矣。如：

集 雧《說文》云：「群鳥在木上也，从雥、木。集，雧或省。」

椎《說文》云：「所以擊也，齊謂之終葵。从木，隹聲。」

又如：

梟《說文》云：「不孝鳥也，故日至捕梟磔之。从鳥，在木上。」

樢《說文》云：「寄生草也。从艸，鳥聲。《詩》曰：『蔦與女蘿。』樢，蔦或从木。」

又如：

衍《說文》云：「水朝宗於海也。从水行。」

洐《說文》云：「溝行水也。从水行。」（段《注》：此以會意包形聲。）

又如：

羍《說文》云：「小羊也。从羊，大聲，讀若達同。」

美《說文》云：「甘也。从羊大。」

又如：

允《說文》云：「信也。从㠯人。」

佀《說文》云：「象也。从人㠯聲。」

觀上舉諸例，知形聲之聲符位置，既已有約定俗成之定例，則不得隨意變易之矣。

# 第五章　假借

## 一、假借之義例

許《叙》云：

> 假借者，本無其字，依聲托事，令、長是也。

「本無其字」者，謂造字之初，只有概念，而未有文字，「依聲托事」者，謂但存其音於口語中，後乃取其音近之字，以寄托其義，此假借之義也。

至夫孫詒讓《與王子壯論假借書》有云：

> 假借可救造字之窮而通其變。

孫氏所謂「救造字之窮」者，是有見於意符文字之窮，而不得變以聲符文字，此文字演變自然之勢也。孫氏首揭此義，可謂卓見。

許舉「令」「長」二字爲例，後世解者，並以此二字與前「日」「月」、「江」「河」之類同屬並舉之例焉。以爲此二字中，「令」字由發號出令之本義，假借爲「縣令」之義；借用久遠之「長」，而爲長上之「長」。獨吳稚暉以爲「考」「老」、「令」「良」（長）皆是側舉之例，有異於「日」「月」、「江」「河」者，其說云：

> 許氏之意，轉注言同，必有其所同；假借爲託，必舉其所托。考老、令良（長）皆側舉。言考，則老其所同者；言令，則良其所托者。令良古音必尤近，令爲使令，良爲善良，其言語早在文字之

先。令爲會意字，造之在前，良爲形聲字，造之在後，當良之未造，凡説善良而用良聲者託令爲之。（《説文解字詁林序・附辨》）

吴氏改「長」爲「良」，雖未可盡從，然其標舉側舉之説，似較前人之以「令」「長」二字並舉者爲勝。

吴氏所以改「長」爲「良」者，蓋以「令」字之假借爲「長」，於義爲引申。實不足以説許氏「本無其字，依聲托事」之義。蓋「令」之於「長」，不徒借聲，兼申其義也。故朱駿聲亦以許例未安，而以「朋」「來」二字易之。不知「朋」字與「鳳」字，其形體於甲骨文金文中截然不同，不得謂爲假借。「來」字差爲近理，借「來麰」之音，以寄「往來」之義。至等字則爲後起之專字矣。故學者欲瞭解假借之義，宜先分別假借與引申之異：

假借：基於音同而相假。

引申：基於本義而衍繹。

申言之，凡假借者，借其音，不取其義。欲從借字之本義以求假借之新意，亦徒爲繳繞而已。楊樹達嘗祛其安矣（説詳《積微居小學金石論叢》）。舉二例以明之：

晉姜鼎：「無灋朕命」，借灋爲廢，而薛尚功云：「法有時而廢，故人通作廢。」其意欲爲「灋」假爲「廢」之故作注脚，則「灋」爲「廢」字之引申矣。

又彝銘中有假「𣄰」爲「旂」之例，全屬同音通假，而羅振玉乃云：「蓋戰時禱於軍旂之下。」亦是欲從借字「𣄰」字中尋求「祈求」之義，是亦昧於假借與引申矣。

以下就許書所舉「朋」「來」「韋」「西」諸例論之：

《説文》云：「古文鳳。鳳飛，群鳥從以萬數，故以爲朋黨字。」

來《說文》云：「周所受瑞麥，來麰也。天所來也，故爲行來之來。」

韋《說文》云：「相背也。獸皮之韋，可以束物，枉戾相韋背，故借以爲皮韋。」

西《說文》云：「日在西方而鳥棲，故以爲東西之西。」

所說皆其本義之引申，而非假借也。

## 二、假借字之類別

假借字自其用言之，大別爲下列數類：

### （一）語詞之借

借丈夫之「夫」爲發語之「夫」。

借女陰之「也」爲語末之「也」。

借焉鳥之「焉」爲語末之「焉」。

借瑯邪之「邪」爲疑問之「邪」。

借乎叫之「乎」爲疑問之「乎」。

借衆詞之「諸」爲疑問之「諸」。

借逮及之「及」爲連詞之「及」。

借但裼之「但」爲連詞之「但」。

**（二）稱代之借**

以往有所加之「彼」爲代詞「彼」。

以停止之「此」爲代詞之「此」。

以婦人之「女」爲代詞之「女」。

以水名之「汝」爲代詞之「汝」。

以靡麗之「爾」爲代詞之「爾」。

以負何之「佗」爲代詞之「他」。

**（三）方國專門之借**

借「若」爲「鄀」。

借「郾」爲「燕」。

借「鼄」爲「邾」。

借「無」爲「鄦」。

借「單」爲「鄲」。

**（四）其他**

以來麰之「來」爲往「來」字。

以鳥西（棲）之「西」爲東「西」字。

以熊屬之「能」爲賢「能」字。
以黄倉庚之「離」爲「離」別字。
以蜥蜴之「易」爲賞「易」字。

## 附論

楊樹達、魯實先造字假借説平議：

楊氏撰《造字時有通借證》（《積微居小學述林》卷四）首揭造字假借之説，其例如：

若，擇菜也。从艸、右。右，手也。

楊氏乃云：按「右」爲手口相助，不得訓手，而許云「右，手者」，字借右爲又也。

又如：《説文》「咸」下云：

咸，皆也，悉也。从口从戌。戌，悉也。

楊氏云：按「咸」爲會意字，然从口从戌，會意之旨不明，故許君又云「戌，悉」以明之，此非訓「戌」爲「悉」，謂假「戌」爲「悉」也。

細審楊氏所舉「若」「咸」二字爲例，其意殆欲以造字之初，「若」中之「右」，爲「又」之假借，「咸」中之「戌」，爲「悉」之假借，以爲造字時之假借。楊氏云：「六書有假借，許君舉『令』『長』二字爲例，此治小學者盡人所知也。然此類實是義訓之引申，非真正之通假。且以『號令』『年長』之義爲『縣令』『縣長』，乃欲避造字之勞，以假借爲造字條例之一，又名實相舛矣。余研尋文字，加以剖析，知文字造作之始，實有假借之條。」是楊氏亦有感於許書「令」「長」之例是「義訓之引申」，未足説明造字假借之義，故楊氏特申其説耳。近者魯實先氏復暢其流，以爲凡形聲之文，聲符之無義者，悉爲造字之假借也。如：

嘉言爲誐，「我」乃「嘉」之借。

傳言爲諺，「彥」乃「傳」之借。

飛舉爲翥，「者」乃「舉」之借。

文質備爲份，「分」乃「文」之借。

暇、豭、麚中之「叚」，皆爲「厷」之借。

魯氏執劉向《七略》之説（班固《漢志》謂六書爲「造字之本」，魯氏以爲是劉向《七略》之言），以六書「爲造字之準則，而非用字之條例」，因推衍爲「凡形聲之字必兼會意」，以爲「形聲之字必以會意爲歸」，其有形聲之文，其聲不足以見義者，魯氏以爲是出於假者之故，撮舉其説如下：

於艸部釋若曰：「从艸右，右，手也」。口部釋咸曰：「从口戌，戌，悉也」。此部釋此曰：「从止匕。匕，相比次也」。用部釋庸曰：「从用庚，庚，更事也」。叀部釋疐曰：「叀者如叀牛之鼻」（原本牛作馬，茲依段注訂）。會部釋會曰：「从亼曾省，曾，益也」。日部釋昆曰：「从日匕，匕，合也」。宀部釋寡曰：「从宀頒，頒，分也」。匕部釋匘曰：「从匕，匕，相匕箸也」。釋艮曰：「从匕目，匕目猶目匕」。壬部釋壬曰：「从人士，士，事也」。毛部釋𣯌曰：「色如虋，故謂之𣯌」。至部釋𦤶曰：「从至，至而復孫，孫，遁也」。宁部釋𡬶曰：「从宁甾，甾，缶也」。（諸本《説文》並从甾作𡬶，唯段注本臆改爲𡬷）信如所言，則璊𣯌所从之㒼爲虋之借，若所从之右爲又之借，咸所从之戌爲悉之借，此、昆、匘、艮、所從之匕爲比之借，庸所从之庚爲更之借，疐所从之叀爲桊之借，會所从之曾爲增之借，寡所从之頒爲分之借，壬所从之士爲事之借，﨤所从之孫爲遁之借，𨢄所从之畱爲甾之借，此許氏明言造字段借，有此十五字。（魯著《假借遡原》葉第六十六）

綜楊、魯二家之説，俱原於形聲字中聲符必兼義，其無義可尋者，必輾轉於假借中撿求之，其用心亦良苦矣。

# 第六章 轉注

## 一、轉注字之義例

許《叙》云：

> 轉注者，建類一首，同意相受，考老是也。

許説「同意相受」，則是「考」「老」二字可輾轉互爲訓釋矣。然「建類一首」之義至晦。「類」者云何？「首」者何指？説者乃異其辭焉。

清乾隆間曹寅虎著《轉注古義考》，纂集晋衛恒以下以迄清初邵長蘅等二十餘家之説，今約諸家之説而爲三：一曰建類主形，一曰建類主義，一曰建類主聲，分述如次：

### （一）建類主形

「類」謂字類，「首」謂字類之部首，其説始發於徐鍇《説文繫傳》（説詳「上編」《徐鍇轉注説》）。其意謂「孝」「耆」「耋」「耄」諸字皆从「老」，遂以「老」爲部首矣。

江聲《六書説》亦與楚金之説相類而加詳審焉。其説曰：

> 受「老」字而从「老」省，「老」字之外，如「耆」「耋」「𦒱」「耇」之類，凡與「老」同意者，皆从「老」省而屬「老」，是取一字之義以概數字，所謂「同意相受」。叔重但言「考」者，舉一以例其餘爾。由此推之，則《説文解字》一書，凡五百四十部，其分部即建類也，其始一終

> 亥，五百四十部之首，即所謂「一首」，下云「凡某之屬皆从某」，即「同意相受」也。

江氏以五百四十部首爲「建類」之「首」，而説「同意相受」之義，則恐未諦。從江説者，有許宗彦、孔廣居、陳澧諸家，陳東塾尤許「其義甚確」。（陳澧《書江艮庭徵君六書説後》）

## （二）建類主義

主以字義爲類者，以戴震、段玉裁爲主，戴東原云：

> 「考」「老」二字屬諧聲會意者，字之體；引之言轉注者，字之用。古人以其語言立爲名類，迺以今人語言，猶曰互訓云爾。轉相爲注，互相爲訓，古今語也。……數字共一用者，如「初」「哉」「首」「基」之皆爲「始」，「卬」「吾」「台」「予」之皆爲「我」，其義轉相爲注，曰轉注。（《答江慎修先生論小學書》）

東原之意，是以古今語之轉相爲注、互相爲訓者爲轉注。段玉裁推其意而言之尤明晰，曰：

> 轉注猶言互訓也。注者，灌也，數字展轉互相爲訓，如諸水相爲灌注，交輸互受也。（《説文注》）

是段説轉注即同意相受，其旨與戴説無殊。而段釋建類一首之説曰：

> 「建類一首」，謂分立其義之類而一其首，如《爾雅·釋詁》第一條説「始」是也。「同意相受」，謂無慮諸字意旨略同，義可互相灌注，而歸於一首，如「初」「哉」「首」「基」「肇」「祖」「元」「胎」「俶落」「權輿」，其於義或近或遠，皆可互相訓釋，而同謂之「始」是也。

是直以《爾雅》「初」「哉」「首」「基」等字，義同爲「始」，遂以始爲建類之首。此説最足疵病，以故張行孚譏之爲「建類一足」也。

### （三）建類主聲

主聲之說，非謂趙古則、楊慎、顧炎武、邵長蘅「方音」「叶音」「聲轉」之說，而是聲類詮釋「建類」之義者。爲此說者首推章太炎，其說云：

> 「類」即聲類，不謂五百四十部也；「首」謂聲音，不謂凡某之屬皆从某也。（章氏《國故論衡・轉注假借說》）

又曰：

> 以文字代語言，各循其聲，方語有殊，名義一也。其音或雙聲相轉，或疊韻相迆，則更制一字，此所謂轉注也。

其說「建類一首」之義尤精審：

> 何謂「建類一首」？「類」謂聲類……「首」者今所謂語基。……「考」「老」同在幽類，其義相互容受，其音小變，按形體，成枝別；審語言，同本株。雖制殊文，其實公族也，非直「考」「老」，言「壽」者亦同。循是以推，有雙聲者，有同音者，其條例不異，適舉「考」「老」疊韻之字，以示一端，得包彼二者矣。（章氏《國故論衡・轉注假借說》）

按章氏之說至爲精審，以「類」爲聲類，「首」爲語基之說，尤足凌轢今古，誠屬創獲。先生更反復闡發其義曰：

> 古來語言不齊，因地轉變，此方稱「老」，彼處稱「考」；此方造「老」，彼處造「考」，故有「考」「老」二文。造字之初，本各地同時並舉，太史采集異文，各地兼收，欲通四方之語，故立轉注一項。（章氏《小學略說》）

章氏復明言轉注之字是因方音之殊而制爲異文矣。至於「上編」所舉鄭樵「役己」爲轉注之說，雖其語焉不詳，未詳析「建類一首」之義，然其說實亦以聲爲主，其云：

> 轉注者，正其大而轉其小，正其正而轉其偏者也。

其所謂「大」者、「正」者，皆指聲符，而「小」者、「偏」者爲形符。愚意亦可歸之於主聲一派。

按：諸說之中，以章氏之說最爲精審，爲其能溯語言之原也。乃有譏其以語言現象解釋文字現象者，是又昧於語言與文字之關係者已。愚以爲漢字可大分爲二類：一類爲意符文字，象形、指事、會意等均屬之；一類爲聲符文字，叚借、轉注、形聲等屬之。沈兼士言之審矣（說詳「上編」）。聲符文字之特徵，正在以文字表現語言現象，何遽妄加譏彈者哉！故取章氏之言也。許君轉注之說或可讀爲：

> 「建類一首」：同一語源之字類；
> 「同意相受」：二字之意可互相容受。

而其所以名轉注者，謂其音有轉迻，義可灌注也。

## 二、轉注字之類別

吾人倘同意轉注字之定義爲同一語源，因語音之變遷而更作新字，則轉注字可分下列各類：

### （一）雙聲轉注

更　改

果　敢

祈　求
泯　滅
答　對
瀾　淪
急　惬

## （二）疊韻轉注

老　考
原　泉
敗　壞
諷　誦
欷　歔
俾　倪

## （三）複音轉注字

黽勉　　勿勿　　沒沒　　勉勉　　密勿　　蠠沒

此類複音詞最足説明此種語言現象之改變，而以異字記其音。此等字孤立言之，俱是純音符之假借字；綜合言之，則是轉注之詞組矣。

轉注之義，既先決定於同一語源，而其音稍轉移而生新字，則凡同音同義字，不得爲轉注矣。即累增字如「网」「罔」「網」，「暮」「莫」，「益」「溢」，或體字如「彊」「强」，「𡯁」「跛」，「倞」「勍」，「後」「逡」，「跟」「峎」，亦俱不可以目之爲轉注，幸學者明辨之。

# 保卣「徃兄六品」郭鼎堂説商榷

「保卣」一九四八年出土於河南洛陽。一九五五年秋，陳夢家撰《西周銅器斷代》〔一〕，考訂爲武王時器，約其論據之點有三：

一、銘文「王令保及殷東國五侯」，應指武王時册令武庚及齊、魯、燕、管、蔡等五國。成王伐武庚後，封宋、衞兩國，殷國乃亡。

二、銘文字體接近晚殷𠨘其三卣，其款式亦屬殷式。

三、卣與同時出土之尊之形制花文，不能晚於成王。

一九五八年春，郭鼎堂撰文考證，以爲是成王時器，釋銘文之「徃兄六品」爲「遂亡六國」，謂即《逸周書·作雒解》及《史記·周本紀》所載周公召公滅殷及徐、奄、熊、盈、薄姑等五國事，其説曰：

「徃兄六品」，「徃」即語詞「誕」，猶「遂」也。「兄」讀爲「荒」，亡也。《書·微子》「天毒降災荒殷邦」，《史記·宋微子世家》作「亡殷國」。「六品」即「六國」。依金文例，玉可言品，穆公鼎「錫玉五品」，是也。氏族可言品，周公簋「錫臣三品：州人、𡍨人、𩫏人」，是也。土田亦可言品，乍册友史鼎「省北田四品」，是也。此則國亦言品，「徃兄六品」者，遂亡六國也。六國即殷、徐、奄、熊、盈、薄姑。〔二〕

今按郭氏之説，殊覺未安，兹掇拾衆説，補其闕遺如次：

郭釋「徃」爲語詞之「誕」，是也。《説文》云：「誕，詞誕也。从言延聲。𨒢、籀文誕省正。」段玉裁於「詞誕也」三字下注云：「此三字蓋有誤，《釋詁》《毛傳》皆云：『誕，大也。』」而桂未谷則謂「詞誕也」當作「詷也」，以「誕」字爲衍文，蓋以「詷」之別義爲「譀」，「譀」復訓「誕」，三字輾轉互訓故也。王筠《說文釋例》《句讀》及朱駿聲《說文通訓定聲》並從其說。竊謂「詞誕」二字當乙，作「誕詞也」，「誕」字復舉篆文，如「莧」字下云「莧菜也」之例，錢大昕謂是校書者所添者也〔三〕。許君釋曰「詞也」者，知其時尚存「語詞」之意，不必盡如《毛傳》、《釋詁》訓爲「大也」。〔四〕清儒囿於故訓，必欲以「大」意說之，殊爲未允。王引之《經傳釋詞》獨發其覆，以爲《詩》《書》中凡句首之「誕」字，皆是發語之詞〔五〕，其說蓋本之朱熹《詩集傳》之說而推衍之耳。《詩・大雅・生民》次章「誕彌厥月」下朱注云：「誕，發語詞。」其餘三章之「誕寘之隘巷」「誕寘之平林」「誕寘之寒冰」；四章之「誕實匍匐」；五章之「誕后稷之穡」；六章之「誕降嘉種」；七章之「誕我祀如何」；並當訓爲發語之辭，與「乃」字義同。郭氏釋文以「遂」釋之，意亦相近，特未如「乃」字妥貼耳。曶鼎銘云：

祉賁絲五夫用百爰

猶言「乃用百爰以贖茲五夫」也，「祉」字用法亦與此銘同。

復次，郭氏釋「兄」爲「荒」，假「荒」爲「亡」，其說固迂曲難通，而謂「六品」即「六國」，尤言之無徵。按「荒」「亡」二字疊韵爲訓，《孟子・梁惠王》下云：「從獸無厭謂之荒，樂酒無厭謂之亡。」《管子・戒篇》云：「夫師行而糧食於民者謂之亡，從樂而不反者謂之荒。」《晏子春秋・問下篇》云：「從獸而不歸謂之荒，從樂而不歸謂之亡。」皆「荒」「亡」二字疊韵爲訓之證。又《書・微子》：「天毒降災荒殷邦。」孔疏云：「荒亡，聲近義通。」又《書・五子之歌》：「内作色荒，外作禽荒。」孔傳云：「迷亂曰荒。」又《逸周書・大明武解》云：「十藝必明，加之以十因，靡敵不荒。」孔晁注云「荒，敗也。」揚雄《太玄經・内》云：「荒家及國。」范望注云：「荒，亡也。」綜上諸例，知「荒」字有「迷」

「亂」「敗」「亡」諸義，郭氏訓「荒」爲「亡」，本無可議，而「兄」「荒」二字古皆屬陽部，劉熙《釋名》復有以「荒」釋「兄」之例〔六〕，然假「兄」爲「荒」，考之經傳及吉金文字則皆無之。金文中之「兄」字，多用其本義爲父兄字，如：

一、丁巳卣：用乍（作）兄癸彝。

二、曾子仲宣鼎：用雒（饔）其者（諸）父者（諸）兄。

三、⿰黹令鎛：保𪊨（吾）兄弟，用求丂（考）命彌生。

四、僕兒鐘：以追考（孝）侁（先）祖，樂我父兄。

五、⿸广金父鼎：有（侑）女多兄。

六、𠩺叔多父盤：兄弟者子婚冓無不喜。

七、殳季良父壺：用亯（享）孝于兄弟⿸厂⿱日夊（婚）顜（媾）者（諸）老。

或於兄旁加聲符「㞷」，作「⿰㞷兄」。如：

一、𨛗王子旃鐘：兼㠯（以）父⿰㞷兄庶士。

二、沇兒鐘：以嘉樂嘉賓，及我父⿰㞷兄庶士。

三、王孫遺者鐘：用樂嘉賓父⿰㞷兄。

四、姑馮句鑃：以樂賓客，及我父⿰㞷兄。

凡言「者兄」「兄弟」「多兄」「父兄」「父⿰㞷兄」，皆是其本義，至其假借爲「貺」字者，其形作，與兄字微異。如：

一、南宮中鼎：「王命太史兄懷土。」吳闓生云：「懷，南夷地名。貺懷土者，以懷土貺諸臣也。」〔七〕

二、中鼎：「今兄里女懷土，乍乃采。」吳闓生云：「以懷土貺予女乍女采邑。」釐（里），賜予也。」〔八〕于省吾云：「兄臾，郭讀貺釐，謂賜予也。」〔九〕則此處郭氏亦釋「兄」爲「貺」矣。

三、矢令簋：「公尹白丁父兄于戍。」吴闓生云：「公尹，官名；伯丁父，人名。兄，貺也。」〔一〇〕郭氏《考釋》云：「公尹白丁父兄于戍，吴闓生云：『公尹，官名；伯丁父，人名。兄與貺同。』近是。」〔一一〕此器兄字作，與保卣同。

金文中之「兄」字，未有假爲「荒」字之例，「荒」字多假「妄」字爲之，如：

一、毛公鼎：「女毋敢妄寧。」吴闓生云「書無逸：不敢荒寧。言女毋敢荒廢自安。」〔一二〕

二、晋姜鼎：「余不叚（暇）妄寧。」孫詒讓云：「妄當讀爲荒。」〔一三〕

此皆假「妄」爲「荒」之證。從知此器之「兄」字亦當假爲「貺」，而不能獨假爲「荒」也。郭氏復謂銘中之「六品」即指「六國」，恐亦非是。

《説文》二下云：「品，衆庶也。从三口」，引申以爲品物之稱。艾敦（即井侯彝，亦即郭録之周公簋）云：「易臣三品：州人、𠦪人、郭人。」吴闓生云：「易以臣三等，州人、𠦪人、郭人是也。」〔一四〕于省吾云：「《廣雅・釋詁》云：『品，式也。』三品猶言三種。」〔一五〕按吴、于兩説皆是。品即等類、品式、品種也。此言易以州人、𠦪人、郭人三種臣僕也。又庚午鼎云：「庚午，王命寑（寢）蕽（農）相北田四品」。吴闓生云：「相北田四品者，省視田獵所獲，以供祭也。」〔一六〕吴意蓋以田獵所獲品物説之，是也。又穆公鼎又云：「易玉五品，馬四匹。」〔一七〕「品」與「匹」並舉，殆亦是品類物數之辭，郭氏釋「六品」爲「六國」，蓋以上文有「殷東國五侯」之語，遂以附會六品即上文之殷與東國五侯——徐、奄、熊、盈、薄姑也。陳氏之以此器銘所貺之六品，當指臣隸言，舉《左傳・定公四年》分魯公以「殷民六族」爲據〔一八〕，其説視郭氏爲審矣。

## 注釋

〔一〕《考古學報》，一九五五年，總第九期，頁二十一。

〔二〕《考古學報》，一九五八年，第一期，頁一。

〔三〕錢大昕《十駕齋養新録》卷四，「説文連上篆字爲句」條。

〔四〕《爾雅・釋詁》第一及《詩・大雅・生民》毛傳。

〔五〕王引之《經傳釋詞》卷六，「誕」字條。

〔六〕《釋名》卷三《釋親屬》第十一。

〔七〕吴闓生《吉金文録》卷一，頁九。

〔八〕同上。

〔九〕于省吾《雙劍誃吉金文選》卷上之二，頁一。

〔一〇〕《吉金文録》卷三，頁五。

〔一一〕郭沫若《兩周金文辭大系考釋》，頁十六。

〔一二〕《吉金文録》卷一，頁二。

〔一三〕《雙劍誃吉金文選》卷上之二，頁十八引。

〔一四〕《吉金文録》卷三，頁四。

〔一五〕《雙劍誃吉金文選》卷上之二，頁二十五。

〔一六〕《吉金文録》卷一，頁十。

〔一七〕見于省吾《商周金文録遺》圖九十七。

〔一八〕見注〔一〕引。

載《聯合學報》第六期，香港中文大學聯合書院，一九六八年。頁一二三——一二六。

# 陳璋壺考年

陳璋壺今藏美國費城賓夕凡尼亞大學博物館。器高一尺一寸一分，兩耳作獸面含環形。腹飾斜方蝠紋，足飾兩V字相交紋，錯石，銘環刻足上。《三代吉金文存》題㝨壺，郭氏題作陳騂壺，容氏《金文編》及陳夢家俱題陳璋壺。録郭氏釋文如次：

> 隹王五年㝨□墜夏再立事歲，孟各戊辰，大𢦏□□，子墜𩢴（騂）内（入）伐匽（燕）□邦之隻（獲）（《兩考》二六一）

「陳𩢴」之「𩢴」字，郭氏考定爲「騂」字（説詳下）。拓本左旁作「辛」，右旁漫漶不辨，今審其左旁當是「章」，而非「辛」。陳夢家氏題曰「陳璋」而不從郭氏者以此。容希白《商周彝器通考》初亦題「陳𩢴」，及其重訂《金文編》，則從陳氏説題「陳璋壺」矣。今亦從陳氏。郭氏考釋云：

> 此齊襄王五年齊軍敗燕師時所獲之燕器。《史記·田敬仲完世家》「襄王在莒五年，田單以即墨攻破燕軍，迎襄王於莒，入臨菑，齊故地復屬齊」。言「㝨□墜夏（得）再立事」者，即國復之後重任舊職也。言「大𢦏□□」者，𢦏殆㦰之異，讀爲「咸劉厥敵」之咸，謂剪滅也，所泐二文當是「燕師」字。言「内伐匽□邦」者，即追亡逐北，進而侵伐燕之某邑。凡此均爲田單復齊時所應有事。冬字作𣅽，从日，與《説文》所揭古文冬字同。金文紀時者，此與商鞅量二器而已。（越王鐘言孟春見《補録》），於時上繫以孟仲季字，此尤爲僅見之一例。（《兩考》二二〇）

又云：

燹下所缺二文當是「燕師」字，「⿰⿱辛牛馬」當是「騂」之異文，卜辭及金文作𦍋，石鼓文作𨐨，此作「⿰⿱辛牛馬」，乃从牛从馬辛聲，更進則省牛而爲「騂」矣。「内」與「入」通，「匽」即北燕，金文凡北燕之「燕」均作「匽」或「郾」。「内伐匽」即「入伐燕」，言追亡逐北而侵入燕境也。「伐匽」下二文半泐難辨，當是燕之地名，「隻」即古「獲」字，卜辭習見。言本器乃陳騂入伐燕之某地時所捕獲也。陳旻與陳騂於典籍中雖無可徵，然由全銘之考核，決爲齊襄王五年時事無疑。（《郭沫若全集・金文叢考》頁三九〇）

郭氏謂此器係齊襄王五年「入伐燕之某地時所捕獲」之器，云：「内伐匽（燕）□邦」即「追亡逐北而侵入燕境」之意，然考《戰國策・燕策二》有云：

齊田單欺詐騎劫，卒敗燕軍，復收七十城以復齊。

《史記・田單列傳》亦云：

燕軍擾亂奔走，齊人追亡逐北，所過城邑，皆叛燕而歸田單，兵日益多，乘勝，燕日敗亡，卒至河上，而齊七十餘城皆復爲齊，乃迎襄王於莒，入臨菑而聽政。

《燕世家》亦云：

齊田單以即墨擊敗燕軍，騎劫死，燕兵引歸。齊悉復其故城。

又《樂毅列傳》云：

齊田單後與騎劫戰，果設詐誑燕軍，遂破騎劫於即墨下，而轉戰逐燕，北至河上，盡復得齊城，而迎襄王於莒，入於臨菑。

綜上文所引，或云「復收七十城以復齊」，或云「齊七十餘城皆復爲齊」，或曰「齊悉復其故城」，或曰「盡復得齊城」，因知田單破燕之役，僅收復齊故地，逐燕兵至河上而止，實未嘗「入伐燕邦」，掠燕之寶器也。陳夢家嘗據原物摹寫銘文，重爲考定如次：

隹主五年，𩰫□陳旻再立事歲，孟冬戊辰，大臧□孔陳璋内伐匽亳邦之獲。

所釋與郭氏異者有二，「王」陳釋作「主」，「臧攴」陳釋「臧」，有郭氏所不能釋者亦二，「大臧」下第二字釋「孔」，「邦」字上一字釋「亳」，今所見拓本漫漶，難以辨識，未審孰是，（陳夢家手摹本及攝本未見，陳氏謂將有專文論列，亦未見刊布，本篇所引悉據陳氏《戰國紀年考説》），陳氏復云：

據《齊策》「三十日而舉燕國」，《孟子·梁惠王下》齊宣王曰：「五旬而舉之」，是齊破燕在宣王五年孟冬。亳邦者，燕都也，《左傳·昭公九年》曰「武王克商……肅愼燕亳，吾北土也」。陳璋即田章，《秦策》「陘山之事」章曰：「趙且與秦伐齊，齊懼，令田章以陽武合于趙而以順子爲質」。《孟子·離婁下》所謂「匡章，通國皆稱不孝焉」，即田章也。其人始用事于威王時，《齊策》曰：「秦假道韓魏以攻齊，齊威王使章子將而應之，齊兵大勝」。徐州之會，章子責惠施曰：「公之學去尊，今又王齊王，何（其到）也？」見《吕氏春秋·愛類篇》。是田章並事威宣二王，與惠施孟子同時。宣王五年伐燕之役，《燕策》謂「王令章子將五都之兵以因北地之衆以伐燕」是也。孟子謂破燕後，齊人「毁其宗廟，遷其重器」，而此壺明記爲伐燕之獲是也。

陳氏謂此器是齊宣王五年破燕而「毁其宗廟，遷其重器」所得，其説當較郭氏以田單復齊七十城事之説爲勝。然齊破燕之年，史籍所載亦多歧異，約而言之可有三端，一曰齊桓公五年，説見《史記·田敬仲完世家》，一曰齊湣王時，説見《史記·燕召公世家》，一曰齊宣王時，説見《孟子·梁惠王下》及《戰國策·燕策》。要當以第三説梁惠王年爲可信，略論之如次：

## 一、齊桓公五年説

《齊策二》云：「韓、齊爲與國，張儀以秦、魏伐韓。齊王曰：『韓，吾與國也，秦伐之，吾將救之。』田臣思曰：『王之謀過矣，不如聽之，子噲與子之國，百姓不戴，諸侯弗與；秦伐韓，楚、趙必救之，是天下以燕賜我也。』王曰：『善。』乃許韓使者而遣之。韓自以得交于齊，遂與秦戰，楚、趙果遽起兵而救韓。齊因起兵攻燕，三十日而舉燕國。」

《史記・田敬仲完世家》亦云：「桓公午五年，秦、魏攻韓，韓求救于齊。齊桓公召大臣而謀曰：『蚤救之孰與晚救之？』騶忌曰：『不若勿救。』段干朋曰：『不救則韓且折而入于魏，不若救之。』田臣思曰：『過矣君之謀也，秦魏攻韓，楚、趙必救之，是天以燕與齊也。』桓公曰：『善。』乃陰告韓使者而遣之。韓自以爲得齊之救，因與秦、魏戰，楚、趙聞之，果起兵而救之。齊因起兵襲燕國，取桑丘。」

愚按《史記》此載，殆牽合《國策》威王桂陵之役與宣王破燕之役而致誤，吴師道《戰國策注》、梁玉繩《史記志疑》，以及汪之昌《青學齋集》「齊人伐燕年代考」已辨其謬，田臣思蓋即田忌（見吴師道《戰國策注》），田忌於齊威王桂陵之役始用兵，鄒忌亦于威王時爲相，「何得于桓公時已預大政」（吴師道語）？故錢穆先生辨之曰：

蓋桓宣字相近，史公既以伐燕爲湣王事，乃以意移此於桓公耳。意當時史公所據本文當有宣王五年之説，而史公乃移以爲桓公之五年也。考《秦本紀》：「惠文王後元五年，伐取韓石章，十一年，敗韓岸門。」惠文王後元十年，當齊宣王五年，其十一年當宣王六年。是秦之伐韓在宣王五年，韓恃救以抗秦，至明年而大敗，齊以此際襲燕，歲月情事皆恰符，則史公《田齊世家》桓公五年事，即宣王五年之誤，夫復何疑？（《先秦諸子繫年》卷三）

愚按錢氏此説可謂卓識，「桓」「宣」形固易淆，聲亦近而易譌也。《韓非子・説林》上：

智伯索地於魏宣子。

顧廣圻云：

宣，策作桓，《説苑・權謀篇》作宣。

陳奇猷云：

宣子，當依《魏策》作桓子。

又《韓非子・十過篇》云：

昔者智伯瑶率趙、韓、魏而伐范、中行，滅之，反歸，休兵數年，因令人請地於韓，……又令人請地於魏，宣子欲勿與。

陳奇猷曰：

《魏策》及《史記・魏世家》宣子皆作桓子，是。按魏無宣子。此魏桓子，《韓非子》《説苑》皆作魏宣子，當以《國策》《史記》爲是。又《韓非子・難三》云「知伯出，魏宣子御」，《淮南子・人間篇》「宣子弗欲與之」，桓子亦譌爲宣子矣。又《成公・十三年經》云：

曹伯盧卒于師。

《左氏傳》云：

五月丁亥，晋師以諸侯之師及秦師戰于麻隧。……曹宣公卒于師，師遂濟涇，及侯麗而還。

《禮記・檀弓上》云：

諸侯伐秦，曹桓公卒于會。

鄭康成注云：

盧謚宣，言桓，聲之誤也。

此則謂曹宣公爲桓公矣，陸德明《釋文》亦讀「桓」爲「宣」，此皆「桓」「宣」二字互假之證，豈史公所見舊本原作「齊桓（宣）王五年」，史遷乃誤以爲「齊桓公五年」而致誤與？

## 二、齊湣王説

《燕策一》云：「燕噲三年，與楚、三晉攻秦，不勝而還。子之相燕，貴重主斷。……王因收印自三百石吏效之子之，子之南面行王事，而噲老不聽政，顧爲臣，國事皆決子之。子之三年，燕國大亂，百姓恫怨，將軍市被、太子平謀將攻子之，儲子謂齊宣王：『因而仆之，破燕必矣。』王因令人謂太子平曰：『寡人聞太子之義，將廢私而立公，飭君臣之義，正父子之位，寡人之國小，不足先後。雖然，則唯太子所以令之。』太子因數黨聚衆，將軍市被圍公宮，攻子之，不克。將軍市被及百姓乃反攻，太子平、將軍市被死以殉，國構難數月，死者數萬衆，燕人恫怨，百姓離意。孟軻謂齊宣王曰：『今伐燕，此文武之時，不可失也。』王因令章子將五都之兵，以因北地之衆以伐燕，士卒不戰，城門不閉，燕王噲死，齊大勝燕，子之亡。二年，燕人立公子平（按：當作公子職），是爲燕昭王。」

《史記・燕召公世家》所載多與此同，而改「儲子」句爲「諸將謂齊湣王曰：『因而赴之，破燕必矣。』」此蓋《史記・年表》載齊破燕事在周赧王元年，魏哀王（按：當作襄王）五年，時當齊湣王十年，因改《國策》文以求與《年表》相合，考《孟嘗君列傳》索隱引《竹書紀年》云：『梁惠王後元……十五年，齊威王薨。』而《田敬仲完世家》謂威王在位僅三十六年，乃本《滑稽列傳》載淳于髡説威王以隱有「威行三十六年」句而致誤耳，當以《紀年》爲合。周赧王元年，當秦惠文王後元十一年，韓宣惠王十九年，趙武靈王十二年，燕王噲七年，齊宣王五年也。

## 三、齊宣王五年説

齊宣王五年説，《燕策一》所記已見上引，《孟子·梁惠王下》所引宣王伐燕事亦與燕策多同，兹不贅。《秦本紀》惠文王後元十年「敗韓岸門」，《韓世家》宣王十九年「大破我岸門」，《燕世家》《集解》《索隱》引《年表》云：「君噲及太子相子之皆死」。

綜上諸説，則知齊破燕之年，當在周赧王之元年，而齊宣王五年也。此器之作，亦當在宣王之世也。

載《聯合書院學報》第七期，香港中文大學聯合書院，一九六九年。頁一四三——一四八。

# 評許進雄《明義士收藏甲骨釋文篇》

《明義士收藏甲骨釋文篇》，許進雄著。加拿大皇家安大略博物館出版，一九七七年。

(*The Menzies Collection of Shang dynasty oracle bones*, vol. Ⅱ, by Hsu Chin-hsiung. The Royal Ontario Museum, 1977. XXXVI 234 p.5 plates)

甲骨文字之發現，距今已近八十年〔一〕，據董作賓的《甲骨學五十年》（一九五五）的統計，五十年來出土甲骨的總數達十萬九千六百一十七片。胡厚宣在《五十年甲骨文發現的總結》（一九五〇）和《五十年甲骨學論著目》（一九四九）裏，統計出已出版的研究甲骨文的專著達八百七十六種，甲骨學確已成爲當世之顯學了。董氏在《甲骨學六十年》「最近十年的甲骨學」一章裏，把甲骨文出土以來的研究情況，做了個總結。他説：

> 看一看甲骨文字研究了六十年的經過，不能説在近代史中，在學術上，有了很大的成就。我曾把發現以來，這六十年內，分成四個階段。第一是字句的考釋，第二是篇章的通讀，第三是分期的整理，第四是分派的研究。（一四二頁）。

董氏管第一、第二兩階段叫前期的研究，而以第三、四兩階段爲後期的研究。我們分析董氏所説的前期研究兩階段，所做的工作是從甲骨文字的字的辨認，詞的理解，進而對整段卜辭的句讀和通讀，把整段卜辭用楷書寫出來。至於後期研究的第三、四兩階段中的「分期整理」和「分派研究」，可說是董氏在甲骨學上劃時代的貢獻，打從一九二八年董氏赴安陽小屯發掘開始，翌年一九二九年十二月《安陽發掘報告》第一期出版，到一九三一年六月董氏發現了有條不紊的文例和因貞人以定時代的方法，寫成《大龜四版考釋》。翌年三月董氏再發表了他的名世之作《甲骨文斷代研究例》，爲甲骨文字研究拓開了新疆域，把甲骨文字分成五期，又爲判別分期而確定了十個標準，這十個標準是：

一、世系　二、稱謂　三、貞人　四、坑位　五、方國　六、人物　七、事類　八、文法　九、字形　十、書體

這十個判别時期的標準，主要是建立在貞人們在貞問時王祭祀祖妣時的「稱謂」上，從這些祭祀卜辭記載上，董氏更把殷王室的世系分成了不祀遠祖的「新派」和祀遠祖的「舊派」，并且對殷王室的宗法制度也有了更深入的認識。簡言之，董氏這十個斷代的標準中，世系、稱謂、貞人可説是甲骨學斷代研究的基礎，後來的甲骨學者，大都是沾沔於董氏的。能在董氏的基礎上對殷王室的祭祀卜辭作更深入的探討者，國内有陳夢家，海外有島邦男〔二〕，至於本書的作者可説是這一派研究者的後勁。許君於一九六七年畢業於台大中國文學研究所，其畢業論文《殷卜辭中五種祭祀的研究》於一九六八年出版，列《台大文史叢刊》第廿六種。許君此書對「翌、祭、壴、𠭯、彡」五種祀典作更徹底的研究，書中對祀譜與祀首的擬定，祀週與祀序的推尋，殷室各王在位年數的推斷，作者總結了董作賓、陳夢家、島邦男三家的成果，小心精密地作進一步的研究，使董氏草創的論點中不完備的地方得以修正〔三〕。許氏在此書外還先後發表了很多甲骨學論文，據筆者所知有以下各篇，散見於台大中文系編印的《中國文字》中：

一、《説𡨦》（第十三期）

二、《甲骨卜辭中五種祭祀祀首的商討》(第二十二期)
三、《五種祭祀的祀週和祀序》(第二十四期)
四、《殷卜辭中五種祭祀研究的新觀念》(第三十五期)
五、《鑽鑿對卜辭斷代的重要性》(第三十七期)
六、《五種祭祀的新觀念與殷曆的探討》(第四十一期)
七、《談貞人荷的時代》(第四十三期)
八、《略談貞人的在職年代》(第四十四期)
九、《從長鑿的配置試分第三第四期的卜骨》(第四十八期)

以上九篇文章中第四篇開始是作者應聘加拿大皇家安大略博物館後的文章,第四篇文章便是以該館所藏的一版明義士所藏的龜背甲爲研究對象的。至於第五篇《鑽鑿對卜辭斷代的重要性》一文,可説是許氏甲骨研究的轉捩,許氏在該館任研究員的同時,進入了多倫多大學東亞系修讀碩士學位,撰成論文《卜骨上的鑿鑽形態》,於一九七三年八月由台灣藝文印書館出版。許氏在該書序文中指出了董作賓的「斷代法的兩個基礎標準——貞人和稱謂——的應用是有限的,它們之出現於卜辭,並不意會可確實表明其時期」。許氏更進一步説明鑿鑽形態有助於甲骨文斷代的研究:

> 鑿鑽形態之足爲斷代的標準,是由手拓摹寫之中慢慢體驗出來的。現在雖尚在研究的初期階段,已可看出鑿鑽形態於各期演變的明顯過程是不可否認的事實。由於分期的最大爭論在於所謂的王族,多子族卜辭,所以本文特別注重辨明此種卜骨上的各種形態。傳統斷代的標準無法解決其紛爭,而鑿鑽形態的標準是可能的。

圖書的概説裏也一再肯定了卜骨上的鑿鑽可補足董氏斷代研究法的缺陷。許氏此期對鑿鑽形態的研究可説是把貝塚茂樹的意見更具體地加以發揮〔四〕，把斷代研究更向前推進了一步。

本書是許氏整理加拿大皇家安大略博物館所藏明義士舊藏甲骨的成果。全書分第一、二兩部，第一部是目録圖版之部，第二部是文字之部，是把該館所藏明義士的四千七百片甲骨綴合整理出來的資料，滙入了許氏的甲骨文知識而成書的。

本書釋文部份内容如下：

序説
凡例
引用甲骨書目簡稱表
附録
（一）關於斷代分期
（二）關於五種祭祀
（三）關於田獵卜辭
釋文
圖版

其實全書是在主體——釋文以外，加上了三篇附録的文字。這三篇附録可説是許氏前期甲骨學知識的一個總結，再加上他的新知。像在附録（一）斷代分期問題上，許氏劈頭第一段便提出了董作賓斷代分期標準之不足，而必須用鑿鑽形態去辨别其年代。同樣在附録（二）「關於五種祭祀」裏，許氏也是因爲該館所藏的一片資料，改變了一向對五種祭祀的認識。而把他在《中國文字》發表過的論文《殷卜辭中五種祭祀的研究》《殷卜辭中五種祭祀研究的新觀念》《五種祭祀的新觀念與殷曆的探討》

中所提出的意見，作總括的叙述。至於附録（三）中介紹田獵卜辭是因爲本書所收資料中有很多此類卜辭，因而附加説明。

董氏認爲六十年來的甲骨學可分的四階段中，前期的階段是文字的辨認考釋，後期是分期與分派的研究，董氏一派的貢獻自然是屬後期。而許氏自然屬於董氏一派，其研究的旨趣在於殷商歷史的重建。董氏自己就承認「六十年後的今天還有許多字的考釋，詞的瞭解，句讀的念法，許多不同的見解，未能斷定誰是誰非」。他甚至拿猜燈謎來比喻古文字研究〔五〕，説明辨識文字並不是件易事，他説：

> 本來識字是很難的，到了最後，易識的字都已認出了，不易識的多是人名地名等等後世失傳的死字，將來也許永遠不會再認識〔六〕。

董氏的話，可以讓我們了解到甲骨文字的考釋已到了難以再進的極限，如果我們要在本書主要部份——釋文——要求許氏超越這個極限，那是極不公允的。

## 注釋

〔一〕根據劉鶚《鐵雲藏龜・序》所記龜版於光緒廿五年己亥（一八九九）出土，董作賓《甲骨年表》即定此年（一八九九）爲甲骨文發見之始，但郭若愚《殷契拾掇・序》認爲胡義贊石查（同治舉人）亦藏有甲骨三十餘片，而認爲「甲骨發現的時期必須要提早」。

〔二〕陳夢家《殷墟卜辭綜述》；島邦男《祭祀卜辭之研究》《殷墟卜辭研究》《帝乙帝辛之在位年數》《卜辭之殷曆》等著作，都是對殷王室所用的五種祭祀：「翌、祭、壹、脅、彡」的祀週和祀序的安排，作較深入的考察，進而推求殷代的曆法。

〔三〕許書頁一三一對帝乙在位年數問題的推斷，董氏認爲帝乙在位三十五祀，島邦男氏推算爲二十祀，許氏以爲是三十七年。同書頁一〇八對五種祀週的論斷，也是比較了董作賓、陳夢家、島邦男三家的説法而作更精確嚴密的排比研究的。

〔四〕貝塚茂樹《京都大學人文科學研究所藏甲骨文字》。

〔五〕董作賓《甲骨學六十年》頁三四一。

〔六〕《甲骨學六十年》頁一一。

載《東方文化》第十七卷第一期，香港大學，一九七九年。頁一五五—一五七。

# 評張瑄《中文常用三千字形義釋》

*The Etymologies of 3000 Chinese Characters in Common Usage*. By Chang Hsüan. (Hong Kong University Press. London: Oxford University Press, 1968. pp. Ⅻ + 960. H.K.)

此書原稿是張瑄（伯珩）先生執教於香港大學東方文化研究所所屬的語言學校時（一九五三—一九五九）所編撰的。一九六八年五月張氏校定刊行。其選字的標準，是根據該語言學校所選定的《中國常用字表》，分部的辦法也是以《常用字表》爲依據。這本書的中文名是《中文常用三千字形義釋》，因此，這書的重點也就落在字形和字義的解釋上。在字形上，作者以《説文》中的小篆爲主，而上溯於殷、商的貞卜文字，以及商、周、秦、漢的金文。這在分析字體的結構流變上，予讀者很大的便利。至於字義的解釋以及字體的結構分析，作者也是以許書爲根據，旁參羅振玉、王國維、商承祚、郭沫若等近人的説法作爲補充。並且在每字之下，附録《説文》的卷次，以便讀者檢索許書。作者對中國古文字學涵養有素，在文字的摹録方面，很能做到「精摹其字」（羅香林教授《序》語）的地步，但對於本書所收録的字形和解釋字義兩方面，我們都有點意見要提出來。

首先，我們要提出字形上的問題。張先生在這方面花費了很多功夫，尤其是在金文方面，像一九二九年冬洛陽韓君墓，和一九三三年安徽壽縣所出土的器物銘文，都收録了；在一般習見的金文字形的選擇方面，作者也頗去蕪存菁。至於甲骨和石刻方面的材料，却不免有點疏略了。根據張先生的編纂略例

（五）：「字首下所列傳世金石文字，依時代先後摹寫之。」張先生在引言裏也說這書是「以傳世金石文字，集諸儒之說，作系統整理」。但這書却没有收録秦石鼓文或任何秦刻石。我們知道「石鼓文」在「金文」與「小篆」的演變過程中佔有極重要的地位，其他秦刻石也有許多堪作《說文》小篆參證的地方。這種疏略似乎是不應有的。

在選擇甲骨文材料時，張先生指出書中的甲骨文，是局限於以下各種材料的：

一、《鐵雲藏龜》
二、《殷虚書契》
三、《殷虚書契菁華》
四、《鐵雲藏龜之餘》
五、《殷虚書契後編》
六、《戩壽堂所藏殷虚文字》
七、《龜甲獸骨文字》
八、《鐵雲藏龜拾遺》

而在張先生編輯此書時，可資參考的甲骨文書籍起碼有三十種以上，而且中央研究院屢次發掘出土的甲骨二萬多片，早已編刊爲《小屯殷虚文字甲編》及《乙編》了。《丙編》綴合復原了的龜腹甲數百片，著者在一九五九年或未完全見到，可是《甲編》與《乙編》乃研究甲骨文絶不可忽略的主要參考資料書籍，本書隻字不提，實令人費解，因此也造成了很多不必要的錯誤：

一、一六一頁「喪」字下無甲骨文。孫氏《甲骨文編》著録三十八體，其中見於張先生所用的八種書籍者十二文，羅振玉、于省吾並以爲是喪字。

二、一七三頁「在」字下不收甲骨文。甲骨文以才爲在，早成定論了。

三、一八九頁「夢」字下不收甲骨文。按《説文》夢寐字作㝱，甲骨文作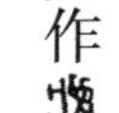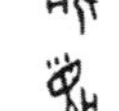，《文編》著録十四文，又或體十六文。

四、二一〇頁「婦」字下不收甲骨文。按甲骨文用帚爲婦，亦有從女作《乙編》八七一三，《燕大》七二三者。

五、二四七頁「尸」字下不收甲骨文。按甲骨文「尸」字作《甲》二七七、《續》一・三三・七率假借爲「夷」字。

六、二五四頁「山」字下不收甲骨文。按卜辭「山」「火」二字形同，李孝定氏謂「當於文義求之」。

七、二九一頁「往」字下不收甲骨文。按甲骨文以爲「往」，其例至夥。

八、三七三頁「旦」字下不收甲骨文。按「旦」字甲骨文作《甲編》一八五、《甲編》八四〇、《後編》二・二九・一四諸形，于省吾《殷契駢枝三編》已有極詳盡的解説。

九、三九五頁「望」字下不收甲骨文。按「望」字卜辭作，《前編》凡六見，羅振玉已能識之，《小屯丙編》更有許多資料，而張先生亦付闕如。

十、四七六頁「無」字條下不收甲骨文。按卜辭借「亡」爲「無」，早成定論。張氏在「無」字下既不引甲骨文，而在「亡」字則又不説明「亡」字在甲骨文中的意義。

以上所舉的例子，在書裏出現得很多，不能一一加以列舉。其他像第六七頁儿部「兄」字條下收録了十四個甲骨文，其中較重要的異體「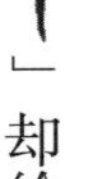」却給漏掉了。至於「兄」字在甲骨文中的用法也没有提及，反而在五七三頁「祝」字下引録了羅振玉的話來解釋甲骨文「祝」字的結構。（本書「祝」字條下，又不録甲骨文。）又如本書第七〇〇頁「裘」字下收録的甲骨文中一類是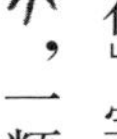，一類是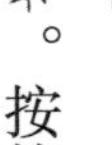。按第一類的

字隸定作「希」,與「殺」「祟」同義,可說已成定論,而張先生却沿襲了羅振玉、王國維兩家的錯誤說法,把它認做「求」字。此外還有很多類似的例子。

其次,我們要討論這書有關解釋字義方面的問題。我們知道漢字經過數千年來的演變,從前的字義和今天我們所使用的意義,有很多差異,光是靠着古書上的詁訓是不够的。詁訓只能幫助我們去閱讀和了解古書,而無助於解釋現代活的語言。我以爲本書在解釋字義這方面最大缺點便是忽略字義的時間性。舉例來說:在這書的第四五頁有「但」字,張先生書中引用了許慎的話:「裼也。從人,旦聲。」而下面並沒再說明爲甚麽今天的「但是」的「但」字要解作「裼也」。又在六九八頁中「裼」字下也引用了許慎的說法:「衣縫解也,從衣,旦聲。」作者對這字也沒有進一步的說明。又例如第一五三頁裏的「咳」字條下,作者也僅是鈔録了《說文》的解說:「咳、小兒笑也。从口,亥聲。孩,古文咳从子。」没有其他甚麽解釋。這樣一來,豈不是很容易引起讀者的誤解嗎?原來「咳嗽」的「咳」字就是「孩童」的「孩」字,那麽「咳嗽」的「咳」字究竟該怎樣寫?其他像這類的例子也很多,如第一〇一頁「創」字,張先生指出了是「刅」字的或體,而「刅」字的本義是「傷也」,没有進一步說明今天爲甚麽用作「創立」義。又第六七七頁「蒙」字條下,作者又引用了《說文》「王女也」來解釋,甚至連「王女」究竟是甚麽東西也不加說明,更不必說今天用作「蒙蔽」的意思從何而來了。我們懷疑靠這本書來學習中國文字的「外邦人士」究竟能領略多少!

綜括來說,這書無論在分析字體或解釋字義上,都存有很多本來可以避免的漏洞,希望作者將來重版時能作出適當的訂補。

載《中國文化研究所學報》第三卷第二期,一九七〇年九月。頁五七五—五七七。

# 通志六書略六書義類指瑕

鄭樵六書之説具見於《通志》卷三十一至三十五《六書略》中〔一〕，凡五卷，計：

首卷首列六書圖（見後頁附圖），下分三事：一曰六書序，是鄭氏六書之總論。二曰象形，下分象形之字十八類，凡六百零八字。三曰指事，下分指事之字四類，凡百零七字。

卷二録會意轉注二書，計會意字兩類，凡七百四十字。轉注字四類，凡三百七十二字。

卷三録諧聲之字六類，凡二萬一千八百一十字。

卷四録假借之字十二類，凡五百九十八字。

以上四卷所録六書之字凡二萬四千二百三十五字。

卷五爲鄭氏雜論文字之説二十一條，計：

一、起一成文圖

二、因文成象圖

三、古今殊文圖

四、一代殊文圖

五、諸國殊文圖

六、殊文總論

七、諧聲變體論，下析爲「論急慢聲諧」與「論高下聲諧」二事。

# 六書略第一

## 六書圖

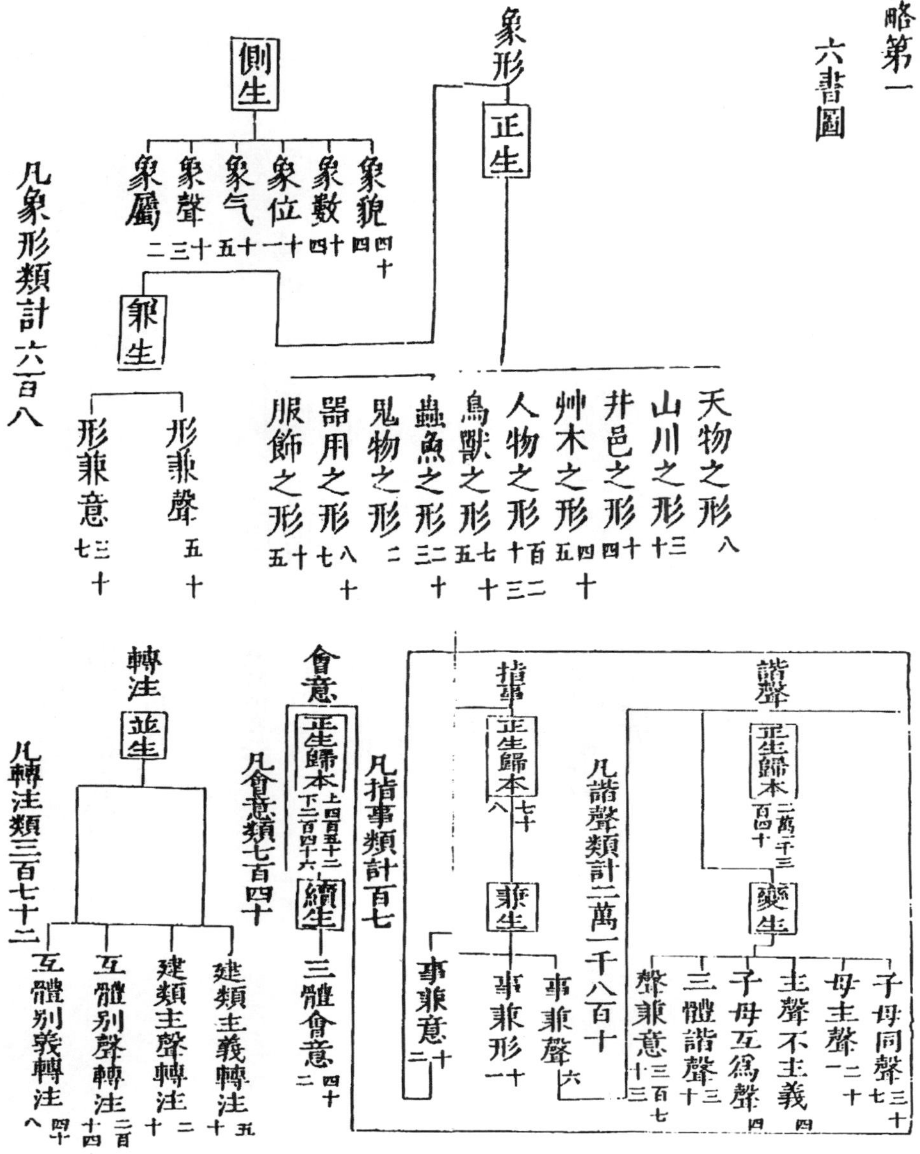
象形
正生
天物之形 八
山川之形 三十
井邑之形 十四
艸木之形 四十五
人物之形 百二十三
鳥獸之形 七十五
蟲魚之形 二十三
鬼物之形 二
器用之形 八十七
服飾之形 十五
側生
象貌 四十四
象數 十四
象位 十一
象气 十五
象聲 十三
象屬 二
兼生
形兼聲 五十
形兼意 三十七
凡象形類計六百八
諧聲
正生歸本 二萬一千三百四十
變生
子母同聲 三十七
母主聲 二十一
主聲不主義 四
子母互爲聲 四
三體諧聲 三十
聲兼意 三百七十三
凡諧聲類計二萬一千八百十
指事
正生歸本 七十八
兼生
事兼聲 六
事兼形 十一
事兼意 十二
凡指事類計百七
會意
正生歸本 上四百五十二 下二百四十六
續生
三體會意 四十二
凡會意類七百四十
轉注
並生
建類主義轉注 五十
建類主聲轉注 二十
互體別聲轉注 二百十四
互體別義轉注 四十八
凡轉注類三百七十二

- 假借
  - 正不生
  - 託生
    - 同音借義三十五
    - 借同音不借義四十五
    - 協音借義二百
    - 借協音不借義百三十三
    - 因義借音二十五
    - 因借而借四十三
    - 語辭之借四十
    - 五音之借五
    - 三詩之借
    - 十日之借
    - 十二辰之借十二
    - 方言之借九
  - 反生
    - 雙音並義不為假借三十

凡假借類計五百九十八

右大書總計二萬四千二百三十五

八、論諧聲之惑

九、論象形之惑

十、論一二之所生

十一、論子母

十二、論子母所自

十三、論省文

十四、論篆隸

十五、論創意

十六、論變更

十七、論遷革

十八、論便從（縱）

十九、論華梵上

二十、論華梵中

二十一、論華梵下

此雜論二十一條，文多駁雜，無當於理，如「起一成文圖」云：

衡爲一，從（縱）爲丨，邪丨爲丿，反丿爲乀，至乀而窮。折一爲㇕（音及），反㇕爲厂（呼旱切），轉厂爲乚（音隱），反乚爲亅（居月切），至亅而窮。〔一〕

鄭氏此論純從楷法用筆爲說。夫漢字之起源遠在隸化之前，欲從楷隸之法，推尋一字之左丿右戾，而歸納爲「起一成文」之說，其謬自不待辯。而近世治文字學者不察，於論漢字之起源，乃有備「起一成文」

一說者，其誣妄蓋鄭漁仲有以啓之也。他如「論變更」云：

> 對舊作剳，漢文以言多非誠，故去口而作對。隋，舊作隨，文帝以周、齊不遑寧處，故去辵而作隋。疊，舊作疊，新室以三日太盛，改爲三田。䯄舊作騧，宋明以咼類禍，改而爲瓜。形影之影，舊作景，葛稚川加彡於右。軍陣之陣，舊作陳，王逸少去東用車。……[三]

凡斯之類，率以漢字隸化後之謁變爲言，雖云有裨其後生識字，然恐於六書無益也。又其「論便從」條下力陳漢字之結體宜縱而不宜横，其說云：

> 人爲萬物之靈，所以異於蟲魚禽獸者，蟲魚禽獸動而俯，人動而仰；獸有四肞而衡行，人有四肞而從行。……人之體理從，故文字便從不便衡。「坎」「離」「坤」，衡卦也，以之爲字則必從：故☵必從而後能成，☲必從而後能成火，☷必從而後能成巛。舟以衡濟，車以衡運。舟、車，衡器也。作舟者必橀航而後能成，作車者必弋軸而後能成車。隹以衡飛，魚以衡走。隹、魚，衡物也。作隹者必作縣隹之勢而後能成，作魚者必作貫魚之勢而後能成。鼻、從竅，目、衡竅。作鼻者必爲從，作目者亦爲從，此可知其務從也。蓋人理從，從則起，起則生；衡則臥，臥則尸。[四]

按所舉「坎」「離」「坤」之卦爻，附會爲水、火、巛之字，水、巛二字，尚或可說，而謂☲横變爲縱「火」，考之商卜金文之字，吾知其必不然矣。下舉舟、車、隹、魚、鼻、目六字以爲漢字「務從」之證，說雖甚辯，然曷不曰此是漢字直行書寫有以致之，而必歸之爲「人理從」之說哉？細讀鄭氏雜論諸說多類此，本文不具論，止就鄭氏論六書之部論列之。

## 一、分類龐雜無統

鄭氏六書類屬繁多，務矜細密，瑕累轉多，如象形之字共分十八類：曰天物之形，曰山川之形，曰井邑之形，曰艸木之形，曰人物之形，曰鳥獸之形，曰蟲魚之形，曰鬼物之形，曰器用之形，曰服飾之形，曰象貌，曰象數，曰象位，曰象氣，曰象聲，曰象屬，曰形兼聲，曰形兼意。十八類之中，前十類——起天物之形迄服飾之形，所舉字例多屬自然物及人類日常服用器物。然自象貌以下八類多可議者，請試論之：

象貌字中收「八」「入」「殳」「生」「文」「凶」「叕」等等。按「八」，《説文》訓「象分別之皃」；「入」，《説文》訓「象从上俱下」；「殳」，《説文》訓「象交加通疏皃」；「生」下訓「象艸木出土上」；「文」字訓「象交文」；「凶」字訓「象地穿交陷其中」；「叕」下訓「象聯綴之皃」，鄭氏俱歸諸象形字之象貌者，蓋亦出於鄭氏昧於《説文》體例之故，不知「象其某某之形」者不專指象形字而兼指事字也。凡此等象某某之形之指事字，雖或有象可尋，然此等可見之象必基於人類之主觀概念。凡「分別」也、「从上俱下」也、「交加通疏」也、「交陷其中」也，皆是吾人之主觀加諸一般物象之上者，所謂「人心營構之形」也〔五〕。他如象數字之「一」「二」「三」「亖」「卅」「世」諸字，象位字「上」「下」「中」「旁」諸字，誤與此同。象聲字之「牟」「芋」「轟」「喿」等字，或爲指事，或屬會意，鄭氏悉歸入象形字之象聲者。循此以求鄭氏六書分類之原則，知其不從文字之構成方式着眼，專從文字之意義立論，宜其類別之淆亂矣。又如其指事字之正例七十八字之中，多屬會意字。如「丈」之从又持十；「史」之从又持中；「𤔔」之幺子相亂，「𠬪」以治之；「⿱亘又」字之从又在回下；「央」之从大在冂內；「公」之从八从厶；「美」之从羊从大。若斯之類皆是合二文以成字之會意字，較然甚明，而鄭氏悉歸入指事字中，其體例之不嚴如此。

## 二、六書之義界不明

鄭氏類別六書，必繫小序以明其義，如象形下云：

凡象形者，皆可畫也，不可畫則無其書矣。〔六〕

其《指事序》則曰：

指事類乎象形。指事、事也；象形、形也。指事類乎會意。指事、文也；會意、字也。獨體爲文，合體爲字。形可象者曰象形，非形、不可象者指其事，曰指事。此指事之義也。〔七〕

鄭氏以形之可象與不可象區別象形指事，其説至爲明白。然鄭氏所舉象形類例之中，不惟旁出六象之字義多乖忤，即其所列十種象形字例之中，亦往往未能嚴守其義界而與指事相混，以下諸例足以證之：

𠂢　《六書略》列於象山川之形下，注云：「从反永，徐鍇曰：『永、長流也，反即分𠂢也。』」〔八〕按𠂢爲永字之反，自屬變形指事之例，鄭氏舉爲象形，自是辨别形事之義不明之故。

永　同上「𠂢」字收於象山川之形下，注云：「象水巠理之長，《詩》曰：『江之永矣。』」〔九〕夫水之巠理之長，原屬人類觀察自然之物所歸納得之之主觀印象，不爲物之具形，亦宜歸諸指事。

𣎵　象艸木之形下收此字，注云：「木屈頭不出也。」〔一〇〕按此字是省略木字以見「屈頭不出」之義，屬變體指事字，鄭氏以爲象形，亦是辨義不精審之故。

夭　見象人物之形下，注云：「《説文》：『屈也。从大，象形。』」〔一一〕按此字亦是改易大字之形體，以見人之屈曲不長之義，其例與上𣎵字略同，亦屬變形指事之例。

交　字見象人物之形下，注云：「交脛也。」〔一二〕按交脛雖是可象之形，然其字是改易大字之形體以見其交脛之意，其義則重在交而不在脛，其義與上夭字同，亦變體指事之例。

𥄉　字見象人物之形下，注云：「斬首到縣，故從到首。」〔一三〕按此字爲「首」字之倒，以見斬首倒縣之意（其字今皆以「梟」爲之），其義不在首矣。亦屬變形指事之例。

亦　字見象人物之形下，注云：「《説文》：『人之臂亦也。从大，象兩亦之形。』」〔一四〕按此字从大，旁加指示位置之符識，指示腋部之位置，其取義與「刃」「本」「末」之字同，屬指事之例，鄭氏以象形説之，蓋亦惑於臂腋爲可象之物故耳。

刃　字見象器用之形下，注云：「象刀有刃之形。」〔一五〕按刃字之爲指事之正例，此近世文字學者公認之事，其字从刀加點以指示刀刃之位置，刀刃之形雖可睹，然刀刃之義則出於人類思維之認知，不得遽以有形可象而目爲象形也。

屰　字見象器用之形下，注云：「於古爲戟字。」〔一六〕按此字从倒大，从一，以見逆倒之義，鄭氏以爲古文戟字之象形，未詳所據。

片　字亦見象器用之形下，注云：「《説文》：『判木也。』」〔一七〕按片字从木省其左旁，屬省略象形之木字，以見「判木」之意，其取義與朩字同。

又其《會意序》云：

象形指事，文也。會意，字也。文合而成字，文有子母，母主義，子主聲。一子一母爲諧聲。諧聲者，一體主義，一體主聲。二母合爲會意。會意者，二體俱主義，合而成字也。其別有二，有同母之合，有異母之合，其主意則一也。〔一八〕

鄭氏説會意之義甚諦，然按諸其類列六書之例，則其紕謬亦屢屢見之：

芻　字見象艸木之形下，注云：「《説文》：『刈艸也。象包束艸之形。』」〔一九〕包之束艸，其爲二母之合甚明，鄭氏以爲象形，蓋惑於許君「象某某之形」之言。

長　字見象人物之形下，注云：「在人上者，故古文从上从人。後之爲字者，因古文而成體，其上則象發號施令，其下則象垂衣裳之形。从匕，所以化下也。」〔二〇〕从鄭氏之説，長字上象發號施令，下象垂衣而治，固爲二母之合。許君之説爲人毛化，亦爲三母之合，不當入象形之例也。

鬥　字見象人物之形下，注云：「从丮。从丮，象對敵之形。」〔二一〕按其字从兩士相對，宜爲兩母之合，其義甚顯。

𠬛　字見指事類下，注云：「《說文》：『入水有所取也，从又在囘下。囘，古文回。』」〔二二〕按字从又在回下，不得爲指事矣。

及　字見指事類下，注云：「逮也。从又从人。徐鍇曰：『及前人也。』」〔二三〕按字从又人二母，亦不得爲獨體之指事。

言　字見指事類下，注云：「从二从舌。二，古文上字，自舌上而出者，言也。」〔二四〕按字从舌上二母，自是會意字。

凡上所舉諸字，悉是二母合成之會意字，而鄭氏或以爲象形，或以爲指事，自亂其會意之例，皆其義界不嚴之故。至其會意字中既以二母之合爲會意之正例，而三體之合者爲非常道之會意字，然其會意下卷中既收「廛」字，並謂其字从广，从里，从圭省〔二五〕，則其字復重出於三體會意爲不可解矣〔二六〕。又如其諧聲字「聲兼意」類下收「復」字，謂其字从彳，从𡕒，𡕒即退〔二七〕。是以其字爲兩體之合矣。然會意字三體中亦出此字〔二八〕。又如「三體會意」中出「後」字，以其字从彳，从幺，从夊〔二九〕，而「聲兼意」類中亦以爲兩體〔三〇〕。一字而分入異類，亦皆其義界不嚴之故。

## 三、以諧聲轉注爲一事

鄭氏《轉注序》云：

諧聲、轉注一也。役它爲諧聲，役己爲轉注。轉注也者，正其大而轉其小，正其正而轉其偏者也。〔三一〕

按鄭氏以諧聲轉注爲一事之説，實昉於徐楚金「散言之曰形聲，總言之曰轉注」〔三二〕之論。徐氏之説是從文字本身結構及字與字之關係立論。蓋自每一字之結構言之，則此類字是形聲字。自字與字間之同義關係而言之，則此等字屬轉注字。易言之，轉注是就字與字間之關係立論，形聲則是純就該字本身之形符聲符結構而言。鄭漁仲乃進而欲從形聲字之形符（義符）與聲符之役己役它之不同，以剖别諧聲與轉注。然鄭氏但言「役它爲諧聲，役己爲轉注」，而未嘗斥言何者爲己、何者爲它。又曰「正其大而轉其小，正其正而轉其偏」，於大小偏正之義亦無説焉。今按鄭氏六書之説，每以「母」「子」區别義符聲符，其《六書序》云：

> 小學之義，第一當識子母之相生，第二當識文字之有間。象形、指事，文也。會意、諧聲、轉注，字也。假借，文字俱也。象形、指事一也，象形别出爲指事。諧聲、轉注一也，諧聲别出爲轉注。二母爲會意，一子一母爲諧聲。……母主形，子主聲者，諧聲之義也。〔三三〕

其雜論中，「論子母」條下亦云：

> 立類爲母，從類爲子。母主形，子主聲。……故《説文》主母而役子，《廣韻》主子而率母。……許氏作《説文》，定五百四十類爲字之母，然母能生而子不能生。……〔三四〕

其云「母主形，子主聲」爲諧聲之義，則「役它爲諧聲」當是指以聲符之子役形符之母矣。故「它」爲形符，「己」爲聲符。諧聲是以聲符注形符，役己是以形符注聲符。鄭氏此論對近世文字學家影響頗爲深遠，如龍宇純先生之《中國文字學》論形聲字即分「由於語言孳生而加形，以求彼此間區别」及「因假借而加形，以與原字區别」兩類，龍氏認爲此兩類形聲字「是以音爲主，以形爲從」，進而有「轉注一名、轉字有兩層意義，一則對形聲之以聲注形言，一則取其以形符轉而加諸聲符之上言。故形聲轉注之名，似相對而實不可易」之結論〔三五〕。姜亮夫在其新著《古文字學》中亦有相近之説：

轉注字是合二三個形而得一個新字，其二三形中，以一形爲主，既用其義（與語族共通義），尤重其音，然後以差別義類之偏旁注入而得新的分別專字，是語言結合中的語義差別之運用。形聲字是合二三個形而得一個新字，其二三形中，以一形之義爲主，而以別一形作爲音符，以成之，是語義結合中的語音差別之運用。〔三六〕

姜氏「以差別義類之偏旁注入（聲符）而得新的分別專字」一語最足以說明自鄭氏以下如沈兼士〔三七〕、唐蘭〔三八〕、蔣善國〔三九〕等人主張以義符注聲符爲轉注之論。此一學說之理論基礎主在强調轉注字之主要成分在聲符，此聲符是語根，加注之意符只是注釋性符號，用以區別同一語根之聲符因語意發展而產生之歧義。此派學說驟觀之似與章太炎之說相左〔四〇〕，其實二派之說俱重語根（或語基），特此派重在注歧義，太炎則主於記異音，二說實互補也。

綜觀鄭氏轉注之說，雖以形符爲母、聲符爲子，以母爲立類，以子爲從類，然細考其役己役他之論，其所重者實在聲符而非形符也。所以然者，殆亦其時右文說流行有以致之歟〔四一〕。

## 注釋

〔一〕台灣新興書局，一九五九年七月影本。
〔二〕卷三十五，頁五〇七。
〔三〕同上，頁五一〇。
〔四〕同上。
〔五〕朱宗萊《文字學形義篇》，台灣學生書局，一九六四年七月影本，頁十下。
〔六〕卷三十一，頁四八八。
〔七〕同上，頁四九一。

〔八〕同上，頁四八八。
〔九〕同上。
〔一〇〕同上。
〔一一〕同上，頁四八九。
〔一二〕同上。
〔一三〕同上。
〔一四〕同上。
〔一五〕同上，頁四九〇。
〔一六〕同上。
〔一七〕同上。
〔一八〕卷三十二，頁四九三。
〔一九〕卷三十一，頁四八八。
〔二〇〕同上，頁四八九。
〔二一〕同上。
〔二二〕同上，頁四九一。
〔二三〕同上。
〔二四〕同上。
〔二五〕卷三十二，頁四九五。
〔二六〕同上，頁四九六。
〔二七〕卷三十三，頁五〇〇。
〔二八〕卷三十二，頁四九六。
〔二九〕同上。

〔三〇〕卷三十三，頁五〇〇。

〔三一〕卷三十二，頁四九七。

〔三二〕《説文解字繫傳》，《叢書集成初編》本，卷一，頁四。商務印書館，一九三六年六月版。

〔三三〕卷三十一，頁四八七至四八八。

〔三四〕卷三十五，頁五〇九。

〔三五〕龍宇純《中國文字學》，香港崇基書店，一九六八年版，頁一六六。

〔三六〕姜亮夫《古文字學》，浙江人民出版社，一九八四年版，頁一三二。

〔三七〕沈兼士《影印元至治本鄭樵六書略序——附造字原則發展之程序説》，《段硯齋雜文》，香港：匯文閣書店，頁七。

〔三八〕唐蘭《古文字學導論》，齊魯書社，一九八一年一月，頁一一六。

〔三九〕蔣善國《形聲字的分析》，《東北人民大學人文科學學報》，一九五七年四期，頁四一至七五。

〔四〇〕章太炎《轉注叚借説》云：

何謂建類一首，類謂聲類，……首者今所謂語基。「考」「老」同在幽類，其義相互容受，其音小變。按形體，成枝別；審語言，同本株。雖制殊文，其實公族也。非直「考」「老」，言「壽」者亦同。循是以推，有雙聲者，有同音者，其條例不異，適舉「考」「老」疊韻之字，以示一端，得包彼二者矣。（《國故論衡》上，《章氏叢書》本，頁四十二）

〔四一〕沈括《夢溪筆談》卷十四《藝文一》云：

王聖美治字學，演其義以爲右文。古之字書，皆從左文。凡字，其類在左，其義在右。……所謂右文者，如戔小也，水之小者曰淺，金之小者曰錢，歹而小者曰殘，貝之小者曰賤。如此之類，皆以戔爲義也。（胡道靜《新校正》本，香港中華書局，一九七五年一月版，頁一五三）

載《中國語文研究》（季刊）第九期，香港中文大學中國文化研究所，一九八七年九月。頁一一五——一二四。

# 唐蘭和他的文字構成的新體系——三書説

唐蘭先生號立庵，一九〇一年一月九日生於浙江嘉興之秀水兜。一九七九年一月十一日在北京逝世，享年七十八歲。

唐先生早歲即究心於文字訓詁之學，精研《説文解字》《爾雅》《名原》諸書，曾以古籍及古器物文字校讀《説文》，撰成《説文注》四卷（今存稿不足二卷）。嘗請學於羅振玉、王國維、唐文治諸先生，獲益良多。

先生先後受聘於清華大學、北京大學、西南聯大等校，講授文字學、《詩經》、《尚書》、三《禮》及古籍新證等課。一九三六年任故宫博物院專門委員。五十年代初仍講學北大、清華，一九五二年院校調整後，先生出任故宫博物院研究部主任，後晋升爲副院長。先生在此期間，研究工作不輟，一九七三年並參加長沙馬王堆漢墓出土帛書之整理工作。

一九七八年四月先生更以七十七高齡率同出土文物展覽團來港講學展覽。翌年正月即在北京逝世。

唐先生在古文字考釋方面，反對過去的古文字學家「射覆」式的考證方法。他認爲學者之弊在於貪多矜異，「朝樹一義，夕已流布」。他自述治古文字的主張：「余治古文字學，始民國八年，最服膺孫君仲容之術。凡釋一字，必析其偏旁，稽其歷史，務得其眞，不敢恣爲新奇謬悠之説。」他以孫詒讓的「偏旁分析法」爲基礎，提出了「對照法」「推勘法」「偏旁分析法」「歷史考證法」爲考釋古文字的四大端〔一〕。循着這四端他辨認出許多古文字，更從許多單字的研究，類推出許多由某些偏旁所衍生的字族來，使古文字的研究走上比較科學的道路。他在一九三四年寫成了《殷虛文字記》〔二〕，就是運用以上這些方法研究出來的成果。在書裏他考訂的許多甲骨文字，如讀「帚」爲「婦」，以斷代法考釋「嬉」「𧻚」爲同義字，都可以看出他嚴謹的考證方法。同時在本書裏他屢屢提出象意字的聲化問題，如《釋翌》條下：「然則[illegible]本象意字而衍化爲形聲字者，亦聲代象意字之一也。」（頁十九）《釋昱》條下：「以字例考之，蓋即羽之孳乳字也。古初字少，假借羽毛之羽，以爲羽日，形聲字興，因注日於羽旁而爲昱字矣。昱字之用未廣，或又叚借從立羽聲之翊以爲之，其後更注日於翊旁而爲[illegible]字。」（頁十七）其他如《釋璞》（頁四十六）、《釋𡚁》（頁三十一）、《釋殸》（頁九十五）、《釋般》（頁九十六），他都用象意字聲化例來作解釋。這種理論可以說與他同年出版的《古文字學導論》相表裏。畢竟唐先生在研究古文字學的領域裏並不以考釋文字自限，他並且注意到中國文字的構成問題——六書的問題，他認爲六書只是秦漢間人對文字構造的一種看法，當時的文字資料有限，比起今天所能看到大量的商周文字是不可同日而語的，因此我們不該再因襲秦漢時人的舊說，大可去建立更合適更精密的理論。因此唐先生對漢儒提出的「六書說」提出了質疑：

六書說能給我們甚麼？第一，它從來就没有明確的界說，各人可有各人的說法。第二，每個文字如果用六書來分類，常常不能斷定它應屬那一類。單以這兩點說，我們就不能只信仰六書而不去找別的解釋。〔三〕

在他的《古文字學導論》裏，他提出了一個新的文字構成系統——「三書說」。爲了使讀者容易理解他這個系統，他繪製了一個「古文字演變圖」〔四〕輔助說明：

在唐先生這個「古文字演變圖」裏，我們要注意他那劃分時期的橫線，他用這根橫線把中國文字劃分爲上古期和近古期，他認爲我們的象形和象意文字在上古期（孔子誕生前三五〇〇至二五〇〇年）已趨完備，而形聲文字則有待近古期才能完成（孔子誕生前一〇〇〇年）。

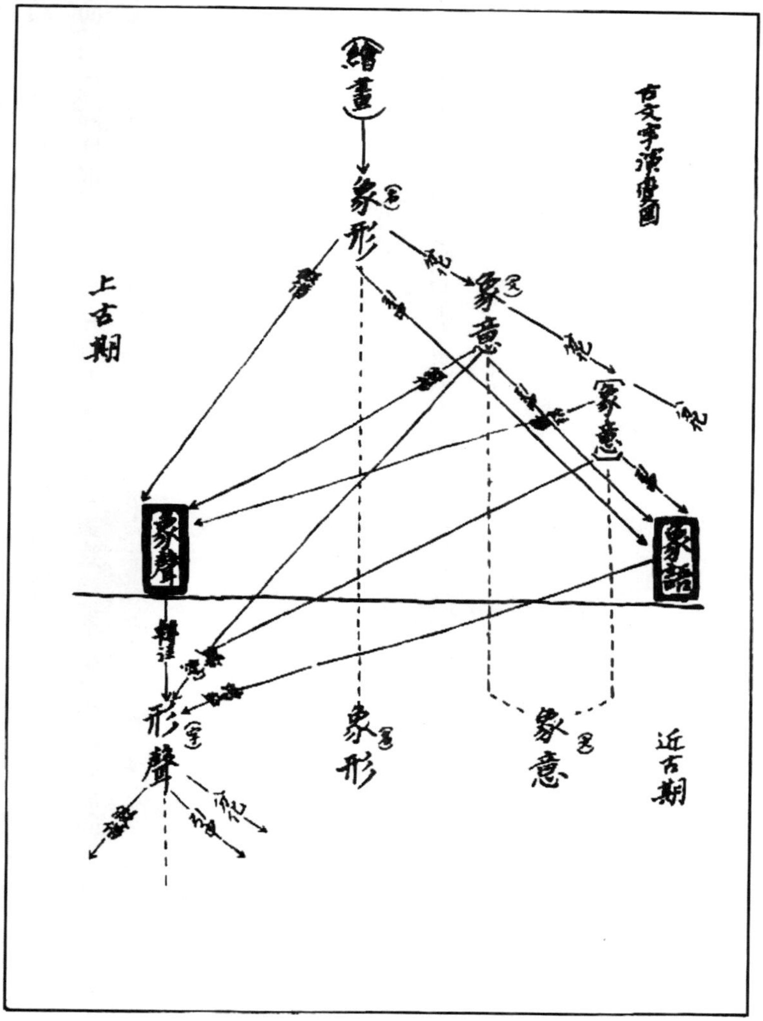


古文字演變圖

唐先生這個「演變表」的繪製是基於他對漢字演變三大規律——形的分化、義的引申、聲的假借的認識前提而繪成的。首先他認爲漢字起源於圖畫，由圖畫逐漸抽象化而成象形文字；象形文字經過不斷的分化，產生許多象意文字來。他的所謂「象意文字」其實包括了傳統六書裏的「合體象形字」「會意字」「指事字」等在內。在圖表裏由象形字與象意字不斷引申出來的象語「字」，他在圖中用方格圍起了「象語」二字，是表示這種引申的文字，並没有造出新字，只不過是因爲語言孳生的關係，字的内涵起了變化而已。同樣情形，我們看左方方格裏的「象聲」，那也表示從假借而來的文字，只不過是借彼字的形體爲此字之用，也没有造成新的形體出來，因此也算不得是文字的類别。新的字類——形聲字的出現，是通過下面三個途徑的：

一、從假借而來的象聲字，以轉注的方法造成。

二、從引申而來的象語字，以增益的方法造成。

三、從分化而成的象意字，以歸納的方法造成。

第一種「轉注」的方法，關係到唐先生對「轉注」字的解釋問題，他這種解釋是屬於近人戴君仁、黎錦熙、龍宇純等先生所主張的假借字上加注義符爲轉注的一派〔五〕。第二種「增益」的方法，據唐先生的解釋，其實和轉注没甚麽分别，只不過增益的基本字是由引申而來的而已。至於第三種「歸納」象意字而產生形聲字的方法，唐先生的解釋是：

在象意文字極盛的時候，漸漸發生了有一定讀音的傾向。我曾研究過這種規律，大概可歸納爲兩類。（象意字不變爲形聲字的部分，不適用此項規律。）

（一）從名詞變作動詞的部分，每一個字有主動的和受動的兩方面，以主動的爲形，受動的爲聲。例如：

訊、䚷、𢻹、巩等字，以凡爲形。

㚘、𢍁、𢌳、𢍎（卜辭作[illegible]，舊闕釋。按即[illegible]、[illegible]二字所從）、𢍏（即拳字）、龏、𢍉、等字，以𠬞爲形。

叀（即專字）、叀（即專字）、𠭯（即櫳字）、叙、敂（即敏字）等字以又爲形。

㱿、般、𢽾、殸、效、𢼄（卜辭此字辭舊釋牧，非）、改等字以殳或攴爲形。𦥯（即學字）以臼爲形。

𠬪以𠬪爲形。

䢋以止爲形。

問、啓、咠等字，以口爲形。

凡是形的部分，全是主動的，而代表語聲的半個字，全是受動的。

（二）在主語上加以詮釋或補充而成的文字，每一個字裏有主語和附加的兩方面則以主語爲聲。例如：

晛、朢（朢字本義爲人𡈼月），二字裏的日和月是用以補足見和𡈼兩字的；

衠（或作𢔶），䢅，㣑等字裏的行或彳形，指出在路上的意義；

灉、漁等字裏的水形，指明在水裏；

字、富等字裏的⋂形，指明在屋裏；

魯（即魯字），𠕋（即𠕋字）等字裏的凵形，指明在器裏；

所以日、月、行、彳、水、宀、口等形，全是形，而其餘的部分是聲。（數目字是一個奇異的例，常用實物去詮釋牠們，所以「仁」以二爲聲，驂、駟以三四爲聲。）

我們仔細分析唐先生所舉的例子，不管是名詞變動詞的一類，或是主語上加詮釋部分的形聲字，其製造的過程還是在某一個基本義符再增加詮釋的部分而成新的形聲字，和龍宇純先生所説的轉注字並無二致〔六〕。而「歸納」只是唐先生「歸納」此等象意文字聲化的結果，不宜視作一種文字製造的方法。因此唐先生的「三書說」中對形聲字產生的途徑的解說不免稍覺疏略，所以他在寫《中國文字學》時便作了修正，他說：

由舊的圖畫文字轉變到新的形聲文字經過途徑有三種：

一是「孳乳」，許叔重說：「其後形聲相益，即謂之字，字者言孳乳而寖多也。」「孳乳」是造成形聲文字的主要方式，大部分形聲字是這樣產生的。假如有一條河叫做「羊」，一個部落的姓也叫做「羊」，一種蟲子也叫做「羊」，古人就造出了从水羊聲的「洋」，从女羊聲的「姜」，从蟲羊聲的「蛘」。吉象是吉羊，可以寫成「祥」，憂心是養養，可以寫作「恙」。又如：目小是「眇」，木末是「杪」，水少是「淺」，貝少是「賤」。無論是引申出來的意義，或假借得來的語言，都可以孳乳出很多新文字。

唐蘭先生（取自《古文字研究》第二輯）

《古文字導論》增訂本書影

他這裏所説的孳乳，不就是上面的轉注或增益一類嗎？下面再看他怎樣解釋「轉注」：

二是「轉注」，這是六書裏原有的，許慎説：「建類一首，同意相受，考老是也。」

從唐以來，解釋的雖很多，大抵不是許氏原義。他説「建類一首」，顯然指同部的字，但他不舉牛部，羊部，艸部，木部等字，而單單舉老部，可見不但同部，也還要「同意」。我們由此可想到轉注和普通由孳乳來的形聲字正相反。因爲孳乳的方法，是由一個語根作聲符，而加上一個形符來作分别的，主要的意義在聲符，從文字的形體上看雖有差别，在語言裏是完全一樣的。由轉注來的文字，主要的意義却在形符，「老」字和「𠷎」字，「丂」字，「句」字，「至」字等，本來不是一個語言，只因意義相同，造新文字的人就把「𠷎」「丂」「句」「至」等字，都加上一個「老」字偏旁，作成「壽」「考」「耇」「耋」等字，所以轉注是以形符作主體的。……

《殷虛文字記》書影

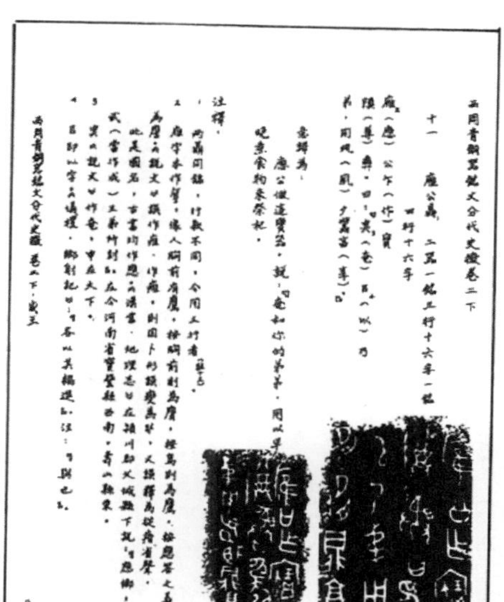
《西周青銅器銘文分代史徵》書影

> 在語言裏一語數義，到文字裏別之以形，內含的意義太多了，各各添上形符來區別，這是孳乳字。反之，數語一義，寫成文字時統之以形，同意語太多了，找一個最通用的語言作形符來統一它們，所謂「建類一首」，就是轉注字。

唐先生此處說拿「老」旁去統一「𦒱」「丂」「句」「至」不同語言的字，以求解釋「建類一首」的定義，恐怕不易爲人接受。下面再看他的第三途徑：

> 三是「緟益」，《說文》：「緟，增益也。」我們聽以稱爲「緟益」，就是說這總是不需要的複重跟增益。因文字既不是一手創造的，當然不會有一定的條例，在幾千百年綿長的時期的演化裏，主要的趨勢，固然只是孳乳和轉注，但是，例外的，特殊的，不合理的緟益，也不在少數，最後甚且要喧賓奪主，我們如其從歷史眼光去看，這是很重要的。
>
> 緟益字的造字者，總是覺得原來文字不夠表達這個字音或字義，要特別加上一個符號。這些原來的文字，或許是圖畫的，或許就是形聲字，或許是由引申假借來的，實際是很可以表達的，不過因時代的不同，人們思想的不齊，所以要有這種特別的緟益。

上面這段文字裏，唐先生說得非常清楚，所謂「緟益」一途，只是因爲原來的文字不能充分表音或表意，並要加上個符號去補足它。他認爲「緟益」是一種「特別的」「例外的」「不合理的」產生形聲字途徑，只有孳乳和轉注才是象意字演變爲形聲字的主要趨勢。

唐先生對形聲字產生的途徑所作的修正意見，沒有解決他在《古文字學導論》裏出現的問題，孳乳和緟益固然有混淆此一概念，而修正的「轉注」一途更不免拘牽於許君「建類一首」的定義，而忽略了語言的實際。但無論如何，唐先生的三書說，可說是總結了徐鍇、鄭樵以及右文說者因聲求義的理論，建立了一套新的理論，儘管其中還有些許小疵，但還是富有啓發性的，至少可以促使我們對傳統的六書說作更深入的分析。

## 注釋

〔一〕唐蘭《古文字學導論》增訂本，齊魯書社，一九八一年。

〔二〕此書寫成於一九三四年，一九三六年已製版，未印而七七事變起。余曩在台大古文字研究室向金祥恒先生假得影印本。

〔三〕唐蘭《中國文字學》，開明出版社，頁七五，一九四九年。

〔四〕《古文字學導論》增訂本，齊魯書社，頁一一三—一一六，一九八一年。

〔五〕常宗豪《章太炎轉注説辨疑》。

〔六〕龍宇純《中國文字學》再訂版，頁一一三。

載《中國語文通訊》第二期，香港中文大學中國文化研究所，一九八九年五月。頁二三—二六。

# 章太炎轉注説辨疑

## 一、問題的提出

梁東漢在《漢字的結構及其流變》一書裏介紹轉注字時，把唐代以來論辯轉注的意見，歸納爲三派：

（一）主形派：以南唐徐鍇和清代江聲爲代表。

（二）主義派：以清朝戴震、段玉裁爲代表。

（三）主聲義派：以章太炎爲代表。

梁氏並且總結太炎先生的意見爲：「轉注字就是指的意義相同，聲音相同或相近的字，這些字可以不管形體如何。」先不説梁氏這幾句話能否準確地反映出太炎先生對轉注的看法，但梁氏就在這個認知基礎上進一步提出了他的質疑：

> 如果意義相同，聲音相同或相近的字都是轉注字，那麽，這種主張和主義派的互訓説有甚麽分别？〔一〕

梁氏把太炎先生的轉注説簡化的結果，把章太炎的説法與戴、段的互訓説混爲一談，才提出這個質疑。要解決這種疑點，先要弄清楚太炎先生的轉注説的内涵到底是甚麽。

年前台灣大學的黄沛榮教授在台灣「中央研究院」的「第二届國際漢學會議」上發表了《當代轉注説的一個趨向》一文，列舉太炎先生以下，戴君仁、吴予天、林語堂、劉盼遂、黎錦熙、孫海波、董同龢、龍宇純、王伯熙、江舉謙、艾蔭范、解保勤、姜亮夫等十三家論轉注之説，歸納出這十三家「多認爲語言孳生是産生轉注的原因之一」，他並且指出這十三家之説是受太炎先生轉注説啓發而衍生出來的，他説：

章説雖有可商，但他對於轉注解釋，仍極有可參考的價值，如「首」爲「語基」的概念，更足以啓迪後人。自後學者解釋轉注，也多循此一途徑詳加探討。或對其説修訂補正，或則由「語基」之概念廣爲申發；而這些新的轉注説，已漸漸匯成一股不容忽視的洪流。〔二〕

黄文逐一評述上述十三家之精要，論述之周全，可説是近年來討論轉注説最爲翔實的一篇文章。

黄文所舉十三家之説，都是從語言孳生的角度，解釋轉注的現象。例如戴君仁先生之以爲轉注字是由「語根」增加意符而産生；黎錦熙之以假借字上增加意符者即爲轉注，其中確有受太炎先生「語基」説啓迪之處，但這十三家對轉注字的界定却與太炎先生的轉注説大相徑庭，應否以同一派别視之？能不能以梁東漢分類的標準，把這些轉注説都籠統地稱之曰「主聲義派」？這都是我們要解決的問題。

## 二、太炎先生轉注説與「語根」之遞衍説

太炎先生的轉注説具見於《國故論衡·轉注假借説》一文中。原文甚長，節録其大略如下：

余以轉注、假借，悉爲造字之則。泛稱同訓者，在後人亦得名轉注，非六書之轉注也；同聲通用者，後人雖通號假借，非六書之假借也。蓋字者孳乳而寖多，字之未造，語言先之矣。以文字代語言，各循其聲，方言有殊，名義一也，其音或雙聲相轉，疊韻相迆，則爲更制一字，此所謂「轉注」也。……何謂「建類一首」？「類」謂聲類……；「首」者，今所謂語基。……考、老同在幽類，其義相互容受，其音小變，按形體成枝别，審語言同本株，雖制殊文，其實公族也。……是故明轉注者，經以同訓，緯以聲音，而不緯以部居形體；同部之字，聲近義同，固亦有轉注者矣，

許君則聯舉其文，以示微旨。如：芧，麻母也；蕒，芧也；古音同在之類。蕌，葍也；葍，蕌也，同得畐聲，古音同在之類。蓨，苗也；苗，蓨也；古音同在幽類。……若斯類者，同韻而紐或異，則一語離析爲二也。即紐韻皆同者，于古宜爲一字，漸及秦漢以降，字體乖分，音讀或小與古異，《凡將》《訓纂》相承別爲二文。故雖同義同音，不竟說爲同字，此轉注之可見者。顧轉注不局于同部，但論其聲，其部居不同，若文不相次者，如士與事，了與尥，丰與菶，火與𤈦、燬，……在古一文而已。其後聲音小變，或有長言短言，判爲異字，而類義未殊，悉轉注之例也。……「類」謂聲類，不謂五百四十部也。「首」謂聲首，不謂凡某之屬皆从某也。……轉注者，繁而不殺，恣文字之孳乳者也；假借者，志而如晦，節文字之孳乳者也。二者消息相殊，正負相待，造字者以爲繁省大例，知此者希，能理而董之者，鮮矣。〔三〕

太炎先生在這段文字裏說明了以下幾點：

（一）轉注字的產生是由於方音之別，「或雙聲相轉，疊韻相迆」，因此便「更制一字」。

（二）「建類一首」是指同一「語基」之字可歸納於同一聲類（韻部）之中（「審語言同本株」）。

（三）「同意相授」是指轉注字彼此之間「其義相互容受」。

（四）古本一文的字（如士與事、火與燬、𤈦），紐韻皆同，雖然同義同音，也因秦漢以後音讀小變，章氏也視作轉注字。

在以上四點中，第一點，太炎先生是要說明轉注出現的原因是基於語音上的「轉」與「迆」，這點關注到轉注字的「轉」字的重要，有了聲韻上的「轉」「迆」，才說得上轉注。

第二點和第三點，是太炎先生給「建類一首，同意相受」此一定義所下的注脚。

第四點是太炎先生因古今音變的現象，對一些古今字或異體字的一種看法。這涉及轉注字的內容、類例問題，留到後面再討論。對於第一點這種基於「同聲相轉，疊韻相迆」而産生轉注字，太炎先生看得很重要，他在《自述學術次第》中説：

凡説解大同（宗豪按：謂其字義同），而又同韻或雙聲得轉者，則歸之于轉注。假借亦非同音通用，正小徐所謂引申之義也。（自注：同音通用治訓故者所宜知，然不得以爲六書之一。）轉復審念，古字至少，而後代孳乳爲九千。唐代以來，字至二三萬矣。自非域外之語，（自注：如伽、佉、僧、塔等字，皆因域外語言聲音而造。）字雖轉繁，其語必有所根本。蓋義相引申者，由其近似之聲，轉成一語，轉造一字。此語言文字自然之則也。〔四〕

他這裏説的「由於近似之聲，轉成一語，轉造一字」，是他的轉注説中著重强調「轉」字的意義是明白不過的。他在《小學略説》中説：

語言不同，一字變成多字。古來列國分立，字由各地自造，音亦彼此互異，前已言之。今南方一縣之隔，音聲即異，況古代分裂時哉。然音雖不同，而有通轉之理。……汪汙潢湖，聲雖不同，而有轉變之理。説明其理，在先解聲音耳。〔五〕

他一再强調聲音上的「通轉之理」「轉變之理」，可見他的轉注説，完全是以語音的轉變作爲立論的根據的。他這種想法可能導源於戴震的《轉語二十章》，太炎在《新方言·序》裏曾引述戴震《自序》之言：

人之語言萬變，而聲氣之微，有自然之節限。……昔人既作《爾雅》《方言》《釋名》，余以爲猶闕一卷書。創爲是篇（按：指《轉語》），用補其闕。疑於義者，以聲求之，疑於聲者，以義正之。〔六〕

戴震的《轉語二十章》，段玉裁的《戴東原先生年譜》載在乾隆十二年丁卯（一七四七年）戴東原二十五歲時作。但段玉裁説其書未成，〔七〕太炎先生也説「轉語書軼不傳」。〔八〕但從戴震《自序》中歷陳各章的內容，以四章爲一類，類分五位，合五類二十位來説明聲母系統，和戴氏後來所撰的《聲類表》的五類二十位相同，可信此書是已成稿而未刊。至於《自序》提出的「同位爲正轉，位同爲變轉」，相信也對後來學者的「轉語」研究有相當的影響。像王念孫的《廣雅疏證》也用「同位相轉」解釋發音部位相同的聲母相轉的情況：

> 凡从包聲者，多轉入職德緝合諸韻。其位同而相轉者，若包犧之爲伏犧，抱雞之爲伏雞是也。亦有異位而相轉者，《續漢書・五行志・注》引《春秋考異郵》云：「陰氣之専精，凝合生雹，雹之爲言合也。」是雹合聲相近。〔九〕

《廣雅疏證》中還有很多類似的例子，如以「徘徊」「便旋」爲疊韻之變轉，而「盤桓」爲「徘徊」之正轉（《釋訓》「徘徊、便旋也」條下）等是。這些複音詞一方面反映了語音的轉變現象，同時也可以促使我們了解到太炎先生從音轉角度去解釋轉注字的用意。潘石禪先生闡釋太炎先生聲轉之意最深刻：

> 章氏認定轉注是造字的方法，又指明轉義兼聲講，而看出轉注造字是由於方言流轉的原因，這是章氏見解卓越的地方。我們試看父母兩字，父字俗語變爲巴，故生出一個爸字。姆是母的後起字，俗呼母爲嬷、爲媽，都是方音的轉變。……乃至翻譯外國語文，如各國的人名地名，初時都是譯音加口旁如⿰口英⿰口美等字，有的寫成⿰口美，有的寫成咪，這便是轉注。……乃至馬來亞新加坡寫咖啡爲⿰口羔呸，這便是很顯著的由於方音不同而造的轉注字。〔一〇〕

「⿰口羔呸」之於「咖啡」，正是「徘徊」之於「盤桓」「便旋」；「伏犧」之於「包犧」；「抱雞」之於「伏雞」的最好的例證。「按形體，成枝別；審語言，同本株」，那是再明白不過了的。

以上是太炎先生利用「語根」此一概念去解釋轉注字，但同時他也利用「語根」的概念去解釋字義上的問題，他把「語根」視作訓詁學上的一種形式：

訓詁之術，略有三途：一曰直訓，二曰語根，三曰界説。如《説文》云：「元，始也」，此直訓也，與翻譯殆無異。又云：「天，顛也」，此語根也。明天之得語，由顛而來。（自注：凡《説文》用聲訓者，率多此類。）又云：「吏，治人者也」，此界説也，於吏字之義，外延內容，期於無增減而後已。《説文》本字書，故訓詁具此三者，其在傳箋者，則多用直訓，或用界説，而用語根者鮮矣。（自注：如仁者，人也；義者，宜也；齋之爲言齊也；祭者，察也。古傳記或用以説經，其後漸少。）〔一一〕

他把《説文》裏的聲訓，解釋爲「語根」，雖不一定絶對正確，總可説出聲訓的一些關係來。他在《國故論衡》裏也指出同一聲類，其義往往相似，並且列舉了很詳細的例證：

語言之初，當先緣天官，然則表德之名最夙矣。然文字可見者，上世先有表實之名，以次桄充，而表德之名因之。後世先有表德、表業之名，以次桄充，而表實之名因之。是故同一聲類，其義往往相似。如阮元説从古聲者，有枯槁苦窳沽薄諸義，此已發其端矣。今復博徵諸説：

如立一「爲」字以爲根，爲者，母猴也。猴喜模仿人舉止，故引申爲作爲，其字則變作「僞」。凡作爲者異自然，故引申爲詐僞。凡詐僞異真實，故引申爲譌誤，其字則變作「譌」。爲之對轉爲蝯，僞之對轉復爲諼矣。

如立「禺」字以爲根，禺亦母猴也。猴喜模仿人舉止，故引申之凡模擬者稱禺，《史記·封禪書》云：「木禺龍欒車一駟，木禺車馬一駟」是也。其後木禺之字又變爲「偶」，《説文》云：「偶，桐人也」。偶非真物，而物形寄焉。故引申爲寄義，其字則變作「寓」。凡寄寓者非常在，顧適然逢會耳，故引申爲逢義，其字則變作「遇」。凡相遇者必有對待，故引申爲對待義，其字則變作「耦」矣。

如立「乍」字以爲根，乍者，止亡詞也。倉卒遇之則謂之乍，故引申爲最始之義，字變爲「作」。

《毛詩・魯頌》傳曰：「作，始也」；《書》言「萬邦作乂，萊夷作牧」；「作」皆始也。凡最始者必有創造，故引申爲造作之義。凡造作者異於自然，故引申爲「僞」義，其字則變爲「詐」。又自最始之義引申爲今日之稱往日，其字則變作「昨」。

如立「𢆉」字以爲根，𢆉者，撴也；撴者，刺也；其字从干，干從倒入，入一爲干，犯也；入二爲𢆉，言稍甚也；其音如飪。𢆉訓爲刺，又言稍甚，其實今之「甚」字，由𢆉而變，《說文》云：「甚，尤安樂也，从甘匹，匹，耦也」，男女之欲，安樂尤甚，亦有直刺之義。後人改作凡殊尤之義，則專作「甚」字。凡直刺之義，則變爲「揕」字，《史記・刺客傳》曰：「左手把其袖，右手揕其匈」是也。由刺之義引申爲勝，字變作「戡」，「西伯戡黎」是也。亦借用「堪」，《墨子・非攻》篇云：「往攻之，予必使女大堪之」是也。由勝之義引申復爲勝任。由勝任義引申復爲支載，於是字變作「堪」，《說文》云：「堪，地突也」，今言堪輿是也。然由甚字有尤安樂義，其字或借作「湛」，《毛詩・小雅》傳曰：「湛，樂之久也。」其後有專樂飲酒之義，則又變爲「酖」字。樂極無厭，還以自害，故曰「宴安酖毒」，於是鳥可以毒人者亦得是名，字則變爲「鴆」矣。𢆉之聲本同「任」，「太宰以九職任萬民」，《注》曰：「任猶倳也」，倳猶倳刃之倳，與𢆉同訓刺。耕稼發土者命之爲「男」，舊皆以任訓男，即𢆉之變也。侵冬自轉，男之字又變爲「農」矣。

如立「辡」字以爲根，辡者，「罪人相與訟也」。引申則爲治訟者，字變作「辯」。治訟務能言，引申則爲辯論、辯析。由辯析義引申則爲以刀判物，於是字變作「辨」。由刀判義引申則有文理可以分析者亦得是名，其字則變作「辦」。由刀判義引申則瓜實可分者亦得是名，其字則變作「瓣」矣。〔一二〕

太炎先生上面所舉五例中，分別以「爲」「禺」「乍」「𢆉」「辡」五字爲根，經反覆引申而生出許多義近的字，試以下表見其引申之程序：

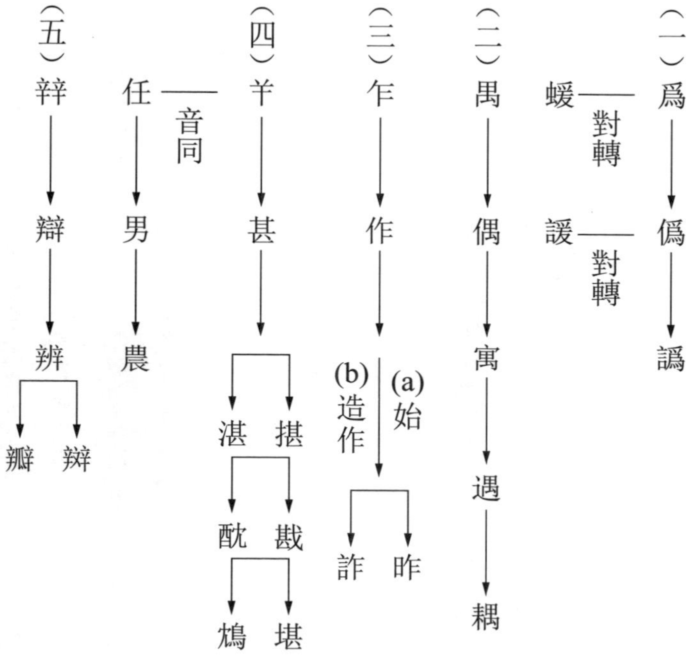


太炎此種語言緣起說最大的特點是找出了「語根」，再循著「語根」展轉引申，有系統地列出許多從「語根」衍生出來的形聲字來。每一個「語根」都直接或間接成了形聲字的聲母（或聲符）。後來許多文字學家討論形聲字的來源或轉注字時，其實也是導源於太炎先生此種「語根」說。其後太炎先生推衍此說，作《文始》，直言此說是修正「右文說」而成：

昔王子韶創作右文，以爲字从某聲，便得某義。若《句部》有鉤、笱，《臤部》有緊、堅，《丩部》有糾、𦫵，《𠂢部》有衇、覛，及諸會意形聲相兼之字，信多合者。然以一致相衡，即令形聲攝於會意。夫同音之字，非止一二，取義於彼見形於此者，往往而有。若農聲之字多訓厚大，然農無厚大義。支聲之字多訓傾邪，然支無傾邪義。蓋同韻同紐者別有所受，非可望形爲譣。況復旁轉對轉，音理多涂，雙聲馳驟，其流無限，而欲于形內牽之，斯子韶所以爲荆舒之徒，張有沾沾，猶能破其疑滯。今者小學大明，豈可隨流波蕩。《文始》所說亦有嫥取本聲者，無過十之一二。深懼學者或有錮駤，復衍右文之緒，則六書殘而爲五，特詮同異，以譔方來。〔一三〕

此處太炎先生指出右文說者的弊端在於「望形爲譣」，對因聲求義說作了有力的針砭，因爲若只於「形內牽之」，便把形聲字併進了會意字（「形聲攝於會意」），六書變成五書了，但畢竟右文說對因聲求義的探尋字源的方法，很有先導作用，劉師培對義寄於聲的理論說得很透徹：

試觀古人名物，凡義象相同，所从之聲亦同，則造字之初，重義略形，故數字同从一聲者，即該於所从得聲之字，不必物各一字也。及增益偏旁，物各一字，其義仍寄於字聲，故所从之聲同，則所取之義亦同。如从叚，从开，从勞，从戎，從京之字均有大義；从叕，从屈之字均有短義；从少，从令，从刀，从宛，从蔑之字均有小義；具見於錢氏《方言疏證》，而王氏《廣雅疏證》詮發尤詳。彙而觀之，則知古人制字，字義即寄於所从之聲，就聲求義，而隱誼畢呈。〔一四〕

「就聲求義，而隱誼畢呈」正是太炎先生所舉的一種訓詁方式。這種根據一個「語根」反覆遞衍許多意義有關聯的形聲字，再通過對這些形聲字的觀察、研究，以推尋「語根」的工作，屬於訓詁學範疇，是不能與轉注相混的。表面上看起來似乎相近，太炎先生已能分辨其間的差異：

如上所説爲字，禹字，乍字，羊字，辟字，一字遞衍，變爲數名。（廣説此類，其義無邊，今姑舉五事以明之。）《説文・句部》有拘鉤，《臤部》有緊堅，已發斯例，此其塗則在轉注、假借之間。轉注者，建類一首，同意相受。今所言類，與戴段諸君小異，彼則與形，此則與聲，考老聲類皆在幽部，故曰建類。若夫同意相受，兩字之訓不異毫氂。今以數字之義成於遞衍，固與轉注少殊矣。又亦近于假借。何者？最初聲首未有遞衍之文，則以聲首兼該餘義。自今日言，既有遞衍，還觀古人之用聲首，則謂之本無其字，依聲託事。故曰在轉注假借間也。〔一五〕

在這裏太炎先生指出了他的轉注説與戴、段不同之處在於「彼則與形，此則與聲」，戴、段講轉注重在互訓，太炎則重在聲類，應該可以釋梁東漢之疑了。他又指出這些「一字遞衍，變爲數名」的形聲字「成於遞衍，固與轉注少殊」，但他却没有説明「少殊」在甚麼地方。我們仔細比較一下章氏所舉這些「一字遞衍，變爲數名」的字群中，每一個字代表的意義雖然有關連，其實都不相同。假設A代表「語根」，那麼由A遞衍的字群便是$A_1$，$A_2$，$A_3$，$A_4$……$A_n$。這和轉注有甚麼分別？最大的分别是：

轉注字之間彼此的意義完全相同，而$A_1$、$A_2$、$A_3$……之間的意義各不相同。

我説這些字雖有關連，意義却各不相同。從字義的遞衍來説，這些從同一「語根」衍生出來的字群，很像引申。所以太炎先生在解釋上面所舉的「爲」「禹」「乍」「羊」「辟」五例的時候，便使用引申來説明這種遞衍的現象。其實他忽略了一點，本義與引申義都是指同一字形而言的。也就是説，在字形不變的基礎上，字的内涵（字義）起了變化，這才産生了本義和引申義的差異。因此這種遞衍派生的現象是不能等同於引申。我們可以把太炎先生的理論理解爲：

推尋「語根」的方法是通過對一些形聲字音義的研究，歸納出這一群形聲字的「聲母」（初文），此「聲母」也就是此一字群的「語根」。

值得我們注意的有兩點：

（一）在研究此等字群的意義時，必以各字在字書中所載的字義爲根據，因此這種研究應屬訓詁學的範疇。

（二）太炎先生解釋語言之緣起，是先立某一意符初文（語根），進而推論如何由此初文引申孳乳而爲若干形聲字。不以歸納法來解釋，易流於附會。

最後我們可以總結説：太炎先生的轉注説以「語根」爲基礎，説明轉注是因語言之轉變而更造新字；另一方面他也用「語根」與派生字群的關係，去推尋字源。

## 三、近代主張「語根加注義符」的轉注説

上面我們看過太炎先生「一字遞衍，變爲數名」的論證，他已經認爲「其途在轉注假借之間」。這種派生字群往往是在「語根」（聲符）之上加注義符而造成的。近代不少學人便把這種造字的方法認作轉注。下面我們以戴君仁、唐蘭、黎錦熙、龍宇純等爲代表，看看他們持論的要點。

### （一）戴君仁《中國文字構造論》與《吉氏六書》

戴先生於一九三一年出版《中國文字構造論》，便持「《説文》中同从一聲之字兼有同意」的論調：

> 按《説文》「轉」，大徐本訓運，運者，迻徙也。《廣雅・釋詁一》：「轉行也。」《詩・祁父》：「胡轉予于恤。」箋：移也。《左・昭十九年傳》「勞罷死轉。」注：遷徙也。是轉之義，謂由彼而之此，或由此而之彼。小徐本訓還。段注云：「還者復也，復者往來也。」夫車輪之動，周而

復始，而非往來回復者也。故知戴段諸家，以互訓當轉注，解爲交互之而以義相輸，實誤。且誠如其説，則古人當名之爲互注，不謂之轉注矣。「注」本訓灌，有「流注」「注著」之義。《儀禮》鄭氏注疏：「言注者，注義於經下，猶水之注物；亦名爲著。」朱希祖先生《漢十二世著紀考》云：「著注音同，古嘗通用。如《漢書》的《律曆志》《五行志》之著紀，《藝文志》《谷永傳》之著記，《後漢書·和熹鄧皇后紀》則作注紀，《馬嚴傳》則作注記，可證。」是注同著也。則轉注者，謂轉移注著。今就原例「考」「老」言之，「考」生於丂，猶水之由彼而流注爲此也。以「老」著丂上而成「考」，猶水之由彼而注著於此也。……《説文》中同从一聲之字兼有同意者，尤多不勝舉。如「句」訓曲也，从句得聲之字，如「跔」訓天寒足跔，「笱」訓曲竹捕魚笱。「鉤」訓曲，「翑」訓羽曲，「雊」訓雄雉句頸而鳴，「𠛎」訓鎌，「朐」訓脯挺，「𥞤」訓積𥞤多小意而止，「痀」訓曲脊，「約」訓纑繩約，「軥」訓軶下曲者，均有句曲之義。「冓」訓交積材也。从冓得聲之字：「遘」訓遇，「覯」訓遇見，「媾」訓重婚，「購」訓以財有所求，「溝」訓水瀆（《釋名》：溝，搆也，縱横相交搆也），均有冓交之義。「瞢」訓目不明。从瞢得聲之字：「夢」訓不明，「寢」訓寐而有覺，「懜」訓不明，「儚」訓惛，「薨」訓公侯殚，均有不明之義。〔一六〕

從上面戴先生早期的論點看來，他只不過指出了戴段諸家以互訓當轉注之不當；他自己的主張只能舉出「句」有曲義，从「句」之字悉有曲義；「冓」有交積之義，凡从「冓」之字亦悉有交義而已，其説與右文説無異。其後一九五五年戴氏新撰《吉氏六書》一文，才提出以「語根」爲基本字，而以後增的義符爲決定字的看法：

這種方法是在基本字上，再加一種表示意義的字，這表示意義的字，可以叫做決定字（determinative)，正如中國文字所謂偏旁。……像這樣在基本字上加決定字——偏旁——的辨法，應相當於中國六書中的轉注。……簡單的說，轉注就是音符兼意的形聲字。這種說法，古人原有，徐鍇、鄭樵已啓其端；明朝的趙宧光、清人曹仁虎、孫詒讓，近人饒炯，亦都曾說過。……我們知道古時字少，從歷代字書的字數比較，即可確定。意義相近的字，往往只用一個字根。舉例來說：如生長之字寫作生，而姓氏之姓本未造，因其與生有關係，故只用生。性情之性本也没有，也因和生有關係，也只寫作生。換句話說，就是生長、姓氏、性情三個意思，都只用一個生字。後來要使牠們有分別，於是姓氏之字加女成姓，性情之字加心成性，也就是由生字孳乳出姓、性等字。……《說文》裏同从一聲之字，往往有相同之意。如冓訓交積材，从冓得聲之字，構訓蓋，遘訓遇，覯訓遇見，媾訓重婚，購訓以財有所求，溝訓水瀆（《釋名》：溝，搆也，縱橫相交搆也），這些字都含有冓字之意。這種例在《說文》裏是極多的，可以說都是轉注。……我們可以說，凡是形聲字，聲母不兼義的是形聲，兼義的便是轉注。……後來的莫字加日成暮，孰字加火成熟，奉字加手成捧，要字加肉成腰；以及社會上通行的俗字，如疊席的席加草頭成蓆（蓆字《說文》却有之，訓廣多也），豆腐的豆加草成荳，也是同樣情形。這種情形固然可以說是有意造分別文，也可能是無心加上去的。因席子是草編的，豆子是植物，寫字的人，便隨手加了草字頭。在古人也可能有這種情形，如云字加雨成雲，求字加衣成裘。（這些累增字，我本不認爲是轉注，今從劉盼遂君說，認爲是轉注字。）〔一七〕

他認爲這種在基本字加上決定字的辨法便是轉注。同時他也考慮到轉注字與形聲字怎樣區別，因此便得出，「凡是形聲字，聲母不兼義的是形聲，兼義的便是轉注」的論斷。

## （二）唐蘭《古文字學導論》

唐蘭於一九三五年撰《古文字學導論》提出他備受注目的論點「三書説」。在「三書説」裏，唐氏認爲產生形聲字的途徑有三：

1 由象形字和象意字假借成象聲字，再加以轉注而成的。

2 由象形字和象意字引申出來的象語字加以增益而來。

3 由象意字歸納而來。

在第一種產生形聲字的途徑中，唐氏便把「轉注」認作假借以象聲後的一種造字方法，他這樣解釋：

> 在象意字漸漸聲音化的時候，私名也正積極發展。這種私名原是假借字聲來的，例如人姓的「子」，地名的「商」，都只是語聲。現在就可仿效上述方法裏的後一例加以詮釋。寫一「子」字代表姓，在那旁邊又添上一個「女」旁，變成了「好」（卜辭用以代表「子」姓）。「女」旁是補充的，是形；「子」是主語，是聲。寫一個「商」字代表地名，在商旁畫上，以示水形，變成水名的「滴」。「水」是形，「商」是主語，是聲。那時（按：指近古期）的人，盡量利用這種新方法，於是，凡是私名，大都變成注音文字。〔一八〕

唐氏把借來的聲符「子」「商」都看作主語，女旁和水旁的形符，他都看作新字的補充部分。這種看法相當於戴君仁把後增義符視作「決定語」，其作用是作爲主語的補充的。下面我們再看看黎錦熙怎樣看待這些「決定語」。

## （三）黎錦熙《國語辭典序》

黎氏在《國語辭典序》中，也把這形聲字的形符，視作後加於假借字上的「注義符號」：

轉注者，「建」立事「類」爲一個部「首」，遇著某個假借字是和這個部首同意的，就把這個部首加上去，成爲一種表示意義的偏旁，這就叫做「同意相受」，「相受」是説假借字要容「受」這個表義的偏旁，而這些偏旁原也就是些圖象文字，可以「授」與那些假借字的。這樣「相受」的結果，「形聲字」就大批地産生出來了。故「轉注」就是「形聲」的起源：「聲」這一半就是已經行用的「假借」字，「形」這一半就是由「轉注」而來的一種表義的符號，凡把另一個字「轉」移做一種符號來注這個假借字之義，概曰「轉注」。「考老是也」，謂「考」成於「老」之爲偏旁也，原但假借「丂」爲之（司土司敦考字作丂，可證）。這種「轉注」的辦法，是漢語民族特別的發明，在甲骨金石的刻文中就可以看到這種演進的痕跡；直到兩漢文士所作的大賦，那些草木鳥獸蟲魚之名，還有許多没加偏旁的純假借字，再往後就都加上偏旁了。「建類一首」的偏旁，用作「轉注」符號的，可以稱爲「注義符號」，其發明遠在注音符號之前。〔一九〕

黎氏認爲某些在語言裏已由假借字兼代的聲符文字，後來再加上了這種「注義符號」去注義。他並且認爲這種把另一個字「轉」移爲一種符號來注釋假借字之義的方法，便是「轉注」。黎氏注意到「轉注」一詞中「轉」字意義的解釋問題，這在主張「語根加注義符」爲轉注一派學説中是較爲少見的。如劉盼遂之以「就本字之函有多意，即各依其意而予以偏旁，期其明畫，雜而不越」〔二〇〕爲轉注之義。孫海波也只能就「同意相受」來解此現象：「就本字所含之義，即各依其意而予以偏旁，所謂同意相受也」。〔二一〕董同龢先生用西方的 Phonographs 來譬喻我們的假借字，而認爲附加在假借上的義符是 Determinative 或 Classifier，他説：

遇到一些不好畫出來，或者是根本没有法子畫出來的意念，則在已有的字體中借用音同或音近的字體來兼代。這種辦法，豈不就是我們所謂「本無其字，依聲託事」的「假借」嗎？凡是這樣用

> 的字，因爲所取只是字音，西洋人就稱之爲 Phonographs。Phonograph 的應用，在埃及文及美索文都比我們中國文廣泛。爲免除因假借而起的誤會，有時候，在 Phonograph 的前面或是後面，又可以附加一個相關的表形義的字，叫作 Determinative 或 Classifier 使那個字容易辨認。如此，就構成一些和我們的「形聲字」相同的複體字，叫作 Phonetic compounds；而所謂 Determinative 或 Classifier，用我們的情形來比，也就等於「江」「河」等字的「水」旁了。〔二二〕

董氏指出 Determinative 的作用在於使因假借而產生的歧義得以區別，也没有注意到怎樣解決「轉注」的「轉」字的理解問題，所以黎錦熙把「轉」字解釋爲把某字「轉移」爲另一字的注義符號，在這一派轉注説中，有相當重要的意義。另一位在持論中而能兼顧到「轉注」一詞的名義的是龍宇純先生。

## （四）龍宇純《中國文字學·文字學論稿初輯》

龍先生六十年代執教崇基學院時，發表《論形聲假借發生之先後》一文，〔二三〕指出形聲字之中有兩類字。一類是「數語同源，加形或變形以爲之別」；另一類是「由假借而加形，以與本字區別」。龍先生認爲此兩類文字是「文字孳乳之大端」，也就是他後來的《中國文字學》中的轉注字。在《中國文字學》裏，龍先生爲了區分形聲與轉注，也提出了「轉注」一詞的名義問題：

> 轉注之字最近形聲，如不從其形成過程觀察，而但看形成文字以後的表面，並一者表意一者表音，全無區別。然而轉注字實經兩階段而形成，其初僅有「表音」部分而不盡是表音的，故其「表音」部分爲字之本體，表意部分則是可有可無。形聲字則不然，起始即結合表意與表音者各一字爲字，兩者缺一不可；而以表意部分爲主幹，表音部分只是用以足成其字。……是故轉注與形聲表面似若無別，内裏適爲相反。徑捷的説，形聲字是以聲注形，轉注字則是以形注聲，

兩者翻轉爲注，故其一謂之形聲，其另一則相對而謂之轉注。〔二四〕

龍先生在這裏除了指出「形聲字以聲注形，轉注字則是以形注聲」的主要區别外，還指出「兩者翻轉爲注」。至於怎樣是翻轉爲注？我想便是指形注聲，與聲注形的相對。所以龍先生説「另一則相對而謂之轉注」。龍先生在此書的初版中對轉注也曾下過解釋：

故轉注一名，轉字有兩層意義，一則對形聲之以聲注形言，一則取其以形符轉而加諸聲符之上言。故形聲轉注之名，似相對而實不可易。〔二五〕

由此看來，龍先生對轉注一詞的瞭解還是相對於形聲而立論的。龍先生對轉注字的分類也較此派其他學者來得明確，他的再訂版《中國文字學》把轉注字分爲兩類：

1 因語言孳生而兼表意

此類文字原是其表音文字之引申義，亦即其語言本由表音文字之語言所孳生，故其先只有表音部分，且無所謂「表音」；後世爲求其彼此間形體有所别，更加表意之一體，於是形成音意文字。……古書中「阜」字習見用爲盛義，包括言馬盛、火盛及其他，如《詩・駟驖》篇云「駟驖孔阜」，《大叔于田》篇云「火烈具阜」，《左氏・襄公二十六年傳》云「韓氏其昌阜於晋乎」。《説文》云阜爲大陸，陸是高平地，上列用法自是阜的引申義。䮶、焯二字音與阜同，義亦分别同《駟驖》《大叔于田》二詩之阜字，顯然便是二詩阜字加注馬旁或火旁的後起字。方其未增馬旁火旁以前，只是表形的阜字的引申用法；及其增馬旁火旁之後，便是代表孳生語言的音意專字。……《説文》：「祐，助也。从示，右聲。」以其字从示，本義當言神明之祐助。古書則此義多書作右字，如《詩經・大明》篇云「有命自天，命此文王……保右命爾，燮伐大商」，《易經・大有・上九》云「自天右之」。《説文》説右爲「手口相助」，手口二字是根據其字从又从口而説的，右的意思便是助；言神明之助，不過爲右字意義的一端，所以祐字是於右字加注示旁而成，遠在通行用右字之後。又《説文》："娶，取婦也。从女，取聲。"古書如《詩經·伐柯》篇云"取妻如何"，《易經·姤》卦辭云"勿用取女"，都只書"取"字；《説文》亦以"取"字釋"娶"字。則因"取"字本義爲捕取，爲獲取，言取婦不過其義之一端，"娶"字實亦在"取"字通行既久之後加注女字以成。金文文王、武王，"文""武"二字或書作"玟""珷"，亦即於"文""武"二字增注王旁，示爲專名，以别於文、武二字之一般用義。其他如我在《甲骨金文字及其相關問題》文中，考定⿰扌我⿰示我二字以語言孳生關係於我字加注手或示旁而成，我的意思是草根，⿰扌我的意思是連根拔草，⿰示我的意思是拔除不祥。上列諸例，右、取、文、武屬表意文字，我屬表形文字，這些原屬字義引申的用法，經過加注表意偏旁之後，兩者間既有共稱、别稱或通稱、專稱之别，其原先之右、取等字又似退居表音地位，所以是應該獨立於表形、表意之外的一類。

2　因文字假借而兼表意

此類文字原用純粹表音法，即利用同音字兼代，後爲别於其字之本義而加注表意之一體，於是形成音意文字。……如《説文》："祼，灌祭也，从示，果聲。""婐，一曰女侍曰婐。从女，果聲。"二字之所以並从果爲聲者，係源於其先本是用"果"字表灌祭和女侍義，其後分别加注示或女旁，於是形成"祼""婐"二字。果字本義爲果實，用爲灌祭和女侍義，則是屬於表音方法。其他如《説文》云"𣞤"爲有無之"無"的專字，从亡無聲；"𤖯"爲"𤺺"字或體，从疒樂聲；"嘫"字義爲語聲，从口然聲；"柘"字爲百二十斤之重量單位名，从禾石聲，都是表音法行之在前，其後加注表意字始形成的專字。其中果字、石字原屬"表形"，無字、樂字屬"表意"，然字屬"表意"；但在諸字經過"表音"階段，更經兼用表意法形成專字之後，不僅裸、婐、秙、礜、瘰等字不復能屬於表形或表意，亦不得屬於表音，即使嗞字雖與然字同屬兼表意文字，其形成過程或仍有不同。都應該獨立於表形、表音之外。〔二六〕

龍先生在上面的分類裏所舉的例證極爲翔實，其分析因語言之孳生及假借而形成表形、表意以外之表音義文字，尤具卓識，可說是後出轉精之論。

# 四、結語

上面我們初步論析了太炎先生轉注說、語根遞衍說，以及戴君仁等先生如何把訓詁學上的聲符兼義研究，轉化爲文字學上的轉注說。下面試圖比較太炎先生轉注說與戴君仁、龍宇純等先生「語根加注義符」一派的轉注說之間的異同，進一步了解此兩派主張的特點，加深我們對轉注字的認識。

## （一）對「轉注」一詞的闡釋

太炎先生對轉注的詮釋，明確說是因方音之異而更製新字，「轉」字便是「雙聲相轉，疊韻相迆」。「注」字自然可用「其義相互容受」來解釋。反觀黎錦熙把某一字「轉移」爲另一字的注義符號，或龍宇純先生以轉注字相對於形聲字而言是以形注聲，而說「兩者（按：指形聲轉注二事）翻轉爲注」，作爲「轉注」一詞的解釋，顯然不及太炎先生的解釋來得直接。

## （二）對「建類一首」的詮釋

太炎先生解釋「建類一首」也說得很明白，類爲聲類（上古音韻部），首爲語基。反之戴、唐、董、龍諸先生都不大理會「建類一首」的意義，這一派轉注説裏只有黎錦熙把這四字説成「建立事類爲一個部首」，和孫海波的「建聲類於部首，意見相受，則附注偏旁以明之」的説法大同小異。但黎、孫兩家的解釋都不免有拘牽於許説，於這一派主張由語言孳生的角度去解釋轉注不免有點格格不入之感。

## （三）兩派轉注説的特質

這兩派轉注説解釋轉注的特質，其實都是從語言孳生的角度去考慮轉注問題。太炎先生著重的是方音的轉變而引起字形的變更異製；戴、龍一派著重的是語言的孳生與字音的假借後加注義符的衍化過程。兩派著重點都放在語音的變異、假借及語言孳生等語言現象，再根據此等語言現象去解釋反映在字形上的文字現象——轉注。不過，因爲在傳統上如章太炎、劉師培都把這種循聲符兼義的特點推尋字源的方法，視作訓詁學上的問題。所以，「語根加注義符」一派的轉注説便不易爲人接受了。同時，因爲這一派轉注説的立論，主要在觀察轉注字的形成過程，〔二七〕但以他們所舉同聲受意字來看，並不是每個字都可以明白説出它同聲受意的過程：

如小，物之微也，从八，見而八分之。

受小意者：

朴《説文》云：相高也，从木、小聲。按小亦意，木之參差相高也。與朴意近，木之小也。

少《説文》云：不多也，从丿从小，小亦聲。按舊作从小丿聲，此從朱駿聲《説文通訓定聲》改。

受少意者：

杪《説文》云：木標末也。从木，少聲。

秒《説文》云：禾芒也。从禾，少聲。言禾芒少也，引申以爲秒忽字。

眇《説文》云：小目也。从目少。按少亦聲，目之微小也。引申以爲眇盲字。

受眇意者：

䳼《説文》云：鷦䳼也，从鳥，眇聲。按小鳥也，鳥之小者曰焦眇，即鷦鷯也。

篎《説文》云：小管謂之篎，从竹，眇聲。

肖《説文》云：肉有似也，从肉，小聲，不似其先，故曰不肖也。江沅曰：相似而从小，蓋謂具體而微。按肖者相似而小也。

受肖意者：

哨《説文》云：不容也，从口，肖聲。按此亦从肖得意，不容者，言口之小也。

削《説文》云：鞞也，从刀，肖聲，一曰析也。按《吕覽・長利》「地日削」，注：「削，小也。」言析之小也。

以上諸字，小一聲也，末之小者曰杪，數之小者曰少，相似而小者曰肖，目之小者曰眇，凡訓小之字，其初惟以小字爲之也。迨後庶業其繁，玆僞蒙生，則更注偏旁分别，以明其用，於是注木於小而爲杪，以爲末小之專字；注丿於小而爲少，以爲數小之專字；注肉于小而爲肖，以爲相肖而小之專字；注目于小而爲眇，以爲目小之專字，受小意之字既窮，復進少眇肖諸字爲聲母舉而附益，孳乳日多。夫少眇肖等諸字，同从小之聲，古音肖部而以从小爲本文，所謂建類一首也。小，物之微也，寑假而有末小之意，則受之以木旁；寑假而有數小之意，則受之以丿旁；寑假而有目小之意，則受之以目旁；寑假而有相似而小之意，則受之以肉旁。就本字所含之義，即各依其意而予以偏旁，所謂同意相受也。〔二八〕

孫海波在上例中舉出少、朴、秒、眇、肖等字皆受意於小，都以从小爲「本文」，分別受以不同之偏旁，認爲這些後起字，「其初惟以小字爲之」，後來才加注偏旁以爲區別。事實上他所舉的許多後起字，如肖、哨、⿰鳥眇、篎等很難使人相信是「其初以肖（或眇）字爲之」。甚至杪、秒、眇等字的衍生過程中，也不易找出曾以「少」字爲之的證據。我看把這種現象解釋爲：在造形聲字時選擇了一個兼義的聲符，也未嘗不可。

至於太炎先生的轉注説也不無微疵。那就是上面提過太炎先生轉注説中對古今字或異體字的處理問題。他説：

> 即紐韻皆同者，于古宜爲一字，漸及秦漢以降，字體乖分，音讀或小與古異，《凡將》《訓纂》相承別爲二文。故雖同義同音，不竟説爲同字，此轉注之可見者。〔二九〕

章氏轉注説的基礎在於因方音之異而更作新字，但此處却因後世字書收此等字別爲二文，便也把這些同韻同紐「於古宜爲一字」的古今字或異體字劃入轉注的範疇而自亂其體例。馬宗霍的《文字學發凡》更分出同音轉注一類來。〔三〇〕倒是沈兼士頭腦比較清醒，他不同意這種看法：

> 《説文》泥於據形分部之例，往往一語偏旁異字而區爲二部。又拘一字一訓之法，往往一字表裏相成而分屬兩字。或以爲《凡將》《訓纂》相承別爲二文，故許君不竟説爲一字。余謂此等字直目之爲「重文」可耳。故於「跛」「尳」「箴」「鍼」之類，皆併書於一格。〔三一〕

沈文表面上批評許君《説文》，其實兼及太炎，只是爲尊者諱而已。

最後，我們可以説把章太炎和戴君仁、唐蘭、董同龢、黎錦熙、龍宇純歸爲一派，固然不妥，更不能籠統地稱之爲「主聲義派」。下面我把章氏的轉注説表列如下圖，或者較易説明這兩派的關係：

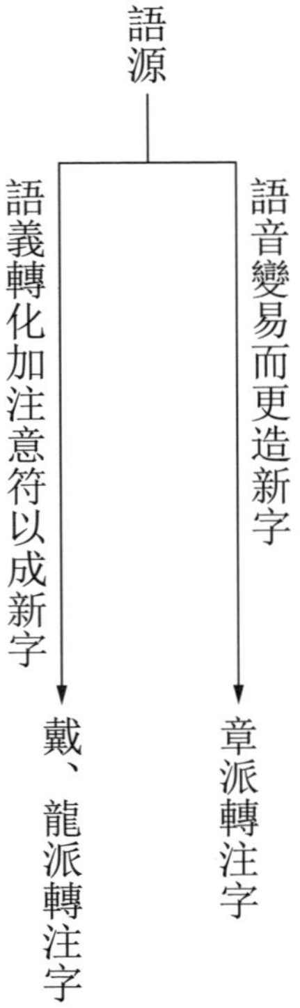


兩派的説法不同，一派看到的是語音的轉變，而另一派著眼於語義的變化，在理論上其實是互補的。前者重音轉，後者重意轉，只是前者比較可以兼顧到「轉注」一詞的定義，和許君「建類一首，同意相受」的解釋。

## 注釋

〔一〕梁東漢《漢字的結構及其流變》，上海教育出版社，一九五九年，頁一五一。

〔二〕黄沛榮《當代轉注説的一個趨向》，台灣「中央研究院」《第二屆國際漢學會議論文集》。

〔三〕章炳麟《章氏叢書》，浙江圖書館校刊本，一九一九年，卷一六—一八。

〔四〕《制言》二十五期。

〔五〕《章氏叢書》，同上。

〔六〕《新方言序》，見《章太炎先生學術論著手蹟選》，北京師範大學出版社，一九八六年五月。

〔七〕段玉裁《戴東原先生年譜》，《戴震文集》，中華書局，一九八〇年。

〔八〕同注〔六〕。

〔九〕《廣雅疏證・釋詁》「軫，轉戾也」條下。

〔一〇〕潘重規《中國文字學》，東大圖書公司《滄海叢刊》，一九七七年二月。

〔一一〕但燾《訒漢雅言劄記》，《國史館館刊》一九四八年一一月，卷一—四。

〔一二〕《國故論衡・語言緣起説》，《章氏叢書》，浙江圖書館校刊本，一九一九年。
〔一三〕章炳麟《文始・略例庚》，《章氏叢書初集》，章氏叢書社，一九二〇年，卷七—八。
〔一四〕劉師培《字義起於字音説》，《劉申叔遺書・左盦集》，大新書局，一九六五年。
〔一五〕同注〔一二〕。
〔一六〕戴君仁《中國文字構造論》，世界書局，一九七九年。
〔一七〕戴君仁《梅園論學集》，台灣開明書局，一九七〇年。
〔一八〕唐蘭《古文字學導論》上編，齊魯出版社，一九八一年，頁一六。
〔一九〕黎錦熙《國語辭典序》，頁三—四。
〔二〇〕劉盼遂《轉注甄微》，見《文字音韻學論叢》，一九三五年，頁七一—七六。
〔二一〕孫海波《中國文字學》下編，一九四一年。今據學海出版社影印本。
〔二二〕董同龢《文字的演進與六書》，見《董同龢先生語言學論文選集》，食貨出版社，一九七四年，頁三二三。
〔二三〕《崇基學報》五卷一期。
〔二四〕龍宇純《中國文字學》再訂本，頁一一三—一三一。
〔二五〕龍宇純《中國文字學》，崇基書店，一九六八年。
〔二六〕同注〔二四〕。
〔二七〕同注〔二四〕。
〔二八〕同注〔二一〕。
〔二九〕同注〔三〕。
〔三〇〕馬宗霍《文字體用第三》，《文字學發凡》，商務印書館，一九三五年。
〔三一〕沈兼士《右文説在訓詁學上之沿革及其推闡》，《沈兼士學術論文集》，中華書局，一九八六年。

載《中國語文研究》（季刊）第十期，香港中文大學中國文化研究所，一九九二年五月。頁二一一—三六。

# 楊魯交誼及其假借説

六書假借之説，自許慎以令、長爲例開始用引申義解釋假借，段玉裁注《説文·叙》時，列舉子、韋、西、朋、來、烏等字爲例，申明了許君假借之旨。許書在解釋此等字例時，往往用「故以爲」「以爲」來把該字的本義和假借義聯繫起來，不覺便把假借義説成引申義了。清代小學家解釋假借往往免不了受許君的影響。近代文字學者開始從語音問題和形義問題兩方面來解釋假借的現象，不管是語音問題也好，或是形義問題也好，他們都是從「造字之本」的角度去看假借的。其中楊樹達先生和魯實先先生對這問題作了精微的探究，在文字學史上有很大的貢獻，本文旨在探尋兩先生持論之要點，並比較其異同。

## 一、楊魯交誼

楊樹達遇夫先生和魯佑昌實先先生是近代兩位出色的文字學家。兩先生生而同里，遇夫先生是湖南長沙人，實先先生是湖南寧鄉人。兩位都深於經史小學，楊先生少歲負笈日本東京京都[一]，受彼邦學風影響，又兼通英、日語，所以他早年的著作以語法、詞例爲主，如：《中國語法綱要》（一九一九）、《馬氏文通刊誤》（一九一九）、《高等國文法》（一九二一始撰，一九二三完稿）、《古書疑義舉例續補》（一九二一）、《詞詮》（一九二二）。其《高等國文法》一書，日人之習漢文者奉爲圭臬[二]。中歲以後先生專治文字音訓之學，著有《積微居小學金石論叢》《積微居小學述林》《積微居甲文説》《積微居金文説》等書，影響深遠。在語言文字以外，經史之學以《漢書》最爲獨步，有《漢書補注補正》《漢書釋例》《漢書窺管》諸作。柯鳳蓀先生有「集漢書之大成」的褒詞，陳寅恪許爲「漢聖」〔三〕，都不算溢美。實先先生十五歲就讀長沙明德中學，嫌其課程淺雜，退學歸寧鄉故里閉門讀四史，十九歲赴杭州讀文瀾閣藏書，三年後北上讀北平圖書館藏書，讀書四年〔四〕。二十六歲，撰成《史記會注考證駁議》。一九三七年五月寄書遇夫先生，楊先生稱賞不已，《積微翁回憶録》記其事：

> 三日。得寧鄉魯實先書，寄示所撰《史記會註考證駁議》，凡二萬餘言。聞見甚傳，且通曆法，未易才也。書云：「讀余《小學論叢》諸書，有深研之功，有獨見之慮，佩服無已」云。晚訪余季豫，示以魯君文字，季豫亦稱賞之。讓之世兄謂魯曾在北大史學系旁聽〔五〕。

這當是兩先生論交之始。余季豫即余嘉錫，讓之爲嘉錫子余遜。嘉錫先生其時也住北平，「魯曾在北大史學系旁聽」，證以吴仲寶「先生在北平圖書館讀書四年」之説，恐不虛妄。實先先生之學「始於太史公書，亦成名於太史公書」〔六〕。其研治曆法，也是爲了讀《史記·天官書》之故。遇夫先生所謙稱「懵然無所知」的律曆之學，正是實先先生覃精獨詣之學，所著《殷曆譜糾譎》《曆術巵言甲集》《劉歆三統曆譜證舛》等書，都可説是命世之作。魯先生甲骨金文專著《卜辭姓氏通釋》《殷契新詮》《周金疏證》《殷周金文彙纂》等書，都是播遷台灣以後所作，遇夫先生已作古，無從獎譽了。

楊、魯兩先生生而同里，所學又大抵相同，楊先生顓精《漢書》，魯先生覃思《史記》，兩先生都是先治《説文》音訓之學，而後才鑽研甲骨金文，所不同是楊先生早歲以文法之學享盛名，魯先生則以曆法之學爲獨詣。在年輩上楊先生爲前輩，兩人間的景仰與獎掖之情是不難想見的。下面摘録楊先生《回憶録》若干條以見其大略：

一九四〇年八月十四日條：

撰魯實先《史記會註考證序》，魯年只廿六，而成就却卓卓如此，殊可驚嘆，故余贊美之甚力。

按：時楊先生在辰谿湖南大學。

一九四〇年十一月八日條：

魯實先前來書，有欲執弟子禮之語，余遜謝不敢任。今日來書復諄諄言之，詞意懇切。然計余決不足以益彼。不敢任也。

一九四一年三月二十七日條：

報載中央研究院楊銓獎金授予者二人：勞幹、王振鐸；名譽獎二人：爲李霖燦、魯實先。四人中湘人佔其二（勞、魯），又皆余之所知，信可喜也。

按：楊先生之重鄉誼如此。

同年四月十四日條：

魯實先來書稱師，自稱私淑生。以《金乙未元曆實朔考》一文爲贄。余於曆法毫無所解，不足以爲魯君師。前已再三遜謝，今復有此，終當謝之耳。

按：魯先生反覆致書稱師，而楊先生以「於曆法毫無所解」，「不足以益彼」，辭謝再四，兩君風義不讓古之君子。後魯先生固請，楊先生「只得聽之」。

同年五月二十九日條：

得魯實先寧鄉道林書。前來書以師見稱，余力辭之。今日得書，仍持前議。未可再拒，只得聽之。彼以余年長相敬，我以彼學優相推，各盡其道可矣。

一九四二年七月二十二日條：

陳子展昨來電請任復旦大學教授，今日覆書辭不能往，介紹魯實先、張舜徽二君。

同年八月三十一日條：

復旦大學以余介紹，來電請魯實先任教授，書告實先。

同年九月二十日條：

魯實先書來，云不日赴復旦之聘。

按：此時楊魯兩先生尚未謀面，但以文字相切磋耳。

一九四六年四月二十五日條：

魯實先由重慶歸里，來談，極言重慶政府之腐敗。實先神彩飛越，談話旁若無人，極爲可喜。相與通書十年，今始相見也。

一九四七年十月五日條：

五日。魯實先著《殷曆譜糾譎》，糾駁董彥堂，囑余作序。余以不明曆學辭，實先云，任余意言之可也。余不得已，爲書若干言，不作左右袒。以余本不解此事，而董、魯二君皆有功力，余與兩君又皆有交誼故也。

從以上《積微翁回憶録》所載各條，楊、魯兩先生的交誼可見，此外《回憶録》中還記載了許多魯先生寄書借書給楊先生，爲楊先生送稿發表，代楊先生洽商出版事，都是魯爲楊效勞的事，没有討論學術的紀録。不像楊先生之與吴檢齋、余季豫、曾星笠般反覆問難切磋，也許是交情輩分有别罷。值得注意的是上引一九三七年五月條記，魯致楊書有「讀余《小學論叢》諸書，有深研之功，有獨見之慮」，那末一九三七年魯先生已讀過楊著《積微居小學金石論叢》。（按《論叢》約於一九三六年歲杪面世，《回憶録》三六年九月廿九日記：「《積微居小學金石論叢》付排已訖。」及同年十一月十二日記：「訪沈兼士，盛贊余《小學金石論叢》之美。謂是闢一新途徑」，可知其時書已刊成，分送余嘉錫、沈兼士問序耳。）又《回憶録》一九四〇年三月二十三日記：「撰《造字時有通假證》。」（按：「通假」

疑是「通借」之誤）。又一九四三年六月三日記：「撰《造字時有通借證》，此文曾刊入復旦大學《復旦學報》。」四三年六月所記，説「曾刊入」《復旦學報》，那麼四三年所記可能是修訂舊稿了。其時魯先生已應復旦教授之聘，《造字時有通借證》可能是魯先生代交《復旦學報》的。魯先生《假借遡原・序》説：

> 歲次辛巳，愚寓書長沙楊遇夫先生，言及六書假借，爲造字準則。因舉不容之哨，所從肖聲乃小之借。行迹之謚，所從益聲乃易之借。乾革爲靬，干乃乾之借。鹿子曰麛，魚子曰鮞，弭而並兒之借。訓确之獄，所從之言乃辛之借。語之籀文作譮，昏乃會之借。胑或作肢，只乃支之借。柄或作棅，丙乃秉之借。暱或作昵，匿乃尼之借。先生韙之，越二歲因擷鄙論，別益五十餘字，而作「造字時有通借證」一文見詒，愚以揭之復旦學報。歲在癸巳，先生集録於「積微居小學述林」，愚復重印于台灣。曩之舊説，小有更張，略無增損，斯爲晚年定論，以視初作，踰十一年矣〔七〕。

辛巳爲一九四一年，越二年爲癸未一九四三，魯先生自言「以揭之復旦學報」，與《回憶録》四三年三日所記相合，但四〇年三月二十三日《回憶録》已記《造字時有通借證》之作，其時魯先生尚未「寓書」楊先生討論其事，到底是已有初稿，還是「擷」魯先生之説，再「別益五十餘字」而成新説，便不易知了。自一九四七年以後，《回憶録》中便不再有與魯先生交往的紀録；此後兩君便分居海峽兩岸，無從論學了。

## 二、楊氏的假借説與聲訓説

楊先生早歲治小學，便注重聲訓，民國十一年一月撰《釋名新略例》，以正顧千里《釋名略例》不説聲音之陋〔八〕，與錢玄同討論轉音之理，對章太炎先生《文始》裏的旁轉、次旁轉等紛歧之説頗有異詞〔九〕。先生以爲《文始》書中很多牽强的地方，如《文始》以柯爲戈之孳乳字，楊先生認爲「殊牽强無理」〔一〇〕，以下試摘録先生在撰成《小學金石論叢》一書以前，自一九三二至一九三五年間論聲訓、語源及假借之説如下：

一九三二年七月二十三日條：

讀《説文》，「赾」从斤聲，訓行難。斤爲斫木斧，無難義。初疑得義於困，繼思艮重文爲圻，艮、斤古同音；艮訓很，很訓不聽從，一訓行難，艱訓土難治；知赾聲類之斤爲借艮也。近讀《説文》，頗能通貫，大率類此。而重文一字一珠，又可知矣。

按：楊先生以艮、斤古同音，赾訓行難，而斤無難義，艮訓很，訓不聽從、行難，故赾从斤聲，是艮字的「假借」。此字即先生《造字時有通借證》文中「音同或音近借其義」一類。先生《通借證》文内也未舉此字。

同月二十五日條：

讀《説文》，悟慈字當受義於子，兹、子古音同也。慈當訓愛子，許但訓愛，廣泛不切矣。段注亦無所發明。

按：先生翌年（一九三三年）四月，本此條撰爲《釋慈》，證兹、子二字音同可通假，認爲：「慈从兹聲，假兹爲子」，孜从子聲，「實假子爲兹也」。並説「此造文時兹、子互相通假之證也」〔一一〕。據此知先生此際已有造字時通假之説。《釋慈》撰成後寄太炎先生求教，太炎先生五月七日覆書云：「慈訓愛子，推其聲義於子，説甚塙」，楊氏此説其實本太炎先生《文始》中所揭示的「同韻同紐者别有所受，非可望形爲譣」和劉師培「假用轉音之字」的理論大有關涉，説詳下。

是年九月十日條：

張慎徽（樹敷）來，見示徐行可過録黄季剛批校《廣雅疏證》，因借取録之。所校不多，一日録竟。《釋獸・疏證》謂「䍧之言肇」，季剛糾之，謂「言少」。余著《聲訓》，定刀、召、兆爲言小，蓋舠、軺、髫（或作髐）、䍧、桃、駣皆言小，王云「言肇」，則不能該桃、駣。黄云「言少」，又不能該舠、軺、髫。惟言小，則全該括也。

按：先生所撰《聲訓》未見。

是年十月五日條：

讀《説文》，治聲訓。⿱殸泉訓側出泉，蓋假聲爲頃，頃爲頭頃側也。馨訓香之遠，殸蓋假爲迴，迴訓遠也。

一九三三年一月二十七日條：

曾星笠從廣州歸，來訪。余告以「慈當訓愛子」，「始爲女子天癸初至」二義。……又示以侯、屋、東部文綜訓會之奏、湊、輳、聚、諏、最、埾、丵、族、業、總、嵏、藂、椶、緵、騣、豵、猣、䍟、鬷、葼、鏃、鏉一條；謂較《文始》所貫串爲自然。

是年九月十三日條：

晤吴檢齋，見告罙字从穴，从又，从火，乃探之本字。與叜爲搜求本字同。兩字同从火，非从求者。又言形聲字中聲類固有假借，即會意亦然。咸字从戌；戌者，悉也。許明言之。由此推之，罷从网能，网即無字，無能，與《國語》言「罷士、罷女」義正合。無能則罷免，罷免乃引申義。許言「言有賢能而入网即貰遣之」，殊爲繳繞。按檢齋所言皆有理，而罙字尤精。

按：此條先生明言「形聲字中聲類固有假借」與《釋慈》所揭的説法大致無異，恐怕不須待撰《通借證》始「擷」魯先生之説以立論。

一九三四年一月十三日條：

遇劉盼遂，談文字。余偶舉海、溟、晦、冥四字，盼遂舉經、絡、徑、路。歸後，余又思後徑、略二字。閱《簒詁》唐部字。兄有兹益義，貺从兄聲，爲貺，悟其與贈字同，曾有加義也。晚更思得賞从尚聲，賀从加聲，尚、加皆有加義。如此贈、貺、賞、賀四字實一貫。是余發現字義同、由於語源同之始。如此説文字，殆發三千年來未經人道之秘矣。

按：先生此條從海溟、經絡、徑略、兄貺、賞賀等聲符兼義的現象加以貫串之，引申爲「字義同，由於語源同」，其實還離不了清儒因聲求義的説法，但先生自矜爲「三千年來未經人道之秘」。

同月他還有兩條關於語源的記載：

十八日條：

悟疽得義於阻。癰得義於壅，二字語源同。

二十二日條：

吴檢齋來，余舉近日用義類貫串新知告之，檢齋亦謂爲前人所未道也。

三月又有三條：

十日條：

悟霽从齊聲，訓雨止，乃假齊爲㠯，㠯訓止也；齊、㠯微部音近字。

十三日條：

習《説文》。寮訓穿，憭訓慧，此奴之爲憯謂、囪之爲聰、櫺之爲靈也。

二十四日條：

撰《釋嫁篇》。今日悟甗訓甑，語源與甑同。峊訓危高，巘訓載高，曾亦有高義也。

此後先生撰《釋晚》，以爲「免、俛、冕、浼同受義於低俯」（一九三四年六月）；《釋謹》以廑、僅、殣、饉、槿五字證謹字本義爲「少言」（一九三四年八月）〔一二〕。都是以語根的觀念撰成的。後來先生把釋旐、嫁、放、晚、經、旃、喝、滓、籈、晋、謹諸篇，發表於《清華學報》第九卷（一九三四年十月），這期間，先生寫了一篇綜論性的文章《形聲字聲中有義略證》，刊《清華學報》第九卷二期。一九三五年七月復撰《字義同緣於語源同例證》列舉五十四組字義相同的字，作爲源於同一語源的例證。以上兩文和《釋旐》等十一篇短文都收録在《小學金石論叢》裏。先生對《聲中有義略證》和《釋旐》等十一篇短文，非常重視，出版後分寄陳寅恪、吴承仕、余嘉錫、沈兼士、曾星笠、陳獨秀諸友人求教。《形聲字聲中有義略證》文首即説明：「自清儒王懷祖、郝蘭皋諸人盛倡聲近則義近之説，於是近世黄承吉、劉師培先後發揮形聲字義實寓於聲，其説亦既圓滿不漏矣。」先生絶不諱言他的理論是受清儒以至黄承吉、劉師培的啓發。下面我們試看他跟前賢的承傳關係，和朋輩互爲影響的論調。

清儒主張聲符兼義的理論，以段玉裁的説法最有系統，據黄永武教授的統計，段氏形聲兼意説在《説文注》中發凡起例八十多條，而在形聲字下注出「此形聲兼會意」的，更在百條以上〔一三〕。此後清人主形聲兼義之説的有王念孫《廣雅疏證》、郝懿行《爾雅義疏》、焦循《易餘籥録》、阮元《揅經室集》、宋保《諧聲補逸》、陳詩庭《讀説文證疑》、黄承吉《夢陔堂文集》、錢繹《方言箋疏》、陳澧《説文聲表》等。清末民初劉師培、章太炎兩先生對這問題作了更深入的探討；劉氏著《字義起於字音説》，强調了聲符在文字裏的作用：

古人觀察事物，以義象區，不以質體別，復援義象製名。故數物義象相同，命名亦同，及本語言製文字，即以名物之音爲字音，故義象既同，所從之聲亦同。所從之聲既同，在偏旁未益以前僅爲一字，即假所從得聲之字以爲用。〔一四〕

劉氏説這類義象相同的形聲字「在偏旁未益以前僅爲一字」，當代文字學家唐蘭和龍宇純先生，都深受他的影響。唐氏的「三書説」，把假借和轉注看成象聲字演化成形聲字的方法〔一五〕；龍宇純先生探討形聲字的來源，認爲第三類形聲字是「因假借而加形，以與原字區別」〔一六〕，都與劉説若合符節。

劉氏進一步重申「造字之初，重義略形」，明確提出了「因聲求義」的主張：

試觀古人名物，凡義象相同，所从之聲亦同，則造字之初，重義略形，故數字同從一聲者，即該於所从得聲之字，不必物各一字也。及增益偏旁，物各一字，其義仍寄於字聲，故所从之聲同，則所取之義亦同。如从叚，从开，从勞，从戎，从京之字均有大義；从叕，从屈之字均有短義；从少，从令，从刀，从宛，从蔑之字均有小義；具見於錢氏《方言疏證》，而王氏《廣雅疏證》詮發尤詳。彙而觀之，則知古人制字，字義即寄於所從之聲，就聲求義，而隱誼畢呈……。〔一七〕

可是在劉氏所揭舉的例字中，許多是並不容易「就聲求義，而隱誼畢呈」的，因此他提出了補充的辦法，補救此説的缺陷：

《説文》一書亦恒假轉音之字爲本字；即諧聲之字所从之聲亦不必皆本字；其與訓釋之詞同字者，其本字也；其與訓釋之詞異字而音義相符，則假用轉音之字，或同韻之字也。〔一八〕

劉氏此處明確指出了形聲字的聲符「與訓釋之詞異字」，是「假用轉音之字，或同韻之字」，劉氏舉了「𥛱」「驚」「警」「擪」「阞」「斐」等字作説明，爲了節省篇幅，不贅。下表只舉「擪」「阞」兩例來説明：

（一）「擪」字《説文》訓爲「一指按」；「厭」訓作「安」，因爲「安」「厭」兩字雙聲，因此「擪」字雖然从「厭」得聲，仍取「安」義。

（二）「阞」字訓「地理」，从阜，力聲；「泐」訓「水石之理」，从水阞聲；「朸」訓「木之理」，上面「阞」「泐」「朸」三字都有「理」義，劉氏認爲那是：「理力雙聲，理音轉力，从力得聲，仍取理義也。」

因此我們可以看出，劉師培所說的「假用轉音之字」也就是楊先生眼中的「造字時的通假」字。章太炎用語根的觀念去詮釋轉注字，對轉注一書的解釋固然有很大的突破〔一九〕，而他對聲母與形聲字的關係，也作了較深入的考察：

略例庚曰，昔王子韶刱作右文，以爲字从某聲，便得某義。若「句部」有鉤笱，「臤部」有緊堅，「丩部」有糾𦬒，「𠂢部」有衇覛，及諸會意形聲相兼之字，信多合者。然以一致相衡，即令形聲攝於會意。夫同音之字，非止一二，取義于彼見形于此者，往往而有。若農聲之字多訓厚大，然農無厚大義。支聲之字多訓傾衺，然支無傾衺義。蓋同韻同紐者別有所受，非可望形爲諭。況復旁轉對轉，音理多涂，雙聲馳驟，其流無限，而欲于形內牽之，斯子韶所以爲荆舒之徒，張有沾沾，猶能破其疑滯。今者小學大明，豈可隨流波蕩。《文始》所說亦有嫥取本聲者，無過十之一二。深懼學者或有錮駤，復衍右文之緒，則六書殘而爲五，特詮同異，以詳方來〔二〇〕。

太炎先生對右文說者之「字从某聲，便得某義」的籠統說法深致不滿，他認爲「取義於彼見形於此者往往而有」，以此「形」而取彼「義」，豈不正是假借之方嗎？而假借是以「依聲託事」爲依歸的，所以章先生說：「蓋同韻同紐者別有所受，非可望形爲諭。」別有所受，正是別有所託，「望形」不足以爲諭，正是此「形」只不過是同韻同紐的一個聲符而已。太炎先生雖未用假借一詞來説明這種「別有所受」的現象，但是從他所舉「農」字字例來看，便不難理解：

故乳、次對轉冬，孳乳爲醲，㫗酒也；醲又孳乳爲濃，露多也；爲襛衣㫗皃……夫壬、妊、孕皆爲重身，則諸訓㫗之字亦與壬、妊、孕本義相合也。〔二一〕

太炎先生認爲諸从農得聲的字，都出於侯部乳聲的對轉，而乳字又是從侵部壬字展轉孳乳而來。簡單來説，農字本身没有厚大的意義，以農爲聲符是受「乳」字的影響，而其聲義則是肇自「壬」字。這種説法雖然不免有些迂曲，但他以「農」字是一個假借的聲符的用意是不難明白的。因此沈兼士在他的名著《右文説在訓詁學上之沿革及其推闡》一文中，爲「右文説」製作了下列表式〔二二〕：

**表一　右文之一般公式**

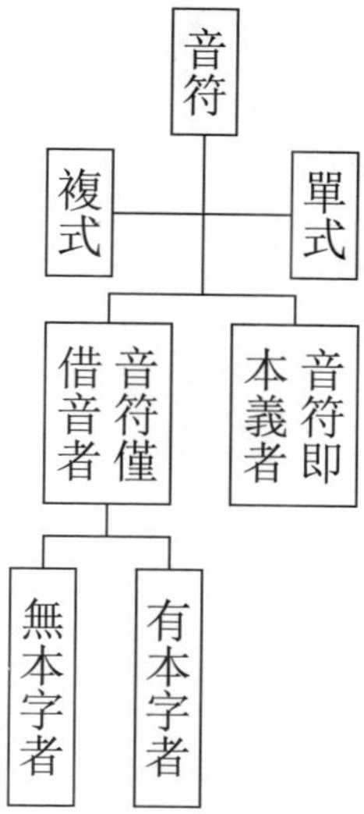


沈氏全文共分七表十二式，上面第一表是「右文」的一般公式，他根據這個一般公式，再細分爲下面六表：

二、本義分化式（下分兩式）

三、引申義分化式

四、借音分化式（下分四式）

五、本義與借音混合分化式（下分兩式）

六、複式音符分化式（下分兩式）

七、相反義分化式

二至七表都是從表一的一般公式裏的「音符即本義」和「音符僅借音」兩系衍生出來的，其第四表「借音分化式」第一式即以農字爲例：

**表四　借音分化式**

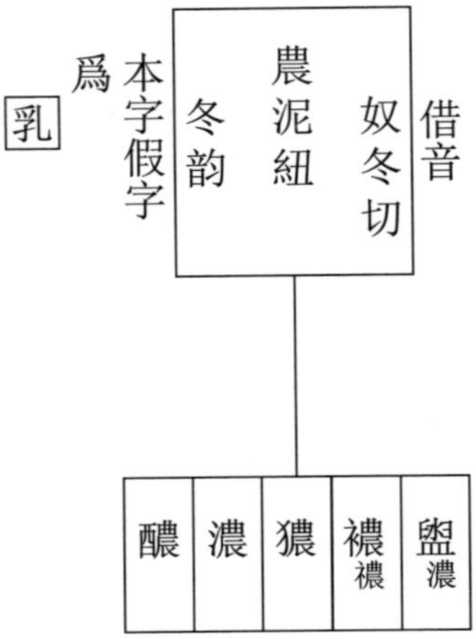


以農字爲借音，乳字爲本字，那末从「農」得聲的形聲字膿、襛、獳、濃、醲等的聲符便都是「乳」字的借音字了。所以大可以看出劉師培、章太炎、沈兼士、楊樹達之間的因革異同了〔一二三〕。

我們再仔細看看楊先生《形聲字聲中有義略證》一文中所舉的第八例「重聲、竹聲、農聲字多含厚義」，他認爲「重」訓厚（《說文》八下）、「褈」亦訓厚（《廣雅・釋詁》），都是東部字。旁轉冬部，他列出了六個訓厚的字例：

厚謂之農　《書・洪範》云：「農用八政。」《傳》云：「農，厚也。」

又謂之隆　《荀子・儒效篇》云：「有師法則隆積矣。」《注》：「隆，厚也。」

厚貌謂之濃　《詩・小雅・蓼蕭》云：「零露濃濃。」《毛傳》云：「濃濃，厚貌。」

厚酒謂之醲　《說文十四篇下酉部》云：「醲，厚酒也。從酉，農聲。」

厚味謂之膿　《文選・七發》云：「甘脆肥膿。」《注》云：「膿，厚之味也。」

衣厚謂之襛　《說文八篇上衣部》云：「襛，衣厚貌。從衣，農聲。」

與上面沈兼士的第四表「借音分化式」从農得聲的字比較，只少了個从犬的獴字，而多了個有厚義而不从農得聲的隆字。沈先生《右文説》正式面世前似是先寄抽印本（或是校稿）給朋輩求教，先後有魏建功（民國二十二年六月二十一日覆函）、李方桂（未署年月）、林語堂（署八月十六日，當亦是一九三三年）、吴承仕（民國二十二年九月五日覆函）。在魏、李、林、吴四函後，沈先生有一段按語：

拙著抽印本出版後，復得楊遇夫、陳寅恪、蔡子民三先生來函批評，特附録焉[二四]。

文後附録了楊樹達先生來書，略云：

……弟前爲清華撰一文，亦論聲訓，月内可出版；出版當呈求教。文中似有一二條，足補兄公式者：弟論赤字，依舌音雙聲轉，則爲赭，杜，赨，銅，彤，丹，又依郝，赦，赫諸字讀音，則赤有喉音。雙聲轉則爲瑕，鰕，霞，瑚，紅，皆赤義也。是爲一字，由音别分兩類孳乳。又弟覺字得義於聲，故義近之字，析其聲類，往往亦相近，竟是一通則；拙稿亦頗詳言之。兹附上近印拙作二篇，無非説明此通則，尚希督教其當否爲幸！語源之事，重要萬分，環顧海内，談及此事者，尚未有聞。弟與兄趣向相同，又幸同居一地，切磋必可相益，弟固極願受教耳。

書末署民國廿三年三月五日，楊先生信中所説爲清華所撰「論聲訓」一文，實即《清華學報》九卷二期所載之《形聲字聲中有義略證》。先生《回憶録》一九三四年三月十四日這樣記載：「十日前與沈兼士書評其《右文説》（按「右文説」譌作「古文説」），以《釋贈》《釋旇》二篇貽之。今日得覆書云云。」與沈文後附楊先生三月五日來書之日期相符，《回憶録》三月五日不記，而記於三月十四日，是要記録十四日得沈先生覆函，所以繫在三月十四。至於楊致沈書所附「近印拙作二篇」，也正是《回憶録》所記《釋贈》《釋旇》兩文。楊致沈書中所論「赤」字之説，也見於《聲中有義略證》第四例：「赤聲、者聲、朱聲、叚聲字多含赤義」[二五]。細細尋繹楊書的意思，我們可以注意兩點：（一）「聲中有義」的現象便是「聲訓」。（二）「語源」是楊先生推尋「聲訓」的一大創獲。也就是上文所引一九三四年一月十三日《回憶録》中所説的「三千年來未經人道之秘」。遇夫先生在《聲中有義略證》一文結語有這麽幾句話：

右文所討論，皆語言之根柢，歐洲人謂之 Etymology，所謂語源學也。蓋語根既明，則由根以及幹，由幹以及枝葉，綱舉而萬目張，領挈而全裘振，於是訓詁之學可以得一統宗，清朝一代極盛之小學可以得一結束，其善一也〔二六〕。

從這段文字中，可知楊先生筆下的「語根」也就是「語言根柢」，而這門學問可以稱之爲語源學，相當於 Etymology。從《回憶録》所記看來，遇夫先生在一九三三至三五年間專志研究語源學，駱鴻凱稱之：「遇公寄示聲訓文字，精義入神，殆駕高郵而上之。」〔二七〕劉永濟也説他「近作論辭書必載語源，持論尤契合。」〔二八〕都非虚語。沈兼士爲楊著《小學金石論叢》作序説：「吾友楊遇夫先生近以其所著小學金石論文裒集成書，徵文於余，且堅之曰：『兄注右文，弟研聲訓，同時同地同好，弟有所著而兄無言，他日學人或以爲異事。』」〔二九〕參以《積微翁回憶録》所記兩人書信往返論難切磋的資料，可知兩君在學術上之聲應氣求。沈序中有幾句話最能説明楊先生在這一時期治學的旨要：

今先生私淑王氏（按：指王念孫《廣雅疏證》），造此宏著，提其要旨，約具三綱：形聲字聲有義，一也。聲母通假，二也。字義同緣於受名之故同，三也。循是以求訓詁之理論，若網在綱，有條不紊矣〔三〇〕。

可見在分析形聲字聲中有義時，發現聲母出現通假的現象，只是他們對形聲字中聲符不兼義的解釋，看了前面所引沈氏《右文説》自然明白。

# 三、魯氏的假借説

魯實先生的假借説最先在一九七一年辛亥六月在《大陸雜誌》分期發表。一九七三年癸丑，先生修訂成定本兩卷，由台北文史哲出版社印行，本文所引魯先生之説，概以文史哲版爲據。宗豪一九六八年夏在南港傅斯年圖書館，因徐伯郊文坰之介，獲識實先先生。其時魯先生隔日必去傅館讀書，因此隔日便得與魯先生朝夕相對，魯先生知道我也在學甲骨金文，大感高興，向我指點了許多讀金文的竅門。那時伯郊兄剛好重印了容希白的《商周彝器通考》，我按日程每日讀《通考》若干章，遇有疑難之處便請教魯先生，魯先生很健談，一講便滔滔不絕。他博聞强記，甲骨金文辭例精熟，指出了許多《通考》和郭沫若《金文辭大系考釋》的紕漏。偶而提到《説文》，先生對許書諧聲偏旁，重文或體，以至韻攝聲紐的精熟，使我大爲歎服，那時先生曾説，讀許書須得注意聲訓，初聞先生造字假借説的端緒，可惜未能盡曉魯先生的湖南口音，先生説某字从某得聲，對轉旁轉爲某攝，只能略知其一二而已。直到一九七一年先生在《大陸雜誌》發表了《假借遡原》[三一]，才明白當日先生三年前所説的精要所在。下面簡述魯先生假借説的概略。

魯先生《假借遡原》分上下兩卷，上卷先從形聲字必以會意爲歸，進而確立他「造字假借」的論點，引用了近千條的證據加以説明，與楊、沈兩先生之説比較，可説是蔚爲大國了。下卷則是他的「造字假借」説的發揮，利用形聲字中「所説之聲於本義不協者」，探求其假借之理，分別撰爲「原足」「原𠂹」「原賢」「原耒」「原凵」「原乑」「原旦」「原朿」「原耑」「原匕」「原比」「原冤」「原光」「原熒」「原交」「原戈」「原凷」「原金」十八篇説明因韻同而假借，或因聲同而假借，遡其原委，最後還是歸結到「語源」上去解釋[三二]，與楊先生的語原説，可説是殊途同歸的。台北的同道不乏魯先生的高弟，必能充分闡發魯先生精義入神之說，不贅。以下只分析魯先生《遡原》上卷「造字假借」的論點，看看他到底跟楊先生的說法有甚麼不同。

魯先生在上卷裏首確認「形聲字必以會意爲歸」：

> 夫文字孳乳，自象形、指事，而衍爲會意、形聲，自形聲締造，既有形文以示類意，復綴聲文，以昭嫥恉，同類則含弘萬品，一字而聲義俱晐，……許氏未知形聲必兼會意，因有亦聲之說。其意以爲凡形聲字聲文有義者，則置於會意而兼諧聲，是爲會意之變例。凡聲不兼義者，則爲形聲之正例。斯乃未能諦析形聲字聲不示義之恉，是以於會意垠鄂不明，於叚借之義，益幽隱未悉也。蓋嘗遠覽遐軫，博稽隊緒，而後知形聲之字必以會意爲歸〔三三〕。

魯先生指出許君以聲不兼義者是形聲字的正例的不當，正是在於許君不明形聲字聲不示義之旨，這點是楊、沈等人所不曾說過的，可說是一突破。魯先生進而把聲不示義的形聲字歸爲四類：

> 一曰：狀聲之字，聲不示義。
> 二曰：識音之字，聲不示義。
> 三曰：方國之名，聲不示義。
> 四曰：假借之文，聲不示義。

其第四類「假借之文，聲不示義」正是魯先生所揭示的「造字假借」，也是《遡原》一書持論的樞紐，佔全書篇幅近半。下面我們細看魯先生對這種聲不示義的「假借之文」的分析。他認爲這些「不示義」的假借之文，可以分「聲文假借」和「形文假借」兩類。

「聲文假借」下分五小類：

（一）古音同部，或爲同音而假借者，字例五〇四。

（二）雙聲相借，或兼古韻旁轉與對轉者，字例二〇八。

（三）徵之重文假借，字例四一。

（四）徵之轉注假借，字例三二。

（五）徵之篆文假借，字例五九。

「形文假借」下分三小類：

（一）形聲字形文假借，字例一一。

（二）形聲並借，字例四二。

（三）會意假借，字例一四。

「形之假借」的三類中，雖有假借之名，其實已經偏離了他的「假借之文，聲不示義」的前提。至於第三種「會意假借」更不該在形聲字之下討論，這裏從略。下面我們再集中研究他所舉「聲文假借」的五類。

在這五類當中，第一類我們可簡稱之爲「同部假借」（或「疊韻假借」），第二類可簡稱爲「雙聲假借」，兩類加起來共計七一二字，而其他三類加起來只不過一三二字，簡直不成比例。下面我們看看他所舉「胑或作肢」「籑或作饌」兩組重文之例的解釋：

肢从支聲，以示人之四體，亦如竹之支條，足之多指曰跂，木之别條曰枝，鳥翼曰翄，三足之鍑曰䰙，并同此義也。巽義爲具，饌从巽聲，以示具食，猶僎从巽聲，以示具義也。〔三四〕

意思是説胑中的「只」是「支」之借，籑中的「算」是「巽」之借，只與支、算與巽還是離不開雙聲疊韻的範疇。魯先生説：

凡此諸字，舉可證其聲義允合，而其本字則無一聲兼會意，是皆重文之假借字也。

下面再看兩個轉注字的例字和魯先生的解釋：

若禱譸俱从壽聲，以示祈求福壽，其作詶或⿰言由者，州由二聲皆壽之借。……高下曰陷，𠂤爲大陵以示其高，臽爲小阱以示其下，其作坎者，欠乃臽之借。《莊子・秋水篇》云「埳井之鼃」，《墨子・節葬下》云「滿埳無封」，《晏子春秋・内篇・雜上》云「爲壇三仞埳其下」，《淮南子・原道訓》云「足蹪趎埳」，《楚辭・七諫》云「埳軻而留滯」，是正坎之本字作埳之證。陷亦从土作埳者，猶垝、垔、埻、阯之或作陒、⿰阝西、⿰阝享、址，是亦形文同類而義通。凡此皆疊韻轉注之形聲字，其聲文固有假借者也。〔三五〕

先生更列舉了許多「雙聲轉注」的例子，說明因雙聲而轉注的形聲字，聲符不載義的，也是由於假借之故。

美義爲甘，媄从美聲，以示女色之好，猶酣从甘聲，以示飲酒之樂，其作嫵媚者，無眉乃美之借。坋從分聲，以示土之細分則爲塵，猶米之細分則爲粉，其作坌者，非乃分之借。亦若分别文曰斐，非亦分之借也。純从屯聲，以示器之不利而礙難，其作錭者，周乃屯之借。是又雙聲轉注之形聲字，其聲文固有假借者矣。〔三六〕

可見魯先生「徵之轉注」的假借是要從轉注字聲符不載義的現象，去說明那也是由於聲符因雙聲或疊韻的關係而假借的。第五類「徵之篆文」的假借，也不例外：

證之卜辭古器，及先秦漢晋之載籍，有以知篆文爲假借者。「若犅於卜辭作⿰⿱网牛刂，㓻乃剛之本字，从刀网聲，以見勇破皋网，而示彊斷之義，⿰⿱网牛刂从牛㓻聲者，以示特牛之剛彊有力，篆文作犅，所从岡聲乃㓻之借也。罝於卜辭作⿱网兔，从网兔聲，以示兔网之義。篆文作罝，所以从且聲乃兔之借也〔三七〕。

因此第三、四、五三類聲文假借還是用同音、雙聲、疊韻的關係，去解釋這些形聲字「聲文假借」的現象，大可以歸入第一、二兩類之下，不必另分三類。至於第一、二兩類「聲文假借」，魯先生舉了七百多個例子，請檢讀《遡原》頁六十五至一三六，此處不贅了。

綜觀魯先生的假借説，與沈兼士的右文説和楊先生的聲訓説，有很多相近之處，但魯先生遠爲嚴謹，可説是後出轉精，我們可以把魯先生持論的特點綜結如下：

（一）在魯先生整個理論中，他把轉注和假借看得一般重要，確認兩者都是造字之法。並且指出轉注之法盛行於東周：

> 文字因轉注而日繁，非唯適應語言，且以㫄別形義，斯乃造字之法，不可偏廢，此固先民有意爲之者也。以文字因轉注而滋多，遂有初爲一文，其後歧爲數字者。……彝銘多見「蔑曆」之文，蔑讀如勉，曆讀如謙，義謂勉於敬事，及某人嘉勉某人之敬事也。自蔑而雙聲孳乳爲敃、敄、忞、慔，以及愐、懋、勱、勉，致令諸字，或韻有乖離，或聲不兼義。如此之流，構字者爲遵語言，故昧本字。解詁者未明初義，因施異詮。綴文者增華詞藻，或疊同義之字而飾句，或重聲近之字而調音，是皆肇自東周，盛行戰國，其於轉注，亦繁於東周。此考之彝銘，徵之典册，可以審辨其原流與遷化者矣。〔三八〕

轉注產生的結果，先生認爲這些孳乳寖多的轉注字日益滋多的原因有二：其一是爲免因字形繁多，形義容易錯亂，因而增易形文或聲文，以爲區別：

> 其避形義殽掍者，或增易形文，或增易聲文。若臾爲黃之古文，形似古文之寅，故自臾而孳乳爲黃。凵爲笑之古文，形似張口之凵，故自凵而孳乳爲笑。……絫土爲牆之厽孳乳爲垒，以別於古文之壘。是皆增易形文，以避字形相掍者也。𠚕爲齒之古文，形似舂米之臼，故篆文從止聲作齒……浮水之汓或作泅，以別於古文之没。訓順之變篆文作嬽，以別於訓慕之孌。城垣

之亯篆文作墉，以別於民所度居之章。是皆增易聲文，以避字形相掍者也〔三九〕。

其二是因爲假借而產生本義與借義的混淆，因而增易形文或聲文，以避意義淆亂：

亦有本字借爲它義，歷年彌永，借義專行，因復造一字，俾異借義者。若帝乃从不象華蒂之形，而於卜辭即借爲上帝之義，故自帝而孳乳爲瓜當之蔕。祝於卜辭多省作兄，故彝銘於父兄之字，或从生聲而作𠑹。訓鼻之自借爲自從，故後起之字从畀聲作鼻。瑞麥之來借爲往來，故自來孳乳爲麥與秾。相背之韋借爲皮韋，故自韋孳乳爲違與韍。無於卜辭作、，般甗作，無兵毁作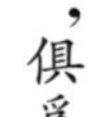，俱爲從大，象執旄羽而舞之形，以其借爲有亡之亡，故自無孳乳爲舞。夕於卜辭與月通作，故自夕孳乳爲夜。訓樂之豈借爲語詞，故自豈孳乳爲愷。艾灼之久借爲永久，故自久孳乳爲灸。乾肉之昔借爲夙昔，故自昔孳乳爲𦚔。穀皮之康借爲安康，故自康孳乳爲穅。饋米之氣借爲雲气，故自氣孳乳爲餼。頭矢之頃借爲少頃，故自頃孳乳爲傾。相乖之北借爲南北，故自北孳乳爲背。皮衣之求借爲祈求，故自求孳乳爲裘。對食之卿借爲公卿，故自卿孳乳爲饗。……不於卜辭作、、，於子不爵作，并象華開之形，《小雅・常棣》云：「鄂不韡韡」，謂萼開之茂盛，斯乃不之本義。以不與勿弗俱假爲非然之義，故自不孳乳爲芣，自勿弗孳乳爲笏、𦬅。準斯而論，自帝以次，率增形聲，俾其異於假借，此必有賴轉注，以避字義相掍者也。〔四〇〕

先生用很大的篇幅說明轉注字因增易形文聲文而日益滋多，這些新生的轉注字，「或韻有乖離，或聲不兼義」〔四一〕。把這些字區別於假借字之外，更有利於說明假借字聲不兼義之理，這點是前人不曾注意的。

（二）魯先生對自許君以下的許學家混淆引申和假借深表不滿，他對此兩者作了明確的界定。並且認爲許君所舉「若」「咸」等字所从之「右」「戌」是「又」「悉」的假借不當：

考若之爲字，於殷栔卜辭，及殷周金文，并像被髮舉手長跽之形，以示降人順服之義。若於彝銘有作及者，乃爲从口聲，篆文从屮右者，則其譌變也。咸於卜辭金文并从口从戌，戌爲戚之象形文，非如説文所謂從戌一聲也。咸从戌者，示元戎執以司征伐之義，《説文》引《司馬法》所謂「殷執白戚」者是也。咸从口者，猶君後之從口，示發號令之義。凡元戎之令無不皆從，故其釋義爲皆，《説文》未知戎爲戚之初文，故亦未知咸所以從戌之意，乃以悉釋戌，是亦立説謬戾矣。〔四二〕

魯先生既證許説爲「謬戾」，對楊先生把若、咸、壬、農等字列爲「造字通用」之證，自然也不以爲然了〔四三〕。

（三）魯書雖然不講聲訓，但請讀下列魯書中的例子：

1　屮之小者爲蔚，魚网爲罽，西胡毳布爲纈，鋒芒爲鋭，所从㓹罽兑聲并「毳」之借。乃以獸之細毛而喻一切纖小之名，故孳乳爲蔚與鋭。魚网而曰罽者，蓋成於毛織，毳布而曰纈者，益徵其爲毳所孳乳也。〔四四〕

2　柱氏爲楮，訓尻爲眉，下首爲䭫，所从者旨二聲皆氐之借，良以氐者謂氐之下媠于地，引申爲凡氐下之名，故孳乳爲訓腄之胝，木根之柢，及楮、眉、與䭫，氐耆通借，猶坻之或作渚也。〔四五〕

3　考《説文》口部云：「嘾含深也，从口覃聲」，又云：「哨不容也，从口肖聲」，又云：「喁魚口上見，从口禺聲」。辨其釋義，則知嘾與目部之瞫所从覃聲，言部之諗所从念聲，黑部之黯所从音聲，手部之抌所从冘聲，并爲宎之假借。〔四六〕

以上三例顯示他所用的方法還離不開因聲求義的聲訓老路子。他説從某字「孳乳」爲某字，所謂「孳乳」，還是通過聲音之理來作解釋，只不過他强調「假借」此一造字之法而已。

## 四、結語

因聲求義、聲文假借、語源説，我以爲是一物的三面。講求因聲求義的聲訓學，是訓詁學上「求義」過程中的一種綜合分析的方法；聲文假借説是從「造字之本」的角度解釋形聲字中聲符不兼義的原因；而語源學是從語言學的宏觀角度，去探求語言與文字衍生的關係。楊先生在這方面都曾探究過而比較重視聲訓與語源，對「造字時有通用」却説得不夠圓融，他説「名曰通借者，以別於六書之假借，及經傳用字之假借」，更嫌語意含混。六書之假借即造字之假借，既非造字之假借，又非用字之假借，那又是甚麼？恐怕只能把他説的「六書之假借」，理解爲「許氏六書之假借」，才容易明白楊先生的意思，因爲許君是以引申義解釋假借的。這才引起魯先生「與鄙見異趣」的批評罷。而魯先生解釋假借，確是覃思研幾，發前人所未發。但是我們相信學術研究是不斷求進的，前人的觀點容有不周遍，欠透闢的地方，却是後學的入德研精的階梯，是不宜抹殺的。

## 後記

許錟輝教授在大會上講評拙文時，指出魯先生假借説的「聲文假借」原並不分五類，拙文所分「徵之重文」「徵之轉注」「徵之小篆」三類，其實都是魯先生引申發揮第一、二兩類同音（或同韻）及雙聲相借之字而聲不兼義之説的補充説明，殊足以解我對魯先生分類之惑。蔡信發教授指正了拙文對魯先生「形文假借」和「轉注字聲不載義」的誤解，都使我獲益匪淺。會後許錟輝教授和李國英教授更以魯先生遺作《轉注稿》相假，拜領之餘，書此識謝。

一九九二年四月二日補記

## 注釋

〔一〕《積微翁回憶録》（簡稱《回憶録》，下同。），上海古籍出版社，一九八六年版，頁九。一九〇五年條：「適湖南巡撫端公方擬派學生赴日本。伯兄（按：名樹穀，字薌詒）決出遊，余遂亦往應試，皆得取録。」又云：「九月，入宏文學院大塚分校。」一九〇九年條：「三月第一高等學校豫科畢業，余被派入京都第三高等學校。」一九一一年條：「八月，別家三赴京都，……受課月餘，武昌革命起義，官費無著，别日本返國。」其年先生年已廿七矣。

〔二〕同上，頁一百十三，四月二日條。

〔三〕《回憶録》一九三二年四月八日載陳寅恪來書語。

〔四〕上述魯先生少年治學始末，採自吴璵《魯實先先生與其文字學》，刊香港中文大學《中國語文通訊》第十七期。

〔五〕《回憶録》一九三七年五月三日條記。其時《駁議》恐尚未刊布，楊先生所讀者當是稿本，一九四〇年七月《回憶録》記：「寧鄉魯實先書來，寄所撰《史記會注考證駁議》印本來，請作序。書言其新得三事，皆律曆之學，余皆懵無所知，殊足愧也。」

〔六〕同上〔四〕注吴璵文。

〔七〕魯實先《假借遡原》（簡稱《遡原》，下同。），台灣文史哲出版社，一九七三年。

〔八〕《回憶録》一九二五年十月十五日條記。先生别有《釋名聲證》，見三二年四月三日記。

〔九〕《回憶録》一九二七年十二月三十一日條。

〔一〇〕《回憶録》一九三二年九月七日條。

〔一一〕《積微居小學金石論叢》科學出版社，一九五五年增訂本。頁一。

〔一二〕兩文俱收入《小學金石論叢》（增訂本）中，分别見頁八及頁十四。

〔一三〕黄永武《形聲多兼會意考》，台灣中華書局，一九六九年九月，頁廿一至廿二。沈兼士《右文説在訓詁學上之沿革及其推闡》一文輯録段氏《説文注》中發揚「以聲爲義」之説者六十八條，沈氏歸納爲六類，與黄氏不同。

〔一四〕劉師培《字義起於字音説》上篇，《左盦集》卷四。

〔一五〕唐蘭《古文字學導論》。

〔一六〕龍宇純《中國文字學》頁一六〇。
〔一七〕劉師培《字義起於字音説》下篇。
〔一八〕同注〔一七〕。
〔一九〕詳拙著《章太炎轉注説辯疑》，香港大學國際章黄學討論會論文，一九八九年。
〔二〇〕章太炎先生《文始・叙例》，台灣中華書局，一九六九年中華國學叢書版。
〔二一〕《文始》七陽聲侵部。
〔二二〕《沈兼士學術論文集》，中華書局，一九八六年。原文載中央研究院《慶祝蔡元培先生六十五歲紀念論文集》上册，一九三三年，下册一九三五年。沈文刊下册。
〔二三〕《沈兼士學術論文集》後附楊樹達一九三四年三月五日致沈兼士書，盛許沈文搜採之富，條理之審。並與沈氏討論「屺岵」「非」「赤」「覺」等字之聲義。又一九三七年一月楊著《積微居小學金石叢》刊行，書前有沈兼士《序》，云：「今先生私淑王氏，造此宏著，撮其要旨，约具三綱：形聲字中有義，一也。聲母通假，二也。字義同緣於受名之故同，三也。循是以求訓詁理論，若網在綱，有條不紊矣。」蓋皆爲楊書《形聲字聲中有義略證》（一九三四年一月廿九日）、《字義同緣於語源同例證》（一九三五年七月三十日）等篇而發。又楊著《形聲字聲中有義略證》第八例「重聲、竹聲、農聲字多含厚義」條，即以東部之「重」對轉冬部之「農」等字（説詳下文）。用沈氏之説而補一「隆」字，論學取友，不以勦説爲嫌。楊書之首載《太炎先生來書》於楊氏《釋慈》（一九三三年四月八日）一文大加奬藉云「慈訓愛子，推其聲義於子，説甚塙」，是太炎亦賞其「推其聲義」之説也。
〔二四〕沈文載《慶祝蔡元培先生六十五歲論文集》下册，一九三五年一月版。檢此集沈氏原文，至魏建功、李方桂、林語堂、吴承仕四函而止，無沈氏此條按語及楊、陳、蔡三函。想是其時史語所南遷，未及附入。此據《沈兼士學術論文集》。
〔二五〕《增訂積微居小學金石論叢》頁四三至四五。
〔二六〕同注〔二五〕頁五〇。
〔二七〕《回憶録》六月十九日條下引。
〔二八〕同上注，五月二十六日條引。

〔二九〕《增訂積微居小學金石論叢》頁五。

〔三〇〕同上。

〔三一〕分兩章刊《大陸雜誌》四十二卷（一九七一年六月）及四十三卷（同年十一月）。

〔三二〕如「原賢」條末云：「惟以堅之从臤及臣所孳乳，審其字形與語源，其有堅剛之義者，當亦遠承賢義而生也。」（頁二七九）又如「原耒」條云：「考耒與黎𦓤諸文，並屬來紐，雙聲通借，故自耒而孳乳爲𥢶棃諸字，耒畾古音同屬威攝，故自耒而孳乳爲勵，雖其取義互異，而皆同出一原。」都反映出魯先生這種看法。

〔三三〕《遡原》頁一四〇。

〔三四〕同上，頁一四一。

〔三五〕同上，頁一五二。

〔三六〕《遡原》頁一五四。

〔三七〕同上，頁一五五。

〔三八〕《遡原》頁廿八至廿九。

〔三九〕《遡原》頁十八至二〇。

〔四〇〕《遡原》頁廿一至廿七。

〔四一〕《遡原》頁廿九。

〔四二〕《遡原》頁六八至六九。

〔四三〕《遡原》魯氏《自序》。

〔四四〕《遡原》頁七八。

〔四五〕《遡原》頁八二。

〔四六〕《遡原》頁七一。

載《第三屆中國文字學國际學術研討會論文集》，台灣輔仁大學，一九九二年六月。頁四二七—四五〇。

# 唐蘭三書説的反思

## 一、引言

唐蘭先生在三十年代寫成的《古文字學導論》揭示了「三書説」。到四十年代出版的《中國文字學》裏，先生把他在《古文字學導論》裏所建立的新系統作了修訂。唐先生的三書説對傳統的六書學作了深刻的批判，有促進認識六書學的作用。第一個對唐説提出批評的是陳夢家，他在《殷虚卜辭綜述》的「文字」章裏推許唐説「是在孫詒讓以後第一個企圖打破舊説而以古文字學重新擬構中國文字的構造的」。〔一〕由於唐氏三書説裏列舉的例證主要是甲骨和金文，因此陳氏的批評便也格外顯得鞭辟入裏：

事與物，都是我們象形的對象，這些事物有處於静態的，也有處於動態的，因此象形字當然不僅是名字而且可以是動字。卜辭的「雨」字象掉下雨點之形，就其爲雨點而言是名字，就其爲雨點落下而言是動字，所以卜辭「不雨」「其雨」的雨是動詞，「又大雨」「溝雨」之雨是名詞。象形之分爲單體複體是人工的分析，單複並無關於其爲象形。我們可以分析「有」字爲从又从肉，然而它依然象手持肉之形；古「企」字从人足下有「止」（趾、脚），象人顛起脚來望遠之形，後來分寫成「人」「止」，它原來是象形。一切象形字可以有形的分合（如「企」），義的引申（如「日」象太陽，引申爲每日），聲的假借（如「羽」象羽毛，假借爲翌日），但是「企」「日」「羽」等字它們原來都是象形。以此例之，不能因爲「大」字引申爲大小之大，就説它是象意。同例，我們應説

「天」象人的頭頂，引申爲顛爲天地之天。〔一〕

陳氏認爲唐先生把象形和象意劃分爲兩類，並沒有太大的意義，而假借字不包括在三書裏也是不恰當的，因此陳氏提出了一套修訂的三書——象形、假借、形聲（陳説留在下文再詳細討論）。可見三書説在文字學裏的影響。本文擬就唐氏提出三書説的原因、三書説的内容和它自身的矛盾，以及因三書説的提出對文字學上諸問題的反省等問題，作初步的探討。本文主要根據唐氏兩種著作立論：

（一）《古文字學導論》，一九三六年北京大學出版組初印本（前有民國二十四年《自叙》）；一九五七年第二版印行，未作改動；一九六三年中央黨校歷史教研室翻印本印行，據初版影印，書前加「武丁時期龜甲卜辭」及「克盨蓋銘文」圖版，書後加作者《第三版跋》；一九八一年齊魯書社增訂本印行，據初版影印。後附作者一九三六年改訂本手稿，至「象形」而止，未及修訂「三書」部分。改訂本後附有圖版，當爲其哲嗣唐復年所增。（本文引述均據此增訂本。）

（二）《中國文字學》，一九四九年，上海開明書店初版。

## 二、唐氏提出三書説的原因

唐氏在《古文字學導論》裏先指出六書只是一種粗疏的學説，甚至發展出許多形兼事、意兼事等瑣碎的條目，反而更使學者混淆，他説：

關於文字構成的説法，舊時只有「六書」，這種學説，發源於應用六國文字和小篆的時代，本是依據當時文字所作的解釋。這種解釋，並不像往昔學者們所想的完善，而只是很粗疏的。但這樣粗疏的解釋，竟支配了二千多年的文字學，而且大部分學者還都不懂得六書的真義。

有些學者也嘗把文字精密地分析過，但他們不能把這種傳統的觀念打破。所以儘管列出象形兼指事，會意兼指事，形聲兼指事一類瑣碎的條目，或更巧立些別的名稱，關於文字的怎樣構成，還是講不明白。〔三〕

在《中國文字學》裏，他更明確地指出六書界說不明確和六書不能用來類別所有文字，是六書的兩大弊端：

> 如果研究文字學的目的，只在佞古，我們當然不可以輕易去議論「六書」，江艮庭輩所謂始於造字之初的「六書」。但是六書說能給我們什麽？第一，它從來就沒有過明確的界說，各人可有各人的說法。其次，每個文字如用六書來分類，常常不能斷定它應屬那一類。單以這兩點說，我們就不能只信仰六書而不去找別的解釋。據我們所知，六書只是秦漢間人對於文字構造的一種看法，那時所看見的古文字材料，最早只是春秋以後，現在所看見的商周文字却要早上一千年，而且古器物文字材料的豐富，是過去任何時期所沒有的，爲什麽我們不去自己尋找更合適更精密的理論，而一定要沿襲秦漢時人留下來的舊工具呢？〔四〕

唐氏對六書說的不滿是明白不過了，下面我們不妨看看唐氏的指責是否屬實。

唐氏指斥六書沒有「明確的界說」和「每個文字如用六書來分類，常常不能斷定它應屬那一類」，這兩句話其實是互爲表裏的，而問題的癥結正在界說的不明確。形成六書界說不明確的原因，主要是《說文》的說解所造成的。在《說文》裏除了「上」「下」等字許君明確說是「指事」，一般都管指事字講成「象形」或「象某之形」，像：

> 凵 張口也。象形。〔五〕
>
> 丩 相糾繚也。一曰瓜瓠結丩起。象形。〔六〕
>
> 囗 回也。象回囗之形。〔七〕

 別也。象分別相背之形。〔八〕

 抴也。象抴引之形。〔九〕

 右戾也。象左引之形。〔一〇〕

 惡也。象地穿交陷其中也。〔一一〕

 刀堅也。象刀有刃之形。〔一二〕

 身中也。象人要自臼之形。〔一三〕

 廱蔽也。从人，象左右皆蔽形。〔一四〕

 牽也，事君也。象屈服之形。〔一五〕

 小也。象子初生之形。〔一六〕

 巧飾也。象人有規榘也。〔一七〕

 祝也。女能事無形，以舞降神者也。象人兩褎舞形。〔一八〕

 三合也。从入、一，象三合之形。〔一九〕

以上這些例字中，不管《說文》的說解是「象形」「象某某之形」或是「象某某也」，其實都與象形字有別。這些字不管其爲名詞（如刃、要、臣、工、巫）、動詞（如凵、𠂆、□、丿、兆）、形容詞（如凶、幺、亼），表面看起來和象形字很接近，如臣字之「屈服」、幺之「子初生」、凵之「張口」、刀之「有刃」，都具有強烈的象形意味；但這些字所涵蓋的意義，却都是在一般物的具象之上，賦予濃厚的主觀抽象意義。這類字的製造過程是從作者的主觀思維出發，假借於物形去表達出來，和象形字之重在對物象的客觀描繪不同。若不仔細分析，便不免有象形和指事混淆之病了。朱宗萊的不以名動分形事，而以「實物寫形」者爲象形，「懸想定體」者屬指事；指事是「汎籠一切，因字定形」的主觀表現，而象形是「指物程形，依質造文」的客

觀寫照。〔二〇〕對象形和指事的區分，說得比較透闢。但是文字的發展是先民長時期的生活經驗累積的產物，一時之說一家之言決不能邁越百代而成爲永恒的定律。儘管我們可以釐清《說文》裏「象形」「象某某之形」的說解中何者爲象形，何者爲指事，但是造字者靈活的因時制宜的種種造字的變化手法，簡單的六書定義顯然是没法準確界定的。以朱宗萊和馬宗霍兩家爲例，兩家都把象形和指事分爲三類，朱氏的象形字分（一）純象形、（二）合體象形、（三）變體象形三類；指事也分爲（一）純指事、（二）合體指事、（三）變體指事三類。〔二一〕馬宗霍也把象形和指事都分成三類，與朱氏不同的是馬氏把純象形、純指事改作獨體象形和獨體指事而已。〔二二〕下面我們再看看兩家的變體象形和變體指事所舉的例字：

| | 變體象形 | 變體指事 |
|---|---|---|
| 朱書字例 | 尸、県（倒首）、矢、夭（屈曲）、不 | 夕、匕（化）、乏、帀、𠂢（反永） |
| 馬書字例 | 尸、九、矢、了（子無臂） | 禾（木曲頭）、𠫓（倒子）、帀、夕、匕、交、凵 |

從上面朱、馬兩家所列舉的字例看來，馬書顯然是在朱書的基礎上加以增補。綜合兩家的字例來看，我們不難提出疑問：

（一）更改原字的位置：尸字是人字的横寫，以象卧之形，與說倒人的匕字在造字原則上是一致的，兩家都把尸歸象形、匕屬指事，顯然也是以名詞與動詞來區分的結果。

（二）反倒原字以成新字：朱書把倒首的県字列入變體象形，把倒之的帀字、反永的𠂢字歸入變體指事，已是大不合理；馬書更舉了個倒子的𠫓字，更是大亂體例。

（三）省改原字以成新字：朱書變體象形的不（欁）是省木之頭部。馬書補充的子無臂的了字，也與朱書的例子相仿佛；但兩家都把省月而成的夕字歸入變體指事；馬書更增加了個張口的凵字，便也難使人信服。改變某字的原來結構以表示新涵意的例子：夨、夭是改變象人形的大字以表示「傾頭」（夨）和「屈」（夭）之意，那末同樣是改變大字原形以表達「曲脛」的交字也不該如馬書般列入變體指事了罷。馬書變體指事的木之曲頭作禾與大之曲頭爲夨在造字原則上亦無二致，爲何夨屬變體象形？

從上面這些字例的淆亂雜廁的情形看來，唯一的解釋恐怕還是兩書的義界不夠明確罷。這種情況直到一九四三年楊樹達遇夫先生的《中國文字學概要》[一三]的出版，還不曾有太大的改進。遇夫先生的書裏既有變體象形，也有變體指事；只有省體象形而無省體指事。在省體的問題上，遇夫先生把夕、了、孑、孓、不等字都收入了省體象形，顯然是把朱、馬兩家這類字例合併的結果。至於變體象形和變體指事的字例，《中國文字學概要》在變體象形裏收錄了十五個字例，裏面包括有：反永的𠂢、倒子的𠫓或㐬、反人的匕、象卧的尸、倒人的𠤎、倒大的屰、傾頭的夨、屈曲的夭、交脛的交、曲脛的尣、倒首的県、反欠的旡、反匕的𠃋、曲頭的禾。把朱、馬兩家分列在變體象形與變體指事的字例幾乎都包括進去了，可説是一大進步。但是楊氏在變體指事裏又列出了七個字例，包括：古文奇字无字、反丂的𠀀字、反夂的屮、反厂的乁、反予的幻、反𢇍的𢇛、左戾的乀，可説還是持例不嚴之故了。

綜合來説，唐蘭先生認爲傳統的六書説義界不明確的説法，可以從上面各文字學名家的著作得到實證，唐先生的指責不是無的放矢的。

## 三、三書説的内容和它自身的矛盾

唐氏三書説的建立是基於他漢字演變的規律而推論出來的。他認爲漢字演變的規律：（一）形的分化、（二）義的引申、（三）聲的假借。三書是指象形、象意、形聲。三書裏的象意字包括了大部分的指事字、會意字和許多合體象形字。至於六書裏的轉注和假借，在三書說的系統裏被分派到「說明古今文字構成的過程的」六技裏去了。〔二四〕因此我們可以說唐氏的三書說並不曾消滅六書，只不過根據他的新系統，把文字的構成過程與體類，予以新的劃分而已。他在《古文字學導論》裏繪製了一個「古文字演變圖」：

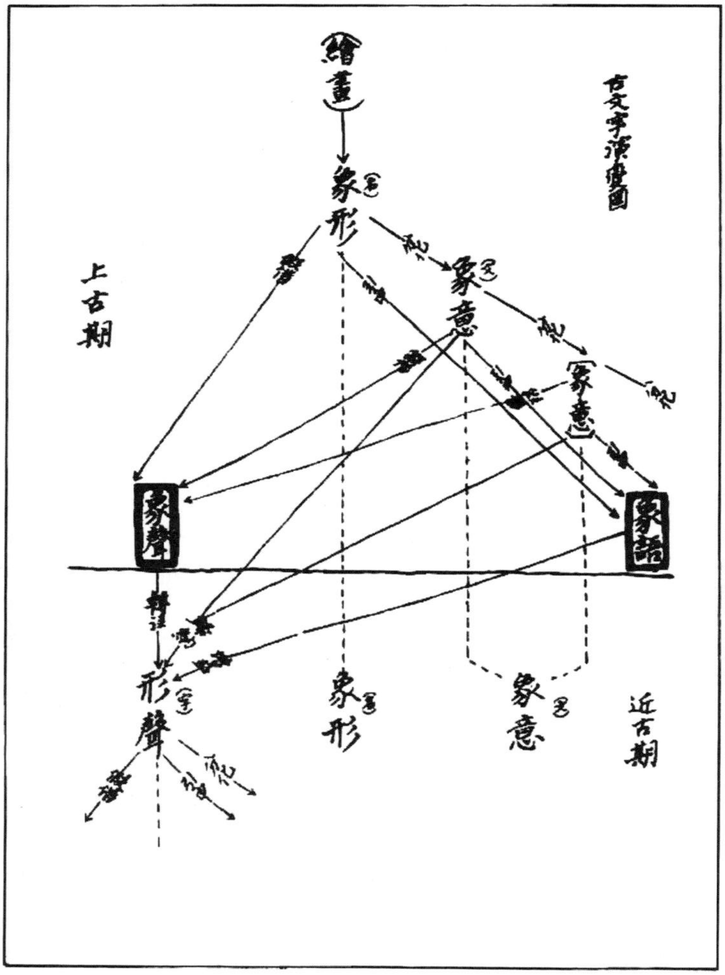


**古文字演變圖**

採自唐蘭《古文字學導論》頁九一

唐氏這個演變圖值得我們注意的是他圖中的横線，横線以上的是上古期的圖畫文字，包括象形和象意。横線以下的是近古期的形聲文字——聲符文字。他認爲上古期的象形、象意在五六千年以前已經完備，而近古期的形聲字發軔於三千五百年以前的商代。這是唐氏三書説的基本假設。其次是在上古期的末期，唐氏放置了「象語」和「象聲」兩個詞，並且都用方框框著，以顯示它和「象形」「象意」「形聲」有所不同。他認爲象語字是從象形字或象意字「引申」而來的，比如象形的日字引申爲「每日」「今日」「來日」「日日」；人字引申爲「衆人」「别人」「人道」，象意的一字引申爲「第一」「專一」「統一」「偶一」等。這些象語字基本上没有改變原字的形體，只不過是字義的引申而已。象聲字則是一種聲音的假借，如借子爲子族之名，借商爲滴水之稱，基本上也不改變原字的形構。從字形上來看，象語字和象聲字都没有産生出新字來，只不過是一些語言現象而已。唐氏把它加上方框，正是要表示這兩「類」字算不得字的類屬。第三點要注意的是圖的箭號表示文字演變的途徑：（一）分化——象形分化爲象意；（二）引申——象形、象意分化爲象語；（三）假借——象形、象意假借爲象聲；（四）轉注——象聲轉注爲形聲；（五）歸納——象意歸納爲形聲；（六）增益——象語增益爲形聲。

我們要指出的是唐氏三書説的缺點主要在他對形聲字産生過程的解釋上。他在《古文字學導論》裏指出形聲字的産生如上圖所示：

（一）自象聲字轉注而來：如子族借子爲稱，加女旁而成好；商水借商爲名，加水旁而成滴；都是以形注聲。

（二）自象語字增益形符而成：如戔加水旁而爲淺，多加人旁而爲侈，少增女旁而成妙。

（三）歸納象語字加以注音。此類形聲字唐氏又分爲兩類：其一、名詞變動詞時，主動爲形符，被動爲聲符，如又加魚爲魰，又加每爲敏，𠬪加舟爲受，止加屰爲𣥚，口加門爲問。其二、主語加詮釋部分，主語爲聲符，如見加日爲晛，𦣠加月爲朢，㝵加彳爲得，武加行爲𧗿。

在這三種演變過程中，象語字增益形符的一類看起來跟第一類轉注沒有太大的分別，而第三類歸納象語字，加以注音，只是唐氏歸納某些現象，並不能說是文字演變的一種過程。「演變圖」把整句話簡化成「歸納」，容易使人誤解歸納與轉注、引申、分化是同類詞，也是不大恰當的。因此在《中國文字學》裏，他修正了形聲字產生的「途徑」的說法：

> 由舊的圖畫文字轉變到新的形聲文字，經過的途徑有三種：
>
> 一是「孳乳」，許叔重說：
>
> 其後形聲相益，即謂之字，字者言孳乳而浸多也。
>
> 「孳乳」是造成形聲文字的主要的方式，大部分形聲字是這樣產生的。假如有一條河叫做「羊」，一個部落的姓也叫做「羊」，一種蟲子也叫做「羊」，古人就造出了从水羊聲的「洋」，从女羊聲的「姜」，从虫羊聲的「蛘」。吉象是吉羊，可以寫成「祥」，憂心是養養，可以寫作「恙」。又如：目小是「眇」，木末小是「杪」；水少是「淺」，貝少是「賤」。無論是引申出來的意義，或假借得來的語言，都可以孳乳出很多的新文字。[二五]

這種孳乳的途徑其實跟他在《古文字學導論》裏所舉象語字增益意符，或象聲字轉注形符很相近，「引申出來的意義」正是「象語」字，「假借得來的語言」不也正是「象聲」字嗎？下面他接著說：

> 二是「轉注」，這是六書裏原有的，許慎說：
>
> 建類一首，同意相受，考老是也。
>
> 從唐以來，解釋的雖很多，大抵不是許氏的原義。他說「建類一首」，顯然指同部的字，但他不舉牛部，羊部，艸部，木部等字，而單單舉老部，可見不但同部，也還要「同意」。我們由此可想

到轉注和普通由孳乳來的形聲字正相反。因爲孳乳的方法，是由一個語根作聲符，而加上一個形符來作分別的，主要的意義在聲符，從文字的形體上看雖有差別，在語言裏是完全一樣的。由轉注來的文字，主要的意義却在形符，「老」字和「𠃬」字、「丂」字、「句」字、「至」字等，本來不是一個語言，只因意義相同，造新文字的人就把「𠃬」「丂」「句」「至」等字，都加上一個「老」字的偏旁，作成「壽」「考」「耇」「耋」等字，所以轉注是以形符作主體的。〔二六〕

唐氏這段解釋轉注的話，跟他在《古文字學導論》裏把轉注解釋爲假借的私名加注詮釋部分的說法大異其趣。因爲他在這裏既拿孳乳來解釋以形符去注釋同一語根的聲符的現象，只好另闢蹊徑去解釋轉注字了。但是說「𠃬」「丂」「句」「至」等字意義相同，却是毫無根據的。而再拿「老」字去注釋這些「同義字」，恐怕更是倒果爲因，難以置信了。接著爲了避免與《古文字學導論》的「增益」混同，唐氏又創造了「緟益」一詞：

> 三是「緟益」，《說文》：「緟，增益也。」我們所以稱爲「緟益」，就是說這總是不需要的複重跟增益。因爲文字既不是一手創造的，當然不會有一定的條例，在幾千百年綿長的時期的演化裏，主要的趨勢，固然只是孳乳和轉注，但是，例外的，特殊的，不合理的緟益，也不在少數，最後甚且要喧賓奪主，我們如其從歷史眼光去看，這是很重要的。
>
> 緟益字的造字者，總是覺得原來文字不夠表達這個字音或字義，要特別加上一個符號。這些原來的文字，或許是圖畫的，或許就是形聲字，或許是由引申假借來的，實際是很可以表達的，不過因爲時代的不同，人們思想的不齊，所以要有這種特別的緟益。〔二七〕

唐先生這裏所說的緟益，他自己也認爲是「例外的，特殊的，不合理的」，而認爲前面的孳乳和轉注才是演化的「主要的趨勢」，可見他自己也對這種說法缺乏信念，因此他在這類裏所舉的例證也就顯得薄弱了。他把這類形聲字分成加聲符和加意符兩類。加注聲符一類他舉「鷄」「鳳」「耤」爲例加以説明，這是《古文字學導論》所無的。加注意符的一類以「罒」→「蜀」→「蠋」、「萬」→「蠆」、「厷」→「肱」、「冎」→「骨」、「文」→「彣」爲例，細看與《古文字學導論》裏的增益和歸納的乙類字很相近。

總括來説，唐氏後期的説法並没能糾正他在《古文字學導論》裏的紕漏，對孳乳、轉注二詞的解釋更覺糾繚不清。

## 四、三書説的反思

### （一）三書説能否袪除六書説的弊端？

唐氏三書説的提出基於對六書的義界不明，六書不能將每一文字準確歸類。三書説把傳統的六書作了重新的調整，把象形、指事、會意、形聲合併爲三書——象形、象意、形聲，這屬於字的類别，把假借和轉注看作製作形聲字的兩段過程。他把指事字、會意字和合體象形字併合爲一種象意字，雖説可以泯除許多義界上的混淆，却也不免把日趨精密的學説變得更籠統化了。過去許多六書上備受爭論的問題只被抹殺了，而不曾眞正得到解決，恐怕是不足爲訓的。至於他把假借和轉注區别於三書之外，不把它看成字的類别，雖説不免是受戴東原四體二用的影響，但顯然他絶不是把假借與轉注視爲用字之法的，這點可以廓清造字的假借與用字的通假的種種爭論，彌補許君和後世許多《説文》學者以引申解假借的漏洞，這是可以肯定的。在這點上，陳夢家提出了不同的看法：

在以文字爲語言的符號的意義上來説，從象形過渡到形聲以及形聲本身的發展過程中，象形

（後來又有形聲）作爲語言的代音字或注音字（即所謂假借）是極重要的。在這裏，被假借的象形（或形聲）事實上是音符。假借字必須是文字的基本類型之一，它是文字與語言聯繫的重要環節；脱離了語言，文字就不存在了。〔二八〕

陳氏强調「假借字必須是文字的基本類型之一」，顯然忽略了唐氏《古文字演變圖》中把象語和象聲字擱在與象形、象意的不同層面上的用意，强要把假借視爲文字的基本類型，而把唐氏的象意排斥於六書之外。陳氏説：

象形之分爲單體複體是人工的分析，單複並無關於其爲象形。我們可以分析「有」字爲从又从肉，然而它依然象手持肉之形；古「企」字从人足下有「止」（趾、脚），象人顛起脚來望遠之形，後來分寫成「人」「止」，它原來是象形。一切象形字可以有形的分合（如「企」），義的引申（如「日」象太陽，引申爲每日），聲的假借（如「羽」象羽毛，假借爲翌日），但是「企」「日」「羽」等字它們原來都是象形。以此例之，不能因爲「大」字引申爲大小之大，就説它是象意。〔二九〕

陳氏也同意形的分合（陳氏舉「企」字以説由一字離析爲二字，此處故意用「分合」以示不同於唐氏的「分化」）、義的引申與聲的假借三種漢字演化規律；但他又説「不能因爲『大』字引申爲大小之大，就説它是象意」，原來他還未看得懂唐氏的三書説。唐氏三書説裏的「大」字引申爲大小之大，只該是象語，而絶非象意。唐氏把這種象語或象聲的語言現象一概不作文字現象處理。陳氏貿貿然以假借取代象意而企圖別創一三書説，其持論恐怕有欠圓融。

裘錫圭先生在《文字學概要》專章討論「不能納入三書的文字」，舉出了五類不能納入三書的文字：其一、記號字，如「五」「六」「七」「八」；其二、半記號字，如「丛」「义」；其三、變體表音字，如「乒乓」「刁」；其四、合音字，如「⿰名養」「⿰亭夜」；其五、兩聲字，如「⿰牙吾」「⿰台司」。裘氏所舉第一類記號字，唐先生可能有不同的理解。唐氏是可能把這些「記號」看成象意字的。第五類的合音字「纘」「⿰享夜」等字，我想也是漢字音化的結果。在本身已是聲符的「午」字之旁加注聲符「吾」，恐怕與𡿺上加注止聲一般道理。不過因爲𡿺字不單獨存在，因而忽略𡿺本身也具聲音。至於第二、三、四類，都只是後起的俗字。唐氏三書説專從上古、近古立論，恐怕是難以顧及的。

## （二）三書説與沈兼士二分法的比較

沈兼士在民國九年（一九二〇）發表了《造字原則發展之程序説》，把漢字區分爲意符文字和聲符文字兩大類，文中指出：

> 意符文字之起源，初非語言之符識，而爲與語言同屬直接傳示思想之方法而别成一派。語言用聲音表示思想，由口以傳於耳；意符文字用形象表示思想，由手以傳於目。〔三〇〕

沈氏認爲意符文字與聲符文字乃宇宙間文字的兩個系統，不把文字看成語言的附庸。這一點西方語言學者索緒爾也有同樣的看法，他在《普通語言學教程》中明確地把漢語與印歐語在文字的音義關係上予以區分，指出了拼音文字在時空上的局限，更顯出漢字的超時空優越性。他説：

> 對漢人來説，表意字和口説的詞都是觀念的符號；在他們看來，文字就是第二語言。在談話中，如果有兩個口説的詞發音相同，他們有時就求助於書寫的詞來説明他們的思想，但是這種代替因爲可能是絶對的，所以不致像在我們的文字裏那樣引起令人煩惱的後果。漢語各種方言表示同一觀念的詞都可以用相同的書寫符號。〔三一〕

沈氏把意符文字看作「與語言同屬直接傳示思想之方法而别成一派」的卓見，是值得今天大力倡言漢字拉丁化者好好反省反省的。

沈氏既把漢字分成意符與聲符兩大派，更進一步利用德國心理學者藍浦瑞喜提（Lamprecht，一八五六—一九一五）所擬的人類思想發展階段：象徵主義、模型主義、因襲主義、個性主義、主觀主義，來分析意符文字發展的程序，把六書裏的指事、象形、合體象形、會意等字都包括了進去。至於假借、形聲、轉注等字，則是濟意符文字之窮的產物。與唐氏三書說比較，唐氏的象形和象意兩書合併起來，便相當於沈氏的意符文字。唐氏在發表三書說之前也曾注意到沈氏的說法，並曾去信沈氏討論二分法的問題。他出版於民國二十三年（一九三四）的《殷虛文字記》書後附印了他致沈兼士的信（未署年月），說明了兩點意見：其一、「卜辭之多形聲文字，則尚遠在武丁以前，夫文字之可以分意符、聲符兩時期，猶考古家分石器時代、銅器時代也。」其二、「目前所見古文字，大都爲殷周文字，已爲聲符時期，其前當有純用意符之時期，第無多材料可考耳。」〔三二〕信中不只同意沈氏的二分法，更用時代先後來區別這兩大類文字系統，顯然他對沈氏的論點是作過審慎考慮的。至於他在《殷虛文字記》成書兩年後在《古文字學導論》裏提出三書說時爲甚麼捨沈氏二分法而不用，那便不得而知了。

## （三）形聲字的來源問題

上文已經分析過三書說自身的矛盾在於對形聲字來源的解釋上。從三書說自身出現的矛盾來看，顯然唐氏對形聲字缺乏了全面而深入的分析。唐氏在《古文字學導論》裏主要是强調了一些可以分析爲主語部分的聲符，不管他叫這聲符爲象語、象聲或語根，他到底還是注意到這些作爲主語的聲符加注形符後便變成形聲字的過程。在《中國文字學》裏被修訂過的轉注成了三書說的一大敗筆。不管《古文字學導論》或《中國文字學》，他還是忽略了由意符和聲符均衡結合的形聲字如江、河、松、柏等。但唐氏本身的矛盾與疏略也正可提示我們該在形聲字的來源問題上多作探索。蔣善國在五十年代發表了

《形聲字的分析》，[三三]對形聲字發生的原因、形聲字發展的路線與素材的關係、聲符和義符的分析、聲符和義符的缺點等問題作了比較深入的探討。蔣氏在文中分析形聲字發生的原因有六種，或是由於象形文字的本質造成，或是由於受了語言發展的影響，爲了配合語言的實際而造成，而尤以後者爲重要。這些形聲字發生的原因便是形聲字發展路線的基礎，蔣氏歸納出四條路線：

1　最初的形聲字是爲了避免方言的分歧，保證字音的正確性，或爲了使原來的象形字區別於其他形體相近的象形字，在象形文字上面添加聲符產生的——是形聲字最初所走的道路，也可以説是形聲字發展的第一階段。這是只加偏旁聲符的。

2　由於同音假借字和引申字太多，在意義方面發生了混淆，爲了消除字義的混淆，在同音假借字和引申字上面分別加了偏旁，作個區別的記號，屬於人事的加人旁，來分別它的意義；屬於鳥的加鳥旁，來分別它的意義；屬於植物的，分別加木旁、草頭、竹頭，來分別它們的意義。這樣便造出了許多分別字或分化字，形成了許多形聲字，後世字典裏面的部首，都是義符的源泉。這是只加偏旁義符的。創造分別字的時期比以上第一階段加聲符的約稍晚些。

3　由於方言分歧，演成一物二名或一名異音，爲了記録方言的異名、異音，又另造一個跟原字異形異音的同義字，也就是注釋性的轉注字。這些轉注字大部分都是形聲字。這是創造整個的字，不是只增加偏旁的。

4　隸變把漢字變成方塊字，失掉了象形文字的原形，促進了形聲字空前的大量創造，並開始了兩千年來長久不斷的發展。除繼續創造轉注字外，有的原有象形文字，後來由於隸變，象形原形消失，根據語詞的音義，硬造了個聲義俱備的後起字。這些聲義具備的後起字，都是形聲字。有的後世所發生的新語詞，本來就沒有代替這個語詞的字，便同時配合聲符和義符，新造個形聲字，也叫作後起形聲字，這類後起形聲字都是隸變後所創造的。這是形聲字發展的第四條路線，也是最後的階段。以上三條路線都跟最後這條路線有連帶關係，因爲在方法上面，它不但同時配合聲符和義符來造新字，並且把以前各階段所用的方法都繼承了、綜合了。〔三四〕

從上面蔣氏所舉的四條路線中，不難看出第一條路線便是簡單象形字加上注音的聲符，如「雞」加「奚」爲聲，「鳳」加「凡」爲聲等一類的形聲字，不正是唐氏三書説緟益的方法嗎？第二條路線「在同音假借字或引申字上面分別加了偏旁」，作爲區別字或分化字，不也是唐氏《古文字學導論》中的孳乳與轉注嗎？只是在這類字的發展路線的説明中，蔣氏引用大量的例證加以説明，如：

A類：采→採、彩、綵、菜、睬（本字和借字都增加偏旁義符）

B類：栗→慄、夫容→芙蓉、夫渠→芙蕖（借字增加偏旁義符）

C類：辰→蜃、午→杵、須→鬚（本字增加偏旁義符）

以上都是因假借的關係，在本字或借字上增加義符後變成形聲字的例證。對引申字增加偏旁義符加以區別，而形成了新的形聲字，蔣氏也以「止」→「趾」、「益」→「溢」、「尊」→「樽」「罇」的例子來説明引申後加上偏旁的分別字，也就是唐氏的象語字增益形符的結果，不過蔣氏的論證遠較唐氏翔實罷了。至於蔣氏第三條路線的「爲了記録方言的異名、異音」而新造的轉注字，則是唐氏所忽略掉的。第四條因隸變而失去象形的特徵，根據音義重造新的形聲字，因爲唐氏三書説的理論止於近古期，並不涉及隸變的問題，三書説不談這種現象是可以理解的。

拿蔣氏分析形聲字的文章與唐氏的三書説比照，使我們深深領會後出轉精的道理。我們要是再看看一九八九年出版的王鳳陽撰著的《漢字學》，又以嶄新的角度，把形聲字视作求區別的産物，指出了

「形似求別」「形混求別」「同音求別」「同源求別」等，都是產生形聲字的主要原因。〔三五〕王鳳陽這些說法都是不經前人道過的。隨著歲月的推移，文字學這門古老的學問已經慢慢廓清種種概念上的迷霧，一步步建立成一門精密的學科了。

## 四、結語

唐氏的三書說是基於他對六書說的不滿而提出的，三書說的本身固然存在很多缺點，也不能根治六書說所留下來的種種弊病。但值得我們注意的是三書說是三十年代中提出的，在當時能有這種清晰的分析能力，能以摧廓傳統陋說的勇氣提出一種新的觀念，嘗試去解除學術上的迷誤，這種學術的使命感是值得我們敬佩的。那管三書說本身有許多缺點，若是這些缺點能夠提供我們思考問題的方向，按部就班，相信將來我們還可以不斷看到許多解決文字學上的難題的新意見。

注釋

〔一〕陳夢家《殷虛卜辭綜述》，北京科學出版社，一九五六年，頁七五。

〔二〕同上注，頁七六。

〔三〕唐蘭《古文字學導論》，頁八五—八六。

〔四〕唐蘭《中國文字學》，頁七五。

〔五〕《說文解字》，香港中華書局影印清同治十二年（一八七三）刻陳昌治本，一九七二年，卷二上，頁十六上（總頁三五）。

〔六〕同上注，卷三上，頁三上（總頁五〇）。

〔七〕同上注，卷六下，頁五上（總頁一二九）。

〔八〕同上注，卷二上，頁一下（總頁二八）。
〔九〕同上注，卷十二下，頁十五下（總頁二六五）。
〔一〇〕同上注，頁十五上（總頁二六五）。
〔一一〕同上注，卷七上，頁二十三下（總頁一四八）。
〔一二〕同上注，卷四下，頁二十上（總頁九三）。
〔一三〕同上注，卷三上，頁二十二上（總頁六〇）。
〔一四〕同上注，卷八下，頁四下（總頁一七七）。
〔一五〕同上注，卷三下，頁十二上（總頁六六）。
〔一六〕同上注，卷四下，頁一下（總頁八三）。
〔一七〕同上注，卷五上，頁十一上（總頁一〇〇）。
〔一八〕同上注。
〔一九〕同上注，卷五下，頁六下（總頁一〇八）。
〔二〇〕朱宗萊《文字學形義篇》（與錢玄同《文字學音篇》同刊），台灣學生書局影印本，一九七八年五版，頁十上（總頁一〇七）。
〔二一〕同上注，頁七下至九下（總頁一〇二—一〇六）、十下至十二上（總頁一〇八—一一一）。
〔二二〕馬宗霍《文字學發凡》，上海商務印書館，一九三五年，頁三三—六四。
〔二三〕楊樹達《中國文字學概要》（與《文字形義學》同刊），《楊樹達文集》之九，上海古籍出版社，一九八八年。
〔二四〕《中國文字學》，頁一〇二。
〔二五〕同上注，頁九八—九九。
〔二六〕同上注，頁九九—一〇〇。
〔二七〕同上注，頁一〇〇—一〇一。
〔二八〕陳夢家《殷虛卜辭綜述》，頁七六。
〔二九〕同上注。

〔三〇〕沈兼士《造字原則發展之程序説》，《影印元至治本鄭樵〈六書略〉序》附録，載《段硯齋雜文》，香港滙文閣影印本，無出版日期，頁六。

〔三一〕索緒爾《普通語言學教程》（高名凱譯），北京商務印書館，一九八〇年，頁五一。

〔三二〕唐蘭《殷虛文字記》，北京中華書局影印本，一九八一年，頁一一七、一一九。

〔三三〕蔣善國《形聲字的分析》，《東北人民大學人文科學學報》一九五七年第四期，頁四一—七五。

〔三四〕同上注，頁四五—四六。

〔三五〕王鳳陽《漢字學》，長春吉林大學出版社，一九八九年，頁四二三—四二九。

載《中國文化研究所學報》第一期，香港中文大學文化研究所，一九九二年。頁二二一—二三四。

# 甲骨文□字的再考察

遠在民國二十五年（一九三六）陳夢家已經在《燕京學報》第二十期上發表過他的名著《商代的神話與巫術》，利用卜辭及傳世文獻資料，對商代的巫術，包括巫的身份、職事、巫與舞的關係、祭祀與祓禳等問題作了深入的探討，對當代研究古文字學和楚辭學的學者來說是一篇富有啓發性的文章。

在文章裏陳先生分析了甲骨文的□字怎樣譌變成爲小篆的巫字，認爲卜辭中的舞字之「象人兩袖秉旄而舞」，與小篆巫字的「象人兩袖舞形」同義。[一]而把卜辭裏的□字看成示字的或體，有暴露之義：

> 卜辭祭風之牲有三：一曰犬（又見《卜通》三八九于帝史鳳二犬），二曰羊，三曰豕若豚，卜辭云「□鳳，甫豚，大雨」（前四·四二·六）。其用牲之法有三：一曰甹若𦉪，與文獻之磔相似，乃血祭而祝號之；二曰甫，《方言七》「燕之郊朝鮮洌水之間凡暴肉發人之私披牛羊之五藏謂之膊」，《左》成二傳「殺而膊諸城上」注「膊，磔也，」甫即膊磔，亦即疈辜祭四方百物之疈（司農作罷）：三曰□，疑是示字，《戩》（一·九）二示三示四示或作□，又卜辭「其于西宗貞示」（前四·一八·一）與「其用□貞且戊」（上五·一）同例，可證；卜辭習見□帝（拾一·一新三二四）□𠬝（餘一五·三）□先（明氏藏骨）之文，皆當作示，示亦暴露之義。[二]

後來陳先生在他的名著《殷虛卜辭綜述》裏已修正了本文的看法，也以□爲巫了。[三]最近選堂先生發表了《歷史家對薩滿主義應重新作反思與檢討——「巫」的新認識》一文，可視作對卜辭□字討論的總結：

巫字見於殷契有二個不同的字形，大多數作巫，有一個作巫（《殷虛書契後編》二・四二・四）。巫字所以可釋爲巫，由於字形同於《詛楚文》中的「丕顯大神巫咸。」巫咸即巫咸。巫之即巫，久已成爲定論。〔四〕

選堂先生文中並且歸納出甲骨文中有關巫的記載十三項，對巫字在甲骨文裏的用法，已經分析得很透徹。本文只希望就巫字的構形作點補充。

李孝定先生認爲「巫」是巫者所用的道具，他說：

> 惟巫字何以作巫，亦殊難索解，疑當時巫者所用道具之形，然亦無由加以證明，亦惟不知蓋闕耳。〔五〕

張光直先生更根據《周髀算經》裏記載的用矩之道，進一步推論出巫是在商周時代能知天地的聖者與智者：

> 我們不如更直接地説巫師以「工」爲象徵形的道具。（見下附圖）《説文》：「工，巧飾也，象人有規矩也，與巫同意。」又巨下云：「規巨也，从工象手持之。」許慎似是知道巫字本義的，所以工巫互解，而工即矩。矩是木匠用來畫方畫圓的工具。爲甚麼古代的巫以矩爲基本道具呢？
>
> 這個問題的答案在《周髀算經》。這本書一般相信是漢代定筆的，但其中所包含的内容較早，可能早到孔子時代，即公元前六世紀的

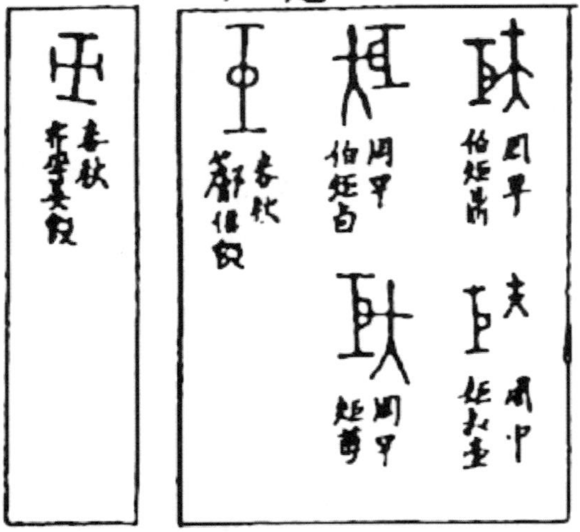


附圖　張光直文中所舉金文中的巫字和巨字

採自高明《古文字類編》，中華書局，一九八〇

後期，與《楚語》所代表的時代相近。這本書中有一段講矩：

請問數安從出？商高曰：數之法出于圓方。圓出于方，方出于矩。……請問用矩之道。商高曰：平矩以正繩，偃矩以望高，覆矩以測深，卧矩以知遠，環矩以爲圓，合矩以爲方。方屬地，圓屬天，天圓地方。……是故知地者智，知天者聖。智出于句，句出于矩。

如果這幾句話代表古代的數學思想，那麼矩便是掌握天地的象徵工具，矩可以用來畫方，也可以用來畫圓，用這工具的人，便是知天知地的人。巫便是知天知地又能通天通地的專家，所以用矩的專家正是巫師。矩的形狀，已不得而知，但如果金文的巨字是個象形字，那麼古代的矩便是工形，用工字形的矩適可以環之以爲圓，合之以爲方。〔六〕

張先生根據《周髀算經》的記載説巫是能掌握既能畫方又能畫圓的「矩」的人，是既能知天知地，又能通天通地的智者和聖者。美中不足的是他誤信了《周髀算經》所説的「環矩以爲圓，合矩以爲方」，加上《説文》也以人持工爲矩，便認爲圓方都是工字形的「矩」所畫的。這和漢代的文物裏所反映的現象不一致。像圖1的西漢「規矩草葉紋鏡」中間雙線方欄的四周的✣形，正是畫圓的規，不過畫面上被中間的方欄隔斷了，西方學者冠普氏（Koop）管它叫TLV形鏡。〔七〕自然這巫

**圖1　西漢規矩草葉紋鏡**

史學屯十七號墓出土，洛陽博物館藏。
中間雙線方欄鑄陽文漢篆八字“見日之光天下大明”，外飾規矩紋間草葉紋，規形在方欄四邊成✣形，規形貫穿方欄，即成巫字。

形的東西是畫圓的規，矩形作曲尺形繞在方欄的周圍八面。圖2是吉林省博物館藏的東漢四神規矩紋鏡，也是一規形居中，八矩分置八方，中間四神環繞。梁上椿認爲這種規矩文鏡之「表現過程」是由「規矩蟠螭」而「規矩草葉」而「規矩四神」的；而其基本作風則可遠溯於秦末的蟠螭文鏡，認爲是戰國時山字鏡的細文和蟠螭鏡的螭文，轉化而成TLV之規矩文。[八]這種規矩文鏡的一般型式是一規環繞八矩，有時也只有四矩的，也就是TLV紋裏少了L紋。如《巖窟藏鏡》中集第十三器（圖3）「金銀錯大山神人禽獸規矩鏡」便是，此器素圓紐圍以凹線方格，方格外飾四T形，四T相連即爲規字；方格四角有四V形，即四矩。銘文：

上大山見神人食玉英飲澧泉乘文龍駕浮雲君宜官秩保子

**圖2　東漢四神規矩紋鏡**
吉林省博物館藏

從銘文的内容看來，也反映了漢人的一種神人交通的神仙思想，不正是靈巫交通天地的傳承嗎？七十年代的馬王堆漢基出土的文物裏，不光是棺上彩繪帛畫裏的日月、燭龍、蛇身神人等反映了引魂升天的思想，三號墓出土的六博博具中的「博局」的設計，恰巧也和銅鏡上的規矩文完全一致（圖5），也作一規旁繞八矩，規矩之間的四角飾四神鳥，我想也是一種這種神人交通思想的反映。銅鏡學者據此而改題「規矩文」爲「六博文」（圖4）〔九〕，恐怕是不太恰當的。下面我們再看看漢代石刻裏的「規」「矩」是怎樣的。

**圖3　金銀錯大山神人禽獸規矩鏡**
《巖窟》二集中第十三圖

**圖4　西漢大樂貴富六博紋鏡**
《上海博物館藏青銅鏡》第二十七圖

**圖5　馬王堆漢墓山土"博局"**
採自《馬王堆漢墓文物》

山東嘉祥的漢武梁祠石刻的伏羲女媧圖（圖6）是「規」「矩」最好的證明。在這石刻上伏羲女媧居中，俱作人首蛇身（其實是上身人形，下身作蛇形，尾相交）。從身體造形看來，很難分辨男女，但左面的頭梳高髻，應是女性，而手執十字形的規；右面的帶冠，應是男性而手持矩，和一般說法相反。規矩的形狀在這石刻是很清晰的，規不作[illegible]形而只作十形，可能是石刻不能表現過於細緻的造形所致。至於伏羲女媧分執矩規和一般刻石所見伏羲執規而女媧執矩的情形顛倒，則難以索解了。山東費縣（圖7）和四川成都出土的畫像磚（圖8），伏羲女媧石刻便和武梁祠石刻不同，費縣石刻伏羲執規作V形（其實是像規的兩股），女媧高髻執矩作┐形，成都出土的畫像磚在風格上更和武梁刻石迥異。伏羲右手擎日輪、左手執規作圓鎚形，女媧左手擎月輪、右手執矩。從上面列舉的石刻看來，矩的形狀都很容易辨認，而規則作十、V、⟋等形，我想原來本作十形，作V形是簡化取兩股作圓之意。成都畫像磚的圓鎚形若無女媧的矩對比，便很難想象了。沂南畫像石墓的年代，約在東漢晚年（公元一九三以前）〔一〇〕，較武梁祠刻石稍晚，規的形狀還是清晰可辨的（圖9）。

**圖6　伏羲女媧圖**

山東嘉祥武梁祠石刻，祠主武梁，卒於漢桓帝元年（一五一）。

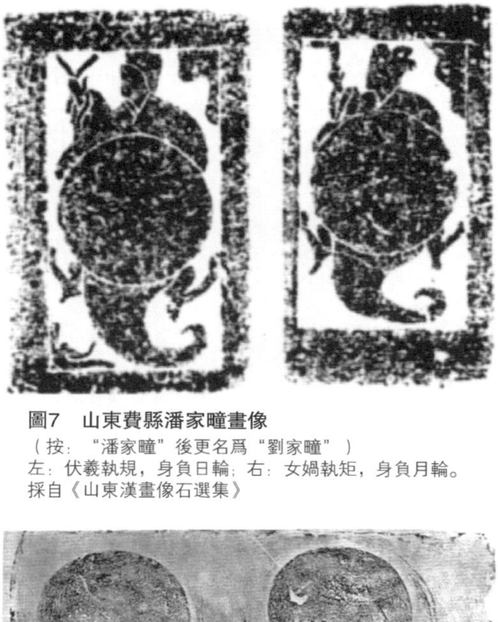

**圖7　山東費縣潘家疃畫像**

（按："潘家疃"後更名爲"劉家疃"）

左：伏羲執規，身負日輪；右：女媧執矩，身負月輪。

採自《山東漢畫像石選集》

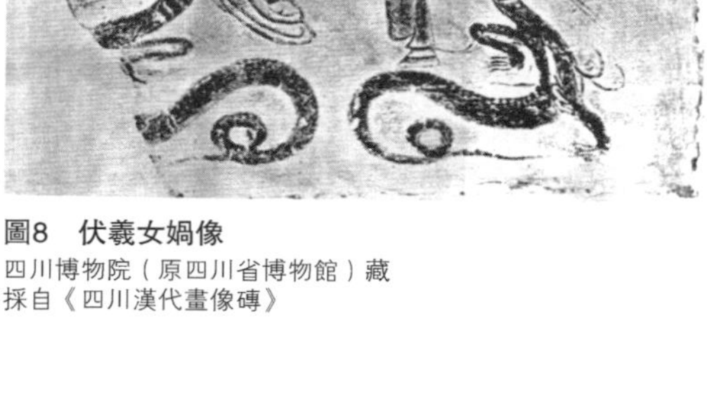

**圖8　伏羲女媧像**

四川博物院（原四川省博物館）藏

採自《四川漢代畫像磚》

從規矩的形狀來説，兩漢銅鏡上的規矩文和武梁祠刻石是一致的，規畫圓而矩畫方的意義很明顯，《周髀算經》的説法恐怕是後起的。所以我們可以説卜辭裏的士就是後來漢畫裏的規，正是巫師交通天地的施法工具。孝定先生的推測是可信的。

**圖9　山東沂南畫像**
墓門東側支柱　伏羲女媧像
採自《沂南古畫像石墓發掘報告》

## 注釋

〔一〕《燕京學報》V. 20，頁五三七，一九三六年。
〔二〕同注〔一〕。
〔三〕陳書第十七章，宗教第四節「帝之一些問題」釋士字時即從唐蘭釋爲巫。頁五七七，中華書局，一九五六年。
〔四〕《中華文化的過去、現在和未來——中華書局八十周年紀念論文集》，一九九二年十月。
〔五〕李孝定《甲骨文字集釋》頁五九八。「中央研究院」史語所專刊之五十，台北「中央研究院」歷史語言研究所，一九八五年。
〔六〕張光直《中國青銅時代》二集，頁四二—四三，三聯書店，一九九〇年。
〔七〕梁上椿《巖窟藏鏡》第二集漢式鏡。民國二十九年，大篆。
〔八〕同注〔七〕第二集中卷。

〔九〕陳佩芬編《上海博物館藏青銅鏡》頁一五，上海書畫出版社，一九八七年。

〔一〇〕曾昭燏《沂南畫像石墓年代的商榷》，《沂南古畫像石墓發掘報告》頁六七，文化部文物管理局，一九五六年。

載《第二屆國際中國古文字學研討會論文集》，香港中文大學中國語言及文學系，一九九三年十月。頁一六一——一六八。

# 文學篇

# 唐五代詞講義

# 唐五代詞講義

## 目録


自序……一九九
一、緒論……二〇一
二、原起……二〇五
三、詞選（講授部份）……二一〇
李白……二一〇
菩薩蠻……二一〇
憶秦娥……二一九
温庭筠……二二二
菩薩蠻……二二三
其二……二二四
其三……二二五
其四……二二七
其五……二二八
其六……二二九
其七……二三〇
其八……二三一
更漏子……二三二
其二……二三三
其三……二三四
韋莊……二三五
菩薩蠻……二三七
其二……二三八
其三……二三九
其四……二四〇
馮延巳……二四一
蝶戀花……二四四
其二……二四六
其三……二四七
其四……二四七
南唐中主李璟……二四九
攤破浣溪沙……二五〇
其二　春恨……二五二

南唐後主李煜……二五三
虞美人……二五五
烏夜啼……二五八
其二……二六〇
浪淘沙……二六〇
其二……二六二
附録：李後主《破陣子》詞辨僞……二六三
四、詞選（自習部份）……二七四
張志和　韋應物……二七四
王　建　劉禹錫……二七五
白居易　温庭筠……二七六
皇甫松　韋　莊……二七七
薛照蘊　牛　嶠……二七八
毛文錫　牛希濟……二七九
歐陽炯　孫光憲……二八〇
李後主　馮延巳……二八一

# 自序

李青蓮少懷四方之志，年二十四即仗劍去國，辭親遠遊；欲申管晏之談，謀帝王之術。年既而立，雖遍干諸侯，而未獲一遇。南徙莫從，悲歌失路；蜀道難行，徒增咨嗟。天寶十四載，逆胡遘亂，太白避地廬山，永王李璘出鎮江陵，遣使三聘太白，遂入永王幕，思抒奇計以濟時艱。不一月而永王敗亡，太白以「附逆」獲罪，長流夜郎，中道遇赦還。太白道出黔北東歸岳陽江夏，經鼎州滄水驛，題《菩薩蠻》於驛樓，「平林漠漠」「寒山傷碧」，無非「夜郎遷客帶霜寒」詩意。又有《憶秦娥》一闋，借漢以喻唐，「西風殘照，漢家陵闕」，亦傷心家國之作，非是登臨之樂也。李陽冰謂太白「凡所述著，言多諷興」；胡震亨以太白樂府「連類引義，尤多諷興」。《易・觀》上九之象曰「觀其生，志未平也」，良有以也。兹編所録，悉以比興爲歸，務求不墜「諷興」之旨。温方城之「新貼羅襦，鷓鴣雙雙」，張惠言以爲「離騷初服」；「鸞鏡花枝」「蟬鬢美人」，雖寫盛妝，實寓「無媒自憐」之痛。韋端己身丁喪亂，情深調苦，「未老莫還鄉，還鄉須斷腸」，所以斷腸者，豈爲彼鑪邊之人邪？馮正中《蝶戀花》之什，「春來惆悵」「花前病酒」「淚眼問花」「倚樓獨語」者，無非爲抛擲不去之閒情耳，下開北宋晏歐一派，論者譽爲「正變之樞紐，短長之流別」，信焉。獨李後主「春花秋月」之篇，純用賦體，非關比興，譚復堂目爲神品，吴瞿安以爲後人無能學者，「亡國之音哀以思」也。亡國之人，何堪坐對此小樓之東風明月？愁如江水，東流不盡，天地間至情之文，奚用比興爲哉？

辛巳冬月恕齋序於濠上之思玄閣

# 一、緒論

近世詞流，大略不出浙西、常州兩派。分述如次：

（一）浙西派：亦稱浙派，以朱彝尊爲宗主。彝尊字錫鬯，號竹垞，浙江秀水人。朱氏自言嘗從曹溶秋岳「南遊嶺表，西北至雲中」，以倚聲唱和，遂使數十年來「家白石而户玉田」（《靜志居詩話》語）。竹垞嘗輯唐五代宋以下逮元代張翥諸名家詞爲《詞綜》三十六卷，蓋多自曹秋岳倦圃家所藏宋人遺集中録出者。竹垞所製詞曰《曝書亭詞》，自定爲《江湖載酒集》《靜志居琴趣》《茶煙閣體物集》《蕃錦集》四種。其《靜志居琴趣》一卷，陳廷焯以爲「盡掃陳言，獨出機杼」之作。竹垞詞學實受曹秋岳之影響，「崇爾雅，斥淫哇」，必以白石、玉田爲歸，其「清空」「醇雅」之風，實導源於張玉田之《詞源》也：

詞要清空，不宜質實；清空則古雅峭拔，質實則凝澀晦昧。姜白石如野雲孤飛，去留無跡；吴夢窗如七寶樓臺，眩人耳目，折碎下來，不成片段，此清空質實之説。

浙西詞家，朱竹垞以外，當推厲鶚太鴻爲巨擘。鶚號樊榭，著《樊榭山房集》《宋詩紀事》，傳誦於世。樊榭詞，徐紫珊譽其「生香異色，無半點煙火氣」，推爲「真沐浴於白石、梅谿而出之者」。譚獻復堂則譏其「巧構形似之言，漸忘古意，竹垞樊榭不得辭其過」，復推論其故曰：「浙派爲人詬病，由其以姜張爲止境，而又不能如白石之澀，玉田之潤」，誠爲知言。蓋浙派末流，不免有空疏苦寂之病，必待張惠言、周濟出而後可以救其偏。

（二）常州派：張惠言，字皋文，江蘇武進人，輯選唐宋詞人四十四家一百十六首，爲《詞選》二卷，其外孫陽湖董毅子遠和之，復賡選五十二家一百二十二首，爲《續詞選》二卷。張皋文論詞，以立意爲本，協律爲末；荆溪人周濟承其餘緒，亦以「意内言外」爲說，輯《宋四家詞選》及《詞辨》二書以推廓「有寄託入，無寄託出」之旨，務矯浙派末流之空疏。濟字保緒，一字介存，號止庵，所著《介存齋論詞雜著》附於《詞辨》之後。常州派既以立意爲宗，主學周（清真）吴（夢窗）；學清真之深厚故其味厚，學夢窗之綿密故其韻長。自晚清以降，常州詞派之影響於海内詞壇垂二百年，近年學界專研南宋詠物詞，又蔚爲一時顯學矣。

張皋文倡寄託、重比興之說，盡見於所著《詞選序》中：

> 詞者，蓋出於唐之詩人，採樂府之音，以製新律，因繫其詞，故曰詞。傳曰：意内而言外謂之詞。其緣情造耑，興於微言以相感動，極命風謡里巷男女哀樂，以道君子幽約怨悱不能自言之情，低徊要眇，以喻其致。蓋詩之比興，變風之義，騷人之歌，則近之矣。

考皋文「意内言外」之說，蓋本諸許氏《說文解字》，欲以繼軌詩人之旨，《詩大序》云：「詩者，志之所之也」，「意内言外」不猶「在心爲志，發言爲詩」之詮語邪？然不究《說文》之本義，恐無助於說「詞」也。《說文》「言」部之下出「䛐」字，說云：

> 意内而言外也，从司言。

其義未詳。小徐本改「意」爲「音」，《繫傳・通論下》云：

> 䛐者，音内而言外；在音之内，在言之外也。何以言之？「惟」也，「思」也，「曰」也，「兮」也，「斯」也，若此之類，皆䛐也，語之助也。

是《說文》所釋䛐字之義止是語助，與文章之體製無涉。且叔重之世，詞體未興，何得預製此字以備後世之用？皋文援古以說今，謬矣。宋人詞集曰「樂府」、曰「樂章」、曰「笛譜」、曰「琴趣」、曰「曲子」、曰「漁譜」者，皆自其可以入樂而名之。曰「樵歌」、曰「浩歌」、曰「漁唱」者，皆自其可歌之性質而爲言也。或曰「詩餘」、曰「長短句」、曰「曲子詞」者，是又自其文章體製之衍化而爲言也。自其文字之妥貼言之，要以「曲子詞」爲正，「詞」者，其簡號耳。皋文徒欲推尊詞體，使與「詩之比興，變風之義」齊等，欲以「塞其下流，導其淵源，無使風雅之士懲於鄙俗之音，不敢與詩賦之流同類而風誦之也」，而不覺曲解《説文》之朔義而成此謬妄之言矣。

近世詞學之發展，常州派管領風騷，個中健者當以歸安朱孝臧祖謀爲祭酒。孝臧字古微，號漚尹，又號彊村，浙江歸安人，少有詩名，光緒癸未成二甲一名進士，授編修，屢擢至侍講學士、禮部侍郎。及與王鵬運訂交，乃棄詩而專志爲詞，校刻唐、宋、金、元人詞百六十餘家爲《彊村叢書》，又輯《湖州詞徵》二十四卷、《國朝湖州詞徵》六卷、《滄海遺音集》十三卷，世稱詞學寶典。晚歲删定其自爲詞爲《彊村語業》二卷，其門人龍榆生於先生身後復爲補刻一卷，編入《彊村遺書》中。彊村詞，張爾田以爲「跨常邁浙、凌厲躒朱」；王幼遐鵬運以爲六百年來學夢窗而「真得髓者，古微一人而已」。古微晚歲所爲詞，多取東坡以疏其氣，論者以少陵夔州後詩爲比，誠屬篤論。於時臨桂況周頤夔笙，與新會陳洵述叔並受知於朱彊村，朱氏許爲「並世兩雄，無與抗手」，彊村爲述叔校刊其所撰《海綃詞》，爲題《夢江南》詞曰：

雕蟲手，千古亦才難。新拜海南爲上將，試邀臨桂角中原。來者孰登壇。

細審詞意，彊村於陳況兩家原無軒輊之意，近時海上有印人陳巨來者，蕙風老人子婿也。嘗爲龍榆生弟子張壽平治姓名白文印，旁刻跋語盛推壽平先生之詞遠在述叔之上，是不知彊村既嘗推重述叔「善用逆筆，能得清真法乳」；又謂「《海綃詞》神骨俱靜，真能火傳夢窗者」。時值中山大學締造伊始，擬聘彊村主講詞學，述叔生性孤峭，不爲世知，彊村薦述叔以自代，其見重於彊村者如此。豈意亦以此而招褊人之妒，褒貶任聲，徒貽玷於蕙風耳。蕙風門人趙尊嶽叔雍晚歲居港教授詞學，刊定《蕙風詞》一卷附於《蕙風詞話》後。蕙風論詞亦以「意内言外，詞家之恒言也」爲宗旨，足與彊村述叔俱稱常州派之後勁。

晚近詞人之學浙西者，推鄭文焯爲第一，文焯字叔問，號大鶴山人，奉天鐵嶺人，隸漢軍旗，擅書畫篆刻，所爲詞曰《樵風樂府》，所製務以規模石帚爲能事。詹安泰祝南先生號无盦，所爲詞亦學姜張，晚年撰《无盦説詞》，多篤論。

## 二、原起

《舊唐書·音樂志二》載：「自周隋以來，管絃雜曲將數百曲，多用西涼樂；鼓舞曲多用龜兹樂。其曲度皆時俗所知也。」此等「雜曲」者，蓋即沈存中所謂「合胡部」之燕樂，所謂俗樂者也（參考《通典》卷一四六、郭茂倩《樂府詩集·近代曲辭序》）。《舊書》所載，有東夷、南蠻、西戎、北狄之異，而以西戎樂種類至繁，有高昌、龜兹、疏勒、康國、安國等五國之樂，爲時所重。二十世紀之初，法人伯希和獲敦煌寫本三千件，宣統元年己酉（一九〇九），伯希和自法寄贈羅振玉敦煌寫本照片，中有《雲謡集雜曲子》，王國維於民國九年（一九二〇）撰文研究《雲謡集雜曲子》，以唐人通俗詩目之，誤「雲謡」爲「玄謡」。民國十三年甲子（一九二四），朱孝臧據董康得自倫敦攝影本，將《雲謡集》之後十八首，刻入《彊村叢書·補編》中；同年，羅振玉編印《敦煌零拾》，收《雲謡集》之前半，亦伯希和之傳本也。近人任半塘以爲此等「雜曲子」爲相對於「大曲」而言。此等「曲子」可以隋煬帝之《紀遼東》爲代表，其分片、立格、叶韻、平仄諸端無一非後來長短句詞之體，此其在音樂上與燕樂曲演化之關係，約言之，此類曲子詞無不「依曲拍爲句」，以文就聲者也。至夫唐人歌齊言絶句，今雖不可究知當時如何被諸管弦，然必須離析五、七言之齊言詩，爲長短不一之長短句而後可。請以《陽關三疊》爲例以明之。

方以智《通雅》卷二十九《樂曲》下云：

陽關四疊，亦三疊也。《仇池筆記》曰：「《陽關》三疊，每句皆平唱，而首句不疊，若通一首，又是四疊，皆非是。」又《志林》曰：「余在密州有文勛長官云：得古本《陽關》，乃知唐本三疊。偶得樂天《對酒》云：『相逢且莫推辭醉，聽取陽關第四聲』，注：『第四聲：勸君更盡一杯酒』，以此知之。」……自唐以絶句入樂府，第三第四二句合爲一疊，此三疊也。至每句再唱此複聲，乃名爲疊。安得曰每句再疊乎？然或各方變換，未可知也。

按《仇池筆記》説「三疊」「四疊」之異，語焉不詳，復引《東坡志林》爲説，能知白樂天《對酒》詩句「聽取陽關第四聲」之義，庶幾近理，然謂「第三第四合爲一疊」，似又不解「疊聲」之義矣。樂天《對酒》詩見《白香山後集》卷九，題作「對酒五首」。《志林》所引是五首之第四首，全詩云：

百歲無多時壯健，一春能幾日晴明。

相逢且莫推辭醉，聽唱陽關第四聲。

按東坡所記宋世歌者，每句再疊而已，通一首言之，遂成四疊。以此推之若每句再疊，則「勸君」句爲第五聲矣。樂天詩下自注第四聲爲「勸君更盡一杯酒」，因知其首句必不疊矣。大抵樂譜流傳日久，易致訛舛，樂天時或已有不同之唱法，故須於「第四聲」句下注「勸君」云云也。明田藝蘅《陽關三疊譜》列三疊九式之異，其第八式曰「飛花三疊」，其疊法爲：

一疊，每句重首二字。

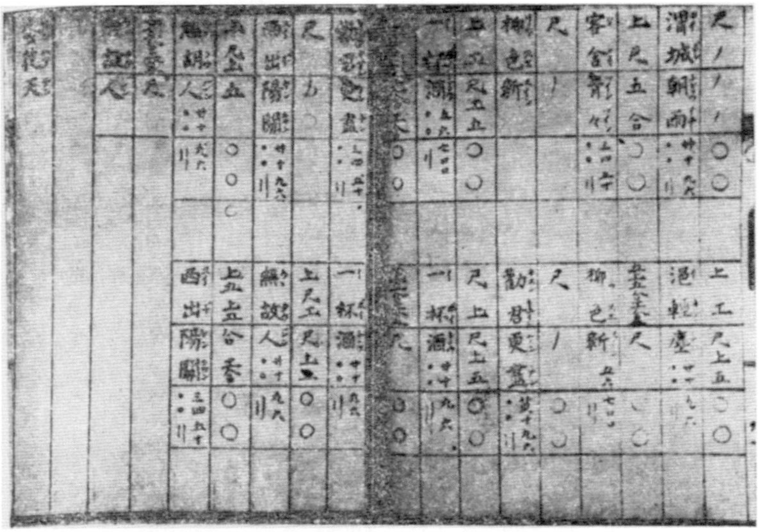

**《魏氏樂譜》之《陽關曲》採自姚莘農編之《詞樂叢刊》**

《魏氏樂譜》，魏皓編。皓四世祖元琰精音律，皓傳其業。元琰於崇禎間流寓日本長崎爲通事。《樂譜》遂流傳彼邦。是譜所録詞最晚者爲陳繼儒（一五五八—一六三九）之作，其成書當在明季崑腔盛行之時。譜中宋調多屬宮樂之遺，饒選堂先生以爲在南曲盛行之後，唱詞之法，日就式微，唯是譜尚可得其概略云。

二疊，每句離析爲四、二、五。

三疊，每句末二字疊。

第九式曰「飛花滚三疊」，每句俱離析爲四四、三三之句。

林林總總，不一而足，率由歌者以意爲之，取便唇吻，非復唐人之舊矣。無怪乎方密之有「各方變換，未可知也」之歎。惟魏皓所傳之《魏氏樂譜》流播東瀛，姚師莘農取以刊入《詞樂叢刊》中，選堂饒宗頤先生復撰《魏氏樂譜管窺》，推論《魏譜》能得唐人唱詞之概略，附録饒文於後。

## 附録：饒宗頤先生《魏氏樂譜管窺》（節録）

就樂府絶句與詞三者而論，樂府多益泛聲，絶句則一字每衍爲數律，詞則以辭填聲，以一字一律爲正格，一字多律爲變格，此三者之大較也。惟一字之非限於一律，自唐迄宋，已成樂家慣例。南曲之一字繁音，殆遠源於此。今由寧王《唐樂笛字譜》觀之，《魏氏樂譜》，正多相合，是《魏譜》不得謂純爲明法，其中容有唐宋之遺聲。此正大有助於我人之深長思，而爲勾稽唐宋古樂之資也。

今以《陽關三疊》論之，宋胡仔《苕溪漁隱叢話》言：

東坡云：「舊傳《陽關三疊》，然今世歌者，每句再疊而已，若通一首言之，是四疊，皆非是。或每句三唱，以應三疊之説，則叢然無復節奏。余在密州，有文勛長官，以事至密，自云得古本《陽關》，其聲婉轉，淒斷不類，乃知唐本三疊蓋如此。及在黄州，偶讀樂天《對酒詩》云：『相逢且莫推時辭，聽唱《陽關》第四聲。』注云：『第四聲，謂勸君更盡一杯酒。』以此驗之，若一句再疊，則此

句爲第五聲，今爲第四聲，則一句不疊審矣。」（亦見《東坡志林》）

元李治《敬齋古今黈》謂：在廣寧時，學唱此曲于老樂工某乙，其法起二句及末一句，於第四字下以「剌里離賴」爲和聲，惟第三句不和。後讀白樂天詩自注及《東坡志林》，始悟其非；知疊者不指和聲，乃重其全句而歌之。……據《志林》引白香山詩注：《陽關三疊》者，其第一句不疊，僅疊唱三句，故曰「三疊」。今觀《魏譜》首句不疊，正是唐人舊法。至於疊法，右二書所記，宋元以來，已多違異。有（一）每句再疊，（二）每句三唱，（三）前二句末一句於第四字下用四個音爲和聲，數種之殊。《魏譜》固於第四第七字下，增笙字爲和聲，惟不限於第四字下爲四音，又第一句亦增和聲，復與元人所傳略同而異。沈括謂：「古樂府皆有聲有詞，《陽關》《搗練》亦聲詞相從。」則宋時《陽關》一曲，原有和聲，自無疑義。《志林》所稱之古本《陽關》，已不可復覩，今魏書獨存是譜，雖未必唐本之遺，要爲近古之唱法，誠音樂史上之球璧矣。王圻《續文獻通考》論歌曲，謂王維《渭城》絶句亦有散聲，謂之《陽關三疊》，解説頗模糊。若清李玄玉等《北詞廣正譜》所刊《陽關三疊》，於本辭之下遞有增句，如第二句，「客舍青青」衍而爲三句，此種改作之《陽關三疊》，宋時已有之。楊湜《古今詞話》載有《古陽關》，增疊爲十數句，（《花草粹編》十一引，又見趙萬里輯本《宋金元人詞》第五册）李治已譏其辭麤鄙重複不足采。又稱有疊作八句者，今不可見。……晚清黃曉珊《希韶閣琴譜》論《陽關三疊》，更謂：「唐人惜別，每唱此什，其法先唱七言，次除上二字，唱五言，又除上四字，唱三言，一步急一步，故曰三疊。」不知何所據而云然。以校《魏氏樂譜》，迥不相類。此曲對于古樂關係甚鉅，故不殫覼縷，附爲考辨如此。

據《魏氏樂譜》所傳《陽關曲》三疊之法，除首句不疊外，其他三句俱析爲四、三之長短句以疊之，其法如下：

一　渭城朝雨　　浥輕塵
二　客舍青青　　柳色新
三　柳色新
四　勸君更盡　　一杯酒
五　一杯酒
六　勸君更盡　　一杯酒
七　西出陽關　　無故人
八　無故人
九　西出陽關　　無故人

準此譜法言之，三句三疊爲九句，其第四句爲「勸君更盡一杯酒」，與樂天詩「聽唱《陽關》第四聲」相合，論者謂《魏譜》多存宋人之舊，想與唐人歌法相去不遠也。東坡以文勛所得古本《陽關》，其聲宛轉淒斷不類（今世歌者），而知唐本作三疊，可謂具正法眼。《東坡樂府》有《陽關曲》中秋作「暮雲收盡溢清寒」云云，全首句法，平仄與《渭城曲》全同，世謂東坡不解音律，其誣妄自不待辯。明胡震亨《唐音癸籤》以爲：「唐初歌曲，多用五七言絶句，律詩亦間有采者，想亦有賸字賸句於其間，方成腔調。」王昶《詞綜序》云：「詞實繼古詩而作，而詩本於樂，樂本於音，音有清濁高下輕重抑揚之别，乃爲五音十二律以著之，非句有長短，無以宣其氣而達其音。」詞之導源於詩之歌法，觀《陽關曲》而益信矣。

## 三、詞選（講授部份）

### 李白

太白精擅樂府，傳世之《清平調》三首，自是樂府佳作，即童子能成誦之《静夜思》，其平仄與五言絶句之體全乖，亦屬樂府而非絶句也。《唐詩紀事》云：「韋渠牟，韋述之從子也，少警悟，工爲詩，李白異之，授以古樂府。」權載之序渠牟之文，曰：「初，君年十一，嘗賦《銅雀臺》絶句，右拾遺李白見而大駭，因授以古樂府之學。」時當乾元二年，太白五十九歲。按：史載開元九年張説用事，韋述兄弟六人以詞學登科，張説稱之爲：「今之杞梓」。

#### 菩薩蠻

平林漠漠煙如織▲　寒山一帶傷心碧▲　暝色入高樓◎　有人樓上愁◎　玉梯空佇立▲　宿鳥歸飛急▲　何處是歸程◎　長亭連短亭◎

**【校字】**

《尊前集》「梯」作「堦」，「歸」作「回」，「連」作「接」。《草堂詩餘》「連」作「更」。

【解題】

《湘山野録》云：「此詞不知何人寫在鼎州滄水驛樓，復不知何人所撰，魏道輔泰見而愛之，後至長沙，得「古集」於子宣内翰家，乃知李白所作。」

楊繪《本事曲子》：「近傳一闋，云李白製，即今《菩薩蠻》，其詞非白不能及。」

李頎《古今詩話》：「鼎州滄水驛有《菩薩蠻》云云，曾子宣家有《古風集》，此詞乃太白作也。」（阮閲《詩話總龜》卷四十引。魏慶之《詩人玉屑》卷廿一所引與此全同。）

此詞最早見於北宋初所編之《尊前集》，後復見於南宋黃昇之《唐宋諸賢絶妙詞選》。黃氏置此詞與《憶秦娥》於篇首，並於《菩薩蠻》下注云：「二詞爲百代詞曲之祖。」南宋人編《草堂詩餘》亦載二詞。

綜觀宋人編選詞集及詩話筆記之屬，未見對二詞置疑者，至元人楊齊賢集注蕭士贇補注之《李太白集》，清人王琦注《李太白全集》並載録二詞。明何良俊云：「宋詞自李太白《憶秦娥》《菩薩蠻》二詞以漸創製。」顧起綸亦謂：「太白首唱《憶秦娥》，悽惋流麗，頗臻其妙，爲千古詞家之祖。」（《花庵詞選跋》）

清代詞家對此二詞尤推崇備至，摘録如下：

劉熙載《藝概・詞曲概》：「梁武帝《江南弄》、陶宏景《寒夜怨》、陸瓊《飲酒樂》、徐孝穆《長相思》，皆具詞體而堂廡未大。至太白《菩薩蠻》之繁情促節，《憶秦娥》之長吟遠慕，遂使前此諸家悉歸環内。」又云：「太白《菩薩蠻》《憶秦娥》兩闋，足抵少陵《秋興》八首，想其情景，殆作於明皇西幸後乎！」

陳廷焯《白雨齋詞話》卷一云：「太白《菩薩蠻》《憶秦娥》二闋，自是高調。」又卷五云：「太白《菩薩蠻》《憶秦娥》兩闋，神在箇中，音流絃外，可以是爲詞中鼻祖。」

黃蓼園評《菩薩蠻》云：「首二句（平林漠漠二句）意興蒼涼壯闊，三、四句説到樓，説到人，又自靜細孤寂，真化工之筆。……末始點出歸字，是題目歸宿。所以愁者，此也。所以傷心者，亦此也。更覺前半凌空結撰，意興高遠。結仍含蓄不說盡，雄渾無匹。」（《蓼園詞選》）又評《憶秦娥》云：「……歎古道之不復，或亦爲天寶之亂而言乎？然思深而託興遠矣。」

王國維《人間詞話》卷上：「太白純以氣象勝，『西風殘照，漢家陵闕』八字，遂關千古登臨之口。」

明人胡應麟首倡反調，其所著《少室山房筆叢・莊嶽委談》下云：「今詩餘名《望江南》外，《菩薩蠻》《憶秦娥》稱最古，以《草堂》二詞出太白也。……且二詞雖工麗而氣衰颯，於太白超然之致，不啻穹壤。藉令真出青蓮，必不作如是語。詳其意調，絕類温方城輩。」

按：胡元瑞所以致疑於二詞，蓋緣於對詞之風格無所知，對太白之詩風更無所知，乃目此「以氣象勝」（王國維語）之製爲「衰颯」，誠瞽說也。復以其「意調」「絕類温方城輩」，吾人試循讀飛卿《菩薩蠻》詞數闋，必知其說之詭謬無根也。

胡氏又云：「菩薩蠻之名當起於晚唐世，按《杜陽雜編》云：『大中初，女蠻國貢雙龍犀，……其國人危髻金冠，瓔珞被體，故謂之菩薩蠻。當時倡優遂製《菩薩蠻》曲，文士亦往往效其詞。』《南部新書》亦載此事。（按：《南部新書》全鈔《杜陽雜編》）則太白之世，唐尚未有斯題，何得預製其曲耶？」

胡氏所以致疑於太白二詞之故，實由於見蘇鶚《杜陽雜編》此條所記唐宣宗大中初年，女蠻國入貢，因以傳播《菩薩蠻》曲於中土一事，遂遽信《菩薩蠻》創調於唐宣宗之世，而不知與太白同時之崔令欽於避安史之亂時，追記玄宗開元中教坊之曲調已有《菩薩蠻》也。（崔氏《教坊記》自序云：「今中原有事，漂寓江表，追思舊遊，不可復得，粗有所識，輒復疏之。」）《新唐書・禮樂志》云：「隋有法曲，出於胡中。玄宗既知音律，又酷愛法曲，開元二十四年，升胡部於堂上，而天寶樂曲，皆以邊地名。宣宗時，唐之盛時樂曲所傳，至其末年，往往亡缺。……南蠻有扶南、天竺、南詔、驃國……凡十四國之樂。」據此則知開元天寶時之樂曲至宣宗朝大多亡佚，凡晚唐段安節之《樂府雜録》、蘇鶚之《杜陽雜編》、孫光憲之《北夢瑣言》，以至宋人錢易之《南部新書》所記，皆是宣宗以後賡作之詞，非玄宗之舊也。即以女蠻國入貢一事言之，其有不始於開元天寶之盛世，而始於國勢衰敗之宣宗朝之理者乎？

胡氏又云：「《北夢瑣言》云：『宣宗愛唱《菩薩蠻》詞，令狐相國假温飛卿新撰密進之，戒以勿泄，而遽言於人，由是疏之。』按大中即宣宗年號，此詞（謂太白《菩薩蠻》）新播，故人君喜歌之，余屢疑近飛卿，至是釋然，自信具隻眼也。」

胡氏前文云「絶類温方城輩」，此又云：「屢疑近飛卿」，實由妄信《北夢瑣言》此條所記令狐綯假飛卿新製之詞以獻於宣宗一事而致訛。「至是釋然」者，以爲得《北夢瑣言》遂足以證成其説也，而不知飛卿之詞風與此「新播」之詞相去不啻霄壤也。

近人胡適於民國十六年編選《詞選》一書，在其《序言》中既以晚唐至元初爲詞史之第一時期，書末復附一長文《詞的起原》，剿襲胡元瑞之過言，力主詞起原於中唐，而謂太白創始長短句之舊説（按：舊説從無此言，胡説無據）爲「不可靠的傳説」：

> 長短句的《憶秦娥》《菩薩蠻》《清平樂》皆是後人混入的作品；據《杜陽雜編》及《唐音癸籤》，《菩薩蠻》曲調作於大中初年（約八五〇），李白如何能填此調呢？《樂府詩集》遍載李白的樂府歌辭，並收中唐的《調笑》《憶江南》諸詞，而獨不收《憶秦娥》諸詞，這是很强的證據。並且以時代考之，中唐以前，確無這種長短句的詞。

胡氏引《杜陽雜編》《唐音癸籤》之説俱是剿襲胡應麟《莊嶽委談》之言。胡震亨《唐音癸籤》卷十三《樂通》二《唐曲》中著録《菩薩蠻》《憶秦娥》二調，下引述《莊嶽委談》之言而加按語云：「其説亦未盡當，是用其樂調爲曲耳。」是胡震亨已匡胡元瑞之謬，不以其曲調始創於宣宗朝矣。胡適混胡震亨、胡應麟二説而爲一，殊誤。胡適復云：

> 總觀初唐、盛唐的樂府歌詞，凡是可靠的材料，都是整齊的五言、七言或六言的律絕。當時無所謂「詩」與「詞」之分；凡詩都可歌；而「近體」（律詩，絶句）尤其都可歌。
>
> 中唐的樂府新詞有《三臺》《調笑》《竹枝》《楊柳枝》《浪淘沙》《憶江南》，這六調是可信的。

並以六調中之《調笑》與《憶江南》爲「最早的創體」。復引申朱熹「泛聲」之説以論述詞體之興：

> 長短句之興，是由於歌詞與樂調的接近。通音律的詩人，受了音樂的影響，覺得整齊的律絶體不很適宜於樂歌，於是有長短句的嘗試。這種嘗試，起先也許是遊戲的，無心的；後來功效漸著，方纔有稍鄭重的，稍有意的嘗試。《調笑》是遊戲的嘗試；劉、白的《憶江南》是鄭重的嘗試。這種嘗試的意義是要依着曲拍試做長短句的歌詞；不要像從前那樣把整齊的歌詞勉强譜入不整齊的調子。

胡氏既撰成《詞的起原》初稿，即寄與王國維求教，王氏答書云：

> 尊説表面雖似與紫陽不同，實則爲紫陽説下一種注解，並求其所以然之故。鄙意甚爲贊同。至謂長短句不起於盛唐，以詞人方面言之，弟無異議；若就樂工方面論，則教坊實早有此種曲調（《菩薩蠻》之屬），崔令欽《教坊記》可證也。

王國維指出胡氏忽略崔令欽《教坊記》，胡氏即翻檢崔書，既不知崔氏之生卒年代，又曰「似不曾見天寶之亂」，是並崔書《自序》亦未細讀矣。胡氏自辨云：

> 我因此檢《教坊記》，其中附有曲名一表，共載三百二十四調，果有《菩薩蠻》《憶江南》等曲調。崔令欽的年代，《四庫提要》無考；王静菴先生據《唐書·宰相世系表》説崔令欽乃隋恒農太守宣度之五世孫，而唐高祖至玄宗五世，因此考定他是玄宗時人。《教坊記》記事迄於

開元，不談及亂離時事，似他不曾見天寶之亂（七五五）。但《教坊記》中的曲名表，我却不能認爲原書的原文，不能認爲開元教坊的曲目。我疑心此表曾經後人隨時添入新調；此種表本只供人參考，以多爲貴，添加之人意在求完備，不必是有心作僞。正如玄奘的《西域記》裏忽然有明成祖時代的西洋地理，那也是求完備，並非有心作僞。所以我以爲《教坊記》中的三百多曲名不可用來考證盛唐教坊有無某種曲調。我的證據是：（胡氏列舉五證，近人任二北、華連圃已匡其謬，不贅。）

胡氏既曰「不能認爲」曲名表是崔書原文，又「不能認爲」此表爲開元教坊之曲目。其最强有力之理由厥爲胡氏之「疑心」此表經後人添補新調。固然，此種論證方法自是胡氏「大膽假設」之慣技，惜未能「小心求證」，徒師其「疑心」以文飾姦言，其誣妄古人，貽誤來學，可勝言哉！一九五九年胡書復重印於台灣，時任半塘之書已面世，「敦煌曲」已成當世顯學，商務印書館但知據胡氏自校改本影印，而不知更正其謬妄之言，主事者不能辭其咎。近歲台北林玫儀教授治「敦煌曲」有聲於時，結集近年著論爲《詞學考詮》一書，而以《由敦煌曲看詞的起源》置諸篇首，嘗列舉五證以祛蘇鶚之妄：

一、《尊前集》《草堂詩餘》《花庵詞選》等都收有李白《菩薩蠻》詞。

二、《教坊記》曲名表中已有《菩薩蠻》調。

三、《奇男子傳》及《太平廣記》卷一六六引郭仲翔陷蠻事，並云盛唐已有《菩薩蠻》詞。

四、敦煌曲有《菩薩蠻》二首，皆作於德宗貞元以前。

五、《花間集敍》及《耆舊續聞》都説太白有詞。

這五點都是正面的證據，若爲《杜陽雜編》一家之言而否定這五點證據，似乎在邏輯上很説不過去；而事實上，這五點也不是《杜陽雜編》所能否定得了的。蘇鶚是唐僖宗光啓年間的進士，上距玄宗朝已有百餘年，其所記述，必皆出於傳聞，而《菩薩蠻》創調甚早，到德宗以後，由於年代久遠，真正起原的年代及故實已湮滅不傳，自不免又附會出新的說法來。正好驃國在德宗時入貢，後人因見其樂人金冠危髻，瓔珞被體，類似菩薩的打扮，其國名 Pyusaw 又與菩薩聲音很接近，因而附會到《菩薩蠻》調上，以爲《菩薩蠻》調即取義於此。這個說法可能很流行，到了蘇鶚時，距離貞元年間已有七八十年，距離宣宗也有四十幾年，他聽到這個說法，而將德宗誤爲宣宗，又將驃國誤爲女蠻國，這也是極有可能的。

因此，筆者以爲，《菩薩蠻》調在盛唐時就已經很盛行了，李白生當其時，自然能寫作此調。不過這和今傳李白《菩薩蠻》調是否真出於李白之手當然是兩回事了。

林文僅能證明《教坊記》可信而《杜陽雜編》「不可信」（見林書廿六頁），其結論又云「《菩薩蠻》調在盛唐就已經很盛行了」，則胡應麟「（太白）何得預製其曲」之惑可以解，胡適「疑心」之推論自亦不攻自破，傳世《菩薩蠻》詞出於李白之手自屬可信。乃林氏不免有末句不予肯定之語，胡說之深入人心，可爲浩歎。雖然，林先生之識見視港隅之以詩詞之學謀食，竟不知治詞當先明辨詞之原起者爲遠勝矣。

**【辨律】**

《菩薩蠻》調凡四十四字，前後片各押兩仄韻、兩平韻。仄平遞轉，有繁音促節之美。

上下闋末句第三字以用平聲爲正。（此首「樓」上愁、「連」短亭，俱作平聲。）如第三字用仄聲時，則第一字必須用平，全句作「平平仄仄平」。

此首起二句押入聲韻，如七言詩之平起仄收句。三四換平聲韻爲仄起入平韻之五言詩句，與《夢江南》第二句相同。第四句則爲「仄平平仄平」之五言拗句。下片第一句爲平起仄韻之五言詩句，次句仄起仄韻五言句，末二句與上片同。

萬樹《詞律》卷四云：

青蓮此調與《憶秦娥》爲千古詞祖，實亦千古絶唱，平仄宜悉從之。

【説詞】

萬氏以太白此首爲楷模之作，每句平仄悉應從此，舍此可以不必填此調矣。首二句寫平林遠望，生煙漠漠如織，而寒山蒼翠，無限傷心。太白《贈盧司户》詩云：「秋色無遠近，出門盡寒山。」又有《寄何判官昌諧》詩云：「沙帶秋月明，水摇寒山碧。」與此同調，特詞句聲調爲近體七言平起仄收之句，而彼二詩則爲五言古體之句耳。詞句且較詩句爲雄渾，黄蓼園謂其「意興蒼涼壯闊」，誠非虚語。而胡應麟詆爲衰颯，是無所知於詩者，而自矜「獨具隻眼」，堪笑不自量耳。三四言暝色入户，客愁無極，黄蓼園所謂「静細孤寂」之感是已。下闋承暝色入樓而來，謂此天涯客子，於此暝色將斂之際，意欲瞻望故國，故下樓而佇立階中，遠望歸程，但見宿鳥歸飛，長亭短亭，不覺憂從中來矣。作意純從《詩·邶風·燕燕》「瞻望弗及，佇立以泣」化出。謝玄暉《玉階怨》云：「夕殿下珠簾，流螢飛復息；長夜縫羅衣，思君此何極。」又有《秋夜》詩云：「思君隔九重，夜夜空佇立。」雖所繫念不同，而筆意自相近。近人楊憲益嘗就李白詩學受謝朓之影響處，論述此詞云：

《菩薩蠻》詞的内容也可以證明爲李白所作。我們知道李白最景仰的詩人是謝朓，而這首詞裏謝朓的影響是非常顯著的，譬如説，謝朓的《臨高臺》就大概是這詞的藍本：「千里常思歸，登臺瞻綺翼；才見孤鳥還，未辨連山極。四面動清風，朝夜起寒色；誰知倦遊者，嗟此故鄉憶。」兩首内容都是遊子登臺遠望，倦遊思故鄉的意思。這首的「孤鳥」也就是《菩薩蠻》裏的「宿鳥」，「寒色」也就是《菩薩蠻》裏的「寒山」。謝朓詩裏又有「遠樹曖阡阡，生煙紛漠漠」也就是「平林漠漠煙如織」的意思。謝朓詩裏有「蒼翠望寒山，崢嶸瞰平陸，已惕慕歸心，復傷千里目」，也就是「寒山一帶傷心碧」的意思。謝脁詩裏有「……高臺望歸翼……薄暮傷哉人，嬋媛復何極」，也就是「暝色入高樓，有人樓上愁」等句的意思。「長亭更短亭」出於庾信《哀江南賦》的「十里五里，長亭短亭」。「亭」是驛道上公家所築的亭子，一名「官亭」，便旅客歇息之用，因各亭間距離不一，因此有「長亭」「短亭」之稱。「有人樓上愁」的「樓」，既在驛道上當然也是驛樓。這與《湘山野録》的記載相符，顯然鼎州滄水驛樓的題詞是李白自己的手蹟，可惜今日已不可復見了。

——《李白與菩薩蠻》（收入楊氏《零墨新箋》中）

太白詩云：「蓬萊文章建安骨，中間小謝又清發。」其於小謝之詩，蓋深許之矣，太白詩篇實亦深受小謝之影響。謝脁《宣城郡内登望》詩云「寒城一以眺，平楚正蒼然。……切切陰風暮，桑柘起寒煙。悵望心已極，惝怳魂屢遷」，《秋夜》之「思君隔九重，夜夜空佇立」，《和宋記室省中》詩「落日飛鳥遠，憂來不可極」等句，豈不與太白此詞同一機杼？太白《爲宋中丞自薦表》（代御史中丞宋若思作以自薦者，時至德二載，太白五十七歲）云：「屬逆胡暴亂，去年避地廬山，遇永王（名璘，玄宗子、肅宗異母弟，聰敏好學，貌陋甚，不能正視）東巡，脅行，中道奔走，却至彭澤。」翌年改元「乾元」。太白以永王璘事長流夜郎，乃泛洞庭，上三峽，至巫山。乾元二年未至夜郎，遇赦得釋，作《經亂離後天恩流夜郎憶舊遊書懷贈江夏韋太守良宰》長詩以自白，有句云「辭官不受賞，翻謫夜郎天。夜郎萬里道，西上令人老。掃蕩六合清，仍爲負霜草。日月無偏照，何由訴蒼昊」，蓋亦勞苦倦極，哀號呼天之語。又有《江夏贈韋南陵冰》詩云「天地再新法令寬，夜郎遷客帶霜寒」，其沉哀切痛有如此者。計其自黔北東歸岳陽江夏，途經鼎州滄水驛，遂題《菩薩蠻》於驛樓。審其詞意，實與太白此時悒鬱之懷相侔也。李陽冰《草堂集序》云：「陽冰試絃歌於當塗，心非所好，公遐不棄我，乘扁舟而相顧。臨當挂冠，公又疾亟。草稿萬卷，手集未修。枕上授簡，俾予爲序。……自中原有事，公避地八年。當時著述，十喪其九。今所存者，皆得之他人焉。」則知太白平生述作生前未嘗結集成書，李陽冰爲哀集遺文，實亦「太山一毫芒」耳，不得以傳世宋元本《李太白集》不載二詞而遽疑之也。

## 憶秦娥

簫聲咽　秦娥夢斷秦樓月　秦樓月　年年柳色　灞陵傷別

樂遊原上清秋節　咸陽古道音塵絶　音塵絶　西風殘照　漢家陵闕

【校字】

《草堂詩餘》前集卷下題「秋思」，沈評《草堂詩餘》題下注：本集作「樂遊原」。

【辨律】

此調凡四十六字，前後片分别押三入聲韻，一疊韻。上闋「咽」「月」「别」三韻。疊「月」字韻。下闋「節」「絶」「闕」三韻，疊「絶」字韻。萬紅友以爲此調與《菩薩蠻》爲千古絶唱，「平仄宜悉從之」。宋人押平聲韻者，非其朔矣。

上片起句第二字可平可仄，如《憶江南》之起句。上片第二句與下片第一、二句俱是平起仄韻之七言詩句，其第一、第三字平仄俱可。上下片俱用兩四言句作結，其平仄應爲「平平仄仄」，第三字仄可作平，然青蓮此首上下片末句俱作「仄平平仄」，遂成定式。

【説詞】

此首賦蕭史弄玉故事，蓋是太白創調也。太白樂府中有《鳳凰曲》及《鳳臺曲》兩篇亦皆詠其事。《鳳凰曲》云：

嬴女吹玉簫，吟弄天上春。青鸞不獨去，更有攜手人。影滅彩雲斷，遺聲落西秦。

《鳳臺曲》云：

嘗聞秦帝女，傳得鳳凰聲。是日逢仙子，當時别有情。人吹彩簫去，天惜緑雲迎。曲在身不返，空餘弄玉名。

此二曲但詠蕭史教弄玉吹簫作鳳鳴，鳳凰來止，居鳳臺數年不下，後卒騎鳳凰飛去故事。《憶秦娥》一闋雖亦詠其事，而著筆則與二曲迥異。蓋彼二曲是太白少作，不出神仙天上之樂（「吟弄天上春」），此則借漢以喻唐，傷心家國，寄興遥深者也。

此詞「西風殘照，漢家陵闕」二句，是全篇之眼，與王仲宣《七哀》詩「南登霸陵岸，迴首望長安。悟彼下泉人，喟然傷心肝」同調。而太白此結，尤覺餘味無窮，悽然欲絶。豈得以「衰颯」目之邪？唐人詩以漢喻唐自是恒見，白樂天《長恨歌》之以「漢皇重色」刺玄宗，太白《清平調》之以「飛燕新妝」譏貴妃，皆其類也。此首所詠之地如「霸陵」即漢文帝陵墓所在，「樂遊苑」則漢宣帝所建。先詠霸陵樂遊原之盛時如此，以與結語之「西風殘照」爲比，以見今昔盛衰之異。起句雖亦用弄玉事，然亦與彼二曲之詠吹簫仙去者異趣，此詞起句即言「簫聲咽」，所以悽咽者，傷心秦娥之「夢斷」也。此詞之製殆在至德元載太白寓居廬山，時長安陷賊，玄宗出亡，馬嵬坡下，貴妃死焉。「年年柳色，霸陵傷别」，「傷别」二字點題。下片緊承「傷别」意來，樂游原上之佳節，無奈美人殂逝，音塵永隔，復遥想西風殘月之夜，對漢帝陵闕，其如之何哉！邦國傾危，憂思無端，「亡國之音哀以思」，太白此調有之。

李白傳世墨迹《上陽臺》詩

# 温庭筠

飛卿傳見《舊唐書本傳》卷一百四十。略云：

能逐管吹之音，爲側艷之詞。公卿家無賴子弟相與蒲飲，酣醉終日，由是累年不第。徐商鎮襄陽，往依之，署爲巡官。懿宗咸通中，失意歸江東，路由廣陵，心怨令狐綯在位時不爲成名，既至，與新進少年狂遊狹邪，久不刺謁。醉而犯夜，爲虞侯所擊，破面折齒。方還揚州，訴之令狐綯，捕虞侯治之，極言庭筠狹邪醜跡，乃兩釋之。自是汙行聞於京師，庭筠自至長安，致書公卿間雪冤，屬徐商知政事，頗爲言之。入爲國子助教。無何，商罷，楊收怒之，貶爲方城尉，再貶隋縣尉，卒。

計有功《唐詩紀事》云：

令狐綯曾以舊事訪於庭筠，對曰：「事出南華，非僻書也。或冀相公燮理之暇，時宜覽古。」綯益怒，奏庭筠有才無行，卒不得第。庭筠有詩曰：「固知此恨人多積，悔讀南華第二篇。」按飛卿詩集有《李羽處士故里》七律，結句云：「終知此恨消難盡，辜負南華第一篇。」與此略異。

## 【詞評】

張皋文以爲：「飛卿之詞，深美閎約。」周止庵以爲：「飛卿下語鎮紙，端己揭響入雲，可謂極兩者（輕重、高下）之能事。」俱爲知言。周保緒又云：「毛嬙西施，天下美婦人也。嚴妝佳，淡妝亦佳，粗服亂頭，不掩國色。飛卿，嚴妝也；端己，淡妝也；後主則粗服亂頭矣。」是又置後主於温韋之上。（王靜安譏其顛倒黑白，是誤讀周書之過。）至其許飛卿「醖釀最深」「神理超越，不復可以跡象求矣」，亦有助於讀温詞。

## 菩薩蠻

小山重疊金明滅▲　鬢雲欲度香腮雪▲　嬾起畫蛾眉◎　弄妝梳洗遲◎　照花前後鏡▲　花面交相映▲　新貼繡羅襦◎　雙雙金鷓鴣◎

【校字】

《花間集》「貼」作「帖」，《花草粹編》「腮」作「顋」，《花庵詞選》「貼繡」作「著綺」。

【説詞】

此闋寫美人慵起梳妝，臨鏡畫眉之情狀。譚評《詞辨》云：「『嬾起畫蛾眉』起步」一語足爲度人金鍼。起二句寫美人高髻簪花，鬢鬢如雲之美。「小山重疊」是指髻鬟，「金明滅」是髻上釵鈿髮飾。次句則寫此美人雙鬢如雲，香腮勝雪，即下片「花面」之所本。三四兩句「嬾起」「弄妝」方是此詞「起步」，則知此處起句乃是逆入之筆，極寫此簪花盛服美人之花容，以收炫人耳目之效，是亦善發思端者。「小山」必喻髻鬟，李長吉《美人梳頭歌》云「春風爛熳惱嬌慵，十八鬟多無氣力」，足徵唐代仕女髻髮之高。宋人詩乃專以髻鬟喻遥山遠島矣，東坡《題李思訓畫長江絶島》詩云「峨峨兩煙鬟，曉鏡開新妝」，山谷《雨中登岳陽樓望君山》絶句有云「滿川風雨獨憑欄，綰結湘娥十二鬟」，辛稼軒《水龍吟》云「遥岑遠目，獻愁供恨，玉簪螺髻」，皆是以髻鬟喻山之證，飛卿此詞則以山喻髻鬟，其設譬一也。近時沈從文撰《中國古代服飾研究》，尚能知飛卿此句真意。（見沈書二三五頁，及後附沈書六三頁周昉《簪花仕女圖》）

詞學家皆以小山爲「屏山」、爲「眉山」，「金明滅」爲「初日生輝」、爲「額黄」，顛倒惑亂，不知成何等語矣。下闋承上梳洗妝成言之，「前後鏡」謂欲瞻顧後影，必用前後鏡也。華連圃《花間集注》云：「對鏡簪花，乃屬常事，惟欲瞻顧後影，故必用前後雙鏡也。」結句寫羅襦（上衣）上新繡之金鷓鴣，雙雙對啼，而興人不如鳥之歎。張惠言以爲有「離騷初服」之意，華連圃謂結句「言鷓鴣之雙雙，喻己身之不偶，則怨在其中矣」。俱是。全篇主旨在以美人之不偶，寓士之不遇。

**周昉《簪花仕女圖》**

周昉《簪花仕女圖》之“雲髻高聳，博鬢蓬鬆”，沈氏引飛卿“小山重疊”句證明女子髻上金銀小梳閃爍之狀。（沈書頁二八三）

## 其二

水精簾裏頗黎枕▲　暖香惹夢鴛鴦錦▲　江上柳如煙◎　雁飛殘月天◎　藕絲秋色淺▲　人勝參差翦▲　雙鬢隔香紅◎　玉釵頭上風◎

【校字】

《花庵》「頗黎」作「玻瓈」，「殘月」作「殘日」。

【説詞】

起二句寫閨中香暖，易惹春夢。三四忽又接以江上煙柳，雁飛殘月之境，殊覺不倫。諸家多以三四兩句爲夢境説之，張皋文曰「江上以下略敘夢境」，陳廷焯云「『江上柳如煙，雁飛殘月天』，飛卿佳句也。好在是夢中情況，便覺綿邈無際，若空寫兩句景物，意味便減」，是皆以此二句寫夢中情況，獨譚評《詞辨》云「（江上柳如煙）觸起」，意猶前首之以「嬾起畫娥眉」爲起步也。此闋則以「江上」二句爲起步，江柳如煙之殘月天，言天色將曙之際，忽聞塞雁孤飛，則雖水精簾中之暖香惹夢，恐夢亦難成矣。「江上」二句與「水精簾裏」之意境迥異，一者淒清，一者温馨，兩相對照，猶苦者自苦，樂者自樂之意。若謂暖香惹夢便得此清寒之境，亦殊不可能。下闋則寫春夢難成，遂乃攬衣徘徊，閨中人寂寞之情溢於言表。「藕絲秋色淺」喻其衣裙之色清淺如藕絲也。秋色言其雅素，非秋日景色，元稹《白衣裳》詩云「藕絲衫子柳花裙」可供印證。「人勝」謂人日剪金箔爲人勝插之鬢上，變言頭飾。結二句亦是寫其簪花之美，「香紅」指花，妝成之狀（參考前《簪花仕女圖》），而結句「玉釵頭上風」則是寫其不能成夢，遶室徘徊之狀。飛卿有《詠春幡》五律云：「代郡嘶金勒，梵聲悲鏡臺，玉釵風不定，香步獨徘徊。」可爲此闋結句注腳。張皋文以爲「『人勝參差』，『玉釵香隔』，言夢亦不得到」，未免曲爲之解矣。

### 其三

蘂黄無限當山額▲　宿粧隱笑紗窗隔▲　相見牡丹時◎　暫來還別離◎　翠釵金作股▲　釵上雙蝶舞▲　心事竟誰知◎　月明花滿枝◎

【校字】

《花間集》《花草粹編》《金奩集》「雙蝶」俱作「蝶雙」。

【説詞】

此篇主旨寫牡丹時之暫來還別，牡丹時之相會，是良辰美景之樂事，然暫來即別，樂事轉成悲悽之別；下闋則專從別離意態著筆，以見閨中人之寂寞無那矣。

蘂本作繠，象花繠之垂。俗作蕋、蕊或蘂。蘂黄即額黄，女妝以粉敷面，以雌黄點額，以胭脂染脣，以黛畫眉。楊慎《升庵詩話》有「黄眉墨妝」條，引飛卿此詞爲據，説者遂以蕊黄爲眉妝，殆非。李義山《蝶》詩有云：「壽陽公主嫁時妝，八字宮眉捧額黄」，知宮眉與額黄實是二事。飛卿《偶遊》詩亦云：「雲髻幾迷芳草蝶，額黄無限夕陽山。」亦以「夕陽山」喻額也。首句寫此美之芳容如此，次句狀其風姿之美。「宿妝」謂夜間弄妝，不作隔宿之妝解。梁劉緩《鏡賦》云：「訝宿妝之猶調，笑殘黄之不正。」何遜《嘲劉諮議孝綽》詩云：「雀釵横曉鬢，蛾眉艷宿妝。」「宿妝」蓋皆是晚妝。「隱笑」喻其矜重，何遜《擬輕薄篇》云：「相看獨隱笑，見人還斂色。」此句寫牡丹時暫來之會，無限温馨。下闋寫暫來還別之後，閨人低徊顧影，釵上雙蝶爲之顫動若飛舞然也。此與上闋結句「玉釵頭上風」作意全同，俱出於「玉釵風不定，香步獨徘徊」也。飛卿綺語，類多雕繢之詞，是亦欲以濃麗之形象眩惑人眼，而深沉之思，不致淺露耳。結句以花喻人，與後（寶函鈿雀）之「鸞鏡與花枝，此情誰得知」同調。飛卿《山中與諸道友夜坐聞邊防不寧用示同志》七律結句云「心許故人知此意，古來知者竟誰人」，詞中美人心事知之者少，但教此美坐對明月而已。而詩中飛卿用世之心事則若可知矣。蓋詩句藴積之深有不若此詞者也。

此首下片第二句之平仄本爲「仄仄平平仄」，此首作「釵上雙蝶舞」蝶字入聲用作平聲。宋人此類尤多，如張子野《踏莎行》「蜜意欲傳」之「欲」字作平用。東坡《如夢令》「寄語澡浴人」之「浴」

字、「簾外百舌兒」之「舌」字，俱作平用。此句《花間集》《花草粹編》俱改作「蝶雙舞」，是不知入聲作平用之故耳。

## 其四

杏花含露團香雪▲　緑楊陌上多離別▲　燈在月朧明◎　覺來聞曉鶯◎　玉鉤褰翠幙▲　妝淺舊眉薄▲　春夢正關情◎　鏡中蟬鬢輕◎

**【説詞】**

此首主旨在第七句「春夢正關情」，飛卿《更漏子》云「相見稀，相憶久，眉淺淡煙如柳。垂翠幙，結同心，待郎熏繡衾」，與此首意同，春夢關情，欲永結同心，奈何人間多別離，此願長賒爲憾耳。「妝淺眉薄」「鏡中鬢輕」者，俱爲此關情春夢也。

上闋亦以逆入寫起，第三句是起步。「燈在月朧明」是夢醒後所見，月朧明，謂月色朦朧。張九齡《荆溪夜泊》詩云「水煙疏碧月朧明」，元稹《嘉陵驛》詩云「野花撩亂月朧明」，或作「月籠明」。「覺來聞曉鶯」，謂此春夢之所以覺來，是聞曉鶯之故，非夢覺後乃聞曉鶯也。元稹《春曉》詩云：「半欲天明半未明，醉聞花氣睡聞鶯。」語意與此大近，金昌緒《春怨》云：「打起黄鶯兒，莫教枝上啼，啼時驚妾夢，不得到遼西。」馮延巳《蝶戀花》云：「濃睡覺來鶯亂語，驚殘好夢無尋處。」皆是以曉鶯驚夢爲辭，蓋唐人恒語也。黄山谷嘗以金昌緒《春怨》教其甥洪駒父學作詩之逆筆，足徵宋人於此類逆筆之法多習聞之也。飛卿此首則以「覺來聞鶯」爲起步順叙，起句「杏花含露」轉是逆起矣。起句用比喻，「杏花」喻此爲曉鶯驚夢之美人，「含露」言雪涕，「香雪」喻玉容，「團香雪」言涕淚被面。白樂天《長恨歌》云「玉容寂寞淚闌干，梨花一枝春帶雨」，與此句意同；彼以梨花帶雨喻飲泣，此以杏花團露寫雪涕，特飛卿詞較蘊藉，不得作景語讀之也。次句言「多離別」正是補叙雪涕之故，恨此聚少離多也。二句皆是夢覺後情意，下闋承上「含露」來，寫此美人傷心之狀，濃妝轉淺，舊眉轉薄，皆是妝殘之喻，非薄塗口脂，淡掃眉黛也。「褰翠幙」之「褰」字見《說文》，云：「袴也。」當是「搴」字之借。《詩・鄭風・褰裳》「子惠思我，褰裳涉溱」，謂搴拔其裳而涉溱水也。《九歌・湘君》「搴芙蓉兮木末」，王逸注「搴，手取也」，此處「褰翠幙」，與《更漏子》之「垂翠幙」相反，彼欲「垂翠幙」而尋夢以「結同心」，此則曉鶯驚夢醒，褰翠幕以臨妝，念聚少離多，傷心欲絶，不覺芳容憔悴，蟬鬢轉輕矣。飛卿《更漏子》云「城上月，白如雪，蟬鬢美人愁絶」，亦寫此夢覺後之美人愁苦之狀也。

## 其五

玉樓明月長相憶▲　柳絲裊娜春無力▲　門外草萋萋◎　送君聞馬嘶◎　畫羅金翡翠▲　香燭銷成淚▲　花落子規啼◎　緑窗殘夢迷◎

**【校字】**

彊村本《金奩集》「裊」作「嫋」。

**【說詞】**

此首起句總提玉樓明月之夕，易生相思之感，華連圃云：「玉樓明月，並助相思。張若虛詩『誰家今夜扁舟月，何處相思明月樓』，范仲淹《蘇幕遮》云『明月樓高休獨倚，酒入愁腸，化作相思淚』，皆其例。」按曹植《七哀》詩之「明月照高樓」，李白《雙燕離》「玉樓珠閣不獨棲」，作意與此近，皆以玉樓思婦爲言。次句是比，以柳絲之裊娜，喻美人纖腰瘦損，嬌慵無力也。張皋文以柳絲裊娜爲送君之時，與他首柳絲句傅會爲夢中情景，「以明相憶之久」，恐失飛卿作意。

## 其六

鳳凰相對盤金縷▲　牡丹一夜經微雨▲　明鏡照新妝◎　鬢輕雙臉長◎　畫樓相望久▲　闌外垂絲柳▲　音信不歸來◎　社前雙燕回◎

【説詞】

此首亦以起句總提全篇。玉樓傷別，盤金縷以繡鳳凰，鳳凰相對，以見己身之孤棲，不覺泣下矣。次句純是比法，牡丹喻紅妝，微雨喻飲泣，牡丹經雨即敗，一夜微雨，閨人之憔悴可知矣。元稹《鶯鶯詩》云「牡丹經雨泣殘陽」，點明「泣」字，蘊藉處有不如飛卿此詞者。湯顯祖評《花間集》云「眼前景，非會心人不知」，視此二句爲景語，未諦。謝朓《玉階怨》云「長夜縫羅衣，思君此何極」，飛卿此二句實自謝詩化出，然飛卿鋪陳金縷雙鳳於經雨牡丹之前，一實一虛，幻爲奇景，非細繹其脈絡未易知之。第三句承首句「盤金縷」製羅衣而來，臨鏡試此新貼繡羅襦，與前首「水精簾裏」結句相近，「雙臉長」喻其容顔憔悴，蓋終宵不寐，啼損花容也。飛卿《太子西池》二首之一云「鬢輕全作影，嚬淺未成眉」，亦言薄妝，此則言薄妝難掩啼損之玉容也。下闋寫閨人盼望之切，玉樓相望，奈此闌外垂柳，遮人望眼何？結謂音信寂然，但見春社前之雙燕歸來，而興人不如鳥之感，燕子以春社來，秋社去，故謂之社燕。朱存《烏衣巷》詩云：「舊時簾幕無從覓，只有年年社燕歸。」

## 其七

寶函鈿雀金鸂鶒▲　沉香閣上吴山碧▲　楊柳又如絲◎　驛橋春雨時◎　畫樓音信斷▲　芳草江南岸▲　鸞鏡與花枝◎　此情誰得知◎

【校字】

《花間》「閣上」作「關上」，《花草》《金奩》並同。

【説詞】

此首順寫閨人登閣眺望吴山，而興美人遲暮之感。「寶函」指妝匣；「鈿雀」「金鸂鶒」俱是釵飾。飛卿《隆冬自傷書懷一百韻》詩云「溟渚藏鸂鶒，幽屏卧鷓鴣」，鸂鶒、水鳥，毛有五色，所在溪中無毒氣。此以三物寫閨人晨起弄妝也。沉香閣喻其樓閣之華美，五代王仁裕《開元天寶遺事》云：「國忠又用沉香爲閣，檀香爲闌，以麝香乳香篩土和爲泥飾壁，每於春時木芍藥盛開之際，聚賓客於此閣上賞花焉。」飛卿此處借用其名耳。吴山，在浙江。「吴山碧」，謂春色已深。華連圃云：「此言閨中人早起梳掠，登沈香閣而望吴山，則山已碧矣，春已深矣。」三四句寫登閣所見，勾起昔日别時情景。枚乘《柳賦》云：「吁嗟弱柳，流如亂絲。」楊柳如絲，著一「又」字，最宜玩味。今日如此，昔日别時亦復如此，而一别經年，閨人孤寂不只一春矣。「驛橋春雨」寫眼前景以寓昔時折柳之别情也。下闋「音信斷」言盼望之深。「芳草江南」則是春意將歇，而興美人遲暮之感。「鸞鏡花枝」，花枝猶前首之「月明花滿枝」以喻閨人，蓋顧影自傷，無可告語者。飛卿《感舊陳情五十韻獻淮南李僕射》詩云「澀劍猶堪淬，餘朱或可研」，又云「有客將誰託，無媒竊自憐」，其抱志莫伸，自憐之情，與對鏡顧影之閨人殆無殊也。

鸞鏡事見劉宋劉敬叔《異苑》及《太平御覽》卷九百十六引范泰《鸞鳥詩序》，略云：罽賓王獲一鸞鳥，甚愛之，欲其鳴而不能致，夫人曰：「聞鳥見於類而後鳴，可懸鏡以映之。」王從其言，鸞睹形感契，慨然悲鳴，哀響沖霄，一奮而絕。

## 其八

夜來皓月纔當午▲　重簾悄悄無人語▲　深處麝煙長◎　臥時留薄妝◎　當年還自惜▲　往事那堪憶▲　花落月明殘◎　錦衾知曉寒◎

**【校字】**

《花間》、《花草》、彊村本《尊前集》「花落」俱作「花露」。

**【說詞】**

本首之旨全在「當年還自惜」一句。上闋「深處」「臥時」，亦是爲此句張本。起句云「皓月當午」，謂月在中天也。《隋書·律曆志》云：「月兆日光，當午更耀。」次句寫閨人寂寞如此，「重簾悄悄」喻自矜重也，《子夜吴歌》云：「重簾持自鄣」。「無人語」，無可語之人也。「深處」承「重簾」來。四句「留薄妝」言臥時猶自持矜重如此。下闋言「當年還自惜」，即承上句不肯去薄妝而來。下言當年之往事，那堪復憶。蓋嘆當年之自持，自今思之，豈不徒自苦邪。結句云：「花落月殘」，「曉寒」難耐，益見淒涼之況味。張皋文曰「此自卧至曉，所謂相憶夢難成也」是已。

## 更漏子

柳絲長○　春雨細▲　花外漏聲迢遞▲　驚塞雁▲　起城烏◎　畫屏金鷓鴣◎　香霧薄▲　透簾幙▲
惆悵謝家池閣▲　紅燭背▲　繡簾垂◎　夢長君不知◎

**【校字】**

彊村本《尊前集》「城烏」作「寒烏」，「簾幙」作「重幙」，「繡簾」作「繡幃」。

**【辨律】**

此調凡四十六字，上闋六句押兩仄兩平韻，第一句「柳絲長」及第四句「驚塞雁」不入韻，下闋亦六句押三仄兩平韻，第十句「紅燭背」不入韻。起爲三字對句。以作「仄平平，平仄仄」者爲正格，第三句爲七言仄起入仄韻句，第一三五字平仄皆可，惟第三字用仄，第五字必用平，避孤平也。第四五句亦爲對句，句法與起二句相反，第五句仄平平入平聲韻，第六句爲平起入平韻之五言句，作「仄平平仄平」者爲正格。

下闋句法與上片同，然下片起句換頭入仄韻，二句俱作「平平仄」，故可不對，飛卿三首皆不對矣。以下各句悉與上片同。韋莊此調句律依飛卿，惟換頭不入韻，宋人宗之。

**【說詞】**

《白雨齋詞話》卷一云：「飛卿詞全祖《離騷》，所以獨絕千古，《菩薩蠻》《更漏子》諸闋，已臻絕詣，後來無能爲繼。」又云：「飛卿《更漏子》三章，自是絶唱，而後人獨賞其末章「梧桐樹」數語。胡元任云：『庭筠工於造語，極爲奇麗，此詞尤佳。』即指『梧桐樹』數語也，不知『梧桐樹』數語用筆較快，而意味無上二章之厚，胡氏不知詞，故以奇麗目飛卿，且以此章爲飛卿之冠，淺視飛卿者也。後人從而和之，何耶？」（按：陳氏此評極是）又云：「飛卿《更漏子》首章云：『驚塞雁，起城烏，畫屏金鷓鴣』，此言苦者自苦，樂者自樂，次章云：『蘭露重，柳風斜，滿庭堆落花』，此又言盛者自盛，衰者自衰，亦即上章苦樂之意。顛倒言之，純是風人章法。特改換面目，人自不覺耳。」

按張皋文《詞選》：「『驚塞雁』三句言懽戚不同，興下『夢長君不知』也，與陳亦峰『苦者自苦，樂者自樂』之説同。」華連圃云：「此言漏聲迢遞，非但感人也，即征塞之雁，聞之則驚，宿城之烏，聞之則起，其不爲感動者，惟畫屏上之金鷓鴣耳。以真鳥與假鳥對比，襯出胸中難言之痛。」華説爲勝。「謝家池閣」喻女子所居，惆悵之者，以玉顏之不字，喻己之不遇也，「謝家」用謝奕才女道韞適羲之子凝之事，韋莊《歸國謡》云「日落謝家池館，柳絲金縷斷」，亦用其事。有以李德裕以華屋儲妾謝秋娘事説之者，失其義矣。白雨齋以爲此首及次首勝第三首，亦是知言。

### 其二

星斗稀○　鐘鼓歇▲　簾外曉鶯殘月▲　蘭露重▲　柳風斜◎　滿庭堆落花◎　虚閣上▲　倚闌望▲

還是去年惆悵▲　春欲暮▲　思無窮◎　舊歡如夢中◎

**【校字】**

《花間》《花庵》《花草》「還是」俱作「還似」。

【說詞】

「星斗」三句寫夢覺後天將破曉景象，耆卿「楊柳岸曉風殘月」從此化出，而幽迴不及矣。「露重」「風斜」三句，言不覺又是春殘物換之時，落花滿庭，唯此閨人靜觀乃能得之。下闋「虛閣」三句，承上片春暮之景而來，倚闌凝望者，上片之月落星沉，滿庭落花也。「還是去年惆悵」，惆悵不止一春矣。結三句，「春欲暮」點題，言春殘物換，幽思無窮，回首舊歡，恍如一夢。孫洙《河滿子》云「惆悵舊歡如夢，覺來無處追尋」，從此脱胎。

## 其三

玉爐香○　紅蠟淚◬　偏照畫堂秋思◬　眉翠薄▲　鬢雲殘◎　夜長衾枕寒◎　梧桐樹◬　三更雨◬

不道離情正苦◬　一葉葉▲　一聲聲◎　空階滴到明◎

【校字】

《花間》《花庵》「離愁」俱作「離情」。

【說詞】

《苕溪漁隱叢話》後集卷十七云：「温庭筠《湖陰曲》警句云『吴波不動楚山遠，花壓闌干春晝長』，庭筠工於造語，極爲綺艷，《花間》可見矣。《更漏子》一詞尤佳，其詞云『玉爐香……』」按：胡仔元任獨賞《更漏子》此首，陳亦峰以爲此首不如上兩首味厚，説已見前，不贅。

上片起三句寫秋思。畫堂本屬華堂，一落秋思，便生愁苦。眉薄鬢殘，則其夜來無寐，輾轉反側之狀可見，故曰「衾寒」，難耐此長夜也。下片言己爲離情所苦，夜聽雨打梧桐，到曉無寐也。万俟雅言《長相思》云「夢難成，恨難平，不道愁人不喜聽，空階滴到明」，聶勝瓊《鷓鴣天》云「枕前淚共階前雨，隔箇窗兒滴到明」，並從此出，多見便落俗矣。譚復堂以爲此首下片「似直下語，正從夜長逗出，亦書家無垂不縮之法」，殊可玩味。

## 韋莊

韋莊字端己，京兆杜陵人，玄宗宰相韋見素之後。僖宗廣明元年（八八〇），莊年四十五，應舉入長安。時值黄巢兵至，莊陷重圍，又爲病困。中和三年（八八三）三月，在洛陽，著《秦婦吟》一篇，内一聯云「内庫燒爲錦繡灰，天街踏盡公卿骨」，爾後公卿亦多垂訝，莊乃諱之。時人號「秦婦吟秀才」。夏承燾著《韋端己年譜》四十八歲條下云：「此詩近方發見於敦煌，《浣花集》及《全唐詩》《集外詩》皆不載，當由端己貴後諱之。其諱之之因，《北夢瑣言》謂由『内庫』『天街』二句，近日陳寅恪君作《讀秦婦吟》（《清華學報》十一卷四期）疑爲不然，其文略曰：據《舊唐書·高駢傳》載中和二年僖宗責駢之詔，亦引駢表中『園陵開毁，宗廟焚燒』之語，是當時朝廷詔書尚不以此爲諱，更何有於民間樂府所言之錦繡成灰，公卿暴骨乎？即以詩人之篇什論，杜子美《諸將》之『早時金碗出人間』，即高千里之『園陵開毁』；『洛陽宫殿化爲烽』，亦等於『宗廟焚燒』。豈子美可言於廣德、大歷之時，端己不得言於廣明、中和之世耶？端己平生心儀子美，至以「草堂」爲居，《浣花》名集，豈得謂不識此文？即此二句果有所甚意諱，則删去之或改易之可也，何至並其全篇而禁絶之？可知端己忌諱所在，有全關篇主要之結構，不僅繫於此二句也。……據《舊唐書·楊復光傳》，王重榮爲東面招討使，復光以兵會之。又據兩《唐書・王重榮傳》，復光與重榮合攻李祥於華州，及重榮軍華陰復光軍渭北，犄角敗賊。是從長安東出奔於洛陽者，如《秦婦吟》之秦婦，其路線自須經近楊軍防地。復依《舊唐書・僖宗紀》《新唐書・王重榮傳》及《通鑒》中和元年（九月）之紀事，復光屯軍武功，則從長安西出奔於成都者，如《金溪閑談》之李氏女，其路線亦須經近楊軍防地，而楊軍之八都大將之中，前蜀創業垂統之君，端己北面親事之主（王建）即是其一。其餘若晋暉、李師泰之徒，皆前日楊軍八都之舊將，後來王蜀開國之元勛也。當時復光屯軍武功，或會兵華渭之日，疑不能不有如秦婦避難之人，及李女委身之事。端己之詩，流行一世，本寫故國亂離之慘狀，適觸新朝宫閫之隱情。所以諱莫如深，志希免禍，以生平之傑構，古今之至文，而竟垂戒子孫，禁其傳布者，其故倘在斯歟！倘在斯歟！」

莊旋復南遊，攜家至越，弟妹散居各郡。時莊已年過五十矣。其遊蹤所至，自金陵、蘇州、揚州、浙西、湖北、湖南、江西、安徽，皆有題詠。至昭宗景福二年（八九三），始還京師。次年（乾寧元年，公元八九四），第進士，授職爲校書郎，年五十九。乾寧四年，兩川宣諭和協使李詢辟莊爲判官，奉使入蜀見王建，不久返京，除左補闕。奏請追賜李賀、賈島、皇甫松、李群玉、陸龜蒙、温庭筠、羅鄴、方干等進士及第，敕獎莊。昭宗天復元年（九〇一），莊再入蜀，王建辟爲掌書記，時年六十六歲。尋以起居舍人召，建表留之。二年，於浣花溪尋得杜工部草堂遺址。雖蕪没已久，而砥柱猶存。因命弟藹，芟夷結茅爲一室，遂定居焉。三年，藹爲編次歷年所作詩，題曰《浣花集》。宣宗天祐四年（九〇七），莊七十二歲，唐亡，王建稱帝。一切開國制度，多出莊手。拜左散騎常侍，判中書門下事。屢官至吏部侍郎，兼平章事。蜀高祖武成三年（九一〇）八月，卒於成都花林坊，謚文靖。

【詞評】

張玉田《詞源》卷下以爲小令難工，而讀韋莊詞，「末句最當留意，有有餘不盡之意始佳」。周保緒《介存齋論詞雜著》亦許端己詞「清艷絶倫，初日芙蓉春月柳，使人想見風度」。陳亦峰《白雨齋詞話》卷一以爲端己詞「似直而紆，似達而鬱，最爲詞中勝境」。《詞則》卷一則許其「深情苦調，意婉詞直，屈子《九章》之遺」。蓋其身丁喪亂，不免有惓惓故國之思，至夫《評雲韶集》則謂莊詞「淒艷入骨髓」，實亦王靜安骨秀説所本也。

## 菩薩蠻

紅樓别夜堪惆悵▲　香燈半掩流蘇帳▲　殘月出門時◎　美人和淚辭◎　琵琶金翠羽▲　絃上黄鶯語▲　勸我早歸家◎　緑窗人似花◎

【辨律】

見前李白《菩薩蠻》。

【説詞】

張皋文曰：「此詞蓋留蜀後寄意之作。」譚評《詞辨》云：「亦塡詞中《古詩十九首》，即以讀《十九首》心眼讀之。」按此詞猶陳思洛浦之賦《感甄》，淵明南窗之寄《閒情》。一欲「獻江南之明璫」，「托微波而通辭」；一則「願在衣而爲領」，「託行雲以送懷」。然其旨必歸之於檢逸詞而歸淡泊，抑流宕而助諷諫也。《白雨齋詞話》以爲閒情之作不易工：「蓋摹色繪聲，礙難著筆。第言妖冶，易近纖佻。兼寫幽貞，又病迂腐」。得其正聲者，必以根柢於風騷爲上。此首主題自是以殘月出門，和淚與美人相別爲言，如無興寄，便成賦體。一言寄意，便是「留蜀後思君之辭」（白雨齋語）。西方學人鮑杜因 Baudouin Charles《精神分析與美學》論自然之內心意象，與外延之象徵意義轉化之説；韋勒克 Wellek René 之《文學論》之以視覺性意象既可視作「描寫」亦可視作「隱喻」，俱有助於讀此類「閒情」之什。以艷情讀之，則其詞直；以比興之義説之，則「似直而迂，似達而鬱」矣。讀者宜細味之。下片「琵琶」二句即上片「和淚」之辭，爲作琵琶一曲，以訴別情也。

## 其二

人人盡説江南好▲　遊人只合江南老▲　春水碧於天◎　畫船聽雨眠◎　鑪邊人似月▲　皓腕凝霜雪▲　未老莫還鄉◎　還鄉須斷腸◎

**【校字】**

陳耀文《花草粹編》「霜雪」作「雙雪」，坊間選本亦多作「雙雪」，非。

**【説詞】**

張皋文曰：「此章述蜀人勸留之辭，即下章云『滿樓紅袖招』也，江南即指蜀中，中原沸亂，故曰『還鄉須斷腸』。」譚復堂云：「强顏作歡笑語，怕腸斷，腸亦斷矣。」所以斷腸者何？謂國亂無象也。《秦婦吟》所云：「含元殿上狐兔行，花萼樓前荊棘滿。」今時之亂，或有甚於黃巢者，不堪入目矣。上片次句「只合」二字沉痛，無奈之情盡見於此。「鑪邊」二句，兼用文君當鑪與阮嗣宗醉臥鄰家少婦側故事。

### 其三

如今却憶江南樂▲　當時年少春衫薄▲　騎馬倚斜橋◎　滿樓紅袖招◎　翠屏金屈曲▲　醉入花叢宿▲　此度見花枝◎　白頭誓不歸◎

【説詞】

宋楊湜《古今詞話》（《歷代詩餘》卷一百十三引）記王建强奪莊寵姬故事，莊追念悒怏，作《荷葉盃》云云。後世論莊詞者多從其説，如明蔣一葵《堯山堂外紀》且移録莊詞「絶代佳人難得」「一閉昭陽春又春」以實其説，並謂「姬聞之不食死」，遂爲後世好事者轉相傳播，幾成實録。近時華君連圃撰《花間集注》於注釋上首「人人盡説」即注云：「此章與下章皆端己初會寵姬時之情景也。」揆其致誤之故，蓋既爲楊湜謬説所誤，又誤解此江南爲中和三年端己避黄巢亂，攜家移居吴越時故事。時端己生計困頓，弟妹離散，何得輕戀此鑪邊似月之人？此首所邂逅之「花枝」，又豈是昔日鑪邊之人？復輕言白頭不歸，又豈人之情哉？楊湜記事多好奇，如記東坡見王介甫《桂枝香》「登臨送目」而有「野狐精」之譏。又記張子野逢謝媚卿於玉仙觀，遂有《謝池春慢》之作，並以冶遊爲尚。不知端己之事王建時已年近七十，奪姬之事恐難徵信。《新五代史·前蜀世家》云：「建雖起盜賊，而爲人多智詐，善待士」。歐陽永叔之識見，豈不如楊湜？而敢輕信奪姬之事邪？張皋文以爲此詞之作在端己相蜀之時，上云「未老莫還鄉」，猶冀老而還鄉也。譚復堂曰：「『如今却憶江南樂』是半面語；『此度見花枝，白頭誓不歸』，意不盡而語盡。『却憶』『此度』四字度人金針。」按譚説甚諦，「却憶江南樂」，即隱去當時忽然不自知樂也。「當時」指初入蜀時；「江南」指蜀地；「紅袖」喻蜀地君臣，意謂建君臣於端己初入蜀時，即曾招邀其留蜀，而端己不知此間之樂而拒之也。下片首二句翠屏曲處，醉眠花叢，喻二次入蜀，遂留而不歸矣。如讀「滿樓紅袖」，醉宿花叢爲冶遊之句，端己又何癡愚至此邪？結句云「此度」，意指二度入蜀。花枝，指王建。蓋其時朱温篡成，中原愈亂，歸唐之願難償，寧佐王建，「白頭誓不歸」矣。結句白字作平讀。

## 其四

洛陽城裏春光好▲　洛陽才子他鄉老▲　柳暗魏王堤◎　此時心轉迷◎　桃花春水渌▲　水上鴛鴦浴▲　凝恨對斜暉◎　憶君君不知◎

**【校字】**

《花庵》「渌」作「緑」，「斜暉」作「殘暉」。

**【説詞】**

張皋文曰：「此章致思唐之意。」譚復堂曰「項莊舞劍」，又曰「怨而不怒之義」。按皋文説是。復堂不知何故有此二語，怨而不怒自是指建，項莊舞劍意亦指建，則賢如復堂亦不免爲楊湜所惑矣。

此詞蓋作於唐亡以後（昭宗天祐元年八月朱温弑帝於椒殿，越二年，朱温稱帝），故末句有「憶君君不知」之語，然天人永隔，但能「凝恨對斜暉」而已。端己之恨是亡國之恨，自較飛卿之「斜暉脈脈」閨人之恨感人爲尤深矣。起句寫唐都洛陽春日佳景。端己杜陵人，以唐都喻己生地。朱温篡唐，以汴州爲東都，洛陽爲西都，開平三年遷都洛陽，端己歸國無望，故次句云「洛陽才子他鄉老」，無限傷心。魏王堤在洛陽洛水之濱，言「柳暗」則春已深矣。「心轉迷」，謂當時不自知洛陽春光之美也。與義山《錦瑟》詩起句意同。

下片「桃花春水渌」,渌爲水清貌。張平子《東京賦》云:「於東則洪池清蘌,渌水澹澹。」江淹《別賦》云:「春草碧色,春水渌波,送君南浦,傷如之何。」「渌」皆訓水清,別本作「緑」者誤。「鴛鴦浴」喻君臣相得之情如此。結句「憶君君不知」,張皋文以爲是致思唐之思者以此。

## 馮延巳

馮延巳(九〇四—九六〇),一名延嗣,字正中。(夏承燾《馮正中年譜》引焦竑《筆乘》:釋氏六時,「可中時,巳也。正中時,午也」,因謂「延己」之「己」,當讀爲「辰巳」之「巳」。)廣陵人。有辭學,多伎藝。《釣磯立談》記其人學問淵博,文章穎發,辯説縱横,使人忘寢食。烈祖李昪以爲秘書郎,使與元宗(李璟)遊處。累遷駕部郎中,元帥府掌書記。保大四年(九四六),自中書侍郎拜平章事,出鎮撫州。及再入相,元宗悉以庶政委之。罷爲宫傅,卒,年五十七。著樂章百餘闋,其《鶴沖天》詞云「曉月墜,宿雲披,銀燭錦屏幃。建章鐘動玉繩低,宫漏出花遲」,又《歸國謠》詞云「江水碧,江上何人吹玉笛?扁舟遠送瀟湘客,蘆花千里霜月白。傷行色,明朝便是關山隔」,見稱於世。陳世修序其《陽春集》云:「公以金陵盛時,内外無事,朋僚親舊,或當燕集,多運藻思爲樂府新詞,俾歌者倚絲竹而歌之,所以娱賓而遣興也。日月寖久,録而成編。觀其思深辭麗,均律調新,真清奇飄逸之才也。」又云:「公薨之後,吴王(李煜)納士,舊帙散失,十無一二。今采獲所存,勒成一帙,藏之於家云。」世修爲延巳外孫,嘉祐戊戌(一〇五八)輯成此集。清末王鵬運始從彭文勤(元瑞)傳鈔《汲古閣未刻詞》中録出,刊入《四印齋所刻詞》中。其中亦有別見五代、北宋其他詞家集中者,尤以《鵲踏枝》「誰道閒情」「幾日行雲」「庭院深深」「六曲闌干」諸闋,爲最傑出之作,而世傳出歐陽修手。陳振孫云:「《陽春録》一卷,南唐馮延巳撰,高郵崔公度伯易題其後,稱其家所藏最爲詳確，而《尊前》《花間》諸集，往往謬其姓氏，近傳歐陽永叔詞，亦多有之，皆失其真也。」（《直齋書録解題》卷二十一）據此則馮集混入他家之作，由來久矣。

後世論正中其人，多目之爲姦佞。馬令《南唐書》記其「與宋齊丘更相推唱，……復與其弟延魯結交魏岑、陳覺、查文徽，侵損朝政，時人號爲五鬼」。馬書《黨與傳》亦載延巳兄弟黨附宋齊丘而與孫晟、常夢錫、韓熙載、江文蔚爲敵對。五鬼之目出於史某所撰之《釣磯立談》，史某爲韓熙載故人史虛白之次子。虛白見厄於齊丘，隱處以卒。（龍袞《江南野史》有《虛白傳》記其事。）則《立談》斥延巳爲賊臣，爲憸人小夫，目其黨爲五鬼，蓋亦無足徵信。況宋代洛蜀黨爭至劇，孔文仲亦以「市井目爲五鬼之魁」劾程伊川，五鬼之目，亦醜詆之詞耳。

夏承燾嘗爲之辯正云：

> 宋人野記之述南唐事者，《釣磯立談》外，有龍袞《江南野史》、陳彭年《江南別録》、鄭文寶《江表志》、闕名《江南餘載》、闕名《五國故事》及路振《九國志》六種，而除《釣磯立談》外，無有苛論正中者。鄭文寶南唐舊臣，其《江表志》自序謂徐鉉、湯悦之《江南録》事多遺落，筆削不無高下，因以耳目所及，補其遺漏，其書之詳慎可知。嘗謂《江南録》不罪宋齊丘爲失直筆，其於兩黨無偏阿又可知。今書中於齊丘、陳覺、李徵古等皆無恕辭，獨無一語及正中。記伐閩之役，亦惟歸罪延魯、陳覺，不連正中，與《立談》大異，此其一。闕名之《江南餘載》，即以鄭文寶《江表志》爲稿本。記正中有云：「馮延巳自元帥府掌書記爲中書侍郎，登相位。時論少之，延魯之敗，御史中丞江文蔚上疏請黜延巳。上曰：相從二十年，獨此人在中書，亦何足怪。雲龍風虎，自古有之。且厚於舊人，則於斯人亦不薄矣。」止謂正中以舊恩致顯，此其二。陳彭年十餘歲即與後主子仲宣遊處，於南唐時事，見聞必真。其《江南別録》謂「延魯急

於趨進，欲以功名圖重位，乃興建州之役。延巳曰：士以文行飾身，忠信事上，何用行險以邀禄？延魯曰：兄自能如此，弟不能悟悟待循資宰相也。」陸書《傳》謂正中晚年厲爲平恕，馬書《傳》稱其救蕭儼爲「裴冕損怨，無以復加」。即江文蔚搏擊之疏，亦止云「善柔其色，才業無聞」，此其三。合此以推，正中之爲人約略可知。其餘朋黨攻伐之辭，則應存疑。《五國故事》及《九國志》無正中事。今傳殘本《江南野史》卷五《孫忌傳》云「延巳狠愎，不識大體」，《野史》甚袒孫忌，故黜正中云云。

論夏氏所舉三事，則知馮煦稱延巳負才略，欲有以匡濟之，爲知人之論矣。

【詞評】

劉熙載云：「馮延巳詞，晏同叔得其俊，歐陽永叔得其深。」（《藝概》卷四）馮煦云：「詞雖導源李唐，然太白、樂天興到之作，非其顓詣。逮於季葉，兹事始暢。温韋崛興，專精令體。南唐起於江左，祖尚聲律，二主倡於上。翁（延巳）和於下，遂爲詞家淵藪。翁俯仰身世，所懷萬端，繆悠其辭，若顯若晦，揆之六義，比興爲多。若《三臺令》《歸國謡》《蝶戀花》諸作，其旨隱，其詞微，類勞人、思婦、羈臣、屏子鬱伊愴怳之所爲，翁何致而然耶？周師南侵，國勢岌岌。中主既昧本圖，汶闇不自强，强鄰又鷹瞵而鶚睨之，而務高拱，溺浮采，芒乎芴乎，不知其將及也。翁負其才略，不能有所匡救，危苦煩亂之中，鬱不自達者，一於詞發之。其憂生念亂，意内而言外，跡之唐、五季之交，韓致堯之於詩，翁之於詞，其義一也。世亶以靡曼目之，誣已。」（四印齋刻《陽春集序》）又云：「吾家正中翁，鼓吹南唐，上翼二主，下啓歐、晏，實正變之樞紐，短長之流别。」（成肇麐《唐五代詞選序》）

## 蝶戀花　又名鵲踏枝、鳳棲梧

六曲闌干偎碧樹▲　楊柳風輕　展盡黃金縷▲　誰把鈿箏移玉柱▲　穿簾燕子雙飛去▲　滿眼游絲兼落絮▲　紅杏開時　一霎清明雨▲　濃睡覺來鶯亂語▲　驚殘好夢無尋處▲

**【校字】**

《花庵》題「清明」，「誰把」作「誰抱」，「燕子」作「海燕」。四印齋本《陽春集》「燕子雙」作「海燕驚」，「鶯亂」作「慵不」。

**【辨律】**

此調共六十字，上下片各押四仄聲韻，實爲仄韻七言詩兩首合成。第二句平仄本爲「平平仄仄平平仄」之平起入仄韻之句，加兩仄聲於首以成。「仄仄平平」之四言逗，下接「仄仄平平仄」五字以成九字句，與《醉花陰》末句同。第三句與第一句全同。第四句爲平起仄叶之七言句。

**【説詞】**

正中《陽春集》首載《鵲踏枝》十四首，此首列第十四，「誰道」列第二，「幾日」列第十一，「庭院」列第十二。調名下均注「别作歐陽修」五字。陳振孫《書録解題》云：「《陽春録》一卷，崔公度《跋》稱其家所藏最爲詳確，《尊前》《花間》往往謬其姓氏，亦有誤入歐詞者」。正中詞之混入歐詞，或是歐公景仰前人佳作，鈔録以便吟詠，遂與已作相混，後人遂並以爲歐公之作，亦未可知。張皋文選録「六曲」「誰道」「幾日」三首，獨「庭院深深」，以李易安歸之歐公，並用其語作《庭院深深》數首，遂亦以爲歐公之作。説云：

「庭院深深」，閨中既以邃遠也；「樓高不見」，哲王又不寤也；「章臺遊冶」，小人之徑；「雨横風狂」，政令暴急也；「亂紅飛去」，斥逐者非一人而已，殆爲韓范作乎？此詞亦見馮延巳集中，李易安詞序云：「歐陽公作《蝶戀花》有『庭院深深深幾許』之句，余酷愛之，用其語作庭深深數闋，其聲即舊《臨江仙》也。」易安去歐公未遠，其言必非無據。

周濟《宋四家詞選》則並「莫道」「幾日」亦以爲歐公之作。譚復堂亦於調名下注曰：「非歐公不能爲，或曰『馮敢爲大言如是』，讀者審之」。然對此詞之技巧，復堂則大爲稱賞「金碧山水，一片空濛，此正周氏所謂有寄託入，無寄託出也」，蓋深許其寄興之超妙也。皋文既歸此三闋於延巳，復評之云：「三詞忠愛纏綿，宛然《騷辨》之義，延巳爲人，專蔽嫉妒，又敢爲大言，此詞蓋排間異己者，其君之所以信而弗疑也」，同一詞作，於歐公則爲纏綿忠篤，於延巳則爲大言欺君，恐失知人論世之旨。近代西方現象學派不重視研究作者之身世際遇，而只注重作品中所體現之作者意識。（見張隆溪《神・上帝・作者》）雖非不刊之論，要足以針砭皋文止庵之弊。雖然，張周諸人實誤信《釣磯立談》、馬書、陸書所記，而未嘗深考，亦有以致之。近世詞學家唯陳亦峰信此四闋爲延巳作：

正中《蝶戀花》四闋情詞悱惻，可群可怨。《詞選》云：「三詞忠愛纏綿，宛然騷辨之義……」數語確當。正中《蝶戀花》首章云：「濃睡覺來鶯亂語，驚殘好夢無尋處。」憂讒畏譏，思深意苦。次章云：「誰道閒情拋棄久，每到春來，惆悵還依舊。日日花前常病酒，不辭鏡裏朱顔瘦。」始終不渝其志，亦可謂自信而不疑，果毅而有守矣。三章云：「淚眼倚樓頻獨語，雙燕來時，陌上相逢否。」忠厚惻怛，藹然動人。四章云：「淚眼問花花不語，亂紅飛過秋千去。」詞意殊怨，然怨之深，亦厚之至。蓋三章猶望其離而復合，四章則絶望矣。作詞解如此用筆，一切叫囂纖冶之失，自無從犯其筆端。（見《白雨齋詞話》卷一）

又云：

馮正中《蝶戀花》四章，忠愛纏綿，已臻絶頂，然其人亦殊無足取，尚可疑於史梅溪耶？詩詞不

盡能定人品，信矣。（卷五）

陳氏雖未細考馮氏之爲人，然其評此首之「驚殘好夢」爲憂讒畏譏，思深意苦；論次章之「花前常病酒」「不辭朱顏瘦」，爲始終不渝，自信有守；論三章之「淚眼倚樓」「陌上相逢」，爲忠厚惻怛，藹然動人；論四章之「淚眼問花」之怨深意厚，俱不失作者之恉。

此闋首二句爲一解，「闌干偎碧樹」，著一「偎」字，便非尋常寫景。「楊柳風輕」「盡展金縷」，喻其得時輕狂之狀如此。「箏移玉柱」，悔其初心而改絃更張。「燕子雙飛」，指有所離斥者，與第三章之「雙燕來時，陌上相逢否」，若相呼應，意有所指。下片「滿眼游絲」句是上片「展盡金縷」「燕子飛去」後有所感。「一霎清明雨」，眼前春殘物換之景。結句「鶯語驚夢」，抑何可惱邪！

## 其二

莫道閒情抛棄久▲　每到春來惆悵還依舊▲　日日花前常病酒▲　不辭鏡裏朱顏瘦▲　河畔青蕪堤上柳▲　爲問新愁　何事年年有▲　獨立小橋風滿袖▲　平林新月人歸後▲

【校字】

四印齋本《陽春集》「莫道」作「誰道」，「抛棄」作「抛擲」，「日日」作「舊日」，「不辭」作「敢辭」，「小橋」作「小樓」。

【説詞】

「閒愁」是此首之根，「春來惆悵」者以此；「花前病酒」者以此；「朱顏瘦」者亦以此也。此

「閒情」究何所指？果爲閒情乎？不容道破矣。下片寫「青蕪堤柳」，以興「新愁」之逢春而生，此「新愁」又豈非上片「惆悵依舊」之「閒情」乎？結句謂平林新月初生之夕，來歸斯宇，獨立小橋，袖拂清風，直欲作此山林主人，復何惆悵之有哉！復堂以爲此闋叙事，恐未然。

## 其三

幾日行雲何處去▲ 忘却歸來 不道春將暮▲ 百草千花寒食路▲ 香車繫在誰家樹▲ 淚眼倚樓頻獨語▲ 雙燕來時 陌上相逢否▲ 撩亂春愁如柳絮▲ 依依夢裏無尋處▲

**【説詞】**

譚復堂云：「行雲、百草、千花、香車、雙燕，必有所託」，而不敢斥言其所託；白雨齋亦但以忠厚惻怛譬之，蓋亦怯言其志也。竊謂起句之「行雲」與四句之問「香車何繫」，實指一事。「行雲」喻其來去無定，次句言忘却歸來，是責其空負此大好春色也。三句「百草千花」言春意將闌，四句問此忘却歸來之「行雲」究將繫馬於誰家，哀怨之情，於是乎生矣。下片倚樓獨語，極寫盼望之切；「雙燕來時」句，欲問此歸來雙燕亦曾於陌上與「行雲」相遇否，用語癡絶。結句謂「春愁」如許，恐夢中亦難尋覓之矣。「行雲」所指爲何，亦不容道破者矣。

## 其四

庭院深深深幾許▲ 楊柳堆煙 簾幙無重數▲ 玉勒雕鞍游冶處▲ 樓高不見章臺路▲ 雨

横風狂三月暮▲　門掩黄昏　無計留春住▲　淚眼問花花不語▲　亂紅飛過秋千去▲

**【校字】**

《花庵》題「春晚」，《草堂詩餘前集》「玉勒」作「金勒」，《花草粹編》同。四印齋本《陽春集》本首列《鵲踏枝》第十二，「無重數」之「重」字下注：別作「量」，「飛過」作「飛入」。

**【説詞】**

黄蓼園云：「因楊柳煙多若簾幕之重重者，庭院之深以此，下句章臺不見亦以此。總以見柳絮之迷人，加之雨横風狂，即擬閉門而春已去矣，不見亂紅之盡飛乎？語意如此，通首詆斥，看來必有所指。第詞旨濃麗，即不明所指，自是一首好詞。」

按蓼園説「楊柳堆煙若簾幙之重重者，所以見庭院深深」，甚諦。張皋文以「樓高不見」爲「哲王不寤」，已嫌深曲，忽又以「章臺游冶」爲小人之徑，不覺與上文閨中邃遠之意相牾矣。此闋通篇以章臺爲主題，上片寫章臺柳陰濃，深掩庭院，並章臺路亦不可復見矣，蓋春已深矣。下闋寫雨横風狂，春色亦將蕩然不存，閉門雖可深避風雨，而門外春色終不可留，但目送飛花飄零而已。全首悉從惜春著墨，上闋從遠望章臺寫來，覺「庭院深深」，有不可企及意，遂有皋文閨中邃遠之説。下片從庭院内春色逝去，寫院中人雖欲閉門，亦無計留春矣。此首比興之意甚顯，謂爲通首詆斥，似未盡然。原夫比興之義，昉於風騷，後世詩人莫不深於斯義。故「浮雲蔽日」，譬讒邪之害公；「蕪穢不治」「南山」以比朝綱。「趙李經過」，嗟末俗之輕薄；「北里奇舞」，鄙時流之荒淫。（見阮籍《詠懷》詩）劉夢得朗州之謫，則有「紫陌紅塵」之句，以譏豪强之喧囂。（劉夢得《元和十年自朗州承召至京戲贈看花諸君子》詩：「紫陌紅塵拂面來，無人不道看花回。玄都觀裏桃千樹，盡是劉郎去後栽。」又《再游玄都觀絶句並引》：「旋又出牧，今十有四年，復爲主客郎中，重游玄都觀，蕩然無復一樹，唯兔葵燕麥，動摇於春風耳。」詩云：「百畝庭中半是苔，桃花淨盡菜花開。種桃道士歸何處，前度劉郎今又來」，寓意甚顯。）李衛公貶死崖州，李義山吟「鸞鏡美人」之篇，以寄親舊零落之痛。（義山詩云：「絳紗弟子音塵絶，鸞鏡佳人舊會稀。今日置身歌舞地，木棉花暖鷓鴣飛。」按史載李德裕後房無聲色之娱，「絳紗子弟」「鸞鏡佳人」並義山泛言「舊會」，以見親故之零落耳。）

是皆以美人香草爲言，而不得以「憐風月、狎池苑」之作視之也。何以知之？歐公《玉樓春》詞有云：「人生自是有情癡，此恨不關風與月。」唐宋詞人多言「閒愁」「春恨」「幽恨」，歐公自言此恨不關風月，爲己多情，故多恨耳。此情者其爲夫婦之情？友朋之情？君臣之情？抑爲一己得失之情？家國破亡之情？天下百姓饑溺之情？學者好學深思，必能得之矣。然不解此義者不能知中國詩詞，更不能讀正中、同叔、永叔諸家詞也。

## 南唐中主李璟

李璟，字伯玉，初名景通，烈祖元子也；美容止，器宇高邁，性寬仁，有文學。甫十歲，吟《新竹》詩云「棲鳳枝梢猶軟弱，化龍形狀已依稀」，人皆奇之。烈祖受禪，封吴王。累遷太尉、中書令、諸道元帥、録尚書事，改封齊王。嗣位，改元保大，時年廿八。保大十四年周世宗親征南唐，璟遣孫晟使周，削去帝號，奉表請爲外臣。保大十五年二月及十一月兩征南唐，四州降陷。明年正月，改元中興，尋復改元交泰。周世宗兵次揚州，璟遣陳覺奉表貢方物，盡獻江北地之未陷者。周賜書許奉周正朔，五月復令去帝號稱國主，復以避周太祖郭威之高祖名諱，去交泰年號，稱顯德五年，時年四十三。中主在位十九年，以宋建隆二年（九六一）六月，殂於南都（南昌），年四十六，廟號元宗。徐鉉曰：「嗣主工筆札，善騎射，賓禮大臣，敦睦九族。每聞臣民不獲其所者，輒咨嗟傷憫，形於顔色，隨加救療。居處服御，節儉得中。初立，有經營四方之志。邪臣阿諂，職爲厲階。晚歲悔之，已不及矣。少有至性，仍懷高世之量。始出閤，即命於廬山瀑布前構書齋，爲他日終焉之計。及迫於紹襲，遂捨爲開元精舍。」（《嗣主書注》）璟詞傳世者只四闋。陳振孫《直齋書録解題》卷二十一：「南唐二主詞一卷，中主李璟、後主李煜撰。卷首四闋，《應天長》《望遠行》各一，《浣溪沙》二，中主所作，重光嘗書之。題云『先皇御製歌詞』，余嘗見之，於麥光紙上作撥鐙書，有晁景迂題字。今不知何在矣？餘詞皆重光作。」

## 攤破浣溪沙

菡萏香銷翠葉殘◎　西風愁起緑波間◎　還與韶光共憔悴　不堪看◎　細雨夢回雞塞遠

小樓吹徹玉笙寒◎　多少淚珠何限恨　倚闌干◎

**【校字】**

王國維輯《南唐二主詞》，調名「浣溪沙」，注：「二首」。又校勘記云：「韶光」，《宣和書畫譜》作「容光」，「雞塞遠」作「清漏永」，「多少淚珠」句作「簌簌淚珠多少恨」。

**【辨律】**

此調四十八字，爲《浣溪沙》之變體，不得逕謂之《浣溪沙》也，萬樹《詞律》云：「此調本以《浣溪沙》原調結句破七字爲十字，故名《攤破浣溪沙》，後又名《山花子》耳。後人因中主此詞「細雨」「小樓」二句膾炙千古，竟名爲《南唐浣溪沙》，然則唐詩沿至宋人改新調而仍舊名者甚多，如《喜遷鶯》《長相思》之類，皆添字成調，豈可名『北宋喜遷鶯』，『北宋長相思』邪？」按《浣溪沙》本爲七言詩六句，上下闋各三句，上片三平聲韻，下片兩平聲韻。起句仄起平韻，次句平起平叶，三句平仄與第二句全同。此調則破第三句七言爲七三兩句，其平仄爲：「仄仄平平平仄仄，仄平平」。下片換頭不入韻，即上片起句改作仄起不入韻之七言句。應注意此首第三句作「還與韶光共憔悴」，末三字作仄平仄，是拗句，下片第三句「多少淚珠何限恨」是正格，不可忽，此首如不攤破則第三句可作「韶光憔悴不堪看」，破爲兩句，句意多一層迴曲。

【説詞】

近世吴梅先生評此詞云：「中主諸作自以《山花子》二首爲最，蓋賜樂部王感化者也，此詞之佳，在於沈鬱。夫『菡萏銷翠』『愁起西風』，與『韶光』無涉也，而在傷心人見之，則夏景繁盛，亦易摧殘，與春光同此憔悴耳。故一則曰『不堪看』，一則曰『何限恨』，其頓挫空靈處，全在情景融洽，不事雕琢，淒然欲絶。至『細雨』『小樓』二語爲『西風愁起』之點染語，鍊詞雖工，非一篇中之至勝處，而世人競賞此二語，亦可謂不善讀者矣。」（《詞學通論》）

吴梅先生所云「樂部王感化」者，馬令《南唐書》卷二十五《談諧傳》有載，《南唐近事》作「樂工楊飛花」。馬書云：「王感化善謳歌，聲韻悠揚，清振林木，繫樂部爲『歌板色』。元宗嗣位，宴樂擊鞠不輟。嘗乘醉命感化奏水調詞。感化唯歌『南朝天子愛風流』一句，如是者數四。元宗輒悟，覆杯歎曰：『使孫、陳二主得此一句，不當有銜璧之辱也！』感化由是有寵。元宗嘗作《浣溪沙》二闋，手寫賜感化。後主即位，感化以其詞札上之。後主感動，賞賜感化甚優。」

王國維云：「南唐中主詞『菡萏香銷翠葉殘，西風愁起緑波間』，大有『衆芳蕪穢，美人遲暮』之感。乃古今獨賞其『細雨夢回雞塞遠，小樓吹徹玉笙寒』，故知解人正不易得。」（《人間詞話》卷上）

「細雨」一聯自是中主佳句，宋人流傳往往誤作後主製，《雪浪齋日記》云：「荆公問山谷：『作小詞，曾看李後主詞否？』云：『曾看。』荆公云：『何處最好？』山谷以『一江春水向東流』爲對。荆公云：『未若「細雨夢回雞塞遠，小樓吹徹玉笙寒」最好。』」（《苕溪漁隱叢話》前集卷五十九引）晚清詞學家對此詞稱揚備至，毋怪乎王荆公置諸「一江春水向東流」之上，蓋其蘊藉勝之也。録諸家評語如次：

王闓運云：「選聲配色，恰是詞語。」

陳廷焯云：「『還與韶光共憔悴，不堪看。』沈之至，鬱之至，淒然欲絶，後主雖善言情，卒不能出其右也。」

黄蓼園云：「『細雨』二句意興清幽，結『倚闌干』三字亦有説不盡之意。」

按此首起句奇警，陳廷焯、吴梅俱評爲「沈鬱」，誠是。王静安以爲二句大有衆芳蕪穢、美人遲暮之感。下片「雞塞」即雞鹿塞，在今内蒙古磴口縣西北，《後漢書・和帝紀》載「永元元年，車騎將軍竇憲出雞鹿塞」，中主此詞蓋借雞塞以喻戍邊之勞苦。蓋其時長江以北之地已爲周有，借雞塞以爲言，猶白石《悽涼犯》之「邊城一片離索」，《翠樓吟》之「月冷龍沙，塵清虎落」，「邊城」「龍沙」「虎落」皆借言，非真極北塞外也。細雨夢回之夕，閨人遥思戍邊征人之苦，唯起而吹笙寄意。然笙聲寒徹，此閨人之愁苦不尤甚於遠戍雞塞之征人乎！結句寫閨人盼望之切，「多少淚珠」云云，是濡染之筆。

## 其二　春恨

手捲真珠上玉鉤◎　依前春恨鎖重樓◎　風裏落花誰是主　思悠悠◎　青鳥不傳雲外信
丁香空結雨中愁◎　回首淥波三楚暮　接天流◎

【校字】

《花庵》「真珠」作「珠簾」，「淥波」作「緑波」。

【説詞】

黄蓼園云："手捲珠簾似可曠日舒懷矣，誰知依然鎖恨重樓，所以恨者何也？見落花無主，不覺心共悠悠矣。且遠信不來，幽愁空結，第見三峽波接天流，此恨何能自已乎？清和宛轉，詞旨秀穎，然以帝王爲之，則非治世之音矣。"

按蓼園解此詞之大旨不謬，手捲珠簾意欲有所眺望，不知所見者竟是春殘物換，落花無主之景。"真珠"或作"珠簾"，《草堂詩餘》注引李白詩云"真珠高捲對簾鉤"，可知真珠即珠簾矣。下片青鳥喻遠信，用漢武帝祭西王母故事，感得王母下賜仙桃，先有青鳥一雙銜書報帝，故云雲外信也。"丁香結"謂丁香含苞未放，以喻愁心不展，李義山《代贈》詩云"芭蕉不展丁香結，同向春風各自愁"，蓋此詞所本。"三楚"，《花庵》《草堂》俱作"三峽"，馬令《南唐書》作"春色"，《彊村叢書》本《尊前集》作"三楚"，意較勝。三楚謂南楚、東楚、西楚，見《漢書·高帝紀》孟康注。黄滔《秋色賦》云："空三楚之暮天，樓中歷歷；滿六朝之故地，草際悠悠。"黄《賦》三楚暮天是秋景，此詞之"緑波三楚暮"則是春暮爲不同耳。"依前春恨"可玩。落花無主，丁香空結，一寫其徬徨之狀，一寫其無奈之情。

## 南唐後主李煜

李煜，字重光，元宗第六子，初名從嘉，號鍾隱，又號鍾山隱士、鍾峰隱居、蓮峰居士。文獻太子李弘冀於顯德六年己未（九五九）八月酖殺元宗弟景遂，九月弘冀卒，重光以尚書令知政事，居東宫。翌年宋篡周，爲建隆元年（九六〇），二年辛酉二月立後主爲太子，遷都洪州。元宗南巡，太子留金陵監國。建隆二年（九六一）七月廿九日嗣位，年二十五，更名煜。在位十五年，開寶八年（九七五），宋將曹彬攻破金陵，煜出降。明年，至京師，封違命侯。太平興國三年（九七八）七月七夕崩殂，年四十二。

煜嗣位初，專以愛民爲急，蠲賦息役，以裕民力。尊事中原，不憚卑屈。境内賴以少安者，十有五年。殂問至江南，父老有巷哭者。煜酷好浮屠，崇塔廟，度僧尼不可勝算。罷朝，輒造佛屋，易服膜拜，頗廢政事。故雖仁愛足感遺民，而卒不能保社稷云。先是保大十二年甲寅，元宗聘周宗女爲吴王（煜）妃，時煜十八歲，妃十九歲。周氏善歌舞，尤工琵琶。……后得殘譜，以琵琶奏之。於是開元、天寶遺音，復傳於世。煜以后好音律，因亦耽嗜。馬書《女憲傳》：「後主獨得其譜，樂工曹生亦善琵琶，按譜粗得其聲而未盡善也，后輒變易訛謬，頗去洼淫，繁手新聲，清越可聽。中書舍人徐鉉聞《霓裳羽衣》曰：『法曲終慢，而此聲太急，何也？』曹生曰：『其本實慢，而宫中有人易之，然非吉徵也。』歲餘周后子母繼死。」按翌年乾德二年（九六四）甲子十月二日次子仲宣卒，十一月二日大周后卒，廿九歲。後主哀苦骨立，杖而後起，作書與訣，自稱鰥夫煜。開寶元年戊辰（九六八）十一月，立小周后，馬書又記：「后自昭惠殂，常在宫中，後主樂府詞有『衩襪下香階，手提金縷鞋』（按：見《菩薩蠻》）之類多傳於外，至納后乃成禮而已。翌日大讌群臣，韓熙載以下皆爲詩以諷焉。後主不之譴。」爾後後主好豪侈，耽聲色。

煜詞傳世者，有明萬曆庚申（一六二〇）虞山吕遠墨華齋刊《南唐二主詞》本，存後主詞三十三首，中多殘缺，亦有他人之作混入其中，蓋皆後人輯録而成者。清康熙二十八年侯文燦刻《十名家詞集》本二主詞，與吕刻本出一源，惟無末《搗練子》「雲鬟亂」一首。

**【詞評】**

納蘭性德曰：「花間之詞，如古玉器，貴重而不適用。宋詞適用而少質重。李後主兼有其美，兼饒煙水迷離之致。」（《淥水亭雜識》）周濟曰：「李後主詞，如生馬駒，不受控捉。」又曰：「王嬙、西施，天下美婦人也。嚴妝佳，淡妝亦佳，粗服亂頭，不掩國色。飛卿，嚴妝也；端己，淡妝也；後主則粗服亂頭矣。」（《介存齋論詞雜著》）王鵬運曰：「蓮峰居士詞，超逸絶倫，虚靈在骨。芝蘭空谷，未足比其芳華；笙鶴瑶天，詎能方兹清怨？後起之秀，格調氣韻之間，或月日至，得十一於千百。若小晏，若徽廟，其殆庶幾。斷代南渡，嗣音闃然。蓋間氣所鍾，以謂詞中之帝，當之無媿色矣。」（《半塘老人遺稿》）王國維曰：「李重光之詞，神秀也。」又曰：「詞至李後主而眼界始大，感慨遂深，遂變伶工之詞而爲士大夫之詞。周介存置諸温、韋之下，可謂顛倒黑白矣。『自是人生長恨水長東』『流水落花春去也，天上人間』，《金荃》《浣花》，能有此氣象耶？」又曰：「詞人者，不失其赤子之心者也。故生於深宫之中，長於婦人之手，是後主爲人君所短處，亦即爲詞人所長處。客觀之詩人，不可不多閲世，閲世愈深，則材料愈豐富，愈變化，《水滸傳》《紅樓夢》之作者是也。主觀之詩人，不必多閲世，閲世愈淺，則性情愈真，李後主是也。」（《人間詞話》卷上）

按止庵以粗服亂頭稱美後主，而王國維誣爲顛倒黑白，是亦未解周介存語意，亦粗疏鹵莽之甚者。又强分詩人爲主觀客觀之異，抑何强作解事邪？

## 虞美人

春花秋月何時了▲　往事知多少▲　小樓昨夜又東風◎　故國不堪回首月明中◎　雕闌玉砌

應猶在▲　只是朱顏改▲　問君能有幾多愁◎　恰似一江春水向東流◎

**【校字】**

《花庵》「秋月」作「秋葉」，「能有」作「還有」。《草堂詩餘》《花草粹編》「能有」作「都有」。

【辨律】

此調五十六字，上下闋各四句，分用兩仄兩平韻。句法作七五七九，結句以九字直讀爲佳，與《相見歡》《南歌子》結句相同，俱是平起叶平韻之七言詩句。以兩仄字冠於句首，故亦可讀爲二、七之句，如此首：

故國　不堪回首月明中
恰似　一江春水向東流

後主《相見歡》云：

寂寞　梧桐深園鎖清秋
別是　一般滋味在心頭

永叔《南歌子》云：

愛道　畫眉深淺入時無
笑問　鴛鴦兩字怎生書

然要以九字一句爲正，萬氏必作上六下三讀，殆非。

【説詞】

宋人王銍記後主以「小樓昨夜又東風」及「一江春水向東流」之句賈禍事：

徐鉉歸朝，爲左散騎常侍，遷給事中。太宗一日問：「曾見李煜否？」鉉對以「臣安敢私見之」。上曰：「卿第往，但言朕令卿往相見可矣。」鉉遂徑往其居，望門下馬。但一老卒守門。徐言：「願見太尉。」卒言：「有旨，不得與人接，豈可見也？」鉉曰：「我乃奉旨來見。」老卒往報。徐入，立庭下久之。老卒遂入，取舊椅子相對。鉉遥望見，謂卒曰：「但正衙一椅足矣。」

頃間，李主紗帽道服而出。鉉方拜，而李主遽下階，引其手以上。鉉告辭賓主之禮。主曰：「今日豈有此禮？」徐引椅少偏，乃敢坐。後主相持大笑，默不言，忽長吁歎曰：「當時悔殺了潘佑、李平！」鉉去，乃有旨再對，詢：「後主何言？」鉉不敢隱，遂有秦王賜牽機藥之事。——牽機藥者，服之，前却數十回，頭足相就，如牽機狀也。——又後主在賜第，因七夕，命故妓作樂，聲聞於外。太宗聞之，大怒。又傳「小樓昨夜又東風」及「一江春水向東流」之句，併坐之，遂被禍云。（《默記》卷上）

後主歸宋後感念故國而有「故國不堪回首」「一江春水向東流」之句，王世貞《藝苑卮言》遂有「後主直是詞手」之論，不知後主之作純出至情，其所以於七月七日賜死者，蓋是太宗銜忌未消，故借「故國不堪回首」詞句，及徐鉉所探語而賜藥陰斃之耳。周亮工《因樹屋書影》言之甚詳，可參閱。

近世論後主此詞者，要以譚復堂、吴梅兩家最爲得要：

《譚評詞辨》：「二詞終當以神品目之。後主之詞，足當太白詩篇，高奇無匹。」

《詞學通論》：「余嘗謂二主詞，中主能哀而不傷，後主則近於傷矣；然其用賦體，不用比興，後人亦無能學者也。前謂後主詞用賦體，觀此可信。」又云：「雕闌玉砌云云，即《浪淘沙》『玉樓瑶殿，空照秦淮』之意也。」

此詞純用賦體，「春花秋月」既是即目佳景，「何時了」便成恨事。亡國之音哀以思也。小樓之東風明月，傷心人見之，抑又何堪？下片「雕闌玉砌」承上故國來，「應猶在」是遥想之語，「朱顔」言已空歎年華之虚逝，其將鬱鬱終老此間乎？物是人非之感。半塘老人以「朱顔」爲山河，未免深曲。結句千古傳誦，惘惘不甘之情，躍然紙上。俗流詆爲「悲觀主義」「頹廢色彩」，以此等天地間至情至性之至文，爲其批判之對象，然則杜子美之「人生有情涙霑臆，江水江花豈終極」、白樂天之「此恨綿綿無盡期」，豈不俱可廢邪？人生而有悲歡離合之際遇，自然有喜怒哀樂之感發；詩人禀天地之靈秀，其感受自較常人爲敏鋭，其攄發亦較常人爲激切，後主此詞之勝處全在此結不甘之感，不甘於家國之敗亡，不甘於委質爲臣虜，一己之生死，非所計矣。昔者屈子之抱恨沉淵，近時游國恩獨許之爲南方之强，其言曰：「今觀其辭，宗國之念至切，發揚蹈厲，深入民心，足以鼓舞其志士遺民報仇雪恥之義氣，真天地間不可少之文也。」又曰：「楚既仇秦，則秦之所以防楚者必周，而摧滅其人之性者亦必甚。屈子之文，最易激發人情，宜爲秦人所忌，度其時《楚辭》一書，非焚即禁，與詩書百家同例。」後主愁如江水，東流不盡，其所以恚恨於宋室者亦深矣。今日之禍，甚於秦政，防民之術，遠過焚毀，後主至性之人，視屈子「清白死直」「九死不悔」剛烈之氣殊有未逮，作爲歌詞以寄其不屈之志，亦豈非赤子之心也哉？世之文丑之所以狂播妖言，誣之爲頹廢，豈非欲天下之人，盡棄此等感人之作，而甘作新朝之順民乎？

## 烏夜啼

按：薛昭蘊填此詞曰「相見歡」。後主此首，《樂府雅詞》作「憶真妃」，宋人改題「烏夜啼」，或以「錦堂春」爲「烏夜啼」者，非。

林花謝了春紅◎　太匆匆◎　無奈朝來寒雨晚來風◎　胭脂淚▲　留人醉▲　幾時重◎　自是人生長恨水長東◎

**【校字】**

「無奈」，舊鈔本作「常恨」。「留人」，《全唐詩》作「相留」。

【辨律】

此調三十六字，上片三句，押三平韻。起句六言，用「紅」字韻，次句三字，叶「匆」字。三句爲九言句，實由平起平韻之七言詩句加兩仄於句首以成之。下片結句同之：

無奈　朝來寒雨晚來風

自是　人生長恨水長東

萬氏《詞律》必欲讀爲上六下三之句。蓋是泥於宋人所作，李主不如是也。下片换頭處改用兩三字句，叶仄韻。第三句三字，結句九字，皆復押平聲韻。本首用「重」「東」二字叶，與上片三平聲韻同部。宜注意者，起句第一、三字平仄不拘，第二句三字必須作「仄平平」，第一字必不可作平，否則便成三平矣。此與《搗練子》次句全同也。换頭之兩押仄韻之三字句，以用仄韻之故，第二字須用平。而第一字仄平不拘，即作「仄平仄」「平平仄」皆可，後主此首之「胭脂淚，留人醉」兩作「平平仄」，别首「剪不斷，理還亂」，上句第二字用入聲「不」字，是亦入作平讀之例。以入聲讀則三字俱仄，不可誤從。下句自是「仄平仄」。

【説詞】

本首千古傳誦，諸家俱不加評釋，譚復堂但著「濡染大筆」四字而已，其意蓋謂此首就落花一事大加濡染，無限引申於人事，以致其感人之思。其運筆明白如畫，不勞贅説。林花凋零，先自春紅始，詩人體物賦情，始於落紅，不待林樹之盡凋也。淺人强解，甚無謂。詹无盦説此林花句略云「讀者所宜感染者是美好事物横遭摧毁，並不限於林花。林花如是，其他與林花同命者亦莫不如是」（説見《李璟李煜詞·前言》），亦是爲衆人説法也。此首起處即是悲歎，「太匆匆」，傷春紅之易逝，本物態之常理，所感無可奈何者，厥爲朝雨晚風，益助此飛紅之零落爲可恨耳。下片「胭脂淚」承上片春紅而來，「胭脂淚」以喻落紅片片，「留人醉」言此零落一地之落紅，亦有使人醉心處，蓋猶存春意，純從惜春著墨，下接「幾時重」，益見詩人痛心處，爲問一地落紅，何日得重見枝頭？必待來春矣。而詩人但言「人生長恨水長東」，只傷逝，不復敢言來春花事矣。

### 其二

無言獨上西樓◎　月如鉤◎　寂寞梧桐深院　鎖清秋◎　剪不斷▲　理還亂▲　是離愁◎　別是一般滋味在心頭◎

【説詞】　此首《花庵詞選》及《草堂詩餘・續集》俱以爲是後主作，獨《花草粹編》據楊湜《古今詞話》題「孟昶作」。《花庵詞選》云：「此詞最悽惋，所謂亡國之音哀以思。」按此首遺詞用語，絶近後主，《花庵》以悽惋説之，亦近理。楊湜以爲孟昶，恐其思力情韻俱未及此也。此首上片「無言」「寂寞」「鎖清秋」作三層遞進，换頭言離愁之不斷還亂，古來之寫離愁者，無逾此矣。

### 浪淘沙　草堂詩餘題「懷舊」

簾外雨潺潺◎　春意闌珊◎　羅衾不耐五更寒◎　夢裏不知身是客　一晌貪歡◎　獨自莫憑闌◎　無限江山◎　別時容易見時難◎　流水落花春去也　天上人間◎

【辨律】

本調五十四字，上下闋各五句廿七字。上下闋句法全同，俱作五四七七四。每片第一二三五句入韻，全首一韻到底。此調原是平起平韻七言絶句一首，後主因舊曲製新聲，改爲雙調，每片存七言二句，爾後遂襲用不替。又名《賣花聲》，《詞律》題《浪淘沙令》。起句仄起叶平韻五言句，與《夢江南》次句平仄同。次句「仄仄平平」，與《點絳唇》起句同。三句爲平起平韻七言句，四句仄起仄收不入韻，結句「仄仄平平」與第二句全同。

【説詞】

此闋從夢醒寫起，「雨潺潺」是覺後所聞，即知春意將盡，蓋其聽此夜雨已不止一夕矣。「一曏」，《説文》「日部」：「曏，不久也，從日鄉聲。」凡用作「不久」者，字悉當作此。《廣韻》收在去聲四十一「漾韻」，與「向」「嚮」字同一小韻，俗書作「晌」者，誤讀上聲矣。「一曏貪歡」者，言夢中得還故國，片刻好夢易醒，不知身仍在客中也。下片言「莫憑闌」，語尤沉痛。蓋憑闌處便見無限江山，易觸悲懷，傷故國之別易會難也。此是後主家國之痛，近有淺人，拾胡適之餘唾，以爲「暮」字古作「莫」，此句「莫」字亦當讀作「暮」。不知此讀「莫」爲「暮」，則後主沉鬱悲痛之意全消。欲「暮憑闌」者是欣賞此無限江山，自足曠日舒懷，此詞之沉哀切痛破敗淨盡矣。況作「暮」字讀，於詩詞恒語亦殊不然，其必曰：「向晚獨憑闌」或「薄暮獨憑闌」。淺人不識詞章而妄欲矜其文字皮毛之學，益見不自量耳。結句傷春色之逝，如流水落花，一去不回。而一己怨思，則懸若天上人間之殊矣。天上是昔爲帝子，人間是今爲臣虜。對比極明白。上片貪歡一曏者，亦是此天上情景，特在夢中耳。

苕溪漁隱引《西清詩話》謂後主「無懷江國，且念嬪妾散落，鬱鬱不自聊，嘗作長短句云云」，是亦誤解「一曏貪歡」而致謬耳。世之讀此詞爲男女歡情之作，是亦緣《西清詩話》附會有以致之。後主

《菩薩蠻》「花明月暗飛輕霧」之句誠是偷歡之篇，雖窮形盡相，其奈無益教化何？秦少游《河傳》云：「常記那回，小曲闌干西畔，鬢雲鬆，羅襪剗。」與後主同調，宜其見譏於東坡也。

## 其二

往事只堪哀◎　對景難排◎　秋風庭院蘚侵階◎　一桁珠簾閒不捲　終日誰來◎　金劍已沉埋◎　壯氣蒿萊◎　晚涼天淨月華開◎　想得玉樓瑤殿影　空照秦淮◎

**【校字】**

《花草粹編》「一桁」作「一行」，《南唐二主詞》作「一任」，「金劍」作「金鎖」。

**【説詞】**

此篇與前篇宜是一時所製，苕溪漁隱引《西清詩話》以爲前篇作於下世前，而此篇則自言「金劍沉埋」其無意恢復亦甚明，甚是。「金劍」喻壯志，別本作「金鎖」，義不如「金劍」。无盦先生疑指金鎖甲，仍當以「金劍」義勝。《花草粹編》《詞綜》《歷代詩餘》《全唐詩》俱作「金劍」，「金劍」是用《晉書》張華使雷煥訪得干將莫邪事。庾信《思舊賦》「劍没豐城，氣存牛斗」用其事。《草堂詩餘》續編作「金斂玉沉埋」，「劍」訛「斂」，復改「已」爲「玉」，句意乃轉爲金玉已埋斂，蓋是見下文「蒿萊」字而妄改。「蒿萊」喻塵土草莽，句謂昔日干雲壯氣，今盡委諸蒿萊矣，而終不容於宋主，悲夫。

# 附録：李後主《破陣子》詞辨僞

《南唐二主詞》收有後主李煜《破陣子》一首：

四十年來家國，三千里地山河。鳳閣龍樓連霄漢，玉樹瓊枝作煙蘿。幾曾識干戈。一旦歸爲臣虜，沈腰潘鬢消磨。最是倉皇辭廟日，教坊猶奏别離歌。垂淚對宫娥。

對這首詞的内容，蘇東坡曾提出他的看法：

後主既爲樊若水所賣，舉國與人。故當慟哭於九廟之外，謝其民而後行，顧乃揮淚宫娥，聽教坊離曲哉。（見《東坡題跋》卷三）

東坡這段文字同時見於《東坡志林》卷七和《東坡題跋》卷三，細看這段文字的内容，可能包涵兩個看法：

（一）認爲後主降宋，該負起社稷傾覆的責任，慟哭九廟，謝其民而行。「顧乃揮淚宫娥，聽教坊離曲哉」這句話是表示對後主這種行徑的不滿；

（二）認爲這首詞的内容不可信，「顧乃」句的意思是説後主在破國亡家之際而不忘聽教坊離曲，揮淚宫娥是有悖常理的。洪邁《容齋隨筆》、胡仔《苕溪漁隱叢話》、袁文《甕牖閒評》、阮閱《詩話總龜》等宋人筆記、詩話都引録了蘇東坡這幾句話，而袁文顯然採取了第二種看法，進而推論此詞決非後主所作：

蘇東坡記李後主去國詞云「最是倉皇辭廟日，教坊猶奏别離歌，揮淚對宫娥」。以爲後主去國，當慟哭於廟門之外，謝其民而後行。乃對宫娥聽樂，形於詞句。余謂此詞決非後主詞也，特後人附會爲之耳。觀曹彬下江南時，後主預令宫中積薪，誓言若社稷失守，當擕血肉以赴火。其勵志如此。後雖不免歸朝，然當是時，更有甚教坊，何暇對宫娥也？（見袁文《甕牖閒評》卷五）

關於後主預令宫中積薪，準備社稷失守時攜血肉以赴火的説法，見於周在浚《陸氏南唐書注》卷三所引《談苑》之言：

先是，宫中預積薪，後主誓言，若社稷不守，當攜血屬以赴火。

「血屬」是指他的兒女骨肉，免爲宋兵所辱。袁文説他當時「勵志如此」，雖是推論之言，却也不無可能。但畢竟屬小説家言，未可盡信。因此本文嘗試從《破陣子》的格律問題去探究後主此詞的真僞。萬樹《詞律》卷九録有六十二字的《破陣子》一體，舉晏殊「燕子來時」爲例。下面試把晏作與後主詞逐句分行鈔列以便比較：

**晏詞**

燕子來時新社，
梨花落後清明。
池上碧苔三四點，
葉底黄鸝一兩聲。
日長飛絮輕。

巧笑東鄰女伴，
採桑徑裏逢迎。
疑怪昨宵春夢好，
元是今朝鬥草贏。
笑從雙臉生。

**後主詞**

四十年來家國，
三千里地山河。
鳳閣龍樓連霄漢，
玉樹瓊枝作煙蘿。
幾曾識干戈。

一旦歸爲臣虜，
沈腰潘鬢銷磨。
最是倉皇辭廟日，
教坊猶奏别離歌。
垂淚對宫娥。

晏詞上下片各五句，其句法爲六六七七五；上下片第二、四、五句入韻，全詞凡六用平聲庚部韻；上下片相應各句平仄悉同，屬雙疊之體。後主詞在分片、句法上都與晏詞相同，全詞用平聲歌部韻，也與晏詞無異，只是在句子的平仄方面，後主此作違異頗多：

（一）起二句是六言對句，其平仄爲：

仄仄平平仄仄　　平平仄仄平平

此處後主詞不誤。

（二）第三句爲仄起不入韻之七言句，其平仄爲：

仄　仄　平　平　平　仄　仄

晏詞作：

**池　上　碧　苔　三　四　點**

平支　去漾　入昔　平咍　平談　去至　上忝

後主詞作：

**鳳　閣　龍　樓　連　霄　漢**

去送　入鐸　平鍾　平侯　平仙　平霄　去翰

晏、李兩詞每字旁注《廣韻》韻部，此句第六字必用仄聲而李詞作平聲，變成「龍樓連霄」四字都是平聲，全句平仄成爲仄仄平平平平仄，不管唐宋近體詩句或詞句，都没有這種七言句子的形式。

（三）第四句爲仄起入平韻的七言句：

仄　仄　平　平　仄　仄　平

晏詞作：

**葉　底　黃　鸝　一　兩　聲**

入葉　上薺　平唐　平支　入質　上養　平清

後主詞作：

**玉　樹　瓊　枝　作　煙　蘿**

入燭　去遇　平清　平支　入鐸　平真　平歌

李詞之「煙」字應仄而平，全句平仄變成仄仄平平仄平平，也與仄起平韻的七言句式相忤。

（四）第五句爲平起叶平韻的五言句，其平仄爲：

平　平　仄　仄　平

晏詞作：

**日　長　飛　絮　輕**

入質　平陽　平微　去御　平清

後主詞作：

**幾　曾　識　干　戈**

上尾　平登　入職　平寒　平戈

這種平平仄仄平的句子，第一字平可作仄，第三字仄可作平；但是如果第一字把平聲改用仄聲時，第三字原是仄聲便必須用平聲，這是爲了避免第二字變成孤平的緣故，像《菩薩蠻》上下片的結句也和這句一樣，下面舉李白、温庭筠、韋莊爲例看看：

| | 上片 | 下片 |
| --- | --- | --- |
| 李白 | 有人**樓**上愁 | 長亭**連**短亭（「連」字別本作「更」，此處第一字用平，第三字平仄不拘） |
| 温庭筠 | 弄妝**梳**洗遲 | 雙雙**金**鷓鴣 |
| 又 | 雁飛**殘**月天 | 玉釵**頭**上鳳 |
| 又 | 暫來**還**別離 | 月明**花**滿枝 |
| 又 | 鬢輕**雙**臉長 | 社前**雙**燕回 |
| 又 | 驛橋**春**雨時 | 此情**誰**得知 |
| 又 | 卧時**留**薄妝 | 錦衾**知**曉寒 |
| 韋莊 | 美人**和**淚辭 | 綠窗**人**似花 |
| 又 | 此時**心**轉迷 | 憶君**君**不知 |
| 又 | 畫船**聽**雨眠 | 還鄉**須**斷腸 |

以上各句中凡平起句第一字作仄者，第三字必作平，已成定式。後主此句「幾曾識干戈」，第二字及第四字都作平聲，造成驚人的訛謬。下片一、二句六言句平仄與上片同，所不同者不是對句，三、四兩句七言句也與上片相同，分別是仄起不入韻和平起入平韻的七言句，晏詞和李詞這四句的平仄都一致，但最後的五言結句晏詞「笑從雙臉生」，與上片結句一樣，同屬平起入韻五言句，但後主詞結句「垂淚對宮娥」，是仄起入平韻的五言句，與上片平起入韻句之平仄不同。按照詞體的發展，雙調的句法該是上下完全一致的，可是這首流傳説是後主寫的《破陣子》在平仄上竟然出現這許多舛誤，確令人難以索解，而目前自後主以後到晏殊之前，無法找出第三者寫的《破陣子》，借以論證這首傳世的後主《破陣子》致誤之由。幸而近世敦煌出土的《雲謠集》雜曲子三十三首裏，竟有《破陣子》四首，下面根據任半塘先

生的《敦煌歌辭總編》，把這四首《破陣子》鈔録出來：

《破陣子》（人去瀟湘）甲、斯一四四一　乙《敦煌零拾》

蓮臉柳眉休暈。青絲罷攏雲。暖日和風花帶媚。畫閣雕梁燕語新。卷簾恨去人。　寂寞長垂珠淚。焚香禱盡靈神。應是瀟湘紅粉繼。不念當初夢帳恩。拋兒虛度春。（〇〇一二）

《破陣子》（單于迷虜塵）甲、斯一四四一　乙《敦煌零拾》

日暖風輕佳景。流鶯似問人。正是越溪花捧艷。獨隔千山與萬津。單于迷虜塵。　雪落梅庭愁地。香檀枉注歌唇。攔徑萋萋芳草緑。紅臉可知珠淚頻。魚箋豈易呈。（〇〇一三）

《破陣子》（三邊無事）甲、斯一四四一　乙《敦煌零拾》

風送征軒迢遞。參差千里餘。目斷妝樓相憶苦。魚雁山川鱗跡疏。和愁封去書。　春色可堪孤枕。心焦夢斷更初。早晚三邊無事了。香被重眠比目魚。雙眉應自舒。（〇〇一四）

《破陣子》（軍帖書名）甲、斯一四四一　乙《敦煌零拾》

年少征夫軍帖。書名年復年。爲覓封侯酬壯志。攜劍彎弓沙磧邊。拋人如斷弦。　迢遞可知閨閣。吞聲忍淚孤眠。春去春來庭樹老。早晚王師歸却還。免教心怨天。（〇〇一五）

這四首《破陣子》詞後所注的編號是任書的編號，讀者可以查閱任書。拿《雲謡集》四首《破陣子》跟晏、李的《破陣子》一比較，便可看出《雲謡集》中的《破陣子》上片起句不像李、晏之作兩六言對句，其第二句是平起入平韻的五言句：

平平仄仄平

青絲罷攏雲（〇〇一二）

流鶯似問人（〇〇一三）

參差千里餘（〇〇一四）
書名年復年（〇〇一五）

其他各句平仄跟晏殊詞完全一致，可以證明晏詞在句法平仄上的正確性。至於《雲謠集》四首上片第二句都是五言句，而下片第二句俱作六言，可見在當時此調還不是雙調式，到宋初才演變成雙調，這正是此調在唐宋之不同。傳世後主《破陣子》在分片句法上既已是宋初雙調之體，而平仄的舛誤竟如此之大，唯一的解釋只有説是入宋以後此曲發展成雙調後的庸劣之作，才會造成這許多訛誤。晏殊的《珠玉集》裏在萬紅友所用的「燕子來時」一闋外，收有此調四首，下面我把《雲謠集》四首、晏殊另四首（據《全宋詞》本）和傳世後主作的《破陣子》的上下片三、四、五句按句並列，下注平仄四聲及《廣韻》韻部，讓讀者比較：

| 上片 三句 | 四句 | 五句 |
| --- | --- | --- |
| 《雲謠集》 | | |
| **暖日和風花帶媚** | **畫閣雕梁燕語新** | **卷簾恨去人**（〇〇一二） |
| 上入平平平去去 | 去入平平去上平 | 上平去去平 |
| 緩質戈東麻泰至 | 卦鐸蕭陽霰語真 | 獮鹽恨御真 |
| **正是越溪花捧艷** | **獨隔千山與萬津** | **單于迷虜塵**（〇〇一三） |
| 去上入平平上去 | 入入平平上去平 | 平平平上平 |
| 勁紙月齊麻腫艷 | 屋麥先山語願真 | 仙虞齊姥真 |
| **目斷妝樓相憶苦** | **魚雁山川鱗跡疏** | **和愁封去書**（〇〇一四） |
| 入去平平平入上 | 平去平平平入平 | 平平平去平 |

沃換陽侯陽職姥　魚諫山仙真昔魚　戈尤鍾御魚

**爲覓封侯酬壯志　攜劍彎弓沙磧邊　拋人如斷弦**（〇〇一五）

去入平平平去去　平去平平平入平　平平平去平

寘錫鍾侯尤漾志　齊梵删東麻昔先　肴真魚換先

晏殊詞

**惟有擘釵分鈿侶　離別常多會面難　此情須問天**

平上入平平去去　平入平平去去平　上平平去平

脂有麥佳文霰語　支薛陽歌泰線寒　紙清虞問先

**求得人間成小會　試把金尊傍菊叢　歌長粉面紅**

平入平平平上去　去上平平去入平　平平上去平

尤德真山清小泰　志馬侵魂宕屋東　歌陽吻線東

**曾與玉人臨小檻　共折香英泛酒卮　長條插鬢垂**

平上入平平上上　去入平平去上平　平平入去平

登語燭真侵小檻　宋薛陽庚梵有支　陽蕭洽震支

**金菊滿叢珠顆細　海燕辭巢翅羽輕　年年歲歲情**

平入上平平上上　上去平平去去平　平平去去平

侵屋潸東虞馬霽　海霰之肴寘遇清　先先祭祭清

後主詞

**鳳閣龍樓連霄漢　玉樹瓊枝作煙蘿　幾曾識干戈**
去入平平平平去　入去平平入平平　上平入平平
送鐸鍾侯仙霄翰　燭遇清支鐸先歌　尾登職寒戈

下片　三句　　四句　　五句

《雲謡集》

**應是瀟湘紅粉繼　不念當初羅帳恩　抛兒虚度春**（〇〇一二）
平上平平平上去　入去平平平去上　平平平去平
青紙仙陽東吻霽　物添唐魚歌漾痕　肴支魚暮臻

**攔徑萋萋芳草緑　紅臉可知珠淚頻　魚箋豈易呈**（〇〇一三）
平去平平平上入　平上上平平去平　平平上去平
寒徑齊齊唐皓燭　東䶮皓支虞至真　魚先尾寘清

**早晚三邊無事了　香被重眠比目魚　雙眉應自舒**（〇〇一四）
上上平平平去上　平去平平上入平　平平平去平
皓阮談先虞志篠　陽寘鍾先旨沃魚　江脂青至魚

**春去春來庭樹老　早晚王師歸却還　免教心怨天**（〇〇一五）
平去平平平去上　上上平平平入平　上平平去平
臻御臻咍清遇皓　皓阮陽脂微葯删　獮肴侵願先

晏殊詞

**一點凄涼愁絶意　謾道秦箏有剩弦　何曾爲細傳**
入上平平平入去　去上平平上去平　平平去去平
質添齊陽尤薛志　諫皓真耕有證先　戈登寘霽仙
**多少襟懷言不盡　寫向蠻箋曲調中　此情千萬重**
平上平平平入上　上去平平入去平　上平平去平
歌小侵皆元物軫　馬漾删先燭嘯東　紙清先願鍾
**重把一尊尋舊徑　所惜光陰去似飛　風飄露冷時**
平上入平平去去　上入平平去上平　平平去上平
鍾馬質魂侵宥徑　語昔唐侵御止微　東宵暮梗之
**不向尊前同一醉　可奈光陰似水聲　迢迢去未停**
入去平平平入去　上去平平上上平　平平去去平
物漾魂先東質至　皓箇唐侵止旨清　蕭蕭御未青

後主詞

**最是倉皇辭廟日　教坊猶奏别離歌　垂淚對宮娥**
去上平平平去入　去平平去入平平　平去去平平
泰紙唐唐之笑質　效陽尤候薛支歌　支至隊東歌

細校以上九曲各句平仄，《雲謡集》四曲上下片第五句末二字多作「去平」，（〇〇一二）之「去人」「度春」，（○○一三）之「易呈」，（○○一四）之「去書」「自舒」，（○○一五）之「斷弦」「怨天」，只有（○○一三）之「虜塵」作上平。任半塘先生認爲這是「唐代歌辭音律之嚴處」（《敦煌歌辭總編》卷一第七頁），而晏殊四曲除了第三首結句「露冷時」的「冷時」作「上平」外，其他七處都作「去平」。大抵此句第四字是以作去聲爲宜，任先生所言不虛。史稱後主知音律（見馬書《女憲傳》、陸書《后妃諸王列傳》），但竟能填出如此平仄舛誤的曲子詞來，恐怕難以取信於人罷。

至於傳爲後主作的內容，除了起兩句尚有點氣勢，下面寫來極壞。上片三、四兩句用了十四個字去形容鳳閣龍樓之高聳，玉樹瓊枝之美景，又哪裏像出自後主手筆。後主生於深宮，降宋後即使追寫昔日居處，也不過用「雕闌玉砌」「玉樓瑶殿」來抒發感慨，何嘗用誇張的手法描寫其華美？此種以居室園囿之美自詡的手法，恐怕出於世俗傖父之手，比出於後主更爲可信。末又闌入「幾曾識干戈」，那是指後主不知軍旅之事，但後主生逢憂患，自廿三歲封吴王，以尚書令知政事居東宫，廿五歲中主遷都洪州，後主立爲太子，留金陵監國，一直便要爲父親分擔軍國大事，即使説他性仁厚、好文學，也決不能説他不識干戈。至於把這句理解爲人民安定和平生活特徵的概括（吴穎《關於李煜詞評價的幾個看法》，《李詞討論集》第三十三頁），那又遠悖文理了。下片更是以旁叙的口吻，追記後主降宋後的憔悴瘦損之狀，結句更寫他倉惶辭廟的狼狽相，難怪後人置疑，因爲在後主入宋後，他寫了許多追懷故國之作：「一江春水向東流」「別是一般滋味在心頭」「自是人生長恨水長東」「流水落花春去也，天上人間」，堪説是「雄奇幽怨，乃兼二難」。在他衆作裏寫得最消極的，也不過説「金劍已沈埋，壯氣蒿萊」，雖説壯志已消磨殆盡，讀來還是虎虎有生氣，怎像這首寫些「沈腰」「潘鬢」「倉惶辭廟」「教坊」以及「垂淚」聽「離歌」。如此衰颯，又有何「氣象」之可言（《人間詞話》：「……《金荃》《浣花》能有此氣象耶？」），更何足當「生馬駒」之譽（周濟《介存齋論詞雜著》語）？

一九九一年時維辛未四月二日孟子岳降嘉辰均風樓港寓燈下

# 四、詞選（自習部份）

## 張志和

### 漁歌子

西塞山前白鷺飛◎　桃花流水鱖魚肥◎　青篛笠▲　綠蓑衣◎　斜風細雨不須歸◎

## 韋應物

### 調嘯詞（別作調笑令）　二首

胡馬▲　胡馬▲　遠放燕支山下▲　跑沙跑雪獨嘶◎　東望西望路迷◎　迷路▲　迷路▲　邊草無窮日暮▲

河漢▲　河漢▲　曉挂秋城漫漫▲　愁人起望相思◎　江南塞北別離◎　離別▲　離別▲　河漢雖同路絶▲

## 王建

### 宫中調笑　二首

團扇◎ 團扇◎ 美人病來遮面◎ 玉顏憔悴三年◎ 誰復商量管絃◎ 絃管◎ 絃管◎ 春草昭陽路斷◎

楊柳◎ 楊柳◎ 日暮白沙渡口◎ 船頭江水茫茫◎ 商人少婦斷腸◎ 腸斷◎ 腸斷◎ 鷓鴣夜飛失伴◎

## 劉禹錫

### 竹枝　四首

山桃紅花滿上頭◎ 蜀江春水拍山流◎ 花紅易衰似郎意▲ 水流無限似儂愁◎

巫峽蒼蒼煙雨時◎ 清猿啼在最高枝◎ 箇裏愁人腸自斷▲ 由來不是此聲悲◎

山上層層桃李花◎ 雲間煙火是人家◎ 銀釧金釵來負水▲ 長刀短笠去燒畬◎

楊柳青青江水平◎ 聞郎江上唱歌聲◎ 東邊日出西邊雨▲ 道是無晴還有晴◎

**憶江南　一首**

春去也▲　多謝洛城人◎　弱柳從風疑舉袂▲　叢蘭裛露似霑巾◎　獨坐亦含嚬◎

**白居易**

**憶江南　三首**

江南好▲　風景舊曾諳◎　日出江花紅勝火▲　春來江水緑如藍◎　能不憶江南◎

江南憶▲　最憶是杭州◎　山寺月中尋桂子▲　郡亭枕上看潮頭◎　何日更重遊◎

江南憶▲　其次憶吴宮◎　吴酒一杯春竹葉▲　吴娃雙舞醉芙蓉◎　早晚復相逢◎

**温庭筠**

**夢江南　二首**

千萬恨▲　恨極在天涯◎　山月不知心裏事▲　水風空落眼前花◎　摇曳碧雲斜◎

梳洗罷▲　獨倚望江樓◎　過盡千帆皆不是▲　斜暉脈脈水悠悠◎　腸斷白蘋洲◎

## 皇甫松

### 夢江南　二首

蘭燼落▲　屏上暗紅蕉◎　閒夢江南梅熟日▲　夜舡吹笛雨瀟瀟◎　人語驛邊橋◎

樓上寢▲　殘月下簾旌◎　夢見秣陵惆悵事▲　桃花柳絮滿江城◎　雙髻坐吹笙◎

## 韋莊

### 荷葉杯

記得那年花下▲　深夜▲　初識謝娘時◎　水堂西面畫簾垂◎　攜手暗相期◎　惆悵曉鶯殘月▲
相別▲　從此隔音塵◎　如今俱是異鄉人◎　相見更無因◎

### 女冠子　二首

四月十七▲　正是去年今日▲　別君時◎　忍淚佯低面▲　含羞半斂眉◎　不知魂已斷▲　空有
夢相隨◎　除却天邊月▲　沒人知◎

昨夜夜半▲　枕上分明夢見▲　語多時◎　依舊桃花面▲　頻低柳葉眉◎　半羞還半喜▲　欲去

又依依◎　覺來知是夢▲　不勝悲◎

**薛昭藴**

**浣溪沙**

傾國傾城恨有餘◎　幾多紅淚泣姑蘇◎　倚風凝睇雪肌膚◎　吴主山河空落日▲　越王宫殿半平蕪◎　藕花菱蔓滿重湖◎

**小重山**

春到長門春草青◎　玉階華露滴▲　月朧明◎　東風吹斷玉簫聲◎　宫漏促▲　簾外曉啼鶯◎　愁極夢難成◎　紅妝流宿淚▲　不勝情◎　手挼裙帶遶階行◎　思君切▲　羅幌暗塵生◎

**牛　嶠**

**望江怨**

東風急◬　惜别花時手頻執◬　羅幃愁獨入◬　馬嘶殘雨春蕪濕◬　倚門立◬　寄語薄情郎○　粉

香和淚泣▲

**毛文錫**

**醉花間**

休相問▲　怕相問▲　相問還添恨▲　春水滿塘生○　鸂鶒還相趁▲　昨夜雨霏霏○　臨明寒一陣▲　偏憶戍樓人○　久絶邊庭信▲

**牛希濟**

**酒泉子**

枕轉簟涼◎　清曉遠鐘殘夢▲　月光斜○　簾影動▲　舊鑪香◎　夢中説盡相思事▲　纖手匀雙淚▲　去年書○　今日意▲　斷離腸◎

**生查子**

春山煙欲收▲　天澹稀星小▲　殘月臉邊明○　别淚臨清曉▲　語已多○　情未了▲　迴首猶重

道▲　記得綠羅裙○　處處憐芳草▲

**歐陽炯**

**江城子**

晚日金陵岸草平◎　落霞明◎　水無情◎　六代豪華○　暗逐逝波聲◎　空有姑蘇臺上月▲　如西子鏡照江城◎

**孫光憲**

**思帝鄉**

如何◎　遣情情更多◎　永日水堂簾下斂羞蛾◎　六幅羅裙窣地▲　微行曳碧波◎　看盡滿池疎雨打團荷◎

**謁金門**

留不得▲　留得也應無益▲　白紵春衫如雪色▲　揚州初去日▲　輕離別▲　甘拋擲▲　江上滿

帆風疾◬　却羡綵鴛三十六◬　孤鸞還一隻◬

## 李後主

### 憶江南　四首

多少恨▲　昨夜夢魂中◎　還似舊時遊上苑▲　車如流水馬如龍◎　花月正春風◎

多少淚▲　霑袖復橫頤◎　心事莫將和淚滴▲　鳳笙休向月明吹◎　腸斷更無疑◎

閒夢遠▲　南國正芳春◎　船上管弦江面緑▲　滿城飛絮混輕塵◎　愁殺看花人◎

閒夢遠▲　南國正清秋◎　千里江山寒色暮▲　蘆花深處泊孤舟◎　笛在月明樓◎

## 馮延巳

### 采桑子

華前失却遊春侶▲　獨自尋芳◎　滿目悲涼◎　縱有笙歌亦斷腸◎　林間戲蝶簾間燕▲　各自雙雙◎　忍更思量◎　緑樹青苔半夕陽◎

# 九歌新論

宗豪自署

**馬王堆漢墓帛畫**

一九七二年長沙馬王堆一號墓出土繪帛畫，應是葬儀用旌幡，畫面上段繪日月，中繪燭龍，人面蛇身，下繪二柱，閽人拱坐兩側，象天門。上段象徵天上境界。下段繪青赤二龍交穿穀紋大璧，璧上下分別繪墓主出行及宴饗場面，其主題思想爲“引魂升天”。可作《楚語》“絶地天通”的參考。

# 九歌新論

## 目録

第一講　《楚辭》注家與《九歌》注……二八九
第二講　神話與歷史……三一一
第三講　靈巫與降神……三二八
第四講　《楚辭·九歌》與祭祀……三四七
第五講　《九歌》的賓主彼我之辭……三六四

# 第一講　《楚辭》注家與《九歌》注

王逸《楚辭章句》十七卷，是現存最早的《楚辭》注本。他在《楚辭章句・離騷章句・後敘》裏，敘述了他撰著《楚辭章句》的經過：

> 逮至劉向典校經書，分以爲十六卷。孝章即位，深弘道藝，而班固、賈逵復以所見，改易前疑，各作《離騷經章句》，其餘十五卷，闕而不說。又以「壯」爲「狀」，義多乖異，事不要括，今臣復以所識所知，稽之舊事，合之經傳，作十六卷《章句》，雖未能究其微妙，然大指之趣，略可見矣。〔一〕

清楚地說明了他所撰的《章句》是以劉向所編集的《楚辭》十六卷爲底本，〔二〕其第一卷《離騷章句》參考了班固、賈逵兩家的《離騷經章句》，至於班賈兩家「闕而不說」的其餘的十五卷，則是王逸獨力著成的。《後漢書・文苑傳》記載王逸於漢安帝元初中舉上計吏而留拜校書郎，參與東觀校書的盛事，〔三〕本傳說他有賦、誄、書、論及雜文二十一篇、《漢詩》百二十三篇，可信其人之博洽。所以《四庫全書總目提要》說他：「去古未遠，多傳先儒之訓詁，故李善注文選，全用其文。」可見《章句》在訓詁方面的成就。王鏊《重刊王逸注楚辭序》推許此書「章決句斷，事事可曉，亦逸之所自許也」。可說是推崇備至了。可是劉知幾却說他：「叔師研尋章句，儒生之腐者也。」（按：見《史通・史官建置》）劉氏以史學家的眼光對王逸作如此苛刻的評論，可能失之偏頗，但我們細讀《楚辭章句・九歌敘》和《九歌》的注文，便不難領會劉知幾爲甚麼有此論斷。

王逸《楚辭章句・九歌敘》云：

……作《九歌》之曲，上陳事神之敬，下見己之冤結，託之以風諫，故其文意不同，章句雜錯，而廣異義焉。〔四〕

他以屈子「見己之冤結，託之以風諫」的觀點，貫串著整個《九歌》篇什，這和他的《離騷章句》可説是先後呼應的。他在叙《離騷》時説：

屈原履忠被譖，憂悲愁思，獨依詩人之義而作《離騷》，上以諷諫，下以自慰。遭時闇亂，不見省納，不勝憤懣，遂復作《九歌》以下凡二十五篇。〔五〕

「履忠被譖」「遭時闇亂」「不見省納」是屈子的身世遭遇；「憂悲愁思」「不勝憤懣」是他的情懷；「上以諷諫，下以自慰」則是屈賦的作用。王逸把這三部份完全融入《章句》之中，加上他豐富的訓詁知識，便形成了《章句》「章決句斷」的模式。他肯定《九歌》是屈子抒怨憤、寓風諫的作品，便是很好的例子。

在《九歌章句》裏，他肯定《九歌》各篇都具有事神和事君兩個部份。事神是述己之虔敬，事君是陳己之冤結，並且託諸風諫，冀幸君之一悟，如《湘君》一篇，「君不行兮夷猶」以至「吹參差兮誰思」，他都假設爲屈子冀盼神來之詞。「駕飛龍兮北征」句下注説「屈原思神略畢，意念楚國，願駕飛龍北行，亟還歸故居也」，是描寫事神到事君的過渡。「横大江兮揚靈」句，便完全落入屈子思君的窩臼了——「屈原思念楚國，願乘輕舟，上望江之遠浦，下附郢之碕，以渫憂患，横渡大江，揚己精誠，冀能感悟懷王使還己也。」到「隱思君兮陫側」，更直接點出「君」就是懷王。下文所言，更全是屈子自述事君不合的冤結。在串解文意時，他也往往牽合屈子身世，如《湘夫人》一篇，「目眇眇兮愁予」句下注説：「屈原自傷，不遭值堯舜，而遇闇君，亦將沉身湘流，故曰愁我也。」又《大司命》「踰空桑兮從女」句下注：「屈原修履忠貞之行，而身放棄，將愬神明，陳己之冤結。故欲踰空桑之山，而要司命也。」「不寢近兮愈疏」

句下注：「言履行忠信，從小至老，命將窮矣，而君猶疑之，不稍親近，而日以疏遠也。」完全是從屈子忠信之行這一點立論。

王鏊認爲《章句》「章決句斷，事事可曉」，雖説有片面的道理，可是，像王逸這種「上陳事神之敬，下見己之冤結」的注解方式，强把屈子身世，牽合文意，反而歪曲了《九歌》作爲祀神之曲的本旨。王逸説《九歌》「文意不同，章句雜錯」，不正是他割裂文意，妄加臆斷的結果嗎？我們在肯定王逸「去古未遠，多傳先儒之訓詁」之餘，似乎必須承認他這種穿鑿附會的缺點。

洪興祖《楚辭補注》十七卷，是現存《楚辭》舊注最重要的本子，洪氏此書參校了六朝古本和唐宋傳本二十多種，保留了許多已佚的古本異文。陳振孫《直齋書録解題》云：

> 興祖少得東坡手校《楚辭》十卷，凡諸本異同，皆兩出之。後得洪玉父而下本十四五家參校，遂爲定本。始補王逸《章句》之未備者。書成，又得姚廷輝本，作《考異》，附古本《釋文》之後。其末又得歐陽永叔、孫莘老、蘇子容校正，以補《考異》之遺。〔六〕

《直齋書録》所説的《考異》，今已散入《補注》各條中。凡《補注》中「補曰」以上的音釋和異文，都是洪氏《考異》之文。現傳的《補注》是先録《章句》，後引異文，再作音義的訓釋，而重點則在後面的「補曰」。「補曰」目的在補注文義，據王説爲主，以補《章句》不足爲輔。姜亮夫先生説他「既發王義之幽微，亦抒個人之見解」，正可指出《補注》的價值還不止於「補義」而已。

《九歌》各篇，《補注》繼承了《章句》事神、事君之説，但却揚棄了「上陳事神，下道事君」的二分法，直接把事君和事神看成一體。整個《九歌》的内容都是屈子「陳己志於神」的，好像《湘夫人》「思公子兮未敢言」句下《補注》曰：「此原陳己志於湘夫人也」；《大司命》「將以遺兮離居」句下《補注》：「自此以下，屈原陳己志於司命也」。這樣，懷王便成了「陳志於神」中的附加角色，不再與神處於平衡的位置。洪氏串解文意時也句櫛字比，以屈原事神不合來比喻其事君不偶。如《大司命》「羌愈思兮愁人」句下《補注》：「此言司命既去，猶結桂枝以延望；喻君舍己不顧，益憂思也。」又「固人命兮有當，孰離合兮可爲」句下《補注》：「君子之仕也，去就有義，用舍有命。屈子於同姓事君之義盡矣，其不見用，則有命焉。或離或合，神實司之，非人所能爲也。」雖然在字面上扣緊了神來立論，但種種鑿空鈎深之處，與《章句》如出一轍，朱熹《楚辭集注》，正是針對「王、洪之注，隨文生義，未有能白作者之心」而發。《四庫全書總目提要》說：

……（朱熹《楚辭集注》）以後漢王逸《章句》及洪興祖《補注》二書，詳於訓詁，未得意旨。乃櫽括舊編，定爲此本。以屈原所著二十五篇爲《離騷》，宋玉以下十六篇爲《續離騷》。隨文詮釋。每章各繫以興比賦字，如《毛詩・傳》例。其訂正舊注之謬誤者，别爲《辨證》二卷附焉。自爲之序。〔七〕

《提要》這段文字，概括出《集注》的三個特點：

一、補舊注的不足。《集注》正文各分章節，校文字的異同，辯音讀的是非，並集《章句》《補注》《文選》諸家的注，或取或舍，時折衷以己意。王鏊説「朱子之注《楚辭》，豈盡朱子説哉！無亦因逸之注，參訂而折衷之」，便是這個意思。

二、正舊注的訛謬。在這方面，《提要》只指出附録在《辯證》二卷裏。陳振孫《直齋書録解題》説得比較詳細：

以王氏洪氏注或迂滯而遠於事情，或迫切而害於義理，遂别爲之注。其訓詁文義之外，有當考訂者，則見於《辨證》。所以祛前注之蔽陋，而明屈子微意於千載之下，忠魂義魄，頓有生氣。〔八〕

朱氏鑑於《章句》《補注》，隨文生義，未能明屈子的用心，所以才作了兩卷《楚辭辯證》。他在叙文裏説：

余既集王、洪《騷注》，顧其訓故文義之外，猶有不可不知者。然慮文字之太繁，覽者或没溺而失其要也，别記于後，以備参考。〔九〕

可見《辯證》是針對《章句》《補注》訓故以外的缺失而發的。《集注》序云：

……東京王逸《章句》與近世洪興祖《補注》並行於世。其於訓詁名物之間，則又皆未嘗沈潛反復、嗟歎咏歌，以尋其文詞指意之所出，而遽欲取喻立説，旁引曲證，以强附於其事之已然，是以或以迂滯而遠於性情，或以迫切而害於義理，使原之所爲壹鬱而不得申於當年者，又晦昧而不見白於世。予於是益有感焉，疾病呻吟之暇，聊據舊編，粗加檃括，定爲《集注》八卷。〔一〇〕

可見《集注》是爲針砭王洪舊注在性情和義理方面的疏失，他以《離騷》爲例，指出《章句》分上下句注釋的毛病：

凡説詩者，固當句爲之釋，然亦但能見其句中之訓故字義而已，至於一章之内，上下相承，首尾相應之大指，自當通全章而論之，乃得其意。今王逸爲《騷》解，乃於上半句下便入訓詁，而下半句下，又通上半句文義，而再釋之，則其重複而繁碎甚矣。《補注》既不能正，又因其誤，今並删去，而放《詩傳》之例，一以全章爲斷，先釋字義，然後通解章内之意云。（《辯證·離騷經》）〔一一〕

《集注》和《辯證》的産生完全建基在王、洪二注的不足和錯誤上，大概是正確的。

三、以《詩》六義來解釋屈辭，即朱氏所説的仿《詩傳》之例的辦法。他在《離騷序》裏説：

按《周禮》：太師掌六詩以教國子，曰風、曰賦、曰比、曰興、曰雅、曰頌，而《毛詩·大序》謂之六義，蓋古今聲詩條理，無出此者。《風》則閭巷風土男女情思之詞，《雅》則朝會燕享公卿大人之作，《頌》則鬼神宗廟祭祀歌舞之樂，其所以分者，皆以其篇章節奏之異而别之也。賦則直陳其事，比則取物爲比，興則託物興詞，其所以分者，又以其屬辭命意之不同而別之也。誦《詩》者先辨乎比，則三百篇者，若網在綱，有條而不紊矣。不特《詩》也，楚人之詞，亦以是而求之，則其寓情草木，託意男女，以極遊觀之適者，變《風》之流也；其叙事陳情，感今懷古，以不忘乎君臣之義者，變《雅》之類也。至於語冥婚而越禮，攄怨憤而失中，則又《風》《雅》之再變矣。其語祀神歌舞之盛，則幾乎《頌》，而其變也，又有甚焉。其爲賦，則如《騷經》首章之云也；比則香草惡物之類也；興，則託物興詞，初不取義，如《九歌》沅芷澧蘭以興思公子未敢言之屬也。然《詩》之興多而比賦少，《騷》則興少而比賦多，要必辨此，而後詞義可尋，讀者不可以不察也。〔一二〕

朱子「始疏以《詩》之六義」（王鏊語），說明了《集注》與舊注的不同，他在此指出了《九歌》的沅芷澧蘭是屈賦中的興體。他這種「託物興詞」的觀點，貫徹了整個《九歌》的注文。《集注・九歌》序說：

因彼事神之心，以寄吾忠君愛國眷戀不忘之意。〔一三〕

以《九歌》爲「寄寓之體」的主張，和他强調諸篇裏「比」的作用是不能分割的。《辯證》說：

蓋以君臣之義而言，則其全篇皆以事神爲比，不雜它意。〔一四〕

又《九歌》序說：

此卷諸篇，皆以事神不答而不能忘其敬愛，比事君不合而不能忘其忠赤，尤足見其懇切之意。〔一五〕

以事神不答比事君不合，事神是主體，事君是喻體：巫、主祭者、神是作比；屈子、懷王是被比。諸篇注文始終以巫與主祭者事神爲主體，與《章句》《補注》直陳屈子思懷王之事迥異。如《東皇太一》一篇，《集注》説：

此篇言其竭誠盡禮以事神，而願神之欣悦安寧，以寄人臣盡忠竭力，愛君無已之意，所謂全篇之比也。〔一六〕

《雲中君》題下注云：

此篇言神既降而久留，與人親接，故既去而思之不能忘也，足以見臣子慕君之深意矣。〔一七〕

《湘君》題下注云：

此篇蓋爲男主事陰神之詞，故其意曲折尤多，皆以陰寓忠愛於君之意。〔一八〕

朱熹以「事君不合」只是《九歌》的寄意或陰寓，反對《章句》《補注》直指屈子自陳事君不偶的説解。他又在《楚辭辯證》説：

後之讀者，昧於全體之爲比，故其疏者以它求而不似，其密者又直致而太迫，又其甚則並其篇中文義曲折而失之，皆無復當日吟咏情性之本旨。〔一九〕

「直致而太迫」的密者，正是指王、洪兩家注。《楚辭辯證·卷上》有數條正是針對王、洪舊注《九歌》的失誤而發的，如：

《東皇太一》，舊説以爲原意謂人盡心以事神，則神惠以福，今竭忠以事君，而君不見信，故爲此以自傷。《補注》又謂此言「人臣陳德義禮樂以事上，則上無憂患」。《雲中君》，舊説以爲事神已訖，復念懷王不明，而太息憂勞。《補注》又謂「以雲神喻君德，而懷王不能，故心以爲憂。」皆外增贅説，以害其全篇之大指；曲生碎義，以亂本文之正意。且其目君不亦太迫矣乎！「吾乘桂舟」，吾，蓋爲祭者之詞。舊注直以爲屈原，則太迫，《補注》又謂言湘君容色之美，以喻賢臣，則又失章指矣。「女嬋媛」，舊注以爲女嬃，似無關涉，但與《騷經》用字偶同耳。以思

> 君爲直指懷王，則太迫，又不知其寄意於湘君，則使此一篇之意皆無所歸宿也。「心異媒勞」，王注以爲與君心不同，則太迫而失題意。《補注》又因輕絶而謂同姓無可絶之義，則尤乖於文義也。〔二〇〕

明確道出王、洪兩注「太迫」之失。又如：

> 「石瀨飛龍」一章，説者尤多舛謬。其曰：它人交不忠，則相怨；我則雖不見信，而不以怨人。《補注》又云：「臣忠於君，君宜見信，而反告我以不閒，此原陳己志於湘君也。」不知前人如何讀書，而於其文義之曉然者，乃直乖戾如此，全無來歷關涉也。其曰：君初與我期共爲治，而後以讒言見棄。此乃得其本意，而亦失其詞命之曲折也。
>
> 《湘君》一篇，情意曲折，最爲詳盡，而爲説者之謬尤爲多，以至全然不見語意之脈絡次第。至其卒章，猶以遺玦、捐袂爲求賢，而采杜若爲好賢之無已，皆無復有文理也。〔二一〕

在朱熹的眼中，《章句》《補注》言屈子直陳事君，失諸太迫，以致「乖戾」而不見「脈絡次第」，失其「詞命之曲折」，「無復有文理」了。

無論説屈子爲「直賦其志」或是「陰寓其志」，王注、洪注與朱注都有一個共同點——肯定屈子有借《九歌》以表達事君不合的意識。有了這個主觀，在注釋的時候，便容易在不知不覺間牽合屈子身世情事，説得簡單逕直便易流於附會了。對這種看法提出質疑的，是明朝的汪瑗。他在《楚辭集解・九歌》裏説：

> 其文意與君臣諷諫之説，全不相關，舊注解者多以致意楚王言之，支離甚矣。……《九歌》之詞因不可以爲無意也，亦不可爲有意也，昔人謂解杜詩者，句句字字爲念君憂國之心，則杜詩掃地矣。瑗亦謂《楚辭》者，句句字字爲念君憂國之心，則《楚辭》亦掃地矣。〔二二〕

認爲《九歌》與君臣諷諫之義内不相涉，是對舊注極度不滿的一個抗辯；可是，説《九歌》之詞在乎有意與無意之間，甚麼是有意無意，這種含糊的説法，却把言外之意的有無都弄得含混了。對於事神與事君的關係，汪氏還是没有定論。

明張京元《删注楚辭》才逕直指出《九歌》都是求神之語：

> 沅湘之間，信鬼而好祀，原見其祝辭鄙俚，爲作《九歌》，亦文人遊戲，聊散懷耳。篇中皆求神語，與時事絶不相涉。舊注牽合附會，一歸怨憤，何其狹也。〔二三〕

張氏肯定《九歌》是求神之詞，否定舊注牽合附會，謂爲屈子怨憤之詞，比汪瑗算是更跨進了一步。可是，屈子爲甚麼要「散懷」？散的又是甚麼懷？這些問題，是不能深究，深究下去便又是「寄寓」「比興」了。

汪、張兩家在事神與事君的關係上不再糾纏的主張，成爲王夫之的「九歌説」的重要根據，他在《楚辭通釋·序例》裏説：

> 《九歌》以娱鬼神，特其悽悱内儲，含悲音於不覺耳。横摘數語，爲刺懷王，鬼神亦厭其瀆矣。〔二四〕

他明確指出了三點：一、《九歌》是「娱鬼神」的祭歌，二、歌辭無直陳事君之語，三、諸篇纏綿悱惻的情懷是作者的自然流露。在《九歌解題》裏，王夫之更直斥王逸之非：

> 今按逸所言以風諫者，不謂必無此情，而云章句雜錯，則盡古今工拙之詞，未有方言此而忽及彼，乖錯瞀亂，可以成章者。熟繹篇中之旨，但以頌其所祠之神，而婉娩纏綿，盡巫與主人之敬慕，舉無叛棄本旨，闌及己冤。但其情貞者其言惻，其志菀者其音悲，則不期白其懷來，而依慕君父，怨悱合離之意致，自溢出而莫圉。故爲就文即事，順理詮定，不取形似舛盭之説，亦令讀

者泳泆以遇於意言之表，得其低回沈鬱之心焉。按逸言沅湘之交，恐亦非是。《九歌》應亦懷王時作，原時不用，退居漢北，故湘君有北征道洞庭之句，逮後頃襄信讒，從原於沅湘，則原憂益迫，且將自沉，亦無閒心及此矣。〔二五〕

所謂「舉無叛棄本旨」，可以從兩方面去理解：從其事而言，《九歌》是祠神的頌詞，是巫與主人迎神的事；從其情而言，《九歌》諸篇洋溢著巫與主人誠敬之意，悱惻之情。於情於事，都沒有溢出祭歌的範圍，所以説「舉無叛棄本旨」。王氏通釋文意時也掌握著「迎神未至而慕望」「神來降」及「樂神之歆享」三方面來著墨，實際上也就是整個祠神的過程。如《湘君》一篇：

「君不行兮夷猶，蹇誰留兮中洲」——此序迎神未至而慕望之意。

「駕飛龍兮北征……隱思君兮陫側」——此言神將降而未至。

「朝騁騖兮江皋……水周兮堂下」——此言神之來至也。

「時不可兮再得，聊逍遥兮容與」——祝神且從容而歆享之。〔二六〕

又《湘夫人》篇中：

「帝子降兮北渚」——此幾幸其來之辭，言帝子其降於北渚乎。

「目眇眇兮愁予」——望其來而未來，故愁不釋。

「鳥萃兮蘋中，罾何爲兮木上」——喻夕張已具，而憂神之不降也。

「九疑繽兮並迎，靈之來兮如雲」——神自彼繽紛而來，我合湘君並迎之，其侍從如雲。處荷屋、就蘭堂，以慰望釋愁，共歆喜也。〔二七〕

以上兩篇看來，都是在「述己之於神，未來而望切，已至而樂之甚」，體現了祭歌的本色，所以王夫之以「舉無叛棄本旨」爲原則去注釋《九歌》。

所謂「而云『章句雜錯』，則盡古今工拙之詞，未有方言此而忽及彼，乖錯瞀亂，可以成章者」，確能道破王逸「上陳事神之敬，下見己之冤結，託之以風諫，故其文意不同，章句雜錯，而廣異義焉」的毛病。王夫之不滿《章句》這種突然而來，倏然而止的注釋方式。他在《通釋・序例》裏說：

《經解》曰：「屬辭比事」，未有不相屬而成辭者。以子屬天則爲元后。以下屬天則爲六寓。引而伸之，觸類而長之，或積崇隆爲泰華，或衍浩瀚爲江海。卮出而不窮，必不背其屬，無非是也。王叔師之釋《楚辭》也異是，俄而可以爲此矣，俄而可以爲彼矣。其來無端，其去無止，然則斯製也，其爲孛星之欻見，行潦之忽涸乎？昧於斯旨，疑誤千載。今此所釋，不揆固陋，希達屈子之情於意言相屬之際，疏川澮以入經流，步岡陵而陟絕巘。尚不迷於所往乎？〔二八〕

王夫之否定了《章句》「方言此而忽及彼」的謬見，要讀《楚辭》者留意於「意言相屬之際」才能得屈子之用心，確是渡人金針。

他如《東皇太一》解題云：

但言陳設之盛，以徼神降，而無婉戀頌美之言，且如此篇，王逸寧得以冤結之意附會之邪？〔二九〕

又如《雲中君》「思夫君兮太息，極勞心兮懮懮」句下注：

凡此類，或自寫其忠愛之惻悱，亦有意存焉，而要爲神言，舊注竟以夫君爲懷王，則舛雜而不通矣。〔三〇〕

至於行文間偶涉寓意，也不過是屈子的一種「情貞」「意莞」的內蘊揮毫落紙，不免「言惻」「音悲」罷了。這都是「含悲音於不覺」，「自溢出而莫圉」，是情不自已的無心流露。如《東君》一篇，王夫之釋說：

此章之旨，樂以迎神，必驅祓妖氛之蔽，而後可使神聽和平，陽光遠照，其寓意於去讒，以昭君之

明德者。事與情會，而因寄所感，固不待比擬而自見。若他篇之本無此意，初不可以强相附會也。〔三一〕

所謂事君之義，不過是事神之際，「事與情會」「因寄所感」「不待比擬而自見」的。以上種種都可以説明王夫之注《九歌》，與《章句》《補注》《朱注》是有其本質上與方法上的差異的。他説的「就文即事，順理詮定，不取形似舛盭之説，亦令讀者泳泆以遇於意言之表，得其低回沉鬱之心焉」，既是他讀《九歌》的體會，也是他注《九歌》的態度。這種精神，給後來的楚辭注家以莫大的啟發。清蔣驥《山帶閣注楚辭》云：

《九歌》之託意君臣，在隱約即離之際，蓋屬目無形者，或見其意之所存，況睹其形之似者乎。有觸而發，固其理也，必欲句櫛字比以求合之，則刓方爲圓矣。〔三二〕

近人劉永濟《屈賦通箋》也説：

屈子當時情事，以世遠記略，不易考見，思欲通其志，自非由辭意逆不可，惟於此有當明者三焉：一者，辭外之志，必在辭事既明之後，於説辭之時，不可闌入。二者，作者之志，既非明言，所賦既是别一事，而讀者猶能彷彿見其肝膈之藴蓄者，蓋有二因：作者平日所感，深入性靈，爲文之時，情感鬱勃，雖不必發抒，而幽音自然流露於行間字裏，我得其間而追索之，而設想之，則亦瑩然如符采之相副，此其一也。作者行誼，我於其他文，或他人記述，已得其大體，涵泳此文，既久且熟，亦不難互相會通，此其二也。三者，賦家之文，本以事辭爲體，事外幽音，雖能於行間字裏，意逆得之，究非句句比附而爲之者，中間自有止於賦事之處，若一切强説，必不無穿鑿之失，大抵摛情之辭，往往見志，敷事之句，不必有心。神明變通，是在讀者矣。〔三三〕

劉氏提出注屈辭可「由辭意逆」，結合屈子身世以求「事外幽音」，反對句句比附穿鑿，無疑是在王夫之

「舉無叛棄本旨」說的基礎上更進一步了。王氏的「九歌説」，對舊注確有摧陷廓清之功。

戴震《屈原賦注》七卷。姜亮夫認爲「洪、朱而後，謹嚴篤實，博雅精約無過此書」。《屈原賦注》裏推崇屈子「其心至純，其學至純，其立言指要歸於至純。二十五篇之書，蓋經之亞。説《楚辭》者，既碎義逃難，未能考識精核，且彌失其所以著書之指」。因此他自道其書的旨趣在「取屈子書注之，觸事廣類，俾與遺經雅記合致同趣」。

王夫之「九歌説」，是異於《章句》《補注》《集注》的一家之言，而戴震的九歌注，則又自成體系，與王夫之説大異其趣：王氏以《九歌》爲懷王時作，是祠神的樂歌，否定篇中一切屈子事君不合的寄託；戴氏則認爲《九歌》作於頃襄時，是屈原就當時祀典直賦其事，並非祠神所歌，嘗試從歷史上去落實《九歌》的寄意。

「屈原就當時祀典賦之，非祠神所歌」這個觀點，貫串著戴注《九歌》。如《東皇太一》解題云：

蓋自戰國時奉爲祈福神，其祀最隆，故屈原就當時祀典賦之，非祠神所歌也。〔三四〕

《雲中君》解題云：

殆戰國時有增入祀典者，故屈原得舉其事賦之。〔三五〕

「舉其事賦之」，是説屈子以旁觀者的身份去賦當時的祀典。又如《湘君》「君不行兮夷猶」至「吹參差兮誰思」一章下注云：

湘君、湘夫人，並陰神，用女巫明矣。二歌不陳享神之物，乃主祭者之辭，以神不來，但巫使致之也。其非祠神所歌，於斯可決。〔三六〕

《大司命》解題也説：

《周官·大宗伯》：「以槱燎祀司中司命。雖在祀典，然二歌皆非祭辭也。」〔三七〕

《東君》解題云：

> 蓋舉迎日典禮賦之。〔三八〕

又謂《國殤》《禮魂》通篇「直賦其事」。有了這個立論，在注解文句時，戴氏便從「直賦其事」的角度出發，託爲巫致神之詞，如《東皇太一》注云：「上章陳所以享神者，此章則言神降於巫，而享其芬香音樂也。」又《雲中君》「浴蘭湯兮沐芳」至「爛昭昭兮未央」句注云：「言巫之潔以致神，故神留之，光爛方盛。」諸如此類，戴氏都以爲屈子見楚俗祠神而賦其事，因爲是直賦其祭祀之事，自然也不存在思君的問題。

只有《河伯》和《山鬼》兩篇，戴震認爲那是屈子自歌之辭，與別的九篇「直賦其事」的觀點不一致，却與王逸注相近了。如王注《河伯》說「屈原設意與河伯爲友」，戴注則云「屈原之歌河伯，歌辭但言相與遊而已」；王注《山鬼》言「山鬼之貌，既以姱麗，亦復慕我有善行好姿，故來見其容也」，戴注則云「通篇皆山鬼與己相親之辭」。這裏可以看出戴注受舊注影響的痕跡。

戴震注《九歌》，著重結合歷史背景和屈原身世以去解釋十一篇的寫作動機。他在《九歌解題》裏說：

> 昭誠敬，作《東皇太一》；懷幽思，作《雲中君》，蓋以況事君精忠也。致怨慕，作《湘君》《湘夫人》，以己之棄於人世，猶巫之致神，而神不顧也。正於天，作《大司命》《少司命》，皆言神之正直，而惓惓欲親之也。懷王入秦不反，而頃襄繼世，作《東君》，末言狼弧，秦之占星也，其辭有報秦之心焉。……閔戰爭之不已，作《國殤》；恐常祀之或絕，作《禮魂》。〔三九〕

所謂「事君精忠」「懷王入秦不反」「頃襄繼世」「報秦之心」，都是從楚國的時局去解釋《九歌》的寫作動機。在注解中，戴氏對屈子的「寄意」也說得很具體明確，如《湘君》解題說：

屈原爲歌辭，託意於神既不來，巫猶竭誠盡忠思之，用輸寫其事君之幽思如是也。〔四〇〕

也是在解釋屈子的寫作動機。又如《大司命》解題説：

懷王初甚任屈原，後乃以讒疏黜之，故二歌並託於與司命離合爲辭，天之司命，亦猶下之居位大臣，所以有與君齊速，及宜爲民正之語。〔四一〕

又如《東君》篇注説：

天狼一星，弧九星，皆在西宫，北斗七星，在中宫，《天官書》：「秦之疆也，占於狼弧」。此章有報秦之心，故與秦分野之星言之，用是知《九歌》之作，在懷王入秦不反之後，歌此，以見頃襄之當復讎，而不可安於聲色之娱也。援北斗以酌桂漿，則施德布澤之喻，撰者理而總之也。〔四二〕

又如《山鬼》解題説：

通篇皆爲山鬼與己相親之辭，亦可以假山鬼自喻，蓋自吊其與山鬼爲伍，又自悲其同乎山鬼也。歌辭反側讀之，皆其寄意所在。〔四三〕

可知戴氏所言屈子「寄託」，其實是把屈子的寫作動機隱藏在文章背後，不拿「寄託」來「句櫛字比」，而不有「乖戾」的「碎義」。如《湘君》「鳥次兮屋上，水周兮堂下」，戴注云「但見鳥與水而已」，又《湘夫人》「嫋嫋兮秋風，洞庭波兮木葉下」注「但見秋風水波，及木葉落，不與神遇也」；「鳥何萃兮蘋中，罾何爲兮木上」注「言鳥與罾之處非其宜，蓋疑此地不足以待神矣」。這都是如實地注解，絲毫没有牽合附會的味道。

戴震注《九歌》是有鑑於「説楚辭者，既碎義逃難，未能考識精核，且彌失其所以著書之指」，所以他要觸事廣類，考核精詳，務求其言之有據，事必有徵，充分體現了清代樸學家謹嚴的治學態度。

結合秦楚之事及屈子遭際以探求《九歌》的寄託，是戴注《九歌》的特色，而這種注釋態度，也深遠地影響著後世的桐城文家。

戴震指《東君》一篇「有報秦之心」，啟發了桐城文家梅曾亮和吴汝綸。「射天狼」句下梅曾亮注説：

> 天狼者，秦之分野，舉長矛而射之，此一發之樂也。北斗桂漿，歸而飲，至撰轡高馳，所謂翩然不可復制，懷王雖卒，猶以是祝之，以致其哀思焉。〔四四〕

吴汝綸也説：

> 梅伯言謂天狼秦之分野，屈子時談天家，或未必然，要此文則望頃襄之振國威也。〔四五〕

借秦楚之事以致復國之志，無疑是受了戴注的影響的。

張惠言《七十家賦鈔》釋《九歌》，不如《章句》《補注》的章決句斷，却能配合歷史與人事以探求屈賦的寄意，與戴注也很相近。

戴注云：「昭誠敬，作《東皇太一》；懷幽思，作《雲中君》，蓋以況事君精忠也。」張惠言的看法與戴震相近，他在《東皇太一》下説「此言以道承君，冀君之樂也」；《雲中君》下注「此章言君苟用己，則可以安覽天下，惜此會之不可得也」。《河伯》一篇，戴氏説是屈原自傷之詞，説他投汨羅之志已決。張氏則云「此章決懷沙之志」，也與戴説相近似。又如《山鬼》一篇，戴氏認爲是屈子假山鬼以自喻，肯定有言外之意，張氏亦云：「此章雖死不忘君，故以山鬼自比，予、山鬼，子、君與公子也。」張氏吸取戴説的痕跡是十分明顯的。

馬其昶注《九歌》注重採用史實，求屈子之託意，承襲了戴震「九歌説」的精神。《屈賦微・九歌解題》云：

> 何焯曰：「《漢志》載谷永之言云：楚懷王隆祭祀，事鬼神，欲以邀福，助却秦軍，而兵挫地削，

身辱國危，則屈子蓋因事以納忠，故寓諷諫之詞，異乎尋常史巫所陳也。」其昶案：懷王既隆祭祀，事鬼神，則《九歌》之作，必原承懷王命而作也，推其時當在《離騷》前，史稱原博聞彊志，明治亂，嫻辭令。懷王使原造憲令，上官大夫讒之王曰：每一令出，原曰：非我莫能爲。雖非其實，然當時爲文，要無出原右者，彼懷王撰詞告神，舍原誰屬哉？案懷王十一年，爲從長攻秦，十六年，絶齊和秦，旋以怒張儀，故復攻秦，大敗於丹陽，又敗於藍田，吾意懷王事神，欲以助却秦軍，在此時矣。〔四六〕

馬氏以「屈原爲懷王作祠神之歌，欲以助却秦軍」的觀點來解釋《九歌》的寫作背景。在《湘君》「心不同兮媒勞」至「期不信兮告余以不閒」句下，馬氏注文便以楚與秦齊之間的關係來説明「交不忠」和「期不信」的意義：

秦使張儀來詐楚絶齊，賂以商於地六百里。懷王信之，使一將軍西受地。張儀稱病不出，三月，地不可得，懷王曰：儀以吾絶齊爲尚薄邪！乃使勇士辱齊王。齊王大怒，折楚將，儀乃起朝，謂楚將軍曰：何不受地從某至某六里。懷王大怒，伐秦，自是兵連禍結，旋和旋戰，卒以亡國。所謂思不甚而輕絶也。交不忠，謂絶齊；期不信，謂張儀稱病不出，此蓋述其事以求神之聽直也。〔四七〕

《東君》「操余弧兮反淪降」至「杳冥冥兮以東行」句下馬氏注説：

日冥之時，東行而反，則暾將出時之爲西行可知。秦在西也，谷永謂懷王隆祭祀，欲以助却秦軍，此章正其祝神却秦之詞。〔四八〕

也是以懷王祝神却秦作《東君》的注脚。又像《國殤》解題，更容易地找到秦大敗楚師於丹陽，斬首八萬的歷史背景：

懷王怒而攻秦，大敗於丹陽，斬甲士八萬，乃悉國兵，復襲秦，戰於藍田，又大敗。兹祀國殤，且祝其魂魄爲鬼雄，亦欲其助却秦軍也。原因叙其戰鬥之苦，死亡之慘，聆其音者，其亦惻然動念者乎。〔四九〕

整體來看，馬其昶雖採納了戴震結合史實的注解方式，但是對於整個《九歌》的理解，却和戴震截然不同。戴氏認爲《九歌》是直賦其事，非祠神之所歌，馬氏則以爲是告神之詞；戴氏以《九歌》爲頃襄再遷屈原於江南時作，馬氏則認爲是作於懷王時，且在《離騷》之前；戴氏以寄託己意爲屈原作《九歌》之旨，馬氏以爲屈原只是「因其事以納忠」而已。

近人劉永濟《屈賦通箋》合《離騷》《九歌》《天問》《九章》《九辯》通箋各一卷，每卷各分題解第一，正字第二，審音第三，通訓第四，評文第五。採擷許多歷代注家之説，而以戴注爲最多。《通箋・九歌題解》云：

《九歌》者，屈子見楚俗祠神而賦其事，所祠之神，不必定國家祀典，其間雜有民間之事，所以致己忠愛之意云爾。其言中之物，與言外之意，流露於不自覺……〔五〇〕

也説《九歌》是直賦其事，也肯定有屈原忠愛之意，與戴氏注《九歌》的精神是一致的。《通箋》中對《九歌》的分析，不少地方都和戴説相合。如：

《湘君》一篇，戴注：「屈原爲歌辭，託意於神既不來，巫猶竭誠盡忠思之，用輸寫其事君之幽思如是也。」〔五一〕《通箋》説：「朱熹……但以求神不答之辭，比事君不偶之志，通首從男主事陰神立説，謂其意曲折尤多。戴氏用朱説，惟不以女太息爲旁觀之人耳……朱戴之説，殆無可疑。」〔五二〕

《大司命》一篇，戴注：「雖在祀典，然二歌皆非祭辭也……託於與司命離合爲辭，天之司命，亦猶下之居位大臣，所以有與君齊速，及宜爲民正之語。」〔五三〕《通箋》説：「朱戴所説，最有次序，二家皆謂初言神降從己，次言己欲從神，是始與神相合也。中間因及與神相得之事。折麻以下，神去而思，思而愁，是後與神相離也……戴以比居位大臣……然觀與君齊速，導帝九阬之文，則戴義爲長。」〔五四〕可見在朱熹、戴震兩家之間，他是比較傾向戴震的。

《東君》一篇，戴注「此歌備陳樂舞之事，蓋舉迎日典禮賦之」，又說「此章有報秦之心」。〔五五〕《通箋》說：「……《通釋》則主舊說，且謂日出如有聲，皆不如戴君以迎神之樂，聲容最盛，令人忘歸爲近是……此篇之辭，爲賦迎日典禮。首言朝暾初上，迎神之事方始，聲容之盛，已令人忘歸……辭外之志，則戴君以頃襄當有報秦之心，一語得之。」對戴氏最爲推許。〔五六〕

劉氏認爲《九歌》「言中之物，與言外之意，流露於不自覺」，因此，對於戴注中求之太深之處，有時也採取了批判的態度。如《河伯》一篇，戴氏以爲屈原「投汨羅之意已決」，劉氏並不同意，以爲「戴以屈子沉沙之志，決於此篇，亦嫌拘執」〔五七〕；又《禮魂》一篇，戴氏說是「直賦其事，歌辭反側讀之，可以知其寄意矣」，劉氏却說「戴氏主《九歌》爲賦祀事之文，故不以爲成禮送神之曲……蓋他篇賦祀事，此篇則總攝其意而終之，即前九篇之亂也」，反對戴注「直賦其事」說，而從王夫之說，視《禮魂》爲送神曲。〔五八〕

劉永濟注《九歌》，「由辭意逆」，結合楚國歷史和屈子的身世以追求「事外幽音」，反對句櫛字比，對戴震「九歌說」，既有繼承，也有新創。

注釋

〔一〕洪興祖《楚辭補注》，頁四八，北京中華書局，一九八三年。

〔二〕第十六卷爲劉向擬作《九歎》，王逸通詁爲《章句》十六卷，而以逸自撰《九思》殿末，而爲十七卷。詳隆慶重雕宋本《楚辭章句》十七卷，王世貞序文。萬曆馮紹祖觀妙齋刊本《楚辭章句》亦録此序。

〔三〕詳《後漢書・安帝紀》《鄧皇后紀》《蔡倫傳》等篇記安帝及鄧太后博選通儒校書東觀事。

〔四〕同注〔一〕，頁五五。

〔五〕同注〔四〕。

〔六〕陳振孫《直齋書録解題》，卷十五，頁九〇〇—九〇一，台灣廣文書局，一九六八年。

〔七〕《四庫全書總目提要》，頁一二六八，北京中華書局，一九八七年。

〔八〕同注〔六〕，頁九〇一。

〔九〕朱熹《楚辭集注》，頁一七一。

〔一〇〕同注〔九〕，頁三。

〔一一〕同注〔九〕，頁一七四。

〔一二〕同注〔九〕，頁二—三。

〔一三〕同注〔九〕，頁二九。

〔一四〕同注〔九〕，頁一八五。

〔一五〕同注〔九〕，頁二九。

〔一六〕同注〔九〕，頁三一。

〔一七〕同注〔九〕，頁三二。

〔一八〕同注〔九〕，頁三五。

〔一九〕同注〔九〕，頁一八五。

〔二〇〕同注〔九〕，頁一八六—一八七。

〔二一〕同注〔九〕，頁一八七。

〔二二〕洪湛侯《楚辭要籍解題》引汪書，頁四一。湖北人民出版社，一九八四年。

〔二三〕東京文友堂影印明萬曆四十六年刊本不分卷，一九七五年。

〔二四〕王夫之《楚辭通釋》，頁五，香港中華書局，一九六〇年。
〔二五〕同注〔二四〕，頁二五。
〔二六〕同注〔二四〕，頁二八—三一。
〔二七〕同注〔二四〕，頁三一—三四。
〔二八〕同注〔二四〕，頁五。
〔二九〕同注〔二四〕，頁二七。
〔三〇〕同注〔二四〕，頁二八。
〔三一〕同注〔二四〕，頁三九—四〇。
〔三二〕蔣驥《山帶閣注楚辭》，頁一九六，上海中華書局，一九六二年。
〔三三〕劉永濟《屈賦通箋》，頁八六，台灣學生書局，一九七二年。
〔三四〕戴震《屈原賦注》，頁一三。
〔三五〕同注〔三四〕，頁一四。
〔三六〕同注〔三五〕。
〔三七〕同注〔三四〕，頁一八。
〔三八〕同注〔三四〕，頁二〇。
〔三九〕同注〔三四〕，頁一二—一三。
〔四〇〕同注〔三四〕，頁一六。
〔四一〕同注〔三四〕，頁一八。
〔四二〕同注〔三四〕，頁二〇。
〔四三〕同注〔三四〕，頁二二。
〔四四〕吴闓生《吴評古文辭類纂》，頁一四五九下，台灣中華書局，一九七一年。
〔四五〕同注〔四四〕，頁一四五九下，一四六〇上。

〔四六〕馬其昶《屈賦微》，頁一〇，台灣廣文書局。

〔四七〕同注〔四六〕，頁一一。

〔四八〕同注〔四六〕，頁一四。

〔四九〕同注〔四六〕，頁一六。

〔五〇〕同注〔三三〕，頁六五。

〔五一〕同注〔三四〕，頁一六。

〔五二〕同注〔三三〕，頁八八。

〔五三〕同注〔三四〕，頁一八。

〔五四〕同注〔三三〕，頁八九。

〔五五〕同注〔三四〕，頁二〇。

〔五六〕同注〔三三〕，頁九一。

〔五七〕同注〔五六〕。

〔五八〕同注〔三三〕，頁七〇。

# 第二講　神話與歷史

《史記・楚世家》説帝顓頊高陽，是楚人的祖先，屈原在《離騷》裏也自承是「帝高陽之苗裔」。其曾孫重黎「爲帝嚳高辛氏居火正，甚有功，能光融天下，帝嚳命曰祝融」。在《尚書・吕刑》裏有一段關於「命重黎絶地天通」的記載：

> 苗民弗用靈，制以刑。惟作五虐之刑曰法。殺戮無辜，爰始淫爲劓、刵、椓、黥。越兹麗刑并制，罔差有辭。民興胥漸，泯泯棼棼，罔中於信，以覆詛盟。虐威庶戮，方告無辜於上。上帝監民，罔有馨香，德刑發聞惟腥。皇帝哀矜庶戮之不辜，報虐以威，遏絶苗民，無世在下。乃命重黎，絶地天通，罔有降格。

《吕刑》今文《尚書》作《甫刑》，那是因爲吕侯的後世子孫封於甫而改稱的。《吕刑》一篇舊説是周穆王時候的作品，近人頗有懷疑是周宣王以後的作品，〔一〕證據都嫌薄弱，不妨仍從舊説視作周穆王時代的作品。先不管這段文字許多生澀難懂的字眼，先看「苗民」「靈」「皇帝」「重」「黎」等詞的意義：

苗民——孔《傳》：「三苗之君」。

靈——善。（孔《傳》訓「不用靈」爲「不用善化民」）

皇帝——孔《傳》：「帝堯也」。

重黎——孔《傳》：「重即羲，黎即和」。

孔《傳》的解釋顯然是根據《書・堯典》裏「乃命羲和，欽若昊天」的記載。孔《傳》解釋《堯典》

這句話說：

> 重黎之後，羲氏和氏，世掌天地四時之官，故堯命之使敬順昊天。

孔《傳》說《堯典》裏的羲和是重黎之後，自然在注《呂刑》「乃命重黎」時，也說：「重即羲，黎即和」，把「重黎」「羲和」重疊爲一。照《史記・楚世家》的記載，重黎是楚國的遠祖，做過帝嚳高辛氏的火正，以其能光融天下，所以「命曰祝融」。《左傳・昭公二十九年》說「顓頊氏有子曰犂，爲祝融」，鄭玄《禮記・月令注》說：「顓頊氏之子曰黎，爲火官。」童書業先生更進一步推論出開天闢地的神話來：

> 祝融爲楚遠祖，或以爲即鬻熊，疑非。《鄭語》：「夫黎爲高辛氏火正，以淳耀敦大天明地德，光照四海，故命之曰祝融。」（按：此說與《楚世家》所記略近。《楚世家》「命曰祝融」，《鄭語》「故命之曰祝融」，可見祝融不是專指某人，而是火正的通號。）又云：「祝融亦能昭顯天地之光明。」蓋祝融爲火神，亦即日神也。《呂刑》「乃命重黎絕地天通，罔有降格」，此似爲較原始之開天闢地神話，謂開天闢地者爲太陽神也。《山海經・大荒西經》「帝令重獻上天，令黎卬下地」，於是天地之交通絕矣。〔二〕

童先生「開天闢地」的說法雖然未可確信，但把《呂刑》裏「絕地天通」的記載，加上了《鄭語》和《山海經》的資料，儘管《大荒西經》這兩句話裏「獻」字和「卬」字，前人已說不知其義，反而更增加了這句話的神秘性。把《尚書・堯典》裏堯命羲和的歷史傳說，說成能光融天地的祝融，不是更富神話意義嗎？我們可以更進一步深入比較過去的經史學家和現代治神話學者的觀點有多大分別。

在《呂刑》裏，那句「苗民不用靈」裏的苗民，孔《傳》說成「苗君」：

> 三苗之君，習蚩尤之惡，不用善化民而更用重刑。

那是更把「靈」解作「善」了。這顯然是先把「靈」字看成「善」的同義詞，而必須把「不用靈」的人説成「苗民」，但無知的苗民又怎懂得修習善道？所以只好再把苗民説成「三苗之君」了。孔《傳》的解釋充分體現了經學家對現實世界裏社會秩序的關懷。

要是我們把「靈」看作「神靈」或「靈保」，這段文字便可以有不同的理解。日人白川静説：

姜姓吕國所傳承的羌族神話，在後來經典化了的《書經・吕刑》一篇，是以「惟吕命，王享國百年，耄荒，度作刑以詰四方」開始，一開始就相當的混亂，很難説這一定是傳承的原形。《史記・齊世家》把這段文字改爲「甫侯言於王修作刑辟」，只因爲甫與吕古時同聲。……另外「享國百年」指周穆王而言，《史記・周本紀》説穆王即位時已五十歲，在位五十五年而崩。因爲王甚老耄，所以覺得有作刑典的必要；可是，原先作刑典的是伯夷，這在《吕刑》以及《書經》的《虞》《夏書》都是常見的記載。因此我認爲《吕刑》的前文，是指吕受周封而建國百年的意思，相當於穆王的初年，而這篇的作成時期是相當晚的戰國時期。……

伯夷制定五刑，是因爲「苗民弗用靈（神意）」的緣故，苗民暴虐不改，皇帝哀矜庶戮之不辜，所以才要「遏絶苗民，無世在下」，由此可見要懲罰和驅逐苗民的是皇帝，羌人是遵奉皇帝之命的「神的選民」。然後皇帝爲了斷絶苗民與神的交通，而「乃命重黎，絶地天通，罔有降格」，在重黎的天地開闢故事説定了以後，才進入「伯夷降典，折民惟刑」的伯夷制刑的主題。重黎在楚的傳承上是重與黎，乃楚人的兩個祖神的名字。羌人有「絶地天通」的神話傳承，而從擁有伏羲女媧神話的苗族立場來看的話，羌人之神共工，却是使天柱地維傾折的破壞者。由這些神話的存在狀態，也顯示著羌苗之間的葛藤。〔三〕

白川静把「靈」説成「神意」，而遵奉皇帝之命的羌人是神的選民，「乃命重黎，絶地天通，罔有降格」，是皇帝要爲羌人懲罰和驅逐暴虐的苗人而作出斷絶苗民與神交通的決定。把《吕刑》簡單的記載給豐富化了。白川靜更進而利用《宗周鐘》記載的周昭王南征故事來解釋《吕刑》的背景：周鐘在時期上最古的是記昭王南征之事的宗周鐘，可能是前十世紀前期、穆王初期之物。器的作者甫侯也即是姜姓的吕國之君，「吕」是《書經·吕刑》所見神話國家——《吕刑》又叫《甫刑》。吕刑中有由於苗人暴虐而使得人神分離，帝命重黎斷天地道，並命姜姓始祖伯夷作刑法的神話傳承，《書經·吕刑》把這個神話以經典的形式加以記述。有伏羲女媧神話的苗族，把羌人之神共工當作是天地的破壞者，而羌人則把苗人當作是天地開闢之原因的暴虐者，兩者之間是一種互不相容的敵對關係。

周是與羌姓諸國有通婚關係的，在周滅殷而進出於河南的時候，漢水流域仍然殘存著南人的勢力，所以周派了有力的征討軍隊去討伐。在武漢附近的安州孝感，出土了一群此時的武將中氏的銅器，上有記載紀念當時南征的銘文，征討的結果是回復了被南人所奪的姜姓諸族土地，在此設置了姜姓四國，吕就是其中之一。可是後來南人又繼續反攻，周昭王爲了保護此姜姓四國，曾親征漢水之地，結果戰死。《楚辭·天問》所見的王逢白雉而没，可能就是指與頭飾羽毛的南人之間的戰爭而言。宗周鐘就是爲了祭祀昭王而作的樂器。作器者吕，可能常苦於南人的進攻吧！《書經·吕刑》所見的苗人暴虐神話，就是在這樣的背景之中被文獻化而成立的。〔四〕

白川靜認爲《吕刑》成書時「已經不可能保持住神話的原來狀態，原來的神話在經典化的過程中變形，被加上了許多作僞」〔五〕。要恢復已變形的神話的原來狀態不大可能，我們可以從《國語》比較詳細的記載深入地看這件「絶地天通」事情的本質：

昭王問於觀射父曰：「《周書》所謂重、黎寔使天地不通者，何也？若無然，民將能登天乎？」

對曰：「非此之謂也。古者民神不雜。民之精爽不攜貳者，而又能齊肅衷正，其智能上下比義，其聖能光遠宣朗，其明能光照之，其聰能聽徹之，如是則明神降之，在男曰覡，在女曰巫。是使制神之處位次主，而爲之牲器時服，而後使先聖之後之有光烈，而能知山川之號、高祖之主、宗廟之事，昭穆之世、齊敬之勤、禮節之宜、威儀之則、容貌之崇、忠信之質、禋絜之服，而敬恭明神者，以爲之祝。使名姓之後，能知四時之生、犧牲之物、玉帛之類、采服之儀、彝器之量、次主之度、屏攝之位、壇場之所、上下之神、氏姓之出，而心率舊典者爲之宗。於是乎有天地神民類物之官，是謂五官，各司其序，不相亂也。民是以能有忠信，神是以能有明德，民神異業，敬而不瀆，故神降之嘉生，民以物享，禍災不至，求用不匱。

及少皞之衰也，九黎亂德，民神雜糅，不可方物。夫人作享，家爲巫史，無有要質。民匱於祀，而不知其福。烝享無度，民神同位。民瀆齊盟，無有嚴威。神狎民則，不蠲其爲。嘉生不降，無物以享。禍災薦臻，莫盡其氣。顓頊受之，乃命南正重司天以屬神，命火正黎司地以屬民，使復舊常，無相侵瀆，是謂絶地天通。

其後，三苗復九黎之德，堯復育重、黎之後，不忘舊者，使復典之。以至於夏、商，故重、黎氏世叙天地，而别其分主者也。其在周，程伯休父其後也，當宣王時，失其官守，而爲司馬氏。寵神其祖，以取威於民，曰：『重寔上天，黎寔下地。』遭世之亂，而莫之能禦也。不然，夫天地成而不變，何比之有？」〔六〕

《楚語·下》這段文字記載了楚昭王和觀射父的對話，反映了戰國時楚人對重黎「絶地天通」一事的認識。觀射父是楚國的大夫，《楚語·下》還記載過楚大夫公子圉聘於晉，對趙簡子答話時曾説：「楚之所寶者，曰觀射父，能作訓辭，以行事於諸侯，使無以寡君爲口實。」可見觀射父當時在楚國的地位之隆，他大概以博學而能爲國家作「訓辭」著稱於時，爲楚王的高級諮詢大臣。《楚語·下》在記載重黎「絶地天通」的事後面還有一段觀射父答楚昭王「祀不可以已」的話，歷陳自天子、諸侯、卿、大夫、士、庶人等階層的祭祀儀式和祭祀對國家社會的重要。可見觀射父是以精熟歷史和禮制，而贏得公子圉「楚之所寶」的美譽的。從上面楚昭王和觀射父的對話，可以看出他們對「重黎絶地天通」此一史事的理解：

一、楚國當時大概流傳一種説法：重黎使天地不通，人民不能登天，因此楚昭王才提出了疑問。

二、觀射父答話的要點是以民神的關係去解釋「重黎使天地不通」這件事的意義，這些民神關係包括：

（一）古者民神不雜；

（二）少皞末世有九黎之亂，以致「民神雜糅」；「烝享無度」「民神同位」；「民瀆齊盟」「神狎民則」；

（三）顓頊「命南正重司天以屬神，命火正黎司地以屬民」。

以上三點講的完全是宇宙的秩序和人神的關係，觀射父認爲人和神分處不同的世界，「民神不雜」「無相侵瀆」，是宇宙的秩序。「民神雜糅」「神狎民則」，那是説人的世界秩序受到破壞，怪力亂神充斥於社會，才會「禍災薦臻」「不可方物」。「司天以屬神」和「司地以屬民」兩句裏的「屬」字，韋昭注説：「屬、會也。所以會群神，使各有分序，不相干亂也。」我覺得一般情況下，「屬」字有「連」的意思，「屬神」可以説是連繫群神，「屬民」可以解作組織人民，其目的都在使神與人各自恢復不同世界的秩序。除了以上三點以外，觀射父還附帶陳述了三點：

（四）能使「明神降之」的巫覡除了要在「精爽不攜貳」和「齊肅衷正」以外，便具備「智」「聖」「明」「聰」四個條件。

（五）祭祝降神的主要任務是由巫覡來承擔的，巫覡以外，還得要加上「恭敬明神」的「祝」和「心率舊典」的「宗」來贊禮。

（六）祭祝降神的目的自然是要「民神異業，敬而不瀆」，而其深層意義是要達致：「民是以能有忠信，神是以能有明德。」

觀射父去古未遠，他所認知的「絶地天通」的意義，純粹從人神的關係上著眼，一點也没有白川靜所説的苗族和羌族敵對的意味。這也許是觀射父囿於他所處的時代，看不透遠古社會的真相。下面我們再看看當代古代史家的看法：

徐旭生在他的《中國古史的傳説時代》一書的第三章專門闢了一節介紹帝顓頊，認爲帝顓頊主要的事蹟是「命重黎絶地天通」：

> 帝顓頊特别重要是因爲他在宗教進化方面有特别重大的作用。《大戴禮記·五帝德篇》所記五帝的德行和事蹟，一方面固然是齊魯儒者把他們人化和理想化的結果，可是另外一方面作者也曾經採録了些遠古的傳説。這就是説他的記述雖説不免有若干失真的地方，可是它並非向壁虚造，仍然保存有一定的歷史的核心的。……綜括説來，《五帝德》的作者是認爲帝顓頊同宗教有特别關係的。更應該注意的，是在《五帝德》中，不惟後面所讚美的堯、舜、禹，讚美詞已經完全屬於人事，同鬼神幾乎毫無關係，就是前面的黄帝，後面的帝嚳，對於他們的讚美詞，雖有關於鬼神的一兩句話，却並不在主要地位，比較來看就不難看出帝顓頊對於宗教關係的特殊性質。不惟如是，帝顓頊主要的事蹟是「命重黎絶地天通」，是「重實上天，黎實下地」，是「命南正重司天以屬神，火正黎司地以屬民」。這些傳説與《五帝德》所記未必來自一源，可是意義完全符合。……可是關於他主要的神話——「絶地天通」，從來還没有滿意的解釋。我現

在來試著對於它作一種科學的解釋。……〔七〕

接著徐先生用了相當多的篇幅，作「科學的解釋」：

總之，宗教的開始是人類對於自然界的威力有屈服和無能爲力的精神表現，所以它在任何時候也不能像科學一樣，啓發人民成爲堅決的鬥士。歸結它對於環境總是屈服的，隨時改變的，並且總是爲社會中上層所利用的。這些新提出來的社會秩序的問題，不管它們的內容有若何的差別，可是仍有一個共同的點，這就是：在當時人看來，它也是屬於超自然的範圍，也是屬於神的。這些神却並不像巫覡所能指揮和命令的小神、小鬼，而是些尊貴的大神。他們的威力比我們人類高得多。我們人類中就是巫覡，也絕無法命令他們，指揮他們。我們只有謹慎地照著他們的意志去辦，才能得到他們的歡心，才能使我們免受鉅大的災禍。當時人相信在社會秩序方面所應該遵守的科條，就是那些大神的命令。……會咒術的「技術人才」是越多越好，多了，他們隨時可以供應我們的需要。而傳達或翻譯大神意思的人却是越少越好；社會共同遵守的信條不能隨便改易。人數一多，就有人雜言龐，使社會有無所適從的危險。所以，當這個時候，「技術人才」的巫不妨多，而傳達或翻譯大神意思的巫最好只有一個。……帝顓頊生當原始公社的末期，氏族制度即將解體的時候，「民神雜糅，不可方物；夫人作享，家爲巫史」。……人人祭神，家家有巫史，是原始社會末期，巫術流行時候的普通情形，並不是因爲「九黎亂德」，才成了這樣。不過從前因爲社會秩序問題沒有提上日程，雖說家家有巫史，也不感覺甚麼不方便。現在社會範圍擴大，氏族聯而爲部落，又進而有部落聯盟，生產能力逐漸發達，生產關係即將變化，社會秩序問題逐漸顯示出來它的重要性，可是這些巫覡不甘心局處於「技術人才」的地位，却人人來傳達或翻譯大神的意思。用不著說，他們的傳達或翻譯一定是互不相謀，一人一樣。巫覡雖説是人，却是神的代表，家家有巫覡，那「民神雜糅」，「民神同位」是一定的結果。「民瀆齊盟，無有嚴威」，韋昭解「齊」爲「同」，「齊盟」就是同盟，同盟是氏族間或部落間的事情，也是有關社會秩序的事情，可是幾乎人人全能傳達神意，來干涉它，那樣的煩瀆，那「齊盟」還能有甚麼「嚴威」呢？要之，「地天」可以相通，在當日人的精神裏面，是一種非常具體的事實，絶不只是一種抽象的觀念。……〔八〕

可是光憑《楚語》記載「重黎絶地天通」的故事，無法説明「絶地天通」的具體辦法，因此他便要從《山海經》裏去探求。他列舉了《海外西經》所記「登葆山」的巫咸國，是「群巫所從上下也」；《海内西經》的「昆侖之虚」是仁羿上岡之巖；《大荒西經》的「豐沮玉門」上有「靈山」，有巫咸等十巫，「從此升降」；《海内經》裏的肇山、柏子高「上下於此，至於天」。從《山海經》裏這些登天的路，徐氏作出推論：

在「絶地天通」以後，大約除了帝顓頊及南正重以外，群巫就不能再有升天的機會。在當日，登葆山（大約就是靈山）、昆侖之虚（丘）、肇山、青要之山，大約就是幾個可以與「群帝」交接的通路，有若干的神巫可以隨便往來上下。他們不惟可以從那些地方得著百藥，醫治萬民的疾病，並且可以隨隨便便傳達「群帝」的意思，變更社會的秩序。……炎黄以前，氏族的範圍大約還很少，社會自身還没有變化的傾向，社會秩序的問題還顯不出很重要。及至炎黄與蚩尤大動干戈以後，散漫的氏族擴大成部落，再擴大爲部落聯盟；社會的新元素已經在舊社會裏面含苞和發芽，新舊的矛盾開始顯露，新舊的交替不久就要開始，社會的秩序問題因此就漸漸地重要起來。從前天人接近還感覺不到甚麼樣的不便，可是在這個時候就成了社會自身的一種嚴重的威脅。帝顓頊出來，快刀斬亂蔴，使少昊氏的大巫重爲南正「司天以屬神」，……「司天以屬神」是說只有他，或者說只有他同帝顓頊才管得天上的事情，把群神的命令會集起來，傳達下來，此外無論何巫全不得升天，妄傳群神的命令。又使「火正黎司地以屬民」，就是說使他管理地上的群巫，使他們好好地給萬民治病和祈福。所謂「絶地天通」的具體辦法，大約是把登葆山（靈山）、青要之山、肇山各名山……封起來，使群巫不能隨便往來。這樣一來，社會所應遵守的科條才得統一，社會的秩序又得一時安寧。……所謂帝顓頊「依鬼神以制義」的真正意思就是如此。這樣一來，地與天不能隨便相通了，就好像天比較高了，地比較低了。這樣的結果豈不就是重和黎他們兩位鬧出來的？所以說「重寔上天，黎寔下地」，又說「帝令重獻上天，令黎卬下地。」〔九〕

原來徐氏的論證完全是基於兩個前提的：

一、巫有兩種，一是屬於咒術的「技術人才」一類的巫覡，一是唯一能傳達大神意旨的大巫——「重」。

二、社會的演變引起了社會秩序問題。

基於這兩個前提，「絶地天通」便是爲了解決因社會演變而引起的社會秩序問題，所以把巫覡的工作專業化。徐先生的分析相當精密，他的著眼點是放在社會秩序上。至於對人神關係的處理，只是他要讓群巫分工的結果。下面我們可以再看看當代研治《楚辭》和上古民俗神話的學者蕭兵的看法。

蕭兵是近十多年來崛起的《楚辭》學者，寫過《楚辭與神話》《楚辭文化》《楚辭文化破譯》《楚辭與美學》《楚辭新探》等專著三百餘萬言，成績斐然。他在《楚辭文化》裏批評觀射父的文化史觀念不正確：

觀射父是以無比留戀的心情來懷念「巫覡文化」的過去（假托在「楚祖」顓頊氏時代，重黎分司天地之前），那是巫首（或高級祭司長）「大權獨攬，政教合一」的情形。其實這裏所說的許多職分還保存在後世的楚王以及靈保、靈修、莫敖乃至令尹、左徒、三閭大夫等權貴的職責裏。

只是觀射父的文化史觀念有點兒顛倒。他説這是顓頊以前「人神不雜」，巫覡得以專司天人交際的情況。其實遠古時期倒是像他所説的那樣：「民神雜糅，不可方物。夫人作享，家爲巫史，無有要質。民匱於祀，而不知其福。烝享無度，民神同位。民瀆齊盟，無有嚴威。神狎民則，不蠲其爲。嘉生不降，無物以享。禍災薦臻，莫盡其氣。」原始巫教控制下的氏族、部落就是這樣天地交通，人神混淆，大巫小巫都可以舉行儀式，連普通人都可以祭天求神，神狎民瀆，專業化的高級巫覡的「專政」是後來的事。〔一〇〕

其實蕭先生所推測的遠古時期天人交通的情況可能並不錯，可是觀射父所説的「人神雜糅，不可方物」，是「九黎亂德」所做成的社會亂象（按：「不可方物」據韋昭注是不可分別物名，是形容民神雜糅以後，社會的淆亂現象），並不一定是觀射父説錯了，蕭兵自己也承認江漢地區確曾出現過這種混淆的情況：

觀射父説這是由於「少皞之衰也，九黎亂德」，大概講的是楚人剛進入江漢地區所見到的苗黎族的人神混淆、雜祀並起的情況（近世西南邊疆某些地區仍可以看到這種情形）。《書·呂刑》説「苗民弗用靈」，大概就是指的南方苗黎集團不尊重神的權威（當然是文化較爲先進的中原人心目裏的不可狎玩的神靈），祭祀没規矩，決不是説他們不用巫、不信神。所以下文説「皇帝」（天帝——似亦指顓頊）「乃命重黎，絶地天通，罔有降格」，跟《楚語》的「顓頊受之，乃命南正重司天以屬神，命火正黎司地以屬民，使復舊常，無復侵瀆，是謂絶地天通」遥相呼應。這可能象徵著受過北方先進文化洗禮的「楚祖」顓頊後代的楚王族南下荆山江漢，用自己的宗教來改革、整頓苗黎原有巫教的痛苦過程。〔一一〕

蕭先生儘管承認帝顓頊是受北方先進文化洗禮的宗教改革者，而南方的苗黎是「人神混淆、雜祀並起」，没有規矩的落後巫教，但他並不對此現狀不滿，反而欣賞這種生氣，大概蕭先生太愛這類原始的宗教罷：

然而傳統的惰力是極其頑固而强大的，何況楚人和商人自己也是巫氣滿身，所謂改革也不過大巫見小巫，换湯不换藥耳。「民神雜糅，不可方物；夫人作享，家爲巫史」的情況到了春秋戰國也没有太大的改變，《吕氏春秋・侈樂篇》「楚之衰也，作爲巫音」，大概便是據此而發。特别是湘西郢南川東那些邊鄙地區這種淆雜混亂一定更加嚴重，王逸《九歌章句》所謂「南郢之邑，沅湘之間，其俗信鬼而好祠，其祠必作歌鼓舞以樂諸神」，説的正是「烝享無度，民神同位，民瀆齊盟，無有嚴威」的自然宗教依然生氣勃勃，散發著質樸的泥土香，野性的美和藝術氣味的情景。〔一二〕

總括來説，蕭兵對「重黎絶地天通」傳説，基本上也是從民神關係上去理解的，這點其實與觀射父一致，不同的是他對「民神雜糅，不可方物」「烝享無度，民神同位」，是抱著欣賞的態度去對待的，這是他反對觀射父的原因。此外，蕭兵在《楚辭與神話》裏有一篇《顓頊考》，根據《堯典》和《吕刑》等資料，對楚人的祖先高陽和重黎作了比較有系統的分析，有助對楚人祖先神話的理解：

重黎與羲和之間無論在神位、神格、神性上還是在職司、演變上都是趨同的，可比的。《書・堯典》：「乃命羲、和，欽若昊天，曆象日月星辰，敬授人時。」僞孔傳：「重黎之後羲氏、和氏，世掌天地四時之官，故堯命之，使敬順昊天。」陸釋：「馬云：羲氏掌天官，和氏掌地官，四子掌四時。」孔疏：「堯育重黎之後，是此羲和。可知是羲和爲重黎之後，世掌天地之官。《吕刑》先重後黎，此文先羲後和。《揚子・法言》：『羲近重，和近黎。』——是羲承重，而和承黎矣。《吕刑》

稱『乃命重黎』，與此「命羲和」爲一事也。故《吕刑》傳云：『重即羲也，黎即和也。』羲和雖别爲氏族，而出自重黎，故《吕刑》以重黎言之。」

這已經把文獻上重黎與羲和的關係説得清楚了。但從神話學角度看，羲和的資歷、格位都要比重黎高越而古老。羲和是東夷母系氏族的日月女神，重黎只是偏北的小氏族的天地神，已帶抽象性，如果是男神的話，則時代還要晚。〔一三〕

下面要介紹以研究中國上古史蜚聲國際的張光直先生的看法。張先生在他的《中國青銅時代》把神話區分爲四類：

一、自然神話

二、神仙世界的神話與神仙世界與人間世界分裂之神話

三、天災的神話與救世的神話

四、祖先英雄事蹟系裔的神話

他並且指出這四類神話之間的界限不能極清楚地全部劃分，而相當程度的疊合是常規而非例外。〔一四〕張氏第二類神仙世界與人間世界分裂的神話中，張氏認爲在人神交往的文獻記載以外，更有許多在凡俗世界以外，美化而理想的世界，這一理想世界爲神靈所佔居，凡人偶然也可登上此美化世界。張氏區分此美化世界爲三：

一曰：神仙界，昆崙、縣圃之地屬之，凡人登入此界，乃可「與天地兮同壽，與日月兮同光」。（《涉江》）《淮南・墬形篇》分此世界爲三層：涼風之山、縣圃、上天。

二曰：遠方異民之國，如《山海經》之𧉧民之國（《大荒南經》）、沃之國（《大荒西經》）、都廣之國（《海内經》），《列子》之終北之國及華胥之國。

三曰：遠古世界，此一世界與當代之現實世界，間隔以無限之時間深度。

張氏基於神話分類的原則去理解「重黎絕地天通」的故事：

> 東周時代的重黎神話，説明祖先的世界或是人的世界都需要靠巫覡的力量來與神的世界交通。因此代表商周神話史的一個關鍵性的轉變，即祖先的世界與人的世界爲近，而與神的世界直接交往的關係被隔斷了。（按：張氏認爲在商人觀念中，去世的祖先可以直達神界，生王祭祀先公先王，先公先王再賓天。祖先世界與神的世界是直接打通的。）它進一步説明東周時代的思想趨勢是使這神仙的世界，變成一個不論生人還是先祖都難以達到的世界，另一方面使這個世界（神仙世界）成爲一個美化的樂園，代表人生的理想。〔一五〕

巫覡作用之突顯於《楚語》中，誠如張氏所言具有時代意義，人不論死生只要是與「神的世界」交通，便非要靠巫覡不可，觀射父所刻劃巫覡的神通，可以分兩方面來看：一方面是祭祀上的「恭敬神明者以爲之祝」，替人類向神明祝禱，在這句「恭敬神明」之首列舉了「使制神之處位次主」「爲牲器時服」「使先聖之後之有光烈」等十三項與祭祀有關的「能知」之事，都是「恭敬神明」的「祝人」所該具備的知識和本領。另一方面是使「心率舊典者爲之宗」，在這方面，《楚語》裏列舉的「四時之生」「采服之儀」「上下之神」「氏姓之出」等十種能耐，蕭兵説那是「天文、地理、人事無所不知，過去、現在、未來無所不曉」〔一六〕。「祝」和「宗」在祭祀的典祀的典禮裏，是降神之巫的副貳，而這些「精爽不貳」而又「齊肅衷正」能降神的巫覡的地位，在《楚辭・九歌》裏的重要性是可以想見的。顓頊命「重」司天、命「黎」司地，「使復舊常，無復侵瀆」，這才是「絕地天通」的原意，並非要隔絕天地人神，而是要重與黎充分發揮巫覡溝通人神的職能。易言之，是要把溝通人神的專責歸之重黎，在帝顓頊的後代楚王族南下荆湘以後大巫重、黎在政治宗教上的地位，愈發顯得重要。其次，在《楚語》這段話裏提到的「少皞之衰，九黎亂德」，少皞，根據《漢書·律曆志·世經》把他放在黃帝之後，說：「少昊帝，《考德》曰：少昊曰清。清者，黃帝之子清陽也，是其子孫名摯立。土生金，故爲金德，天下號曰金天氏。」這一說法的根據是《考德》，《考德》一書，顏師古說是「考五帝德之書」，該是種讖緯書。《世經》接著把顓頊次於少昊之下，說：

> 顓頊帝，《春秋外傳》曰：「少昊之衰，九黎亂德，顓頊受之，乃命重黎，蒼林昌意之子也。金生水，故爲水德，天下號曰高陽氏。」〔一七〕

《律曆志》述庖犧、神農、黃帝相繼之序，是根據戰國以來新起的陰陽五行學說，以五行分配五帝，以太皞爲木爲春，炎帝爲火爲夏，少皞爲金爲秋，顓頊爲水爲冬，黃帝爲土爲中。這種說法充分反映在《禮記·月令》和《呂氏春秋》裏，劉歆才以五行相生之序排列成這種五帝先後之序，使黃帝反而居於少皞、顓頊之後。皇甫謐《帝王世紀》說：「太昊帝包犧氏……繼天而生，首德於木，爲百王先。帝出於震，未有所因，故位在東方。主者，象日之照，是稱太昊。」這也是劉歆五行相生說的發揮。魯昭公十七年左氏《傳》記載了郯子解釋少皞氏以鳥名官的原因：

> 吾祖也，我知之。昔者黃帝氏以雲紀，故爲雲師而雲名；炎帝氏以火紀，故爲火師而火名；共工氏以水紀，故爲水師而水名；大皞氏（即太皞）以龍紀，故爲龍師而龍名；我高祖少皞摯之立也，鳳鳥適至，故紀於鳥，爲鳥師而鳥名。鳳鳥氏，曆正也。

郯子的序列是黃帝、炎帝、共工、太皞、少皞，黃帝、炎帝在前，而太皞、少皞殿末，顯然無意於把傳說在黃帝以前的庖犧、神農包括了進去。杜預的注文却說「炎帝，神農氏，姜姓之祖也」。又說「太皞，伏羲氏，風姓之祖也」。把炎帝說成神農，太皞說成伏犧，正是受了劉歆五行說的影響，而忽略了郯子所序列的世次，反把伏羲列在黃帝神農共工之後。竹添光鴻在《左傳會箋》裏根據《史記·封禪書》所載管夷吾所記封泰山禪梁父的十二家中，「既有神農，復有炎帝」，證明神農和炎帝是二人，糾正以神農爲炎帝之謬。按郯子所述自黄帝以下，分别以雲、火、水、龍、鳥紀事，純粹取義於自然物，顯然不是後來出現的五行相生的一套，而更富神話的意味。《逸周書·嘗麥解》裏也有任少昊作鳥師的記録。我們再看《左傳》裏郯子在叙説其先祖少皞氏以鳳紀事之後，介紹顓頊的一段文字：

自顓頊氏以來，不能紀遠，乃紀於近。爲民師，而命以民事，則不能故也。

説顓頊不能紀遠，是説他不能如黄帝、炎帝、共工、太皞、少皞般以雲、火、土、龍、鳳爲帝王之興，「各擅其神」，取遠古之物以紀事，只好「紀近」。「近」是指「民事」，紀民事，是説經紀百姓民生日用之事。要是我們假設顓頊以前的雲、火、水、龍、鳳象徵的是天學，自然顓頊氏的「紀近」便是人學了。少昊氏以前如果是「神的世界」，顓頊氏便步入「人的世界」了。把《左傳》郯子這段話結合《楚語》所記載的顓頊命重黎「絶地天通」的一段文字，除了可以肯定顓頊是在「九黎亂德」「人神雜糅」的時代，重新確定了重和黎的巫覡地位以外（也就是蕭兵所説的宗教改革，我看遠不止此〔一八〕），更重要的是要注意顓頊重視百姓民生日用此一歷史的意義。後世用帝堯命官的歷史來解釋《吕刑》裏顓頊命重黎的故事，恐怕更是神話歷史化的一個過程。

中華遠古歷史由於書本資料的短缺，加上歷史神話的糝雜，原不容易看清真相。《吕氏春秋》面世後，又有一大堆描寫遠古神話的書籍，如《山海經》《帝王世紀》《大戴禮記·五帝德》《尚書大傳》《淮南子》以及許多緯書的大量湧現，頗有王仲任所説：「聞一增以爲十，見百益以爲千」的味道，不錯，是給我們提供了許多資料，可是若不加甄裁，但求適用，無視於史傳資料出現時代的先後，混同古今學派的差異，務求建立一己的理論體系，結果恐怕只會在層疊的歷史以外，更製造出一些蝟集的神話而已。

## 注釋

〔一〕郭沫若《金文叢考》以金文中「與天爲配」之「地」字，「絶未有見」，而《吕刑》裏有「絶地天通」的「地」字出現，便「已足知其非實録矣」。（頁三三）張西堂《尚書引論》據《詩·崧高》「生甫及申」之句，而《崧高》詩作於周宣王時，周穆王時不該有甫名，而否定爲周穆王時的作品。（頁一九六）
〔二〕童書業《春秋左傳研究·春秋左傳考證》第一卷「祝融」條，頁二九—三〇。
〔三〕白川靜著，王孝廉譯《中國神話》頁九〇—九一，台北長安出版社，一九八三年。
〔四〕同注〔三〕，第三章《南人的異鄉》，頁五八—五九。
〔五〕同注〔三〕，第四章《西方之人》，頁九〇。
〔六〕《國語·楚語》下，頁二五九—二六四。
〔七〕徐書（增訂本），頁七七，科學出版社，一九六〇年。
〔八〕同上注〔七〕，頁七九。
〔九〕同上注〔七〕，頁八三—八四。
〔一〇〕蕭兵《楚辭文化》，頁二三六，中國社會科學出版社，一九九〇年。
〔一一〕同上注〔一〇〕，頁二三六—二三七。
〔一二〕同上注〔一〇〕，頁二三七。
〔一三〕蕭兵《楚辭與神話》，頁二二一—二二二，江蘇古籍出版社，一九八七年。
〔一四〕張光直《中國青銅時代》，頁二九八，台北聯經出版社，一九八三年。
〔一五〕同注〔一四〕。
〔一六〕蕭兵《楚辭文化》，頁二三五。
〔一七〕《漢書》卷廿一下，頁一〇一二，中華書局標點本，一九八二年。
〔一八〕饒宗頤教授近著《歷史家對薩滿主義應重新作反思與檢討——巫的新認識》也認爲「絶地天通」的意義，「可以看做古代一種宗教整肅運動」。（文載《中華書局八十周年紀念論文集》）

# 第三講　靈巫與降神

遠在民國二十五年（一九三六）陳夢家已經在《燕京學報》第二十期上發表過他的名著《商代的神話與巫術》，利用卜辭及傳世文獻資料，對商代的巫術，包括巫的身份、職事、巫與舞的關係、祭祀與祓禳等問題作了深入的探討，對當代研究殷商史的學者來説，是一篇富有啟發性的文章。尤其是對巫和隶舞的探究，與《楚辭・九歌》有很大的關係。下面我們嘗試在這兩方面討論陳先生所提出來的意見。

一、陳先生認爲卜辭中的或字就是後來的巫字：

《説文》曰：「巫，巫祝也，女能事無形以舞降神者也，象人兩褎舞形，與工同意，古者巫咸初作巫」，案許氏既言象人兩袖象形，則其字必象人形無疑，實乃卜辭之舞字。卜辭舞字作，象人兩袖秉旄而舞，譌變而爲小篆之巫：

其所从之舞飾譌而爲，其所从之大譌而爲工，金文舞字所从之大出頭一點常與兩臂平交，而兩脚由鋭角而鈍角而幾至于平角，如《陳公子甗》無字，故至《説文》時代巫字已由从大而爲从工。許氏爲彌補从工之義，故于工字下曰「巧飾也，象人有規榘，與巫同意」，案舞巫所从之「大」本有規模義，《説文》林部：「無，豐也，从林，或説規模字」。，即卜辭之，段爲保母之母，亦即卜辭舞巫所从之大。舞巫既同出一形，故古音亦相同，義亦相合，金文舞無一字，《説文》「舞」「無」「巫」三字分隷三部，其于卜辭則一也。

然卜辭舞字皆爲求雨之舞，皆爲動詞，而罕有作爲名詞之巫者，其有以巫爲官職者，皆以戊爲之，戊巫古音同，故相通假。〔一〕

陳先生分析甲骨文舞字譌變而爲小篆的巫字，確可說是其詞甚辯，可惜的是舉不出舞字在卜辭中用作巫的詞例，他自己也察覺了這一點，只好說：「卜辭舞字皆爲求雨之舞，皆爲動詞。」「其有以巫爲官職，皆以戊爲之」這可說是本文的一大漏洞。其實他在第三章第一節裏已經用過巫字的詞例：

卜辭祭風之牲有三：一曰犬（又見《卜通》〔三八九〕「于帝史鳳二犬」），二曰羊，三曰豕若豚，卜辭云「𩇯鳳，甫豚，大雨」（前四・四二・六）。其用牲之法有三：一曰甹若甹，與文獻之磔相似，乃血祭而祝號之；二曰甫，《方言七》「燕之外郊朝鮮洌水之間凡暴肉，發人之私，披牛羊之五藏，謂之膊」，《左》成二《傳》「殺而膊諸城上」注「膊，磔也」甫即膊磔，亦即疈辜祭四方百物之疈（司農作罷）；三曰巫，疑是示字，《戩》（一・九）二示三示四示或作巫，又卜辭「其于西宗貞示」（前四・一八・一）與「其用巫貞且戊」（上五・一）同例，可證；卜辭習見巫帝（拾一・一新三二四）巫𠬝（餘一五・三）巫先（明氏藏骨）之文，皆當作示，示亦暴露之義。

他所懷疑是「示」字或體的巫字，正是卜辭裏的巫字，只是那時甲骨學家還不認得罷了。李孝定《甲骨文字集釋》和姚孝遂《殷墟甲骨刻辭類纂》都把這巫字釋作巫字。孝定先生無法解釋巫字構形所取義，只好說：

惟巫字何以作巫，亦殊難索解，疑當時巫者所用道具之形，然亦無法加以證明，亦惟不知蓋闕耳。〔二〕

我們不如更直接的説巫師以「工」爲象徵形的道具。（見圖3—1）《説文》：「工、巧飾也，象人有規矩也，與巫同意」。又「巨」下云：「規巨也，从工象手持之」。許慎似是知道巫字本義的，所以工巫互解，而工即矩。矩是木匠用來畫方畫圓的工具。爲甚麽古代的巫以矩爲基本道具呢？

這個問題的答案在《周髀算經》。這本書一般相信是漢代定筆的，但其中所包含的内容較早，可能早到孔子時代，即公元前六世紀的後期，與《楚語》所代表的時代相近。這本書中有一段講矩：「請問數安從出？商高曰：數之法出于圓方。圓出于方，方出于矩。……請問用矩之道。商高曰：平矩以正繩、偃矩以望高、覆矩以測深、卧矩以知遠、環矩以爲圓、合矩以爲方。方屬地、圓屬天、天圓地方。……是故知地者智、知天者聖。智出于句、句出于矩。」

如果這幾句話代表古代的數學思想，那麽矩便是掌握天地的象徵工具，矩可以用來畫方，也可以用來畫圓，用這工具的人，便是知天知地的人。巫便是知天知地又能通天通地的專家，所以用矩的專家正是巫師。矩的形狀，已不得而知，但如果金文的巨字是個象形字，那麽古代的矩便是工形，用工字形的矩適可以環之以爲圓、合之以爲方。（東漢墓葬中的壁畫常有伏羲、女媧，有的一持規，一持矩，規作圓規形，畫圓，矩作曲尺形，畫方，這可能表示矩在漢代以後的分化，而《周髀算經》時代圓方都是工字形的矩所畫的。）

如果這個解釋能夠成立，那麽商周時代的巫便是數學家，也就是當時最重要的知識分子，能知天知地，是智者也是聖者。（巫之爲數學家，又見《山海經・海外東經》：「帝命道竪亥……竪亥右手把算（筭），左手指青丘北。」）

孝定先生所説的工具啟發了張光直，他認爲：

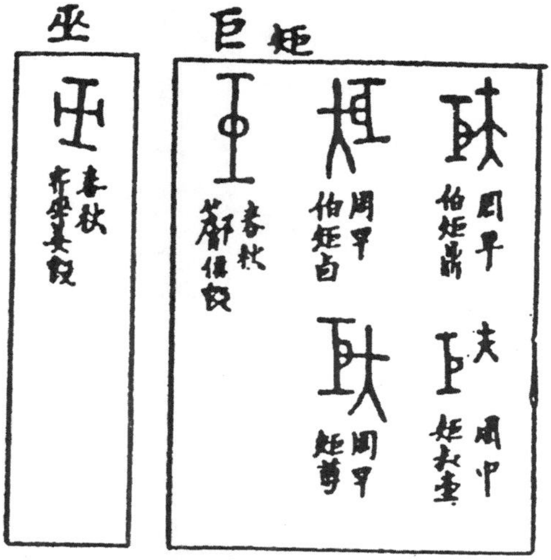


圖3—1　張光直文中所舉金文中的巫字和巨字

採自高明《古文字類編》，中華書局，一九八〇。

圖3—3　東漢　四神規矩紋鏡

吉林省博物館藏

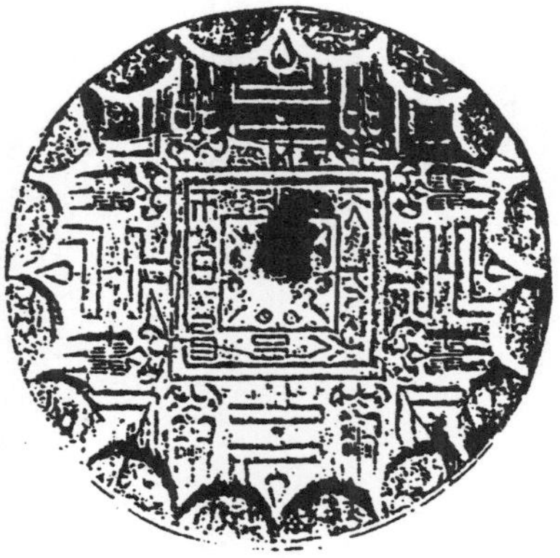

圖3—2　西漢　規矩草葉紋鏡

史學屯十七號墓出土，洛陽博物館藏
中間雙線方欄，鐫陽文漢篆八字“見日之光天下大明”，外飾規矩紋間草葉紋，規形在方欄四邊成T形，規形貫穿方欄，即成巫字。

既然巫是智者聖者，巫便應當是有通天通地本事的統治者的通稱。巫咸、巫賢、巫彭固然是巫，殷商王室的人可能都是巫，或至少都有巫的本事。[二]

張先生根據《周髀算經》的記載説巫是能掌握既畫方又能畫圓的矩的人，是既能知天知地，又能通天通地的智者和聖者。美中不足的是他誤信了《周髀算經》所説的「環矩以爲圓，合矩以爲方」，加上《説文》也以人持工爲矩，便認爲圓方都是工字形的矩所畫的。這和漢代的文物裏所反映的現象不一致。像圖3—2的西漢的「規矩草葉紋鏡」中間雙線方欄的四周的𢀓形，正是畫圓的規，不過畫面上被中間的方欄隔斷了，外國人管它叫T形鏡。自然這𢀓形的東西是畫圓的規，矩形作曲尺形繞在方欄的周圍八面。圖3—3是吉林省博物館藏的東漢「四神規矩紋鏡」也是一規形居中，八矩分置八方，中間四神環繞。山東嘉祥的漢武梁祠石刻的伏羲女媧圖（附圖3—4）是「規」「矩」最好的證明。在這石刻上伏羲女媧居中，俱作人首蛇身（其實是上身人形，下身作蛇形，尾相交）。從身體造形看來，很難分辨男女，但左面的頭梳高髻，似是女性，而手執十字形的規；右面的戴冠，似是男性而手持矩。規矩的形狀在這石刻是很清晰的，規不作𢀓形而只作十形，可能是石刻不能表現過於細緻的造形所致。至於伏羲和女媧所持規矩和一般的説法相反這一點，則無法解釋了。從規矩的形狀來説，兩漢銅鏡上的規矩文和武梁祠刻石是一致的，規畫圓而矩畫方的意義很明顯，《周髀算經》的説法恐怕是後起的。

所以我們可以説卜辭裏的𢀓就是後來漢畫裏的規，正是巫師交通天地的施法工具。李孝定先生的推測是可信的。姚孝遂先生在《類纂》裏收録的𢀓字詞例有：

以巫：十例。如「九四六正」作「貞：禹以巫」，和「五六五四」作「貞：周以巫」。

巫帝：十三例。如「二一〇七五」作「壬午卜，燎土延巫」（按：此條與陳文第五四九頁所引條同，陳釋「于社祀即絜祀於社」，以祀說巫）。

巫寧：四例。如「二一一一五」作「癸巳……巫寧……社河岳」。

今因巫九备：十四例。

其他尚有「巫曰」「五六四八，五六四九」、「巫禦」「五六五一，五六五二」、「取巫」「八一一五」、「用

圖3—4　伏羲女媧圖

山東嘉祥武梁祠石刻，祠主武梁，卒於漢桓帝元年（一五一）。

西漢南陽畫像　伏羲女媧像

南陽唐河縣湖陽出土。
常儀（女媧）居上，雙上舉月，
月內刻蟾蜍；
羲和（伏羲）居下，雙手舉日，
日內有金烏。

巫」「一九九〇七，三五六〇七」等詞例。〔四〕

從上面這些辭例看來，巫字都用作名詞，都與祭祀有關，陳夢家釋爲絜祀，相去一間。

二、陳夢家在文章的第二章用了三節討論舞與歌、舞飾、隶舞等問題。他認爲歌舞起源於巫術是因爲舞爲巫者的特技，而求雨是巫者的專業，他利用《吕氏春秋》所説的葛天氏持牛尾投足以歌八闋的故事，來解釋巫者的巫飾：

《説文》説巫象人兩袖舞形，巫即舞，而卜辭舞作，其所持之乃舞飾也。舞飾的乃是一種牛尾，卜辭「僕」字像人奉箕，其臀下繫一尾作，又金文尾从尸从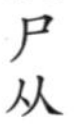，象人繫尾，蓋古有繫尾之俗，《説文》云：「尾，微也。从到毛在尸後，古人或飾繫尾，西南夷皆然。」古代尾之用極廣：可以爲筆，甲金聿字从，可以爲刷，卜辭盡字从又持拭于皿，而小篆刷字從㕞乃尾字之誤，又《説文》「飾，拭也」之飾于卜辭作，象又持拭食器（此字余所釋）；可以爲干戈之飾，甲金戈字作，象繫尾；可以指麾，《牧誓》「秉白旄以麾」；可以爲旗，《詩・干旄》傳「注旄于干首，大夫之旃也」；可以爲鐘飾，《漢書・禮樂志》注引張晏云「旄，鐘之旄也」；旄皆氂之假字，「犛牛尾也」，詳拙著《古代毛之使用》。《説文》「氂，犛牛尾也」，經典多假旄爲之；商人秉尾而舞，即《吕覽・古樂》「昔葛天氏之樂，三人操牛尾投足以歌八闋」，而《周禮》有旄人，旄人「掌教舞散樂夷樂」，序官注云：「旄，旄牛尾，舞者所持以指麾」。所以《周禮》旄人即是秉犛牛尾而舞，這種舞于「樂師」叫做「旄舞」，其源出自商人。〔五〕

在第三節《隶舞》裏列舉卜辭八條來説明「隶舞」：

戊申卜，今日隶舞，从雨。（拾七・一六）

乙未卜，今夕隶舞，从雨。（前三・三〇・四）

丙辰卜，今日隶舞，从〔雨〕。不舞。（簠典三一）

王乍槃隶。（前四・一六・六）

甫商隶。（戬三七・七）

甫□隶。（戬三七・一一）

□未卜，賓：隶于示壬。（林一・一三・一〇）

貞隶岳。（拾二・一〇）

前三辭隶作[glyph]，象雙手奉牛尾，與隶之象又持牛尾同，惟增一手耳，仍定爲隶字。餘辭隶作[glyph]，因卜辭盡字或从[glyph]，或从[glyph]，故知[glyph]亦隶字，金文舞所从之[glyph][glyph][glyph][glyph][glyph]皆由此譌變而來；又金文舞所从之[glyph][glyph][glyph]則由林所演成。

隶舞者，後之代舞，隶代二字音近義通，故相假借。《墨子・明鬼》「吉日丁卯，周代祝方社」，《九歌・禮魂》「成禮兮會鼓，傳芭兮代舞」，《海外西經》「大樂之野，夏后啟于此舞九代」，郭注：「九代，馬名舞，謂盤作之令舞也。」案周代、代舞、舞九代皆隶舞也，卜辭曰「作槃隶」，即郭注謂九代爲盤作之舞，即《墨子》之「周代」，周即盤旋；旄人教「散舞」之「散」古文易與「般」相譌混，故散樂疑即般樂，《周頌・般》序云：「般，樂也」。又郭注「馬名舞」，名疑是尾字之誤，馬尾舞即旄舞，《淮南・說由》：「馬氂截玉。」又案陳爲舜後，舜與商一系，故陳俗同于商，其信巫鬼好歌舞乃商人遺風，《陳風・東門之枌》「市也婆娑」，《說文》引作「媻娑」，《爾雅・釋訓》「婆娑，舞也」，《文選・神女賦》注「婆娑猶媻姍也」，《爾雅》郝疏謂「媻姍般旋」是也，是婆娑乃般旋而舞之狀。

《九歌》「傳芭兮代舞」，王注云：「芭，巫所持香草名也；代，更也，言祭祀作樂而歌，巫持芭而舞訖以復傳與他人更用之」。案傳芭之芭乃旄也，《爾雅・釋器》「木謂之虡，旄謂之蘢」，旄謂之蘢即鐘飾之旄，鐘飾謂之旄猶注尾于旗曰旄，皆以牛尾爲之。蘢與芭同音相叚，旄謂之蘢故芭亦是旄，傳芭即傳旄矣。〔六〕

接著陳先生引用《離騷》《天問》《山海經・大荒西經》《竹書》《左傳》來説明「九代」《九招》《九辯》《九歌》之間的關係，而得出結論來：

由上所述，商代求雨的隶舞，變成代舞，由九代變成《九辯》，然則《九辯》是求雨的舞而《九歌》是求雨的歌了。《楚辭・九歌》今存十一章，其中若湘君、湘夫人、雲中君、東君、河伯、山鬼皆是山川司風雨之神，故《九歌》乃是求雨于風雨之神的歌，故于歌畢禮成之後會鼓而代舞，代舞乃是求雨之舞。九歌中的《大少司命》和《國殤》與求雨無關，大約是後來所雜入的土俗。〔七〕

陳先生的結論動摇了《九歌》的傳統注釋，甚至當代《楚辭》學家的論證。《九歌》不再是東皇太一的祭歌，而是求雨的雩祭。我們看看《周禮》便很容易找到證據。《周禮・春官宗伯》整篇都是記載和祭祀有關的事，祈雨是農業社會的大事，下面的司巫和女巫都跟雩祭有關：

一、司巫，掌群巫之政令，若國大旱，則帥巫而舞雩，國有大烖，則帥巫而造巫恒。祭祀，則共匰主及道布及蒩館。凡祭事，守瘗。凡喪事，掌巫降之禮。

二、女巫，掌歲時祓除釁浴。旱暵，則舞雩，若王后吊，則與祝前，凡邦之大烖，歌哭而請。〔八〕

司巫是群巫的主管，是旱烖時祭祀的主角，但在《周禮》裏，樂師掌管六種小舞，爲旱暵而祭的舞叫翌舞，而大舞是由大司樂執掌的。《大司樂》記有：

大司樂掌成均之灋，……以樂舞教國子，舞雲門、大卷、大咸、大磬、大夏、大護、大武。〔九〕

可見旱暵之祭比起國家的大祭祀來説，還不過是小規模的祭祀。《楚辭・九歌》的内容，顯然遠遠不止於雩舞，説《九歌》是求雨之歌，自然不太適切了。後來（一九五六年）陳先生在他的名著《殷虚卜辭綜述》已經修正了他這篇文章的看法，他在第十七章第七節《求雨之祭》裏，描述了五項求雨之祭的樂舞，其中第四項「奏舞」所引的卜辭，就是原來所説的「隶舞」，可見後來他已把㸚字改釋爲奏了。〔一〇〕「隶舞」之説既不能成立，《九歌》爲祈雨之祭也自然不可信了。但陳先生的影響畢竟太大，今天還有人信奉「隶舞」説，堅持《九歌》是旱祭之歌。〔一一〕其謬自不待辯。因爲陳文關係到《楚辭・九歌》的性質問題，不覺辭費了。

下面要繼續討論靈巫降神的問題。關於靈巫交通天地的故事，《國語・楚語下》的紀録可説是文獻中説得最具體的了。在上一講裏已經討論過，這裏不準備再加引述，至於這些「依鬼神以立義」的巫者降神的事，才是我們要關心的課題。《周禮・春官・司巫》：「凡喪事，掌巫降之禮。」鄭注：「巫下神之禮。」甲骨文裏有陟降字，其意爲升降，但一般甲骨文家都解爲祭名：

一、其陟于太乙且乙　（南明五三七）

二、陟帝用　（合三六〇）

三、王其陟兹用　（粹一二七五）

上面的詞例裏「陟」字解作祭名自然文意暢達，但若是看成登陟的意思，説是「登上太乙且乙那裏」，「登上天帝那裏」也未嘗不可。例三王與陟之間多一其字，明顯是個自動詞，留到下面討論。不只有「陟帝」，也有相反的「降帝」：

四、翌日辛　帝降　其入于獄大宎　（寧一・五一七）

像這三例中的「降」字便不好説是祭名了，降臨、下降的意思很明顯。「降帝」以外，卜辭裏還有個从水的[illegible]字見於《殷契佚存》第六七八片，那條卜辭是：

五、□□卜　㱿貞　我其祀　乍帝降　若　（粹一一一三）

六、□□□　㱿貞　我勿祀　乍帝降　不若　（粹一一一三）

□巳卜　王洚且丁

李孝定先生説「洚」是祭名，「謂降其神也，非洚水之義，而與許君一曰之解合」〔一二〕。（按：許君訓洚爲「水不遵道」，或義爲「下」。）孝定先生説是祭名的意思是指這是個降神的儀式，通過這儀式去降祖丁之神。在卜辭中，神之來降祭所，有時可以不説「降」，而説「即」：

一、河即宗　（粹四）

二、癸亥卜　河其即宗　（甲七一七）

這兩例裏的「宗」字指宗廟，即字有降臨意。第二例中「其即」之例與上引「粹一二七五一」條的「其陟」結構一致，都是自動詞。不管「陟」「降」，或是「即」，在卜辭裏都不用作他動詞如「下神」或「降神」。倒是一九七九年周原第三十一號窖藏出土的九片有字卜骨之一上面的刻辭很有意思。〔一三〕這片卜骨徐錫臺的釋文是：

唯衣（殷）奚子來降，其執　（暨）乎吏；才旃（廇）

爾卜，曰：「□南宮邰其乍。」

這片卜骨的第一行末一字，徐錫臺隸定爲奚字，奚上衣字即殷字

的假借，所以首句意思是殷奚子來降周，並説：「奚子降周後，其子孫可能被周王封於甘肅靈臺，如甘肅靈臺曰草坡，周初墓中出土的青銅方鼎銘文中有『⿰阝奚伯作寶⿰阝尊彝』語。」〔一四〕下三句徐氏訓釋其大意爲：「率領他的一批官吏到達；周王在中庭占卜，命南宫突準備酒宴接待奚子一行人。」〔一五〕

這片卜骨的文字，陳全方有不同的考證。陳氏把這段文字分成兩組：

第一組：「唯衣（殷）雞（箕）子來降其執眔氒（厥）史。」第二組：「在旃爾卜曰南宫⿰口亐約其乍（作）。」

「雞」，即箕也，箕是商的諸侯國。商紂諸父，名胥餘，爲太師，封子爵，國于箕，故稱箕子。《史記・殷本紀》商紂無道，「箕子懼，乃佯狂爲奴，紂又囚之」。武王伐紂，「釋箕子之囚」。《周本紀》説：「已而命召公釋箕子之囚。」又《書序》：「武王勝殷，殺受（即紂辛）立武庚，以箕子歸，作《洪範》。」從本片卜辭「箕子來降，其執眔氒史」看，佐證書傳之確，所以稱「降」而不稱朝。同時也説明並非箕子一人來降，且帶有隨從人員，而其自然歸在岐周之文武帝乙的宗廟。本片卜辭年代當在武王克殷後的第二年。

「南宫⿰口亐」，爲人名。《叔夷鐘》：「公曰：夷，女敬其辭命……余命女嗣辝厘邑。」《𦅫鎛》：「業萬至于辝孫子，勿或俞改。」此皆用「辝」，爲合爲予者也。《金文編》注云：「誼與其同。」失之。此卜辭之南宫⿰口亐，是南宫括抑是南宫伯達，在疑似之間。〔一六〕

同一個字，徐錫臺釋「奚」，陳全方釋「箕」。釋奚雖有周初青銅方鼎的「⿰阝奚伯」作旁證，畢竟嫌太薄弱；陳氏釋箕，根據《史記》所記「武王釋箕子之囚」歷史背景，但原片中奚字雖然筆畫漫漶，却明顯地没有「鳥」旁或「隹」旁，釋作雞已覺牽强，再説雞子即箕子，又不免太迂曲了。而本片第三行第一字不是就有個𠀠字嗎？要是我們同意箕字是從𠀠字發展出來的，爲甚麼這片卜骨不用𠀠字假借爲箕字，而要採「奚→雞→箕」這一曲折的方式？但不管是奚子或箕子，徐、陳兩家對辭中「來降」的共同意見是：歸降或來朝（稱臣），而絕對無意解作「降神」或「神降」。張光直先生根據《尚書・洪範》記載周武王十三年（克殷後二年）曾訪於箕子，箕子曾教以「稽疑」「庶徵」之事，便推想箕子的巫術高明，而把這片子卜骨說成：

> 箕子以專家的姿態到周來舉行降神儀式，周王占卜如何加以接待。〔一七〕

把「來降」說成「來舉行降神儀式」不但不是陳全方的原意，殷周卜辭裏「降」字也沒有這種用例。說帝降或王降都是說所祭祀的神明降臨歆享其祀，不能說是帝來舉行降神儀式的。

在《楚辭・九歌》中，除《國殤》一篇外，其他八篇無不是陳設芳潔，盼望神之來饗，說明戰國時代，這種降神之風盛行一時。秦漢以後，不論文獻或是出土的刻石、瓦當，都反映了這種風氣流行不衰。下面秦朝「維天降靈延元萬年天下康寧」瓦當和西漢的「朝神之宮」瓦當，是最好的說明。

**圖5　秦瓦當**

銘：維天降靈　延元萬年　天下康寧

**圖6　漢瓦當**

銘：朝神之宮

下面我們要進入《九歌》關於靈巫降神的討論。

在《九歌》裏「靈」或稱爲「靈保」。《九歌·東皇太一》末章：

靈偃蹇兮姣服，芳菲菲兮滿堂，五音紛兮繁會，君欣欣兮樂康。

「靈」與「君」對舉，王逸便注説：「靈，謂巫也。」是正確的，可是《章句》不注「君」字，因爲王逸是把「靈」與「君」視作一體的。洪興祖《補注》彌縫了《章句》的漏洞，他在「偃蹇姣服」句下補注：

古者巫以降神，靈偃蹇兮姣服，言神降而託於巫也。

朱子雖然在九歌的賓主彼我之辭上比王逸、洪興祖領略得深些，可是在這裏也不能擺脱舊説的影響，他説：

靈謂神降於巫之身者也。……古者，巫以降神，神降而託於巫，則見其貌之美而服之好，蓋身則巫而心則神也。……君，謂神也。

這種「身巫」而「心神」的説法，顯然是牽强的。巫既然心是神，豈不與下文的「君」字矛盾而自亂其賓主之例？

《雲中君》也有兩處出現「靈」字，一是首章的「靈連蜷兮既留」，一是末章的「靈皇皇兮既降」，兩句的結構相同。王逸把連蜷的「靈」説成「楚人名巫爲靈子」的巫，而把「皇皇既降」的靈看作雲神。朱熹倒反而守著立場，連蜷之「靈」，他説：

靈，神所謂也。楚人名巫爲靈子，若曰神之子也。……既留，則以其服飾潔清，故神悦之，而降依其身，留連之久也。

把「靈」視作神的託身，和《東皇太一》裏的「靈」是一致的，末章「皇皇既降」的「靈」，他説是神，和結句「思夫君兮太息」的「君」同樣指雲神。至於《湘夫人》的第七章描述羅陳百草，衆神來降的：

> 九嶷繽兮並迎，靈之來兮如雲。

王逸和朱子都説是衆神從之如雲，可是在《東君》第三章寫鼓瑟吹竽以迎神的一章裏，出現了「思靈保兮賢姱」的「靈保」，和「靈之來兮蔽日」的「靈」，下句「靈來蔽日」和上面《湘夫人》中的「靈來如雲」很相似，王逸、朱熹一致認爲是「神」之來降，隨從官屬如雲蔽日。王逸對「靈保」却不太了解，只能説「靈」是指巫，而「靈保」是「思得賢好之巫，使與日神相保樂」，迂曲難通；朱子逕直説「靈保，神巫也」，顯然是受了洪興祖「古人云：詔靈保，召方相，説者曰：靈保，神巫也」的影響，却也未説明靈保究竟是甚麽。王夫之《通釋》作了解釋：

> 靈保，即神保。見《詩》。謂尸也，祭日之尸，未聞何人。

王夫之揭示了「靈保」便是《詩經》裏的「神保」，是祭日之尸。王國維對「靈保」一詞作了詳細的説明：

> 古之祭也必有尸。宗廟之尸，以子弟爲之。至天地百神之祀，用尸與否，雖不可考；然《晉語》載「晉祀夏郊（祭天），以董伯爲尸」，則非宗廟之祀，固亦用之。《楚辭》之靈，殆以巫而兼尸之用者也。其詞謂巫曰靈，謂神亦曰靈，蓋群巫之中，必有象神之衣服形貌動作者，而視爲神之所憑依，故謂之曰靈，或謂之靈保。（《東君》：「思靈保兮賢姱。」王逸《章句》訓靈爲神，訓保爲安。）余疑《楚辭》之靈保，與《詩》之神保（《詩經・楚茨》有「神保是饗」「神保是格」「神保聿歸」），皆尸之異名。〔一八〕

王氏更進一步根據《楚茨》「鼓鐘送尸，神保聿歸」推論出《詩經》的神保是尸，靈保自然也是尸：

> 知《詩》之神保爲尸，則《楚辭》之靈保可知矣。至于浴蘭沐芳，華衣若英，衣服之麗也；緩

節安歌，竽瑟浩倡，歌舞之盛也；乘風載雲之詞，生別新知之語，荒淫之意也。是則靈之爲職，或偃蹇以象神，或婆娑以樂神，蓋後世戲劇之萌芽，已有存焉者矣。〔一九〕

「保」字的出現很早，甲骨文和金文都保留了許多保字的形體，都从人从子，象人抱子之象。金文中的父丁簋和保鼎都作形，象形的意味最强。其後演變增加意符从玉：（䣄卣）、（大保爵）、（作册大鼎），或从貝：（邾叔鐘），从缶：（十年陳侯午錞）。其繁化的意義和寶字繁化的過程一樣，增加玉、貝、缶等意符的作用，都在强調所抱之子之可貴，以加强護衛之意。保字的隸定其實只作「仔」，作保的是孳乳的結果。像保卣的保字在子旁加點作，司寇良父壺加兩點作。子旁增加的點，吴大澂説那是「小兒衣」，「象保衣之形」。〔二〇〕唐蘭根據甲骨文説保字是「象人負子，孳乳爲緥」。〔二一〕甲骨文的保也有在子上加爪以示保護之意的。近年出土的中山王鼎也从爪作形，隸定就變成俘或保了，其實也是保字。《説文》説保字「从采省，采古文俘省」。也是采、俘、保一字的很好證明。因此，姜昆武得出結論：

> 保字即字的繁文，也就是後代的襁褓字，象子在襁褓之中，爲人所寶愛之形。象襁褓，所以神保者猶言神的小子，爲人所保愛者。後代或直接以寶爲之。〔二二〕

保字最早大概只有保護、保愛之意，那末神保又是否如姜氏所説爲「神的小子，爲人所保愛者」？聞一多有不同的看法，他認爲保字有「任」「凴」之義：

> 保者任也，凭也（《周禮·大司徒》注：「保猶任也。」《説文》：「任，保也。」），附也（《莊子·列御寇篇》司馬注）。神尸爲神靈之所依凭附著，故謂之神保。《後漢書·馬融傳》「詔靈保」注曰：「靈保，神巫也。」巫亦神靈之所凭依，故謂之靈保。〔二三〕

説來倒有朱子「神降而託於巫」的意味了。我們如果進一步問「思靈保兮賢姱」這句裏的靈保究竟是神還是巫，馬茂元説得比較清楚：

> 「靈」是神和巫的通稱，可以用之於一般的歌舞娛樂之巫，也可以用之於象神之巫，「靈保」則專用之於象神之巫。〔二四〕

錢鍾書在《管錐編》裏論「神巫一體，人神轉化」一節也發揮了這道理：

> （《詩·小雅·楚茨》）「先祖是皇，神保是饗」；《傳》「保，安也」；《箋》「鬼神又安而享其祭祀」。按毛、鄭皆誤；「神保」者，降神之巫也。《楚辭·九歌·東君》「思靈保兮賢姱」，洪興祖注「説者曰：『靈保，神巫也』」；俞玉《書齋夜話》卷一伸其説曰：「今之巫者，言神附其體，蓋猶古之『尸』；故南方俚俗稱巫爲『大保』，又呼爲『師人』，『師』字亦即是『尸』字。」……《詩》中的「神」與「神保」是一是二，猶《九歌》中「靈」與「靈保」亦彼亦此。〔二五〕

明白了這種「神巫一體，人神轉化」才能了解《九歌》裏的靈或靈保，或指巫，或指神，其實不過是「人神轉化」的結果，詩人要通過祀神的典禮裏，靈巫的虔敬，舞姿的輕妙，刻劃對神靈的企盼，想象神靈臨格，如雲蔽日的盛大場景，達到了詩人抒情的目的。因此表面上看起來光怪陸離，唯其如此，在全詩顯現於人前的意象之間的空白，只好讓讀者仔細推敲了。説《九歌》「純乎虚者」〔二六〕，確能一語中的。

《九歌》之不好懂，完全是在這些「虚」處。「靈」或以指神，又説是降神之巫；「靈保」説是降神之巫，忽地又變成所祀之神。一會稱神爲「君」，一會又稱之爲「佳人」。「公子」既説是神的尊稱（《湘夫人》）又可説鬼所思念之人（《山鬼》）。再加上人稱代詞的余、予、我、女（汝）、子、君、佳、蓀等交錯其中，或作第一人稱，或作第二人稱，或作第三人稱，更難以理解其中的賓主彼我之詞，留待下面第五講再深入討論這個問題。

## 注釋

〔一〕陳夢家《商代的神話與巫術》，《燕京學報》，V·二〇，頁五三七，一九三六年。
〔二〕李孝定《甲骨文字集釋》，頁五九八，台灣「中央研究院」史語所專刊五十，一九六五年。
〔三〕張光直《中國青銅時代》二集，頁四二—四三，三聯書店，一九九〇年。
〔四〕姚孝遂《殷墟甲骨刻辭類纂》，頁一一一九—一一二〇，北京中華書局，一九八九年。
〔五〕同注〔一〕，頁五四〇。陳文引《周禮·旄人》夷字上奪舞字，序官注云未詳所出。
〔六〕同注〔一〕陳文，頁五四一—五四二。
〔七〕同注〔一〕陳文，頁五四二。
〔八〕鄭玄《周禮注疏》卷二十六，頁一七八，北京中華書局影印阮刻《十三經注疏》，一九八〇年。
〔九〕同注〔八〕頁一四九。
〔一〇〕姚孝遂《殷墟甲骨刻辭類纂》也釋爲奏舞，見《類纂》頁九八。
〔一一〕沈海波《〈九歌〉爲旱祭之樂歌考》，附於朱碧蓮《楚辭論稿》後。上海三聯書局，一九九三年。
〔一二〕李孝定《甲骨文字集釋》，頁三三〇三。
〔一三〕附圖出自徐錫臺《周原甲骨文綜述》頁一一一，三秦出版社，一九八一年。
〔一四〕同注〔一三〕，頁一一三。
〔一五〕同注〔一四〕。
〔一六〕陳全方《周原與周文化》，頁一三九，上海人民出版社，一九八八年。
〔一七〕張光直《中國青銅時代》二集，頁四五—四六，三聯書店，一九九〇年。
〔一八〕王國維《宋元戲曲考》，頁五。
〔一九〕同注〔一七〕。
〔二〇〕吴大澂《説文古籀補》，頁四六。

〔二一〕唐蘭《古文字學導論》下編，頁四五，齊魯版，一九八一年。

〔二二〕姜亮夫、姜昆武《楚辭九歌靈保詩楚茨神保異同辨》，頁三三，《文學遺産》，一九八三年二月。

〔二三〕聞一多《九歌解詁》，頁八，上海古籍，一九八五年。

〔二四〕馬茂元《楚辭選》，頁九七，人民文學，一九八五年。

〔二五〕錢鍾書《管錐編》，卷一，頁一五六，中華書局，一九七九年。

〔二六〕陳第《屈宋古音義》，卷二，頁二二上。

# 第四講 《楚辭·九歌》與祭祀

屈子在《離騷》裏兩度提到《九歌》：

啟《九辯》與《九歌》兮，夏康娱以自縱。

奏《九歌》而舞《韶》兮，聊假日以偷樂。

前面兩句是他向重華（帝舜）陳詞的開場白，《九辯》和《九歌》並舉，與《天問》的「啟賓棘商，《九辯》《九歌》」和《山海經》的「夏后開上三嬪於天，得《九辯》與《九歌》以下」，所記大致相合。説《九辯》《九歌》原是天帝的樂章，被夏后啟偷了下來。這神話傳説的背後，暗示了人間帝王和天帝間的關係，《墨子·非樂》説夏啟「萬舞翼翼，章聞於天」。參合「上三嬪於天」的説法，大抵《九歌》是古代舉行大型祭祀的樂歌。再加上後面兩句把《九歌》和舜帝的《韶》舞並舉，可見其流傳的久遠了。

《九歌》之什，始《東皇太一》，終《禮魂》，凡十一篇。朱子也認爲「蓋不可解」。〔一〕前人往往泥於《九歌》以九名篇，而却有十一篇，便没法解決篇數的問題。明黄文焕《楚辭聽直》、清林雲銘《楚辭燈》合《山鬼》《國殤》《禮魂》爲一篇；清蔣驥《山帶閣注楚辭》合《湘君》《湘夫人》爲一篇，《大司命》與《少司命》爲一篇。其目的和黄文煥、林雲銘的毛病一般，也是要把《九歌》的篇數弄得符合於九的數字。《九歌》之所以以九名，和篇數根本是没有關係的。九只是表衆多的一種概念，屈子説「雖九死其猶未悔」「至今九年而不復」，《天問》九字用得更多：「虎豹九問」「一夫九首」「土伯九約」「拔木九千」等句子裏的九字，都是極言其多，不是實數。因此這《九歌》一名，只是指由多首樂曲組成的樂章罷了。要是像郭沫若那般説九「或許是糾字的意思，取其纏綿婉轉」[二]，那又未免附會太甚了。

《禮魂》篇題下洪興祖補注「禮，一作祀。……或曰：《禮魂》謂以禮善終者」，但是今本《楚辭章句》中《禮魂》一篇的内容却全没有「以禮善終者」的意思。「以禮善終者」，似乎是相對於《國殤》的「死於國事者」來説的；所謂《禮魂》的五句歌辭，讀來只不過是送神的口吻。怎樣去理解「死於國事者」（《國殤》）、「以禮善終者」（《禮魂》）、「送神」（今本《禮魂》之辭）三者間的關係呢？聞一多作了個頗爲合理的推測：

> 《禮魂》這標題的意義是可疑的。今本《楚辭》題爲《禮魂》的歌詞，是送神，不成問題。但《禮魂》二字的意義却與送神（東皇太一）無涉。東皇太一即上帝，上帝不當稱魂（魂只是人的精氣）。以「成禮兮會鼓」與「禮魂」字面相同爲理由，來證明《禮魂》爲此篇原有的標題，是似是而非的話。「成禮」之禮分明是名詞，《禮魂》之禮則非動詞即形容詞，兩禮字根本不是一回事，那只是字面的偶合而已。《禮魂》似當與《國殤》爲一類。洪興祖曰：「或曰：《禮魂》謂以禮善終者。」意謂其與死於非命的國殤爲同類而相反的兩種人鬼，這似乎是最合理的一種解釋。我們還可以引漢人的話來支持他。「宗廟小祀，謂祭殤與無後，及司勛功臣亦祭於廟。」（《周禮》酒正、肆師兩疏引馬融説）很可能《國殤》即殤與無後，《禮魂》即司勛功臣，而祭東皇太一（上帝）是宗廟大祀，祭國殤、禮魂是隨著大祀舉行的小祀。如果這推測是對的，則今本《楚辭》的《禮魂》有目無詞，後人以《禮魂》之目加之於送神的《成禮》章的詞上，是張冠李戴。這樣看來，除迎送神曲二篇外，《九歌》本有十篇。第十篇即《禮魂》，原辭之所以被遺失，許即誤於那歷史上相傳的《九歌》的舊名。原始《九

歌》之「九」本不是代表篇目的數字，楚郊祀侑神樂歌，相沿亦稱《九歌》。後人誤會，以爲《九歌》不當有十篇，於是删去最後一篇，以求合於歌名數字。然而詞删而目未删，未被删去的目無所附麗，久而久之便黏上了距程最短的送神曲，而成爲今本《楚辭》的《禮魂》了。〔三〕

至於把送神曲唤作《禮魂》，則是把佚去歌辭的前篇題目强加於末篇五句的送神曲之上，而成今本的「以禮善終者」的《禮魂》或《祀魂》，與《國殤》同祠人鬼，當爲一類，今本《楚辭》只有目而無辭；篇題。

《禮魂》一篇，注家或説是「亂辭」，或説是「送神曲」，都是强調末篇爲前十篇所通用。汪瑗《楚辭集解》：「末一篇固前十篇之亂辭也。」王闓運《楚辭釋》也説：「《禮魂》者，每篇之亂也。」劉永濟《屈賦通箋》也以末篇爲亂辭。最早提出《禮魂》爲送神曲詞的還是王夫之《楚辭通釋》：

凡前十章，皆各以其所祀之神而歌之。此章乃前十祀之所通用。而言終古無絶，則送神之曲也。……篇中更不言及所祭者，其爲通用明矣。〔四〕

後來的學者更進一步指出《九歌》具有一迎一送的形式。鄭振鐸《插圖本中國文學史》説：

《九歌》有十一篇。或以《禮魂》爲「送神之曲」，爲前十篇所通用。……但《九歌》實只有九篇。除《禮魂》外，《東皇太一》實爲「迎神之曲」，也不該計入篇數之内。〔五〕

孫作雲《〈九歌〉非民歌説》〔六〕也以《東皇太一》爲迎神曲、《禮魂》爲送神曲。他們視首尾兩篇作迎送曲是正確的，然而説十一篇中除去首尾兩篇，餘下的便是《九歌》，不過是爲了要湊合「九」的數目罷了。聞一多在贊成迎神送神曲説之餘，更强調首尾兩篇自有其獨立的性質，固定的形式，是不受中間的篇數所左右的：

其實十一篇中的二篇（《東皇太一》《禮魂》）自有其本然的和内在的獨立性；這獨立性並不因中間是否恰恰九篇而動摇。換言之，假如中段是八篇或十篇，那首尾兩篇依然應當是迎送神曲。〔七〕

所謂「獨立性」，是指首尾兩篇那迎神送神的性質。聞氏根據《宋書・樂志》的記載，確認一迎一送，是祭歌的傳統形式：

迎神送神本是祭歌的傳統形式，沈約説得最透徹：

宋及東晉，太祝惟送神而不迎神。近議者或云：「廟以居神，恒如在也，不應有迎送之事。」意以爲並乖其衷。立廟居靈，四時致享，以申孝思之情。夫神升降無常，何必恒安所處？故《祭義》云：「樂以迎來，哀以送往。」鄭注云：「迎來而樂，樂親之來，送往而哀，哀親之往，其享否不可知也。」《尚書》：「祖考來格。」《詩》云：「神保遹歸。」注曰：「歸於天地也。」此並言神有去來，則有送迎明矣。即周「肆夏」之名，備迎送之樂。古以尸象神，故《儀禮》祝有迎尸送尸。近代雖無尸，豈可闕迎送之禮？又傅玄有迎神送神哥（歌）辭，明江左不迎，非舊典也。（《宋書・樂志》一）

《東皇太一》《禮魂》中迎送的口氣，原文已表現得相當顯著。（同上頁二四三）〔八〕

而這種形式，又深深地影響著後來的祭歌，聞氏把《九歌》跟《漢・郊祀歌》的詞句表列對比起來，是很有説服力的：

漢《郊祀歌》是仿《九歌》而作的，《練時日》與《赤蛟》相當於《東皇太一》與《禮魂》，其間迎送的口氣至少依然保存著，假如没有加强的話。〔九〕（參見「表4—1」）

孫作雲的《〈九歌〉非民歌説》〔一〇〕也認爲漢代郊祠歌是摹仿《九歌》的：不但詞句雷同，祠神類似

（《日出入》即《東君》，《五神》即《雲中君》，《天門》即《大司命》《少司命》），而且全組歌曲的結構亦同：《練時日》相當於《東皇太一》，爲迎神曲；《赤蛟》相當於《禮魂》，爲送神曲。

**表 4—1**

| | 《九　歌》 | 《漢郊祀歌》 |
|---|---|---|
| 迎神 | 吉日兮辰良 | 練時日兮侯有望 |
| | 蕙肴兮蘭藉，奠桂酒兮椒漿 | 性蔚栗兮粢盛香，尊（奠）桂酒兮賓八鄉（薌） |
| | 靈偃蹇兮姣服，芳菲菲兮滿堂 | 衆嫭並兮綽奇麗，顔如荼兮兆（逃）逐靡，被華文兮廁霧縠，曳錫阿兮佩珠玉 |
| | 五音紛兮繁會，君欣欣兮樂康（《東皇太一》） | 靈已坐兮五音飭，虞（娱）至旦兮承靈億（意）（《練時日》） |
| 送神 | 成禮兮會鼓 | 禮樂成兮靈將歸 |
| | 長無絶兮終古（《禮魂》） | 托玄德兮長無衰（《赤蛟》） |

聞氏又說：

謝莊作宋《明堂歌》，其首尾兩篇直題曰《迎神歌》《送神歌》，而《宋書·樂志》明說這「迎送神歌，依漢郊祀三言四句一轉韻。」《明堂歌》出於《郊祀歌》，《郊祀歌》出於《九歌》。《明堂歌》有迎神送神，則《九歌》的《東皇太一》《禮魂》即迎送曲，更覺可靠了。此後唐代的宗廟樂章，如《五郊》《朝日》《祭神州》《祭太社》《蠟百神》等，往往只有迎送神曲二章。尤其有趣的是文人模仿《九歌》體的作品，如王維《祠漁山神女歌》，也沿用著這種格式。[一一]

這裏提到王維《祠漁山神女歌》，載在郭茂倩《樂府詩集·清商曲辭四》裏，歌前並且有一篇長序道其事：

## 祠漁山神女歌（二首）

張茂先《神女賦序》曰：「魏濟北從事弦超，嘉平中夜，夢神女來，自稱天上玉女，姓成公，字智瓊，東郡人。早失父母，天地哀其孤苦，令得下嫁。後三四日一來，即乘輜軿，衣羅綺。智瓊能隱其形，不能藏其聲，且芬香達于室宇，頗爲人知。一旦神女别去，留贈裙衫裲襠。」《述征記》曰：「魏嘉平中，有神女成公智瓊降弦超，同室，疑其有奸，智瓊乃絶。後五年，超使將之洛，西至濟北漁山下陌，上，遥望曲道頭，有車馬，似智瓊，果至洛，克復舊好。」唐王勃《雜曲》曰：「智瓊神女，來訪文君。」按《十道志》云：「漁山一名吾山。」漢武帝過漁山，作《瓠子歌》云：「吾山平兮巨野溢」是也。」

迎神

坎坎擊鼓，漁山之下。吹洞簫，望極浦。女巫進，紛屢舞。陳瑶席，湛清酤。風凄凄，又夜雨。不知神之來兮不來，使我心兮苦復苦。

送神

紛進舞兮堂前，目眷眷兮瓊筵。來不言兮意不傳，作暮雨兮愁空山。悲急管兮思繁弦，神之駕兮儼欲旋。倏雲收兮雨歇，山青青兮〔水〕潺湲。

要不是歌前的序文裏交代過神女成公智瓊的故事，只看《迎神》《送神》二章，便毫無文學趣味了。又載王叡《祠神歌》，也只有迎送兩章：

祠神歌

迎神

蓪草頭花椰葉裙，蒲葵樹下舞蠻雲。引領望江遥滴酒，白蘋風起水生文。

送神

> 棖棖山響答琵琶，酒濕青莎肉飼鴉。樹葉無聲神去後，紙錢灰出木綿花。〔一二〕

作爲一套祭歌，首尾迎送是原始、固定的形式，中間的部份本該是祭歌的主要內容。但聞一多却懷疑《九歌》中間的九篇是後來加插進去的：

> 我們因此疑心一迎一送是原始祭歌的本然形式，《九歌》中段九篇是演化過程中隨後插入的。二篇的原始形式是固定的，插入的部分便可不拘定數，故《九歌》插入九篇，《郊祀歌》十七篇，《明堂歌》七篇。唐宋廟樂章和王維《祀漁山女神歌》只一迎一送共兩篇，可說明又回到原始祭歌的本然形式。由此看來，我們又可以說，今《九歌》十一篇中首尾兩篇是主體，其餘九篇是客體。今以《九歌》統稱十一篇，不免有反客爲主的嫌疑。〔一三〕

聞氏所說的主、客體，是「就宗教的意義講」的。（聞氏此種主客體的假設是極大的錯誤，説詳下。）他在《甚麼是〈九歌〉》裏說：

> 十一章中，二章與九章各爲一題，若再細分下去，九章中，前八章與後一章（《國殤》）又當分爲一類。〔一四〕

據聞氏的説法，《九歌》十一篇可以分作三類祭祀的對象：一是天神，即東皇太一，二是自然神，即雲中君、湘君、湘夫人、大司命、少司命、東君、河伯、山鬼，三是人鬼，即國殤及佚去的《禮魂》。若要再細分的話，自然神之中也可分爲兩類：一類是天神如雲中君、大司命、少司命、東君；一類是地祇如湘君、湘夫人、河伯、山鬼。就祭祀的性質言，聞氏以爲祭上帝（東皇太一）是「宗廟大祀」，是「報德」，祭國殤、禮魂是「小祀」，是「報功」，是「較理性化，較進步的宗教祀典」；相反的，東君以下諸神的出場，「代表著較幼稚，較原始的巫術降神」，是「淫祠」。根據上文的意思，聞氏的意見可表列如「表4—2」。

**表4—2**

| 祭祀性質 | 祭祀對象 | 《九歌》 | |
|---|---|---|---|
| 宗廟大祀（報德） | 天神（上帝）<br>天神（上帝） | 《東皇太一》<br>《禮魂》 | 主體 |
| 淫祠<br>巫術降神 | 天神<br>地祇<br>地祇<br>天神（自然神）<br>天神<br>天神<br>地祇<br>地祇 | 《雲中君》<br>《湘君》<br>《湘夫人》<br>《大司命》<br>《少司命》<br>《東君》<br>《河伯》<br>《山鬼》 | 客體 |
| 小祠（報功） | 人鬼<br>人鬼 | 《國殤》<br>《禮魂》（佚） | |

首尾兩篇是主體，東皇太一是迎神曲送神曲的主角。不僅如此，在聞氏的眼中，作爲祀典的《九歌》，被祭的對象也只有「東皇太一」一神。他在《〈九歌〉的結構》裏說：

既然只有迎送神曲才是真正的祭歌，而十一篇中迎神題作《東皇太一》，送神題作《禮魂》，看來這祭典中被祭的對象很可能只《東皇太一》一神。《東皇太一》詞曰：「穆將愉兮上皇」。上皇即「東皇太一」，那麽，唱《東皇太一》時所迎的神，即「東皇太一」，是不成問題的。迎的既有「東皇太一」，而《禮魂》正是配合著《東皇太一》而爲一迎一送神曲，那麽唱《禮魂》時所送的神似乎也還是「東皇太一」了。〔一五〕

他在《甚麽是〈九歌〉》也說：

> 《東皇太一》既是迎神曲，而歌辭只曰「穆將愉兮上皇」，（上皇即「東皇太一」）那麼辭中所迎的，除「東皇太一」外，似乎不能再有别的神了。《禮魂》是作爲《東皇太一》的配偶篇的送神曲，這裏所送的，論理也不應超出先前所迎的之外。其實「東皇太一」是上帝，祭「東皇太一」即郊祀上帝。只有上帝纔夠得上受主祭者楚王的專誠迎送。〔一六〕

東皇太一是主角，而「九篇是客體」，「九神論地位都在王之下」，那麼，九神便只好算是陪襯的角色了。聞氏以迎送神兩曲爲主體，爲大祀，以《雲中君》以下八篇爲淫祀，以《國殤》《禮魂》爲小祀；並且認定「淫祀」和「小祀」都是客體。這種説法顯然和《周禮》和《禮記》的記載絶不相同。先看《周禮・春官・宗伯》：

> 大宗伯之職，掌建邦之天神人鬼地示（祇）之禮，以佐王建保邦國，以吉禮事邦國之鬼神示（祇），以禋祀昊天上帝，以實柴祀日月星辰，以槱燎祀司中司命飌師雨師，以血祭祭社稷五祀五嶽，以貍沈祭山林川澤，以疈辜祭四方百物。以肆獻祼享先王，以饋食享先王，以祠春享先王，以禴夏享先王，以嘗秋享先王，以烝冬享先王。〔一七〕

《大宗伯》這段話開宗明義便説明了天子祭天神、人鬼、地示，是周天子建邦保國的大事，也正是《天官・冢宰》裏所説的負責贊玉幣節之事的「大宰」輔助周王祀「五帝」和「大神示」的「大神示」，强把這些神鬼示分爲大祀、小祀是不恰當的。何況《周禮・春官・肆師》裏有大祀、次祀、小祀之説，和聞氏的想法大不一樣：

> 肆師之職，掌立國祀之禮，以佐大宗伯。立大祀，用玉帛牲牷；立次祀，用牲幣；立小祀，用牲。〔一八〕

鄭康成在這裏引先鄭的説法解釋「大祀」「次祀」和「小祀」：

> 鄭司農云：「大祀，天地；次祀，日月星辰；小祀，司命以下。」〔一九〕

先鄭的説法較爲籠統，所以鄭玄補充説：

大祀又有宗廟（指先王人鬼之祀），次祀又有社稷、五祀、五嶽（按：皆《大宗伯》「血祭社稷」以下的自然神，並不視之爲淫祀），小祀又有司中、風師、雨師、山川百物。〔二〇〕

我們可以把先後鄭的説法表列出來：如「表4—3」。

**表4—3**

| | 鄭衆 | 鄭玄 |
|---|---|---|
| 大祀 | 天地 | 天地（神示）<br>宗廟（人鬼） |
| 次祀 | 日月星辰 | 日月星辰<br>社稷、五祀、五嶽 |
| 小祀 | 司命以下 | 司命<br>司中、風師、雨師、山川百物 |

顯然絶不是聞氏那種分法。至於聞氏在大祀、小祀以外，又立了「淫祀」一目，更和傳統不同。聞氏心目中的「淫祀」是「代表著較幼稚，較原始的巫術降神」，可説完全是一種現代人的猜測，因爲「巫術降神」原是一種祭祀的形式，不管大祀、小祀，都該存在這種降神形式，無所謂「幼稚」與「原始」的。

《禮記・曲禮下》這樣解釋「淫祀」：

天子祭天地、祭四方、祭山川、祭五祀、歲徧。諸侯方祀、祭山川、祭五祀、歲徧。大夫祭五祀、歲徧。士祭其先。凡祭，有其廢之莫敢舉也，有其舉之莫敢廢也。非其所祭而祭之，名曰淫祀。淫祀無福。〔二一〕

「淫祀」本來只是指「非其所祭而祭之」。魯哀公六年《左傳》記録楚昭王「三代命祀,祭不越望」。應是戰國時祭祀的事實。《西嶽華山碑》亦有「高祖初興,改秦淫祀」之語,「祭不越望」,謂諸侯之祭山川,不得越出地望,否則爲「淫祀」,是戰國時之通例,不獨楚地爲然也。若是不用「幼稚」「原始」的眼光來看待這些祭歌,便不會列出「淫祀」這一項來,更用不上「猥褻」的字眼來形容這些「淫祀」了。

聞氏的主客體論,是「從宗教觀點言之」;若是就文學藝術角度來説,恰恰相反,九篇才是主,而二篇是客。聞氏自己並不諱言這點:

> 因東皇太一與九神在祭禮中的地位不同,所以二章與九章在十一章中的地位也不同。在説明這兩套歌辭不同的地位時,可以有宗教的和藝術的兩種相反的看法。就宗教觀點説,二章是作爲祭歌主體的迎送神曲,九章即真正的《九歌》,只是祭歌中的插曲。插曲的作用是湊熱鬧,點綴場面,所以可多可少,甚至可有可無。反之,就藝術觀點説,九章是十一章中真正的精華,二章則是傳統形式上一頭一尾的具文。《楚辭》的編者統稱十一章爲「九歌」,是根據藝術觀點,以中間九章爲本位的辦法。《楚辭》是文藝作品的專集,編者當然只好採取這種觀點。〔一二〕

因此,聞氏分析過《九歌》後列成了「表4—4」。更基於「漢《郊祀歌》辭出於《九歌》的假設,便有漢郊祠禮也出於楚制的推論。漢人祭太一的歌辭既可稱《漢郊祠歌》,楚祭東皇太一的歌辭,也可以稱作《楚郊祠歌》。或説得清楚點,叫《楚郊祠東皇太一樂歌》。十一篇中首尾二篇今稱《東皇太一》與《禮魂》,也不妥當,不如仿《漢郊祠歌》摘篇首數字爲題之例,稱爲「吉日」與「成禮」,或徑稱爲《迎神歌》與《送神歌》也未嘗不可」。而所列的表,(見「表4—5」),完全是「根據宗教的立場」而確立的。然而,他又認爲「《郊祠歌》所謂《九歌》可能即《楚辭》十一章中之九章之歌,九神便是這九章之歌中的主角」,以九神爲主,顯然是從《九歌》各篇的文章内容著眼,而不是如上文從宗教的立場分主客體了。

表4—4

| | | 內容 | | | | 音節 | 篇幅 |
|---|---|---|---|---|---|---|---|
| 二篇 | 《東皇太一》《禮魂》 | 鋪述祭祀的儀式與過程 | 肅穆 | 似頌 | 祭歌 | 不轉韻 | 短 |
| 九篇 | 《雲中君》《湘君》《湘夫人》《大司命》《少司命》《東君》《河伯》《山鬼》 | 用獨白或對白的方式陳述悲歡離合的故事 | 哀艷 | 似風 | 戀歌 | 轉韻 | 多數長 |
| | 《國殤》 | 鋪陳戰爭的壯烈，讚頌戰士的英勇 | 悲壯 | 似小雅 | 挽歌 | | |

表4—5

| 楚郊祀東皇太一樂歌 | 《九歌》 |
|---|---|
| 吉日（迎神歌辭） | 《東皇太一》 |
| 《東君》《雲中君》《湘君》《湘夫人》《大司命》《少司命》《河伯》《山鬼》《國殤》——九歌（侑神歌辭） | 《東君》《雲中君》《湘君》《湘夫人》《大司命》《少司命》《河伯》《山鬼》《國殤》 |
| 成禮（送神歌辭） | 《禮魂》 |

二篇與九篇是主體與客體之別，同時也是「實質的迎送的祭典」與「表演迎送的故事」之別：

九章中的迎送是歌中人物自相迎送或對假想的對象迎送，與二章爲致祭者對神的迎送迥乎不同，換言之，前者是粉墨登場式的表演迎送的故事，後者是實質的迎送的祭典。〔一二三〕

聞氏認爲：從「實質的迎送的祭典」言，太一是主角，「其他九神論地位都在王之下，所以典禮中只爲他們設享，而無迎送之禮」（《甚麼是〈九歌〉》）；若從「表演迎送的故事」言，「九神便是這九章之歌中的主角」，「這些神道們——實際是神所「憑依」的巫們——按照各自的身份，分班表演著程度不同的哀艷的，或悲壯的小故事」——即所謂「九歌」，目的是爲了要「合好效歡虞太一」！怎樣去理解「設享」與「效歡」的關係呢？聞氏分析說：

九神之出現於祭場上，一面固是對東皇太一「效歡」，一面也是以東皇太一的從屬的資格來享受。效歡時是立於主人的地位替主人幫忙，受享時則立於客的地位作陪客。〔一二四〕

這說明九神在郊祠東皇太一之過程裏的雙重身份——既「效歡」，也「受享」。

《甚麼是〈九歌〉》提到「東皇太一是上帝，祭東皇太一即郊祠上帝，只有上帝才夠得上受主祭者楚王的專誠迎送」，把《九歌》視作楚國郊祀太一的祠典，一如《漢書·禮樂志》所記載漢武帝所訂立的「祠太一於甘泉」的郊祠之禮。這點和胡適、陸侃如等視《九歌》爲民間祭祠歌的說法迥異。胡適《讀楚辭》認爲《九歌》「是當時湘江民族的宗教舞歌」，是「最古的南方民族文學」（《胡適文存二集》卷二），陸侃如則以爲《國殤》是楚國北部的產品，《東皇太一》《雲中君》《東君》《禮魂》是楚國中部——郢都的產品，絕非民間的祭歌，《湘君》《湘夫人》《大司命》《少司命》《河伯》《山鬼》是楚國南部的產品。胡說和陸說不同於聞氏，顯然聞氏是受了漢《郊祠歌》的啟發。但聞氏始終認爲「其他九神論地位都在王之下」而强調楚王只爲九神「設享」，而却沒有「迎送之禮」，這點却大有可議之處。

假如我們同意聞氏拿漢朝《郊祠歌》和《九歌》比照的説法，「祭東皇太一的典禮，實即郊祀。漢郊祀禮大概也出於楚制」，那末我們大可再看看下面《史記・封禪書》的一段話：

> 長安置祠（借作祀，下同）祝官、女巫。其梁巫，（按指梁地之巫）祀天地、天社、不水、房中、堂上之屬；晉巫（晉地之巫），祠五帝、東君、雲中（《漢書・郊樂志》作雲中君）、司命、巫社、巫祠、族人、先炊之屬；秦巫，祠社主、巫保、族累之屬；荊巫，祠堂下、巫先、司命、施糜之屬；九天巫，祠九天。皆以歲時祠宮中。〔二五〕

這裏面的東君、雲中君、司命等神，不都是《楚辭・九歌》裏所祀的神嗎？爲甚麼在統一了中國的漢王朝帝王可以列入祀典，難道這些自然神的地位，到漢朝時才提高至帝王之上嗎？所以聞氏説「九神（其實只有國殤以外八神）論地位都在王之下」的説法是難以採信的。

聞氏在《甚麼是〈九歌〉》又説：

> 九章中前八章與後一章（《國殤》）又當分爲一類，八篇所代表的日、雲、星（指司命，詳後）、山、川一類自然神。（《史記・留侯世家》：「學者多言無鬼神，然言有物。」物即自然神。）依傳統見解，彷彿應當是天神最貼身的一群侍從。這完全是近代人的想法。在宗教史上，因野蠻人對自然現象的不了解與畏懼，倒是自然神的崇拜發生得最早。次之是人鬼的崇拜，那是在封建型的國家制度下，隨著英雄人物的出現而産生的一種宗教行爲。最後，因封建領主的逐漸兼併，直至大一統的帝國政府行將出現，像東皇太一那樣的一神教的上帝纔應運而生。〔二六〕

聞氏認爲自然神的崇拜在宗教史上發生得最早，但又不接受自然神是天神的侍從的説法，明顯地，聞氏是在暗示在「東皇太一那樣的一神教的上帝」應運而生之際，是不該再信靠這些原始性的神了。但我們認爲巫術降神的信仰是構成《九歌》的基本因素，是不應該有了「進步了的正式宗教的神」（指《國殤》

和《東皇太一》）便被抹殺的。

相對於《東皇太一》《禮魂》《國殤》而言，聞氏進一步指出八章是「較原始」和「幼稚的」，尤其是《湘君》《湘夫人》等章的『猥褻性』的內容，已充份暴露了這些神道的原始性和幼稚性，所以是「淫祠」。八章是九神所表演的悲歡離合的故事，所以是「戀歌」，完全出於他對「淫祀」一詞的誤解，即使「淫祀」被曲解爲「原始」而「幼稚」，恐怕也不可視之爲「猥褻」，況且「猥褻」與「戀歌」之間，又如何可以劃上等號呢？以「猥褻性」說「淫祠」殊謬。可以說，聞氏對《九歌》的理解，建立在迎送神的形式上，「一迎一送是原始祭歌的本然形式」，〔二七〕因此才確認《九歌》首尾兩歌爲《迎神歌》和《送神歌》；又認爲其他九神是爲他們設享「而無迎送之禮，所以九章並不是祭歌」。但是我們看《雲中君》的「靈皇皇兮既降，猋遠舉兮雲中」，不是說降神與神去嗎？《大司命》的「君迴翔兮以下，踰空桑兮從女」，不是司命之降臨嗎？「乘龍兮轔轔，高駝兮沖天」，注家不都是說是「司命高馳而去，不復留」嗎？《少司命》的「入不言兮出不辭，乘回風兮載雲旗」，若不是寫司命之來去奄忽，末句「蓀獨宜兮爲民正」又怎能看成司命之神既去之後，祀神者的頌神之辭？《東君》的「靈之來兮蔽日」，既寫東君之降，結句的「撰轡高駝」「冥冥東行」，自然是祭者送神的惘惘之情的表露。《河伯》的起句便說「乘水車」「駕兩龍」，與河伯共遊九河，寫的是神降以後的興奮，結句「送美人兮南浦」，而見波浪滔滔，鄰鄰魚媵，也是寫河伯之去的一種惘惘之思。只有餘下的《山鬼》和二《湘》才沒有露骨地寫出神降和神去的地方，但「路險難兮獨後來」「君思我兮不得閒」「思公子兮徒離憂」，看作下界之人對山鬼的思慕的渴望，表露祭神者的企盼之情固未嘗不可，看作山鬼和人的戀愛故事，自然更容易引起現代讀者的共鳴，但是一定要把這首綺靡的詩歌視作戀歌的話，那便不免把文學的多義性大大地減弱了。硬要把一篇作品局限在某一特定意義下詮釋，豈不破壞了文章的虛擬之美了嗎？二《湘》從文學角度來看，該是《九歌》裏最成功的篇章。要是我們同意陳第的「《九歌》,純乎虛者也」〔二八〕的意見,那末二《湘》確能符合這種「虛」的標準。因爲二《湘》全篇寫的完全是求神者對湘君和湘夫人的盼望和無奈:「望夫君兮未來,吹參差兮誰思」「揚靈兮未極,女嬋媛兮爲予太息」「時不可兮再得,聊逍遥兮容與」,寫得有多纏綿、惆悵、無奈,「流涕潺湲」「思君陫側」「恩不甚兮輕絶」,傷心、痛苦,又豈只肝腸寸斷?可是他還是要「捐玦」「遺佩」「採杜若」「遺遠者」,那管有多少委屈,詩人却是以一往情深,矢志靡他的決心處之,温柔敦厚的詩人遺教,還能比這種作品寫得更好嗎?《湘夫人》的寫作手法基本上和《湘君》很相近。「荒忽遠望」「流水潺湲」「時不可再」「逍遥容與」,還是那般惆悵與無奈。不同的是插入了一大段「馳馬江皋」「夕濟西澨」這種對理想(或意中人)的上天入地的追求,「騰駕偕逝」以下,寫的全是築室水中的刻意經營,布置這水中之居,堂壇之美,陳設的芳潔,充份顯示求神者對湘夫人的降臨的一種渴望的至誠,只不過在末段以「捐袂遺褋」代替《湘君》的「捐玦遺佩」,而把這首作品指責爲「猥褻性」的,更因此而指稱《國殤》以外的八章祀自然神的詩篇爲「戀歌」,實在看不出這些論點間的邏輯關係。

## 注釋

〔一〕朱熹《楚辭集注・楚辭辯證上》,頁一八五,上海古籍出版社,一九七九年。

〔二〕郭沫若《屈原賦今譯》,頁三七,香港上海書局,一九七四年。

〔三〕《〈九歌〉的結構》,《聞一多集外集》,頁二四九,教育科學出版社,一九八九年。

〔四〕王夫之《楚辭通釋》,頁四五,香港中華書局,一九六〇年。

〔五〕鄭振鐸《插圖本中國文學史》,頁六〇,北京作家出版社,一九五七年。

〔六〕《語言與文學》,國立清華大學中國文學會編,中華書局,一九三七年。

〔七〕同注〔三〕,頁二四三。

〔八〕同注〔三〕，頁二四三—二四四。
〔九〕同注〔三〕，頁二四四。
〔一〇〕同注〔六〕，頁一六六—一七三。
〔一一〕同注〔三〕，頁二四四。
〔一二〕郭茂倩《樂府詩集》，頁六八七—六八八，北京中華書局，一九七九年。
〔一三〕同注〔三〕，頁二四四—二四五。
〔一四〕《聞一多全集》，頁二七〇，上海開明書店，一九四八年。
〔一五〕同注〔三〕，頁二四六。
〔一六〕同注〔一四〕，頁二六七。
〔一七〕鄭玄《周禮注疏》，卷十八，頁一一九—一二〇，北京中華書局影印阮刻《十三經注疏》，一九八〇年。
〔一八〕同注〔一七〕，卷十九，頁一三〇。
〔一九〕同注〔一八〕。
〔二〇〕同注〔一八〕。
〔二一〕鄭玄《禮記注疏》卷五，頁四〇。
〔二二〕同注〔一四〕，頁二六九。
〔二三〕同注〔一四〕，頁二六七。
〔二四〕同注〔一四〕，頁二六八。
〔二五〕《史記》，卷二八，頁一七八—一七九，北京中華書局，一九八二年。
〔二六〕同注〔一四〕，頁二七〇。
〔二七〕同注〔三〕，頁二四四。
〔二八〕陳第《屈宋古音義》，卷二，頁二二上。渭南嚴氏據學津本校刊，成都，一九三三年。

# 第五講　《九歌》的賓主彼我之辭

最早以「賓主彼我」概括《九歌》中神、巫、祭之間的關係的，是南宋朱熹的《楚辭集注》。他在《楚辭辯證》卷上說：

《九歌》諸篇，賓主彼我之辭，最爲難辨，舊説往往亂之，故文意多不屬，今頗已正之矣。〔一〕

所謂「賓主彼我」，「主、我」是自稱之詞，「賓、彼」是他人之謂。朱注以爲《九歌》裏的「予」「余」「吾」是主祭者、女巫、鬼（《山鬼》）、國殤（《國殤》）的自稱，是第一人稱，是「主」，是「我」；「君」「女」「公子」「佳人」則指神、侍女、旁觀之人（《湘君》）、鬼所媚者（《山鬼》），是第二人稱，是「賓」、是「彼」。

《集注》所稱「舊説」，是指王逸的《楚辭章句》和洪興祖的《楚辭補注》，以至《文選》諸注而言的。朱注稱舊注「文意多不屬」，是針對舊注亂了賓主彼我而發的。《楚辭章句・九歌解題》説：

《九歌》者，……上陳事神之敬，下見己之冤結，託之以風諫，故其文意不同，章句雜錯，而廣異義焉。〔二〕

王逸注多把「予」「余」「吾」「我」等第一人稱代詞視作屈原，是主詞，有時又當作神的自稱。這一來便産生了屈原與神兩者的重疊現象。「君」「佳人」則初説是神而最後却説是比喻懷王，這是神與懷王的重疊。「公子」，王逸在《湘夫人》裏説是湘夫人，在《山鬼》裏却説「公子」是公子椒。五臣《文選注》説公子是夫人，洪興祖却説是公子椒、子蘭，這又是所祀之神與公子椒、公子蘭的重疊。這種重疊現象完全是注者既要照顧每篇中對所祀之神的一種思慕、企盼，又怕忽略屈子的忠愛之忱，因此便把神話裏的神祇，和現實世界裏的屈子、懷王、子椒、子蘭等政治人物重疊了起來。這種形象重疊的結果，便使文章的焦點模糊。在辨析賓主的關係時往往前後矛盾，彼我淆亂，認爲《九歌》既言事神又言事君，並具有諷諫之義。這關係到王逸對《九歌》來源的看法。在《離騷》「啟《九辯》與《九歌》兮」句下，王逸説：

> 《九辯》《九歌》，禹樂也。言禹平治水土，以有天下。啟能承先志，纘叙其業，育養品類。故九州之物，皆可辯數；九功之德，皆有次序，而可歌也。《左氏傳》曰：「六府三事，謂之九功。九功之德，皆可歌也，謂之《九歌》。」〔三〕

又在注「奏《九歌》而舞《韶》兮，聊假日以媮樂」句時説：

> 言己德高智明，宜輔舜、禹以致太平，奏《九德》之歌、《九韶》之舞。而不遇其時，故假日遊戲媮樂而已。〔四〕

王逸根據《左傳》推斷《九歌》即夏禹的《九德》之歌，是治世之音，可以用來輔弼賢君。此外，王逸在《離騷叙》裏説：

> 屈原履忠被譖，憂悲愁思，獨依詩人之義而作《離騷》，上以諷諫，下以自慰。遭時闇亂，不見省納，不勝憤懣，遂復作《九歌》以下凡二十五篇。〔五〕

他認爲屈原見棄於君，不得已只好奏《九歌》以自適。這樣説來，《九歌》便儼然是屈原事君不合，退而諷諫的作品了。

王注《九歌》的原則是以祭祀爲始，以懷君爲終的。主位既是屈原，賓位便先神而後懷王，如《湘君》一篇，「君不行兮夷猶」至「吹參差兮誰思」，王注以爲是屈原（主）思念湘君（賓）之辭；然而自「駕飛龍兮北征」以後，「賓」却由湘君變成了懷王，由禮神轉入事君，「己之冤結」取代了「事神之敬」，這種文章主線的轉變，成了文章的中心。用這種「上陳事神之敬，下見己之冤結，託之以風諫」的原則作解，不僅游離了《九歌》祭祀侑神的本旨，且方言事神，忽說事君，更顯得上下支離，文義不一。王逸在《九歌》解題中說《九歌》「文意不同，章句雜錯」，殊不知這正是他混淆彼我的結果。

洪興祖《楚辭補注》主要在王注的基礎上雜引異文，考訂音釋，補充名物訓詁的資料，大義還是因襲王注的。然而洪氏有意扭轉王逸《九歌》注中重合屈原事神與屈原事君的方式，所以他在《補注》中，便把「事君之義」視作屈原在祀神中「陳志於神」的潛臺詞，使楚懷王的形象在祀神之禮中淡出，而使屈原事神之敬更明顯地貫徹全篇，屈原是主，神是賓，首尾一致，懷王不過是陳志於神的陳詞中的配角而已。

在肯定《九歌》具事神之敬與事君之義這個基調上，王逸和朱熹的見解是一致的，然而朱熹並沒有像王逸那樣把事神、事君重疊，而是寓事君於事神，以事神爲表，而以事君爲裏。分開了表裏便不致産生焦點重疊，主題模糊的效果。他特別在《九歌》裏標舉「比」義，《朱子語類》認爲「比」是「不入題」，「只是從頭比下來，不説破」，就是説：不把篇中的寓意一語道破，而讓讀者自己去領悟言外之意。所以在朱熹的眼中，《九歌》徹頭徹尾都没有點破忠君的寓意，字裏行間也絶對没有闌入屈原的事跡，屈原的情志，不過藉「事神不答」而透露出來罷了。

《楚辭辯證上·九歌》云：

> 楚俗祠祭之歌，今不可得而聞矣。然計其間，或以陰巫下陽神，或以陽主接陰鬼，則其辭之褻慢淫荒，當有不可道者（按：此指楚俗流傳之祭歌，非屈子所祭，故云「今不可得聞矣」）。故屈原因而文之，以寄吾區區忠君愛國之意，……及徐而深味其意，則雖不得於君，而愛慕無已之

心，於此爲尤切，是以君子猶有取焉。蓋以君臣之義而言，則其全篇皆以事神爲比，不雜它意。以事神之意而言，則其篇内又或自爲賦、爲比、爲興，而各有當也。然後之讀者，昧於全體之爲比，故其疏者以它求而不似，其密者又直致而太迫，又其甚則并其篇中文義之曲折而失之，皆無復當日吟詠情性之本旨。〔六〕

朱熹既以純言祭神爲太疏，又以直道事君爲太密，因而强調「全體之爲比」，這樣，賓主之位不淆，而事神之敬却與事君之義融合在一起了。把《九歌》諸篇看成是「皆以事神不答而不能忘其敬愛，比事君不合而不能忘其忠赤，尤足以見其懇切之意」。屈原由洪注中的「直陳其志者」，一變而爲朱注中的「陰寓其志者」。

在「以事神喻事君」這個觀點上，王夫之的見解很接近朱熹。《楚辭通釋・九歌題解》説：

熟繹篇中之旨，但以頌其所祠之神，而婉娩纏綿，盡巫與主人之敬慕，舉無叛棄本旨，闌及己冤。但其情貞者其言惻，其志菀者其音悲；則不期白其懷來，而依慕君父，怨悱合離之意致，自溢出而莫圉。〔七〕

朱熹强調「比」義，王夫之説屈原有寄託，兩家之説不僅調和了事神和事君兩種主題的矛盾，除去了王逸「方言此而忽及彼」「乖錯瞀亂」的詬病；同時，更以《九歌》能曲盡巫與主人對神的敬慕，神的憺然受享與祭者之欣樂，更是在肯定了屈子此類抒情祭歌「舉無叛棄本旨」之餘，進一步突顯了屈辭「情貞言惻」「志菀（音鬱，義同）音悲」的本色。

清戴震《屈原賦注・九歌解題》云：

《九歌》……懷幽思，作《雲中君》，蓋以況事君精忠也。致怨慕，作《湘君》《湘夫人》，以己之棄於人世，猶巫之致神，而神不顧也。……懷王入秦不反，而頃襄繼世，作《東君》，末言狼狐，

> 秦之占星也，其辭有報秦之心。〔八〕

以事神比況事君，顯然是受了朱注的啟發。又如蔣驥《山帶閣注楚辭》也認爲《九歌》「本祭祀侑神樂歌，因以寓其忠君愛國，眷戀不忘之意」，可見朱注對清代《楚辭》注家而言，影響是深遠的。下文試以二《湘》、二《司命》、《東君》、《河伯》、《山鬼》諸篇爲例，分述王逸、洪興祖、朱熹三家對賓主彼我之詞的解釋，用突顯朱注的貢獻。

## 《湘君》

《湘君》一篇，王注賓主之辨前後不同。「君不行兮夷猶」至「吹參差兮誰思」，王逸視爲屈原思慕湘君之辭，屈原是主，湘君是賓。「駕飛龍兮北征」句，王注云：「屈原思神略畢，意念楚國，願駕飛龍北行，亟還歸故居也。」祭神的屈原漸漸由思神轉入懷念楚王；到了「橫大江兮揚靈」，王逸更直接點出懷王，取代了在本篇居賓位的湘君。由「駕飛龍兮北征」到篇末「聊逍遥兮容與」，王注都設定爲屈原思念懷王之辭。這樣，《湘君》便分割成「事神」與「事君」兩個部份。

篇中「君不行兮夷猶」（王注：「君，謂湘君也。」）、「蹇誰留兮中洲」（「言湘君蹇然難行，誰留待於水中之洲乎？」）、「令沅湘兮無波，使江水兮安流」（「願湘君令沅、湘無波涌，使江水順徑徐流，則得安也。」）、「望夫君兮未來」（「君，謂湘君也。」）句，王注一律以湘君爲賓位，自「吹參差兮誰思」以後，湘君便不再見於王注。到了「橫大江兮揚靈」，王逸既不理「揚靈」之意，竟憑想像進而點明了屈原所思慕的對象——懷王：

> 屈原思念楚國，願乘輕舟，上望江之遠浦，下附郢之碕，以渫憂患。橫度大江，揚己精誠，冀能感悟懷王使還己也。〔九〕

把「靈」解作「精誠」，「揚靈」說成「揚己精誠」，這種望文生訓的辦法，其實拙劣不堪，可是非如此，

「揚己精誠」絶没法子説得「感悟懷王」。簡單的一句「横江揚靈」説得這般迂迴曲折，只爲要用懷王去取代了湘君的賓位。打從這句開始，下文「隱思君兮陫側」（「君，謂懷王也」）、「采薜荔兮水中，搴芙蓉兮木末」（「屈原言己執忠信之行，以事於君，其志不合，猶入池涉水而采薜荔，登山緣木而采芙蓉，固不可得也」）、「心不同兮媒勞」（「屈原自喻行與君異，不可得也」）、「恩不甚兮輕絶」（「言己與君同姓共祖，無離絶之義也」）、「期不信兮告余以不閒」（「言君嘗與己期，欲共爲治，後以讒言之故，更告我以不閒暇，遂以疏遠己也」）、「遺余佩兮醴浦」（「言己雖見放逐，常思念君，設欲遠去，猶捐玦佩置於水涯，冀君求己，示有還意」）等句子，王注始終執著在屈原與懷王的君臣之義去落想，和篇首「望夫君兮未來，吹參差兮誰思」那種對湘君的戀慕之情，顯得格格不入。

洪興祖有意彌縫王逸把一篇分割成屈原戀湘君和屈原思念懷王的説法，便在《補注》中把「事君之義」説成是屈原「陳志於湘君」的内容，使篇中屈原對湘君的思慕之意能貫通全篇，懷王不過是向湘水之神陳辭中所提及的角色而已。例如「邅吾道兮洞庭」句，洪注説：「原欲歸而轉道於洞庭者，以湘君在焉故也。」「横大江兮揚靈」句下，《補注》也説：「以湘君在焉故也。」到了注「期不信兮告余以不閒」句，洪氏更斷言「此言朋友之交，忠則見信，不忠則生怨。臣忠於君，則君宜見信，而反告我以不閒，所謂『羌中道而回畔兮，反既有此它志』也。此原陳己之志於湘君也。」所以「捐玦遺佩」，也是爲了「詒湘君」。可見在《補注》裏，《湘君》一篇便成了屈原陳志於湘君之辭，《補注》顯然没有離叛《九歌》作爲祀神歌曲的本旨，不過在屈原事神的陳詞當中闌入事君之冤，不再遵奉王注「上以事神，下以事君」的看法。

朱注《湘君·解題》説：

此篇蓋爲男主事陰神之詞，故其情意曲折尤多，皆以陰寓忠愛於君之意。〔一〇〕

這句話無疑是在否定王注「上以事神」，「下以事君」之餘，更把洪注「陳事君之志於湘君」的看法轉化成「寓事君於事神之中」的「比」體。洪注以屈原爲主，湘君爲賓；朱注則以主祭者爲主，湘君爲賓。這樣，屈原便由洪注中的「直陳其志者」跳出，一變而爲朱注指出的篇中「陰寓」之志，是賓、主以外的第三人，而在篇中並没有任何具體的描寫。

朱熹認爲《湘君》是「以事神不答，比事君不合」，那麽，比與被比的關係便是：

| | | | |
|---|---|---|---|
| 主祭者 → | 湘君 | 屈原 → | 懷王 |
| （主） | （賓） | （主） | （賓） |

不論是比與被比，賓主位在篇中前後是一致的，與王注首尾矛盾不同。

「桂櫂兮蘭枻，斲冰兮積雪，采薜荔兮水中，搴芙蓉兮木末，心不同兮媒勞，恩不甚兮輕絶」六句，朱注說：

> 此章比而又比也。蓋此篇本以求神而不答，比事君之不偶，而此章又別以事比求神而不答也。〔一一〕

所謂「比而又比」，是説明六句之中，用了兩個相關連的比喻。第一個比喻是「采薜荔兮水中，蹇芙蓉兮木末」，朱注說：

> 薜荔緣木，而今采之水中；芙蓉在水，而今求之木末；既非其處，則用力雖勤而不可得。……求神不答，豈不亦猶是乎！〔一二〕

這是「以事比求神而不答」第一層比喻。第二層比喻則以「求神而不答」「比事君之不偶」兩個比喻彼此關聯，故說「比而又比」。

## 《湘夫人》

《湘夫人》一篇，王注以屈原爲主，湘夫人爲賓。「目眇眇兮愁予」「聞佳人兮召予」二句，王逸俱注「予，屈原自謂也」；而「帝子降兮北渚」（注：「帝子，謂堯女也。……言堯二女娥皇、女英，隨舜不反，没於湘水之渚，因爲湘夫人」）中的「帝子」、「與佳期兮夕張」（「佳，謂湘夫人也。不敢指斥尊者，故言佳也」）中的「佳」，「思公子兮未敢言」（「公子，謂湘夫人也。重以卑説尊，故變言公子也」）中的「公子」，則是湘夫人的代稱。王注湘夫人居篇中賓位，首尾一致，與《湘君》前後矛盾不同。

王逸以本篇爲屈原思慕湘夫人之辭，所以在注文中，多提及屈原對湘夫人的企盼戀慕，如「登白薠兮騁望，與佳期兮夕張」二句，王注曰：

> 言己願以始秋蘋草初生平望之時，修設祭具，夕早灑掃，張施帷帳，與夫人期歆饗之也。〔一三〕

又「思公子兮未敢言」：

> 言己想若舜之遇二女，二女雖死，猶思其神，所以不敢達言者，士當須介，女當須媒也。〔一四〕

又「聞佳人兮召予，將騰駕兮偕逝」：

> 屈原幽居草澤，思神念鬼，冀湘夫人有命召呼，則願命駕騰馳而往，不待侣偶也。〔一五〕

又「捐余袂兮江中，遺余褋兮醴浦」：

> 屈原託與湘夫人共鄰而處，舜復迎之而去，窮困無所依，故欲捐棄衣物，裸身而行，將適九夷也。〔一六〕

以上王逸都解作屈原思念湘夫人神靈。他以爲屈原欲求二女，却爲舜帝所迎去，美願不遂，與屈子不遇明君的身世相似，所以在注釋時，也不忘屈原身世事牽合二女得遇明君而終没水中，如「目眇眇兮愁予」句下王注説：

言堯二女儀德美好，眇然絶異，又配帝舜，而乃没命水中。屈原自傷，不遭值堯舜，而遇闇君，亦將沉身湘流，故曰愁我也。〔一七〕

既説二女得配賢君帝舜是美事，又以二女没命水中爲憾；又説自傷不值堯舜之君，將沉身湘流，與二女相比，二女得匹帝舜，尚且没命水中，屈子自傷不偶才沉身湘流，豈不是求仁而得仁的一大解脱嗎？王注却又説是「愁我」，怪不得王夫之要説他「乖錯瞀亂」了。又「建芳馨兮廡門」句注：

屈原生遭濁世，憂愁困極，意欲隨從鬼神，築室水中，與湘夫人比鄰而處。〔一八〕

又是明顯地把屈子身世，愁苦的情懷投射在屈子祭神求神的現實上，使祭神的典禮中，也蒙上了「憂愁困極」的色彩，這也絶不是「合百草兮實庭，建芳馨兮廡門」的那種虔敬的心情罷。忽視《九歌》本身作爲祭歌的特色而純從屈子的身世感情出發，作種種引申，推論便不免失諸穿鑿，好像篇首純粹是寫景的「洞庭波兮木葉下」句子，王注竟説：

言秋風疾，則草木摇，湘水波，而樹葉落矣。以言君政急則衆民愁，而賢者傷矣。或曰：屈原見秋風起而木葉墮，悲歲徂盡，年衰老也。〔一九〕

那真是求之太深了。

與注《湘君》一樣，洪興祖仍以「陳己志於神靈」去解釋《湘夫人》（「思公子兮未敢言」下注：「此原陳己之志於湘夫人也」）。爲了配合王注謂「屈原思君念楚」，《補注》便解「帝子降兮北渚」的「帝子」作「賢臣」，「聞佳人兮召予」的「佳人」作「賢人，與己同志者」，説「目眇眇兮愁予」是「言神之降，望而不見，使我愁也。以況思賢而不得見也」。在理路上顯然較《章句》爲圓融。又注「思公子兮未敢言」説：「諸侯之子，稱公子。謂子椒、子蘭也。」然而，「帝子」固然不一定是「賢臣」，「公子」也不過是泛稱，不必專指某人，何況，下文没再陳述帝子和公子，確指「帝子」是賢臣，「公子」是子椒、子蘭，便不免失諸附會。

朱注認爲《湘夫人》是主祭者迎神不至之詞，主祭者是主，湘夫人是賓，與注《湘君》的態度一致。篇中的「予」「余」，朱注均視作主祭者的代詞；而「帝子」（「帝子降兮北渚」朱注：「帝子，謂湘夫人」）、「公子」（「思公子兮未敢言」朱注：「公子，謂湘夫人也」）、「佳人」（「聞佳人兮召予」朱注：「佳人，謂夫人也」）、「佳」（「與佳期兮夕張」朱注：「佳，佳人也，謂夫人也」）則代表湘夫人之詞，賓主位與王注相同。差異只在王注以迎神不至比事君不偶，切合屈原事跡；朱注則純言迎神不至，切合祭事。

「沅有茝兮澧有蘭，思公子兮未敢言。荒忽兮遠望，觀流水兮潺湲」四句，朱熹認爲是興體：

所謂興者，蓋曰沅則有茝矣，澧則有蘭矣，何我之思公子，而獨未敢言耶？思之之切，至於荒忽而起望，則又但見流水之潺湲而已。其起興之例，正猶越人之歌，所謂「山有木兮木有枝，心悦君兮君不知」。〔二〇〕

見解與王注相近，不同的是，王注說是「以興湘夫人美好亦異於衆人也」，朱注則認爲是興思而不敢言，顯然更能掌握興體的精神。又「麋何食兮庭中，蛟何爲兮水裔？朝馳余馬兮江皋，夕濟兮西澨」四句，朱注謂「比而賦也」：

麋當在山林，而在庭中，蛟當在深淵，而在水裔。以比神不可見，而望之者失其所當也。〔二一〕

王注以爲這四句是「言小人宜在山野，而陞朝廷，賢者當居尊官，而爲僕隸也」，是看作屈原事君之比，朱注則純就祭神言，以物失其當，比事神不可見，比王逸說得更直接，更切合祭歌的内容。

清戴震《屈原賦注》說：

《湘君》《湘夫人》，並陰神，用女巫，明矣。二歌不陳享神之物，及主祭者之辭，以神不來，但使巫致之也。〔二二〕

戴氏以二《湘》爲迎神不至之辭，與朱注同，然而，戴注以爲《九歌》乃「就當時祀典賦之，非祠神所歌」，認爲這些歌詩是屈子賦其事之作，而不是祀神或事神之曲。這點是戴氏異於王、洪、朱等傳統的看法。至於他推論屈子作《九歌》的用意説：「屈原爲歌辭，託意於神既不來，巫猶竭誠盡忠思之，用輸寫其事君之幽思如是也」，在推論其寫作動機上，朱、戴兩家却是如出一轍的。此外，蔣驥《山帶閣注楚辭》在注釋二《湘》時也以主祭者爲主，湘君、湘夫人爲賓，並認爲《九歌》「本祭祀侑神樂歌，因以寓其忠君愛國、眷戀不忘之意」，見解也與朱注相類。

## 《大司命》

《大司命》一篇，王注賓主的代詞甚爲紊亂。大司命的代稱，時而作第一人稱，時而作第二人稱。如「紛吾乘兮玄雲」，王注：「吾，謂大司命也。」是第一人稱。「君迴翔兮以下」，則以「君」爲司命；「踰空桑兮從女」，又以「女」爲司命，都是第二人稱，六句之中，司命代詞竟不斷變易。自「高飛兮安翔」以下，「余」已不再是第一人稱的司命，而是作爲主位的屈原的代稱，如「吾與君兮齋速」，王逸謂「吾，屈原自謂也。」「君」即第二人稱的司命；「衆莫知兮余所爲」，也以「余」爲屈原。綜觀全篇，王逸始終以屈原爲主，大司命爲賓，然人稱代詞却混淆不清。

《章句》是以屈原與大司命結伴同遊爲全篇重心，中間插入屈原欲向天帝陳寃的情節，並闌入了他事君不偶的情事。

「君迴翔兮以下，踰空桑兮從女」句，王逸説屈原「欲踰空桑之山，而要司命也」。「吾與君兮齋速，導帝之兮九坑」句又説屈原願「侍從於君」；「靈衣兮被被，玉佩兮陸離」句又説屈原「得依隨司命，被服神衣，被被而長，玉佩衆多，陸離而美也」。甚至「壹陰兮壹陽，衆莫知兮余所爲」，王逸也看作是屈原自言「得配神俱行，出陰入陽。一晦一明，衆人無緣知我所爲作也」。屈原與司命周遊的題旨貫切全文，賓主之位也首尾如一。

在王注中，向天帝陳冤，是作爲屈原與司命同遊的動機。如「君迴翔兮以下，踰空桑兮從女」，王逸説：

> 屈原修履忠貞之行，而身放棄，將愬神明，陳己之冤結，故欲踰空桑之山，而要司命也。〔二三〕

又「吾與君兮齋速，導帝之兮九坑」，王逸也説：

> 言己願修飾，急疾齋速，侍從於君，導引天帝，出入九州之山，冀得陳己情也。〔二四〕

至於事君不合，便是屈原所欲陳的「冤結」了。如「老冉冉兮既極，不寖近兮愈疏」下王注：

> 言履行忠信，從小至老，命將窮矣，而君猶疑之，不稍親近，而日以疏遠也。〔二五〕

又「乘龍兮轔轔，高駝兮沖天」下注：

> 言己雖見疏遠，執志彌堅，想乘神龍，轔轔然而有節度，抗志高行，沖天而驅，不以貧困有枉橈也。〔二六〕

到了篇末「固人命兮有當，孰離合兮可爲」，王逸也看成是屈原自嘆「己獨放逐離別，不復會合，不可爲思也」。所謂「事君不偶」是屈原向天帝陳冤的內容，而向天帝陳情，則是屈原與司命同遊的一段插曲，可見《大司命》王注的層次是頗爲分明的。

洪興祖在王注闌入屈原身世事的基礎上再加發揮，深入牽合屈原事君不合的事蹟。不同的是，在篇內他始終以屈原作第一人稱，司命作第二人稱；又把屈原思懷王作爲屈原慕司命的喻體，表面上是屈原「陳己之志於司命」，其實是他事君不偶的自喻。如「令飄風兮先驅，使涷雨兮灑塵」句，《補注》謂「自此已上，皆喻君也」。又「踰空桑兮從女」，謂「親之之辭，喻欲從君也」。又「羌愈思兮愁人」謂「喻君舍己不顧，益憂思也」。到了「固人命兮有當，孰離合兮可爲」，《補注》更提及屈原去就之義：

君子之仕也，去就有義，用舍有命。屈子於同姓事君之義盡矣。其不見用，則有命焉。或離或合，神實司之，非人所能爲也。〔二七〕

這樣，便成了屈原與司命同遊是主體，闌入己冤是喻體了。

與注二《湘》一樣，朱熹仍舊把《大司命》視作主祭者之詞。主祭者是主，司命是賓。全篇共分三部份：先言神降——「廣開兮天門」至「使涷雨兮灑塵」四句，朱注曰：「知神將降，而往迎之也。」次言與神同遊——「而遂往從之」。「此言己得從明神，登天極，奉至尊，而周宇内也。」最後歸結到神去的懷思——「折疏麻兮瑶華」至「孰離合兮可爲」十二句，朱注說：「此以神既去而思之，如《雲中君》卒章之意也。」「言神既去而不留，使己延望而怨思也。」這是祭歌中迎神到送神的過程。

本篇的人稱代詞「吾」「余」「予」「君」「女」等字，朱子以「吾」是主祭者自謂，「君」與「女(讀作汝)」是神的代稱，「予」則是代神之詞，如「君迴翔兮以下，踰空桑兮從女。紛總總兮九州，何壽夭兮在予」四句，朱注說：

君與女(汝)，皆指神，君尊而女(汝)親也。……予者，贊神而爲其自謂之稱也。言見神既降，而遂往從之，因歎其威權之盛曰：九州人民之衆如此，何其壽夭之命，皆在於己也！〔二八〕

這樣解説不僅可信，而且更解決了王注淆亂人稱代詞的毛病。然而把「紛吾乘兮玄雲」的「吾」視作「主祭者之自稱」，却不太妥當。漢《郊祀歌・華爗爗》(爗音葉)云：「神之斿，過天門。」言神出遊經過天門，用語與本篇「廣開兮天門，紛吾乘兮玄雲」相似，因此，「吾」應是司命的代詞，王逸認爲「吾，謂大司命也」，是正確的，後來王夫之、戴震都依循王注這種說法；至於蔣驥以爲「吾，祭者自稱也」「君與女，皆指神，君尊而女親也」，「予者，代神自稱之詞」，又全是襲用了朱注的彼我之辯。

## 《少司命》

王逸注《九歌》，賓主之詞最爲清晰的，要算是《少司命》了。全篇以屈原爲主，少司命爲賓。「予」「余」是屈原的代詞，是第一人稱；少司命的代詞是「蓀」、「君」、「女」、「美人」（「望美人兮未來」），是第二人稱。

王逸認爲本篇是屈子對司命的想望之詞，更直接説，是寫由想望到失望的過程。「秋蘭兮麋蕪」至「乘回風兮載雲旗」，是屈原思慕司命，冀神來降之詞。

「緑葉兮素枝，芳菲菲兮襲予」，王注曰：

予，我也。言芳草茂盛，吐葉垂華，芳香菲菲，上及我也。〔二九〕

又「滿堂兮美人，忽獨與余兮目成」，王注曰：

言萬民衆多，美人並會，盈滿於堂，而司命獨與我睨而相視，成爲親親也。〔三〇〕

是以「予」「余」或「我」代稱屈原。

「夫人自有兮美子」句，王逸謂「夫人，猶言凡人也」。與「滿堂兮美人」的「美人」一樣，都是第三人稱。

「蓀何以兮愁苦」，王注曰：

蓀，謂司命也。言天下萬民，人人自有子孫，司命何爲主握其年命，而用思愁苦也。〔三一〕

與末句「蓀獨宜兮爲民正」一樣，都是以「蓀」代稱司命的。

與王注《大司命》比較，王注《少司命》無疑更能突出祭歌「事神」的本色；所謂「蘭及已冤」，也只有在注「悲莫悲兮生別離，樂莫樂兮新相知」二句時有這個傾向。王注說：

> 屈原思神略畢，憂愁復出，乃長歎曰：人居世間，悲哀莫痛與妻子生別離，傷己當之也。
> 言天下之樂，莫大於男女始相知之時也。屈原言己無新相知之樂，而有生別離之憂也。〔三二〕

雖然牽合了屈原身世事，但却没有點出懷王以取代司命作賓位，既迴避了賓主詞前後不一的矛盾，也没有溢出祭歌的範圍，這在《章句》裏是罕見的成功之處。與注《湘君》《湘夫人》《大司命》時採「上陳事神之敬，下見事君之義」的態度是不同的。

「荷衣兮蕙帶」至「臨風怳兮浩歌」，王逸以爲是屈原自述其幾幸神來而神終不至的心情。「夕宿兮帝郊，君誰須兮雲之際」，王注說：

> 言司命之去，暮宿於天帝之郊，誰待於雲之際乎？幸其有意而顧己。〔三三〕

又「與女沐兮咸池，晞女髮兮陽之阿」，王注說：

> 言己願託司命，俱沐咸池，乾髮陽阿，齋戒潔己，冀蒙天祐也。〔三四〕

不說天是懷王。又「望美人兮未來，臨風怳兮浩歌」，王注曰：

> 言己思望司命，而未肯來。臨疾風而大歌，冀神聞之而來至也。〔三五〕

「君」「女」「美人」都是司命的代稱，不說思懷王，而說「思望司命」，「冀神」，與二《湘》比較是一大進步。

如果說，王注《少司命》時，强調了屈原與神的關係，没有採用「上以事神，下以事君」的方式，符合祭歌的本質的話，那麼洪興祖却始終堅持以「事神喻事君」這個標準作《補注》，如「夫人自有兮美子，蓀何以兮愁苦」句，《補注》曰：

> 此言愛其子者，人之常情，非司命所憂，猶恐不得其所。原於君有同姓之恩，而懷王曾莫之恤

也。蓀亦喻君。《騷經》曰：荃不察余之中情。是也。〔三六〕

又「登九天兮撫彗星」句，注曰：

自此以下，皆喻君也。〔三七〕

又「竦長劍兮擁幼艾」句，注曰：

此言人君當遏惡揚善，佑賢輔德也。〔三八〕

從《少司命》的注文看來，洪興祖似乎比王逸穿鑿附會得更厲害。

朱熹認爲少司命是「陽神而少卑者」，便安排女巫去作主祭。《少司命》一篇，朱注賓主之位凡三易。「秋蘭兮麋蕪」至「君誰須兮雲之際」，以巫爲主，司命爲賓；「與女（汝）沐兮咸池」至「臨風怳兮浩歌」，以司命爲主，巫爲賓；「孔蓋兮翠旍」至「蓀獨宜兮爲民正」則以衆人爲主，司命爲賓。

篇首「秋蘭兮麋蕪」至「蓀何以兮愁苦」六句，朱注說：

少司命亦陽神而少卑者，故爲女巫之言以接之。……夫人，猶言彼人，如《左傳》之言「不能見夫人」也。美子，所美之人也。蓀，猶汝也，蓋爲巫之自汝也。言彼神之心自有所美而好之者矣，汝何爲愁苦而必求其合也？〔三九〕

這裏是以「蓀」作爲巫的代稱，是主位，由於是「巫之自汝」，故「蓀」也是第一人稱。「夫人」「彼人」則指司命，是第二人稱的賓位。朱熹將「夫人兮自有美子，蓀何以兮愁苦」看成是巫自嘆爲司命愁苦之詞。然而事實上，「蓀」並不是「巫之自汝」，「夫人」也未可解作「彼人」，這裏，還應從王逸說，視作「我」詰問司命（「蓀」）之詞。

「夕宿兮帝郊，君誰須兮雲之際」二句，朱注說：

此亦爲巫言，神之始也，雖倏然不言而來，今乃忽然不詞遂去，而宿於天帝之郊，不知其何待於雲之際乎？猶幸其有意而顧己也。〔四〇〕

「君」是司命的代詞。這裏仍然以巫爲主，司命爲賓。

「與汝沐兮咸池，晞女髮兮陽之阿，望媺人兮未徠，臨風怳兮浩歌。」四句，朱熹以爲是「神語」：

此復爲神語以命巫者，女及美人，皆指巫也。言欲與女沐於咸池，而望汝不至，遂怳然而浩歌也。〔四一〕

是以司命爲主，巫爲賓，轉換了彼我之詞。到了「孔蓋兮翠旍，登九天兮撫彗星，慫長劍兮擁幼艾，蓀獨宜兮爲民正」，又改以衆人爲主，司命爲賓：

此蓋更爲衆人之詞，以贊神之美，言其威靈氣燄，光輝赫赫，又能剷除凶穢，擁護良善，而宜爲民之所取正也。〔四二〕

這樣看來，朱注是把《少司命》分作兩個部份：所謂「巫言」「神語」是巫神對答之詞；「衆人之詞」則指衆人稱頌司命的功德。這種將一篇離而爲二，賓主位首尾三易的體式，可以説是朱熹的獨創，後來王夫之、蔣驥的以祭者爲主，司命爲賓；戴震的以巫爲主，司命爲賓，都與朱子不同。

## 《東君》

《東君》一篇，王注賓主之位兩易。篇首「暾將出兮東方」至「心低徊兮顧懷」及篇末「青雲衣兮白霓裳」至「杳冥冥兮以東行」，皆爲東君的自述，有主無賓；中間「羌聲色兮娛人」至「靈之來兮蔽日」，則以屈原爲主，東君爲賓，靈巫爲第三人，成爲一個「封套式」的賓主結構。

王注《東君》可分作三個層次。「暾將出兮東方」，至「心低徊兮顧懷」是第一層，寫日出之景，東君並自言將去扶桑。「照吾檻兮扶桑」的「吾」（「吾，謂日也」）、「撫余馬兮安驅」的「余」（「余，謂日也」），都是東君的代稱。「羌聲色兮娱人」至「靈之來兮蔽日」，説屈原初願得靈巫，合樂會舞以迎神，後終見東君來降。「鳴鷈兮吹竽，思靈保兮賢姱」二句，王注曰：

言己願供修香美，張施琴瑟，吹鳴鷈竽，列備衆樂，以樂大神。言己思得賢好之巫，使與日神相保樂也。〔四三〕

所謂「己」，就是屈原的代稱。至於「青雲衣兮白霓裳」至「杳冥冥兮以東行」，則又回復到東君自述。言日神下降，誅惡既畢，直東行而復出。「操余弧兮反淪降」「撰余轡兮高駝翔」的「余」，俱爲東君的代詞。

王逸注《東君》，雖有以屈原爲主位，但却完全没有闌入屈原己身的冤結，也没有「上以事神，下以事君」，章句錯雜，賓主矛盾的情況，因此貫徹全篇的，是屈原與靈保迎神、東君來降以至東行復出的過程，符合了祭歌祭祀侑神的本質。

洪興祖仍然把事神看成是屈原事君的比喻，如「長太息兮將上，心低徊兮顧懷」二句，《補注》曰：

出不忘本，行則思歸，物之情也。以諷其君迷不知復也。〔四四〕

又「羌聲色兮娱人，觀者憺兮忘歸」下，《補注》曰：

東方既明，萬類皆作，有聲者以聲聞，有色者以色見，耳目之娱，各自適焉。以喻人君有明德，則百姓皆注其耳目也。〔四五〕

又謂「反淪降者」，「喻人君退託不自有其功」；「高馳翔者」，「喻制世馭民於萬物之上」。强行比附，不僅有違王注《東君》的精神，而且離屈原作《九歌》的原意，更越來越遠了。

朱熹以爲《東君》是主祭者迎日神之詞。主祭者是主，東君是賓。「暾將出兮東方」至「觀者憺兮忘歸」，朱注曰：

言乘此車以往迎日，又以驟登高遠，而低徊顧懷，遂見下方所陳鐘鼓竽瑟聲音之美，靈巫會舞容色之盛，足以娱悦觀者，使之安肆喜樂，久而忘歸，如下文之所云也。〔四六〕

朱熹以爲是主祭者迎日，故「照吾檻兮扶桑」的「吾」，「撫余馬兮安驅」的「余」，他都視作主祭者的自稱，至於「操余弧兮反淪降」「撰余轡兮高駝翔」二句，朱注雖不説明「余」字所指爲誰，但他説「日下太陰，不見其光，杳杳冥冥，直東行而復上出也」，則這裏的「余」便也是指東君，可見「青雲衣兮白霓裳」至「杳冥冥兮以東行」，是東君爲主，而無賓位。蔣驥注《東君》，認爲「篇中凡言余吾者，皆祭者自謂」，無疑是受了朱注的影響。

## 《河伯》

《河伯》一篇王逸注所表現的，是屈原與河伯同遊到河伯送屈原的過程，以屈原爲主，河伯爲賓。就賓主位而論，王注《河伯》可以分作七個部份：

一、「與女遊兮九河，衝風起兮横波」，王注曰：「屈原設意與河伯爲友，俱遊九河之中，想蒙神佑，反遇隧風，大波涌起，所託無所也。」是視作屈原想望之詞，屈原爲主，「女」是賓位的河伯。

二、「乘水車兮荷蓋，駕兩龍兮驂螭」，王逸説：「言河伯以水爲車，驂駕螭龍，而遊戲也。」

三、「登崑崙兮四望，心飛揚兮浩蕩」，王注曰：「言己設與河伯俱遊西北，登崑崙萬里之山，周望四方，心欲陞天，思念浩蕩，而無所據也。」也是設爲屈原思慕河伯之詞，與首二句同。

四、「登崑崙兮四望，心飛揚兮浩蕩。日將暮兮忘歸，惟極浦兮寤懷」四句，王逸認爲是寫屈原所見所感，他説：「言崑崙之中，多奇怪珠玉之樹，觀而視之，不知日暮。言己心樂志説，忽忘還歸也。」「言己復徐惟念河之極浦，江之遠碕，則中心覺寤，而復愁思也。」四句雖然省略了主語，王逸認爲是從主祭者的立場出發的。

五、「魚鱗屋兮龍堂，紫貝闕兮朱宮。靈何爲兮水中，乘白黿兮逐文魚」四句，王注以爲專寫河伯事。先言河伯居室，後言其將出遊。

六、「與女遊兮河之渚，流澌紛兮將來下」，王注：「言屈原願與河伯遊河之渚，而流澌紛然相隨來下，水爲污濁，故欲去也。或曰：流澌，解散。屈原自比流澌者，欲與河伯離別也。」這是王注中的屈原承上文作進一步想象，所謂「願與河伯遊」「欲與河伯離別」，不過是想望之詞而已。

七、「子交手兮東行，送美人兮南浦。波滔滔兮來迎，魚隣隣兮媵予。」王注言屈原與河伯別，河伯遣清波遊魚以迎送，「子」是河伯，「美人」是屈原自稱，所謂「願河伯送己南至江之涯，歸楚國也」，可見也是屈原想望之詞。〔四七〕

王逸把河伯看成是屈原的自述，由起首的迎河伯，中段的同遊，到結尾的河伯相送，純作屈原想望之詞。全篇始終以屈原爲主，河伯爲賓，其間牽合屈原身世事的，只有「與女（汝）遊兮九河」（「河爲四瀆長，其位視大夫。屈原亦楚大夫，欲以官相友，故言女（汝）也。」）及「送美人兮南浦」（「願河伯送己南至江之涯，歸楚國也。」）兩句的注文而已，也没有提及懷王，不像他注二《湘》那麽穿鑿附會。

王逸視《河伯》作屈原自述，洪興祖更進一步認爲是屈原自嘆之詞。如「靈何爲兮水中」句，《補注》曰：

> 此喻賢人處非其所也。〔四八〕

又注「波滔滔兮來迎，魚隣隣兮媵予」二句曰：

屈原託江海之神送迎己者，言時人遇己之不然也。杜子美詩云：「岸花飛送客，檣燕語留人。」亦此意。〔四九〕

在注文中闌入屈原冤結，不過想證明屈原是借事神喻事君罷了，也未免求之太深。

與注《少司命》篇一樣，朱熹認爲河伯位卑，故設女巫以迎神，因此也把《河伯》看成是女巫祀神之詞。全篇以女巫爲主，河伯爲賓，首尾一致。

「與女遊兮九河」，朱注說「女，指河伯也」，與「與女遊兮河之渚」句同。又「子交手兮同行，送美人兮南浦。波滔滔兮來迎，魚隣隣兮媵予」，朱注以子「謂河伯」，美人與予「皆巫自謂」，是女巫送河伯之詞，是主送賓，與王注所說河伯送屈原的賓送主不同。後來蔣驥注《河伯》，也受了朱注的影響，說：「子、美人，皆指河伯。子尊之，美人親之也。」

## 《山鬼》

《山鬼》一篇，王逸也主張是屈原自述之詞，然而屈原所思慕的對象及賓主之詞却又首尾不一致。

根據王注，本篇可分作兩個部份：「若有人兮山之阿」至「杳冥冥兮羌晝晦」，是屈原想望山鬼之詞，屈原是主，山鬼是賓；「東風飄兮神靈雨」至「思公子兮徒離憂」，是屈原思慕懷王之詞，屈原是主，懷王是賓。

「若有人兮山之阿」，王注謂「若有人，謂山鬼也」，不說是主是賓。要到了「子慕予兮善窈窕」，才知道「若有人」「子」俱指山鬼，是賓位；「予」是屈原自謂，是主位。

「被辟荔兮帶女羅」「既含睇兮又宜笑」「乘赤豹兮從文狸，辛夷車兮結桂旗」「被石蘭兮帶杜衡」五句，應首句，說山鬼的形狀。本篇既然是屈原自述，那麼，這五句所寫的應該是屈原眼中的山鬼了。

「子慕予兮善窈窕」「折芳馨兮遺所思」二句，是屈原設想山鬼之慕己思己。「予」「所思」都是指屈原。

「余處幽篁兮終不見天」句，王注說：「言山鬼所處，乃在幽篁之内，終不見天地，所以來出歸有德也。」以「余」爲山鬼，是第一人稱，與上「有人」「子」的第二人稱不同，然而，王逸却没有交代轉變賓主之詞的原因。也許，他是將「余處幽篁兮終不見天」到「杳冥冥兮羌晝晦」視作屈原代神之詞罷？

自「東風飄兮神靈雨」以下，王注開始溢出祭歌的範圍。注文說：「言東風飄然而起，則神靈應之而雨，以言陰陽通感，風雨相和。屈原自傷獨無和也。」這句上承思神而下啟思君，對兩個部份起了承轉的作用，自此以下，懷王、子椒便取代了山鬼的賓位。如「留靈脩兮憺忘歸」的「靈脩」；「君思我兮不得閒」「君思我兮然疑作」的「君」，王逸以爲是指懷王；「怨公子兮悵忘歸」「思公子兮徒離憂」的「公子」則以爲是指公子椒。在這五句的注文裏，王逸都牽合了屈原見棄於懷王不見信於公子椒的史事。

王逸分《山鬼》作屈原思神及屈原思君兩部份，完全符合了他在《九歌・題解》所標舉的宗旨：「上陳事神之敬，下見己之冤結，託之以風諫。故其文意不同，章句雜錯，而廣異義焉。」

洪興祖承襲了王注「事君」之説，然而他没有把《山鬼》分作事神、事君兩部份，而是把屈原思懷王看作是屈原陳志於山鬼的内容。全篇以屈原爲主，山鬼爲賓，懷王和子蘭子椒不過是陳辭中的角色而已。

「采三秀兮於山間」至「思公子兮徒離憂」，《補注》以爲是屈原向山鬼陳志。如「怨公子兮悵忘歸」，《補注》曰：

> 怨椒蘭蔽賢，如葛石之於三秀，故悵然忘歸也。〔五〇〕

又注「君思我兮然疑作」曰：

君雖思我，而爲讒者所惑，是非交作，莫知所決也。〔五一〕

即使是純粹寫景的句子如「雲容容兮而在下，杳冥冥兮羌晝晦」，《補注》也認爲是「喻小人之蔽賢」。由於洪興祖將《山鬼》看成是屈原的自述，是屈原陳志於山鬼，故在他的眼中，本篇所抒所感，也儼然是屈原事君不合的自傷之詞了。

朱熹認爲《山鬼》一篇是山鬼自述之詞，山鬼是主，鬼欲媚之人爲賓。賓主之位極爲明確，如：

「若有人兮山之阿」，朱注曰：「若有人，謂山鬼也。」

「子慕予兮善窈窕」，朱注曰：「子則設爲鬼之命人，而予乃爲鬼之自命也。」

「折芳馨兮遺所思」，朱注曰：「所思，指人之悦己，而己欲媚之者也。」

「留靈修兮憺忘歸」，朱注曰：「靈修，亦謂前所欲媚者也。」

「怨公子兮悵忘歸」，朱注曰：「公子，即所欲留之靈修也。」〔五二〕

可知朱熹以「予」「余」爲山鬼的自稱，「君」「子」「公子」「靈修」爲鬼欲媚之人的代詞。「若有人兮山之阿」至「子慕予兮善窈窕」四句，朱注曰：

以上諸篇，皆爲人慕神之詞，以見臣愛君之意。此篇鬼陰而賤，不可比君，故以人況君，鬼喻己，而爲鬼媚人之語也。〔五三〕

這段注文有兩點值得我們注意：第一，朱熹認爲《山鬼》非人慕神之詞，故篇中没有巫或祭者的出現；第二，他拿鬼思人比喻作臣思君，以鬼喻屈原，人喻懷王，全篇都隱含了屈原事君不偶的悲情，因此，他才在《山鬼・解題》裏作出這樣的分析：

此篇文義最爲明白，而説者自汩之。今既章解而句釋之矣，又以其託意君臣之間者而言之，則言其被服之芳者，自明其志行之潔也，言其容色之美者，自見其才能之高也。子慕予之善窈窕者，言懷王之始珍己也。折芳馨而遺所思者，言持善道而效之君也。處幽篁而不見天，路險艱又晝晦者，言見棄遠而遭障蔽也。欲留靈修而不至者，言未有以致君之寤而俗之改也。知公子之思我而然疑作者，又知君之初未忘我，而卒困於讒也。至於思公子而徒離憂，則窮極愁怨，而終不能忘君臣之義也。以是讀之，則其它之碎義曲說，無足言矣。〔五四〕

同樣是說事神與事君事，朱注將前者視作比體以喻後者，似乎比王注「上以事神，下以事君」那種「章句雜錯」，賓主淆亂的注釋方法遠爲合理。戴震注《山鬼》謂：「通篇皆爲山鬼與己相親之辭，亦可以假山鬼自喻，蓋自吊其與山鬼爲伍，又自悲其同乎山鬼也。歌辭反側讀之，皆其寄意所在。」無疑是受了朱注的啟發的。

朱熹在《九歌》注裏，確乎能突過前人，清除了王逸以來「賓主彼我」的迷霧，奠定了後人研究楚辭的基礎。在《楚辭》研究歷史上的貢獻是不可抹殺的。後世注家如朱冀批評朱注「無所翦裁，龐雜如故」（《離騷辯・自序》）。王邦采也說他「大半本之王、洪兩家，閒有改竄，未見精融」（《離騷彙訂・卷首》）。甚至認爲《集注》是出於後人僞託。或許此等注家根本沒細讀《集注》本文，更不曾理解朱子注《九歌》的孤詣，才會有這種皮相目論罷。

## 注釋

〔一〕朱熹《楚辭集注》，頁一八七。

〔二〕洪興祖《楚辭補注》，頁五五，北京中華書局，一九八三年。

〔三〕同注〔二〕，頁二一。

〔四〕同注〔二〕，頁四六。
〔五〕同注〔二〕，頁四八。
〔六〕同注〔一〕，頁一八五。
〔七〕王夫之《楚辭通釋》，頁二五，香港中華書局，一九六〇年。
〔八〕戴震《屈原賦注》，頁一二——一三。
〔九〕同注〔二〕，頁六一。
〔一〇〕同注〔一〕，頁三五。
〔一一〕同注〔一〕，頁三四。
〔一二〕同注〔一一〕。
〔一三〕同注〔二〕，頁六五。
〔一四〕同注〔二〕，頁六六。
〔一五〕同注〔一四〕。
〔一六〕同注〔二〕，頁六八。
〔一七〕同注〔二〕，頁六五。
〔一八〕同注〔二〕，頁六七。
〔一九〕同注〔二〕，頁六五。
〔二〇〕同注〔一〕，頁三六。
〔二一〕同注〔二〇〕。
〔二二〕同注〔八〕，頁一四。
〔二三〕同注〔二〕，頁六九。
〔二四〕同注〔二三〕。
〔二五〕同注〔二〕，頁七〇。

〔二六〕同注〔二五〕。

〔二七〕同注〔二〕，頁七一。

〔二八〕同注〔一〕，頁三八。

〔二九〕同注〔二〕，頁七一。

〔三〇〕同注〔二〕，頁七二。

〔三一〕同注〔三〇〕。

〔三二〕同注〔三〇〕。

〔三三〕同注〔三〇〕。

〔三四〕同注〔二〕，頁七三。

〔三五〕同注〔三四〕。

〔三六〕同注〔二〕，頁七二。

〔三七〕同注〔二〕，頁七三。

〔三八〕同注〔三七〕。

〔三九〕同注〔一〕，頁三九—四〇。

〔四〇〕同注〔一〕，頁四〇。

〔四一〕同注〔四〇〕。

〔四二〕同注〔一〕，頁四一。

〔四三〕同注〔二〕，頁七五。

〔四四〕同注〔二〕，頁七四。

〔四五〕同注〔二〕，頁七五。

〔四六〕同注〔一〕，頁四一。

〔四七〕同注〔二〕，頁七六—七八。

〔四八〕同注〔二〕，頁七七。

〔四九〕同注〔二〕，頁七八。

〔五〇〕同注〔二〕，頁八一。

〔五一〕同注〔五〇〕。

〔五二〕同注〔一〕，頁四四—四五。

〔五三〕同注〔一〕，頁四四。

〔五四〕同注〔一〕，頁四五—四六。

# 詩商頌考

《毛詩・商頌・那》之什凡五篇：曰《那》、曰《烈祖》、曰《玄鳥》、曰《長發》、曰《殷武》。作於何時何人，毛說與三家異也。

《毛詩・那・序》云：「《那》，祀成湯也。微子至於戴公，其間禮樂廢壞，有正考甫者，得《商頌》十二篇於周之太師，以《那》爲首。」齊說云：「孔子純取周詩，上采殷，下取魯，凡三百五篇。」（說見班書《藝文志》、班固家傳《齊詩》。）《史記・宋微子世家》云：「宋襄公之時，修仁行義，欲爲盟主，其大夫正考父美之，故追道湯、契、高宗所以興，作《商頌》。」揚子《法言・學行》篇云：「學者，所以求爲君子也，求之而不得有已夫，未有不求而得之者也。睎驥之馬，亦驥之乘也；睎顏之人，亦顏之徒也。或曰：『顏徒易乎？』曰：『睎之則是。』曰：『昔顏嘗睎夫子矣，正考父嘗睎尹吉甫矣，公子奚斯嘗睎正考父矣，不欲睎則已矣，如欲睎，孰禦焉？』」按：《說文》云：「睎，望也。从目，稀省聲。海岱之間謂眄曰睎。」《說文》無希字，希望字蓋本作睎。太史公、揚子雲皆學《魯詩》，蓋本魯說爲言也。《後漢書・曹褒傳》注引《韓詩章句》云：「正考父，孔子之先也，作《商頌》十二篇。」是知魯韓皆謂正考父作《商頌》，毛則以爲正考父得之於周太師，齊則斷言爲商詩也。

今考《春秋・昭公七年・左氏傳》云：

禮，人之幹也。無禮無以立吾聞，將有達者孔丘，聖人之後也，而滅於宋。其祖弗父何以有宋而授厲公。及正考父（注云：弗父何之曾孫。）佐戴、武、宣，三命茲益共。

王符《潛夫論・志氏姓》云：

閔公子弗父何生宋父，宋父生世子，世子生正考父，正考父生孔父嘉，孔父嘉生子木金父，木金父降爲士，故曰滅於宋，金父生祁父，祁父生防叔，防叔爲華氏所偪，出奔魯，爲防大夫，故曰防叔，防叔生伯夏，伯夏生叔梁紇，爲鄹大夫，故曰鄹叔紇，生孔子。

又桓公元年二年《左氏傳》云：

宋華父督見孔父之妻於路，目逆而送之，曰：「美而艷。」二年春，宋督攻孔氏，殺孔父而取其妻，公怒，督懼，遂弑殤公。

考《史記・宋微子世家》，戴公在位三十四年傳子武公，武公在位十八年傳子宣公，宣公在位十九年卒，弟穆公和繼位，在位九年卒，復傳位宣公子與夷，是爲殤公，在位十年爲華督所弑。則正考父事戴公、武公、宣公，其子孔父嘉事殤公，事至灼然，而太史公本《魯詩》說，以爲正考父爲襄公大夫，襄公欲行仁義，正考父作頌以美之。計戴公至襄公，中歷武、宣、穆、殤、莊、湣、新君、桓公，凡百五十一年，正考父安得爲頌以美之？其說蓋不可從也。王先謙《詩三家義集疏》舉三家以抑毛，强謂正考父至襄公時猶存，故得爲頌以美之。復云《商頌》實是《宋頌》，不云《宋頌》者，謂魯定公名宋，因諱爲《商頌》，說益可笑，蓋定公元年《春秋經》云：「元年春，王三月，晉人執宋仲幾於京師。」事當定公之年，又何不諱宋爲商？宋字之見於《春秋經傳》者，不勝數矣，何皆無諱而獨於此經世重典諱之邪？是未解《詩》《書》無諱之義也。

毛氏之說，蓋本《國語》，治《詩》者皆無異辭也，按《國語・魯語》下云：

閔馬父笑，景伯問之，曰：「笑吾子之大也。昔正考父校商之名頌十二篇於周太師，以《那》爲首。其輯之亂曰：『自古在昔，先民有作，温恭朝夕，執事有恪。』……」

所引「自古」四句，與《毛詩》不殊，殆其詩本存於宋，其後篇章散佚不全，正考父乃考校諸周太師所掌者，得十二篇。至孔子收詩時，復佚其七，但存其五而已。近人王靜安獨持異議，謂漢前無校書之説，「校」當讀爲「效」，復訓「效」爲「獻」，謂正考父獻詩於周太師，其説迂曲。余謂「校」字當是「考校」之意。（按：《説文》無从手之挍字，凡比挍字皆以从木之校字爲之。）《國語·齊語》云：

合群叟，比校民之有道者。

韋昭注云：

比，比方也。校，考合也。謂考其德行道藝，而興賢者。

周室本有其詩，何待乎正考父之獻哉？夫子曰：「周監於二代，郁郁乎文哉。」周室蒸禘之禮，兼用六代之樂，《周禮·春官·宗伯》：

以樂舞教國子，舞《雲門》《大卷》（黄帝樂）、《大咸》（堯樂）、《大磬》（舜樂）、《大夏》（禹樂）、《大濩》（湯樂）、《大武》（武王樂）。……乃分樂而序之，以祭、以享、以祀。……乃奏夷則，歌小吕，舞《大濩》，以享先妣。乃奏無射，歌夾鐘，舞《大武》，以享先祖。

古者詩樂合一，詩者樂之文辭，樂者詩之譜調耳，周室既以湯樂祭其先妣，商詩能不藏之太師邪？今誦其篇什，《那》頌成湯，《烈祖》頌中宗，《玄鳥》《長發》《殷武》並頌高宗，成湯創業而中宗、高宗中興者也。三者謂之商之三宗。蓋皆商詩而宋人沿用之耳。毛説自視三家爲長，此所以獨存於世也。陳啓源云：「《詩》之有小序，猶《春秋》之有《左傳》乎！《春秋》簡而嚴，《詩》微而婉，厥旨渺矣，俱未可臆求而懸定也。無《左傳》則《春秋》不可讀，無小序則《詩》不可讀。」又曰：「《毛序》之有《齊》《魯》《韓》猶《左傳》之有《公》《穀》也。《公》《穀》存，故人皆尊《左》，《齊》《魯》

《韓》亡，故人或疑《毛》。俱存則短長易見，偏亡則高下難明也。人情好異而厭常，往往然焉。」今人欲去《毛序》而說《詩》，郢書燕說，吾見其日望洋而無得矣乎。

載《聯合校刊》第十期，香港中文大學聯合書院，一九六四年十二月。頁四九—五〇。

# 論阮嗣宗詩

## 一、阮嗣宗之生平

建安之世，曹公父子，雅尚風騷，七子之徒，并爲羽翼，標庚天之勁骨，扇亘古之高風，降及正始，玄風獨熾，文襍而辭詭，厥旨悠邈矣，故彦和《明詩》云：「乃正始明道，詩雜仙心，何晏之徒，率多浮淺，唯嵇志清峻，阮旨遥深，故能標焉。」而阮公《詠懷》之製，體兼比興，辭並風雅，其志乃延之所怯言，詎曠代之可尋乎？管窺霧豹，大體未備，願諸君子有以匡予也。孟子曰：「誦其詩，讀其書，不知其人，可乎？是以論其世也，是尚友也。」太史公曰：「予讀孔氏書，想見其爲人。」今考《晉書》本傳：「景元四年冬卒，時年五十四。」則嗣宗之生，當在建安十五年庚寅，先曹丕篡漢凡十年，而嗣宗卒於景元四年癸未，司馬氏以咸熙二年乙酉篡魏，改元泰始，是嗣宗不及見魏之亡也，而鍾仲偉品嗣宗詩，稱「晉步兵阮籍詩」，斯不當矣。《魏志》不爲立傳，但於《王粲傳》下附之，云：「瑀子籍，才藻艷逸，而倜儻放達，行己寡欲，以莊周爲模則。官至步兵校尉。」寥寥數語，足爲嗣宗道矣。

嗣宗生漢魏迭代之際，長遭典午之横逆，於時英異之士如公者，莫不抗心莊老，道法自然，韜精沈飲，用逃於世，殆亦志士仁人，生逢亂世，全身遠害之旨乎？《晉書》本傳曰：「籍雖不拘禮教，然發言玄遠，口不臧否人物。性至孝，母終，正與人圍碁，對者求止，籍留與決賭，既而飲酒二斗，舉聲一號，吐血數升。及將葬，食一蒸肫，飲二斗酒，然後臨訣。直言窮矣，舉聲一號，因又吐血數升，毁瘠骨立，殆至滅性。」然則嗣宗實是忍情負氣之人，外坦蕩而内淳至者也。而蔑棄禮法，言薄聖賢，豈非憤世疾邪之所爲邪？至史謂其越禮驚衆，眼變青白，爲禮法之士所讎，賴司馬文王保護得全，而葉石林遽責籍附晉自全，曰：「籍雖不臧否人，而作青白眼，亦何以異？籍得全於晉，直是早附司馬師，陰託其庇耳，史言禮法之士嫉之如讎，賴司馬景王全之，以此而言，籍非附司馬氏，未必能脱禍也，今《文選》載蔣濟《勸進表》一篇，乃籍所作。（《文選》無蔣濟《勸進表》，石林誤，當是《爲鄭沖勸晉王牋》。）籍忍至此，亦何所不可爲？籍著論鄙世俗之士，以爲猶處乎褌中，籍委身於司馬氏，獨非褌中乎？觀康尚不屈於鍾會，肯賣魏而附晉乎？世俗但以邇之近者取之，概以爲阮嵇，余每爲之太息也！」石林之言，豈爲得哉？今按《文選・爲鄭沖勸晉王牋》一文，李善注引臧榮緒《晉書》曰：「魏帝封晉太祖爲晉公，太原等十郡（今《魏志・三少帝紀》《晉書》並作八郡）爲邑，進位相國，備禮九錫。太祖讓不受。公卿將校皆詣府勸進，阮籍爲其辭。」籍文中固頗稱司馬文王之德，而要之以「臨滄州而謝支伯，登箕山而揖許由」。不當爲勤勤之小讓也。嗟夫！嗣宗生亂離之世，時慮禍患，每不護細行，於大德容有未周，然詎可以此貶之，謂甘附晉邪？又《晉書》本傳曰：「文帝初欲爲武帝求婚於籍，籍醉六十日，不得言而止。」籍果甘附晉邪？不然也，且夫籍慟車迹之所窮，登廣武而發歎，（《晉書》本傳曰：「時率意獨駕，不由徑路，車迹所窮，輒慟哭而反。嘗登廣武，觀楚漢戰處，歎曰：『時無英雄，使豎子成名。』」）嗣宗何所感而哭耶？所歎者又誰何哉？千載之下，如見其肺肝焉。石林之意殆欲抑阮而譽嵇，褒貶任聲，抑揚過實，豈非辟於好惡，不得其正者乎？

## 二、阮嗣宗之思想

《晉書》本傳曰：「籍本有濟世志，屬魏晉之際，天下多故，名士少有全者，籍由是不與世事。遂酣飲爲常。」嗣宗殆本志士仁人，而以大盜竊國，雖欲匡救時俗，如彼衆我寡何？黄晦聞先生叙嗣宗詩云：「古之人有自絶於富貴者矣。若自絶於禮法，則以禮法已爲奸人假竊，不如絶之，其視富貴有同盜賊，志在濟世而迹落窮途，情傷一時而心存百代，如嗣宗豈徒自絶於富貴而已邪？」晦聞先生殆真知嗣宗者也。嗣宗《詠懷》云：「昔年十四五，志尚好詩書，被褐懷珠玉，顔閔相與期。」又云：「儒者通六藝，立志不可干。違禮不爲動，非法不肯言，渴飲清泉流，饑食并一簞。歲時無以祀，衣服常苦寒，屣履詠南風，緼袍笑華軒，信道守詩書，義不受一餐……」則嗣宗固嘗鋭志詩書，篤信儒術矣。其所以越禮非聖者，惡彼假禮義而飾聖者也，嗣宗《大人先生傳》云：「聖人以道德爲心，不以富貴爲志，以無爲用，不以人物爲事，尊顯不加重，貧賤不自輕，失不以爲辱，得不以爲榮。」又曰：「或遺先生大人書曰：『天下之貴，莫貴於君子，服有常色，貌有常則，言有常度，行有常式，立則磬折，扣若抱鼓，動静有節，趨步商羽，進退周旋，咸有規矩，心若懷冰，戰戰慄慄，束身修行，日慎一日，擇地而行，唯恐遺失。誦周孔之遺訓，歎唐虞之道德，唯法是脩，唯禮是克，手執珪璧，足履繩墨，行欲爲目前檢，言欲爲無窮則……此誠士君子之高致，古今不易之美行也。今先生乃被髮而居巨海之中，與君子者遠，吾恐世之歎先生而非之也，行爲世笑，身無由自達，則可謂耻辱矣，身處困苦之地，而行爲世俗之所笑，吾爲先生不取也。』于是大人先生乃逌然而笑，假雲霓而應之曰：『若之云尚何通哉？夫大人者，乃與造物同體，天地並生，逍遥浮世，與道俱成，變化散聚，不常其形，天地制域於內，而浮明開達於外，天地之永固，非世俗之所及也，吾將爲汝言之。……且汝獨不見乎蝨之處於褌之中。逃乎深縫，匿乎壞絮，自以爲吉宅也。行不敢離縫際，動不敢出褌襠，自以爲得繩墨也。飢則齧人，自以爲無窮食也。然炎邱火流，焦邑滅都，羣蝨死於褌中而不能出。汝君子之處區之內，亦何異乎蝨之處褌中乎？……今汝造音以亂聲，作色以詭形；外易其貌，内隱其情；懷欲以多求，詐僞以要名；君立而虐興，臣設而賊生。坐制禮法，束縛下民，欺愚誑拙，藏智自神。

强者睽眂而凌暴，弱者憔悴而事人。假廉而成貪，内險而外仁；罪至不悔過，幸遇則自矜。馳此以奏除，故循滯而不振。……今汝尊賢以相高，競能以相尚，爭勢以相君，寵貴以相加。驅天下以趣之，此所以上下相殘也。竭天地萬物之至，奉聲色無窮之欲。此非所以養百姓也。于是懼民之知其然。故重賞以喜之，嚴刑以威之，財匱而賞不供，刑盡而罰不行。乃始有亡國戮君潰散之禍，此非汝君子之爲乎？汝君子之禮法，誠天下殘賊亂危死亡之術耳。而乃自以爲美行不易之道，不亦過乎？……』」嗣宗非禮義而薄聖賢之論，盡於此矣。此亦嗣宗推夫子惡鄉愿之旨，豈真薄仁義而訾聖賢哉？疾彼假仁義以盜名，聖貌而賊中者也。莊生有云：「聖人不死，大盜不止。雖重聖人而治天下，則是重利盜跖也，爲之斗斛以量之，則並與斗斛而竊之，爲之權衡以稱之，則並與權衡而竊之，爲之符璽以信之，則並與符璽而竊之，爲之仁義以矯之，則並與仁義而竊之，何以知其然耶？彼竊鉤者誅，竊國者爲諸侯，諸侯之門而仁義存焉。則是非竊仁義聖知邪？」視莊生此論，則嗣宗之言豈不與之侔邪？是亦嵇叔夜「非湯武而薄周孔」之意。嗟夫！嗣宗叔夜，並世兩賢，皆希行莊老，雅尚玄遠，獨叔夜耿介以見誅，嗣宗佯狂而得全耳。何得强分軒輊邪？

## 三、詩評

鍾仲偉曰：「晉步兵阮籍詩，其源出於《小雅》，無雕蟲之功，而《詠懷》之作，可以陶性靈，發幽思，言在耳目之内，情寄八荒之表，洋洋乎會於風雅，使人忘其鄙近，自致遠大，頗多感慨之詞，厥旨淵放，歸趣難求，顔延年注解，怯言其志。」何義門《讀書記》云：「其源本諸《離騷》。」余謂嗣宗《詠懷》之製，辭兼比興，義並《詩》《騷》，殆欲躡跡屈宋，而取神莊列也。是以羲和西隤，歎魏室之衰微；桃李夭夭，刺典午之横肆；妖女燕婉，以喻讒邪；玄鶴鸞鷟，嗣宗自況；北里奇舞，濮上微音，鶉鷃運翮，羣集蓬艾，並哀時俗之頽靡，痛羣下之求容也。嗣宗弔古傷今，俯仰無極，沈哀切痛，靡可愬語，於是形之篇什，託乎吟詠，其長歌之哀，有甚於痛哭者乎！嗣宗詩，丁福保《全三國詩》輯有四言《詠懷》三首、五言詩《詠懷》八十二首。（正合《晋書》本傳之數）八十二首中入蕭《選》者十七首，大抵非一時之作，故意頗重出，昭明所選，其最者也。何義門云：「作者要旨已具矣。」嗣宗《詠懷》篇什，前賢箋注已詳，余三復之餘，乃忘其譾陋，爰録數篇，並摭拾舊聞，用飫同好焉。

## 其一

夜中不能寐。起坐彈鳴琴。薄帷鑒明月。清風吹我襟。孤鴻號外野。翔鳥鳴北林。徘徊將何見。憂思獨傷心。

何義門曰：「注：每有憂生之嗟。按籍之憂思所謂有甚於生者，注家何足以窺之。」呂延濟以「夜中」喻昏亂，呂向以「孤鴻」喻賢臣在外，「翔鳥」比權臣在內，嫌附會。蔣師爚曰：「徘徊風月間，號者自哀，鳴者自樂，憂思者何以自見乎？」斯爲得之。

## 其二

二妃遊江濱。逍遥順風翔。交甫懷環珮。婉孌有芬芳。猗靡情歡愛。千載不相忘。傾城迷下蔡。容好結中腸。感激生憂思。萱草樹蘭房。膏沐爲誰施。其雨怨朝陽。如何金石交。一旦更離傷。

劉履曰：「佳人以容好結歡。獨能感激思望，專心靡他，甚而至於憂且怨。如何股肱大臣視同心腹者，一旦更變而有乖背之傷也。」何義門曰：「此蓋託友朋以喻君臣，非徒休文好德不如好色之謂也。」（善注引沈休文注云：「婉孌則千載不忘，金石之交，一旦輕絶，未見好德如好色。」）又曰：「結謂一與之醮，終身不易。臣無貳心，奈何改操乎？」陳太初曰：「夫九鼎神姦，必寫其情狀。《小雅・巷伯》，必盡其形容。不逢不若云爾。典午父子，陰譎險詐，奸而不雄。是以廣武歎豎子之名，《詠懷》多妾婦之況。嘲笑代其怒詈，比興韜其刺譏。金石離傷，明翻雲覆雨之易；丹青明誓（『昔日繁華子』首云：『丹青著明誓。永世不相忘。』）慨託孤寄命之難。」

## 其三

嘉樹下成蹊。東園桃與李。秋風吹飛藿。零落從此始。繁華有憔悴。堂上生荊杞。驅馬舍之去。去上西山趾。一身不自保。何況戀妻子。凝霜被野草。歲暮亦云已。

何義門曰：「此詩指趣灼然，略無隱避。而當時得全者，以其不過志於自全避禍，非若叔夜之非薄湯武，指斥賊臣故也。」又曰：「秋風吹飛藿，傷六族之被夷也。」陳太初曰：「司馬懿盡録魏諸王公至於鄴。（嘉平三年事，詳《晉書・宣帝紀》。）嘉樹零落，繁華憔悴，皆宗枝翦除之喻也，不然，去何必於西山？身何至於不保？豈非周粟之耻，義形於色者乎！而不蹈叔夜非薄湯武之禍，則比興殊於指斥也。」陳說甚允。

## 其四

灼灼西隤日。餘光照我衣。迴風吹四壁。寒鳥相因依。周周尚銜羽。蛩蛩亦念饑。如何當路子。磬折忘所歸。豈爲夸譽名。憔悴使心悲。寧與燕雀翔。不隨黃鵠飛。黃鵠遊四海。中路將安歸。

末四句沈休文曰：「若斯人者，不念己之短翮，不隨燕雀爲侶，而欲與黃鵠比遊。黃鵠一舉沖天，翱翔四海，短翮追而不逮，將安歸乎？爲其計者，宜與燕雀相隨，不宜與黃鵠齊舉。」何義門曰：「西日，喻魏室也。」又曰：「末言己寧没身下位，不附司馬取尊顯也。」義門謂末四句是嗣宗自況，休文云是爲當路子設辭，二説當以休文爲長。

## 其五

北里多奇舞。濮上有微音。輕薄閑遊子。俛仰乍浮沈。捷徑從狹路。僶俛趨荒淫。焉見王子喬。乘雲翔鄧林。獨有延年術。可以慰吾心。

末四句善注云：「子喬離俗以輕舉，全性以保真，其人已遠，故云焉見，其法不滅，故云可慰心。」何義門曰：「焉見王子喬四句，言輕薄閑遊者，不足以見之也。」説可並存。陳太初謂刺當時黨附權勢者，而自命以王喬鄧林之駕也。

## 其六

昔日繁華子。安陵與龍陽。夭夭桃李花。灼灼有輝光。悦懌若九春。磬折似秋霜。流盼發姿媚。言笑吐芬芳。携手等歡愛。宿昔同衣裳。願爲雙飛鳥。比翼共翱翔。丹青著明誓。永世不相忘。

吕延濟曰：「安陵、龍陽以色事主，猶盡心如此；而晉文王蒙厚恩於魏，將行篡奪，籍恨之甚，故以刺也。」陳太初亦以爲「丹青明誓」係託孤寄命於司馬之意。

## 其七

昔年十四五。志尚好詩書。被褐懷珠玉。顔閔相與期。開軒臨四野。登高望所思。丘墓閉山岡。萬代同一時。千秋萬歲後。榮名安可知。乃悟羨門子。噭噭今自嗤。

沈休文云：「自我以前，徂謝者非一。雖或税駕參差，同爲今日之一丘，夫豈異哉？故云萬代同一時也。若夫被褐珠玉，託好《詩》《書》，開軒四野，昇高永望，志事不同，徂没理一。追悟羨門之輕舉，方自笑耳。」何義門曰：「此言少時敦味《詩》《書》，期追顔閔。及見世不可爲，乃蔑法以自廢，志在逃死，何暇顧身後之榮名哉！因悟安期羨門亦遭暴秦之代，詭託神仙耳。」此非貶絜狂狷之士，高論怨誹者乎！

載《聯合校刊》第十一期，香港中文大學聯合書院，一九六四年五月。頁五〇—五三。

# 詩小雅鹿鳴、四牡、皇皇者華釋

仲尼有言曰：「誦《詩》三百，授之以政，不達，使之四方，不能專對，雖多亦奚以爲。」又曰：「興於《詩》，立於禮，成於樂。」又曰：「不學《詩》，無以言。」蓋《詩》者，所以吟詠情性，鼓舞善心，故王者節之以禮樂，施之於政，使民日遷善而不已，是故入其國而可知其教，觀其禮而可知其政，聞其樂而可知其德也。外則諸侯聘問，大夫接遇之際，稱《詩》以喻其志，此所謂宜於專對也。是故大學之教，始之以《小雅·鹿鳴》之什。（《禮記·學記》云：「宵雅肄三，官其始也。」鄭注云：「宵之言小也。肄，習也。習《小雅》之三，謂《鹿鳴》《四牡》《皇皇者華》也。此皆君臣宴樂相勞苦之詩，爲始學者習之，所以勸之以官，且取上下相和厚。」）《魚麗·序》云：「文武以《天保》以上治内（《天保》以上，謂《鹿鳴》《四牡》《皇皇者華》《常棣》《伐木》《天保》六詩也。《鹿鳴·序》云：「燕羣臣嘉賓也。」《四牡·序》云：「勞使臣之來也。」《皇皇者華·序》云：「君遣使臣也。」《常棣·序》云：「燕兄弟也。」《伐木·序》云：「燕朋友故舊也。」《天保·序》云：「下報上也。」六者治内之事），《采薇》以下治外（《采薇》以下，謂《采薇》《出車》《杕杜》三詩。《采薇·序》云：「遣戍役也。」《出車·序》云：「勞還率也。」《杕杜·序》云：「勞還役也。」俱言治外之事）。蓋《鹿鳴》《四牡》《皇皇者華》三者，皆君臣燕樂之詩，故先使學子習之，是學爲官之始也。

## 一、鹿鳴　凡三章，章八句

《詩序》曰：「《鹿鳴》，燕羣臣嘉賓也。既飲食之，又實幣帛筐篚，以將其厚意，然後忠臣嘉賓得盡其心矣。」

蔡邕《琴操》卷上云：「《鹿鳴操》者，周大臣之所作也。王道衰，君志傾，留心聲色，內顧后妃，設旨酒嘉肴，不能厚養賢者，盡禮極歡，形見於色，大臣昭然獨見，必知賢士幽隱。小人在位，周道陵遲，乃自是始。故彈琴以風諫，歌以感之。庶幾可復。歌曰：『呦呦鹿鳴，食野之苹，我有嘉賓，鼓瑟吹笙，吹笙鼓簧，承筐是將，人之好我，示我周行。』此言禽獸得美甘之食，尚知相呼，傷時在位之人不能，乃援琴以刺之，故曰『鹿鳴』。」說與《毛序》異也。今按襄公四年《左氏傳》云：「穆叔如晉，報知武子之聘也，晉侯享之金奏《肆夏》之三。（謂《肆夏》《韶夏》《納夏》也。）不拜。工歌《文王》之三，又不拜。歌《鹿鳴》之三。（謂《鹿鳴》《四牡》《皇皇者華》也。）三拜。韓獻子使行人子員問之，曰：『子以君命辱於敝邑，先君之禮，藉之以樂，以辱吾子，吾子舍其大而重拜其細，敢問何禮也？』對曰：『三《夏》，天下所以享元侯也，使臣弗敢與聞。《文王》，兩君相見之樂也，臣不敢及。《鹿鳴》，君所以嘉寡君也，敢不拜嘉？《四牡》，君所以勞使臣也，敢不重拜？《皇皇者華》，君教使臣曰：必諮於周。（《皇皇者華》次章云：「周爰咨諏。」）臣聞之，訪問於善爲咨，咨親爲詢，咨禮爲度，咨事爲諏，咨難爲謀，臣獲五善，敢不重拜？』」則《鹿鳴》之詩，當非刺時之作。又《禮記・鄉飲酒禮》云：「樂正先升，立于西階東，工入升自西階北面坐，相者東面坐，遂授瑟又乃降，工歌《鹿鳴》《四牡》《皇皇者華》。」就《燕禮》云：「卒，射人乃升大夫，大夫皆升，就席，席工于西階上少東。樂正先升，北面立于其西。小臣納工。工四人，二瑟。小臣左何瑟，面鼓，執越，內弦，右手相入，升自西階，北面，東上坐。小臣坐授瑟，乃降。工歌《鹿鳴》《四牡》《皇皇者華》。」是皆賓主宴樂而歌此三詩，又安得爲刺詩邪？毛說視魯說爲長矣（按：蔡邕學《魯詩》）。

## 首章

呦呦鹿鳴。食野之苹。我有嘉賓。鼓瑟吹笙。吹笙鼓簧。承筐是將。人之好我。示我周行。

釋曰：《毛傳》曰：「苹，蓱也。鹿得蓱，呦呦然鳴而相呼，懇誠發乎中，以興嘉樂賓客，當有懇誠相招呼以成禮也。」鄭君曰：「藾蕭也。」按：《爾雅·釋草》：「苹，蓱。」郭璞注云：「水中浮蓱，江東謂之薸。」又《釋草》：「苹，藾蕭。」郭璞注：「今藾，蒿也，初生亦可食。」邢昺曰：「苹，一名藾蕭。……《詩·小雅》云：『呦呦鹿鳴，食野之苹。』陸璣（《毛詩草木鳥獸蟲魚疏》）云：『葉青白色，莖似箸而輕脆。始生，香可生食，又可烝食』是也。」準此當以箋說爲是。

《毛傳》曰：「筐，篚屬，所以行幣帛也。」鄭箋：「承，猶奉也。」朱子曰：「承，奉也。筐，所以盛幣帛者也。將，行也，奉筐而行幣帛。」朱說蓋本《毛傳》，孔穎達《毛詩正義》亦據《毛傳》，訓「將」爲「行」，云：「序云『以將其厚意』，則將爲行厚意。此云行幣帛與賓，即主人行厚義於賓之義。」訓「將」爲「行」，意恐未安，今按《商頌·烈祖》云：「我受命溥將。」鄭箋曰：「將，猶助也。」《爾雅·釋言》：「將，資也。」《詩》云「承筐是將」者，蓋謂不唯飲之食之，猶且奉之筐篚，以助其厚意也。

《毛傳》曰：「周，至。行，道也。」鄭箋：「示當作寘。寘，置也。周行，周之列位也。好，猶善也。人有以德善我者，我則置之於周之列位，言己維賢是用。」毛訓「周行」爲「至道」。謂群臣嘉賓之好我者，乃示我以至道也。鄭君謂欲置嘉賓之好我者於周之行列，與毛說異。按《鄉飲酒禮》鄭氏注云：「三者皆《小雅》篇也……此采其己有旨酒，以召嘉賓，嘉賓既來，示我以善道。」則鄭君注《禮》時仍沿舊說，箋《詩》乃復易爲新說耳。然此詩二章云：「我有嘉賓，德音孔昭。視民不恌，君子是則是傚。」嘉賓之德音，猶此章示我之周行也。語意直承此章而來。故仍依毛說爲是。馬瑞臣曰：「此詩三章文法參差而義實相承。首章前六句言我之敬賓，後二句言賓之善我。二章前六句即承首章『人之好我』言，後二句乃言我之樂賓。三章前六句即接言賓之樂，後二句又申言我之樂賓，以明賓之樂，實我有以致之也。《傳》於三章云：『夫不能致其樂，則不能得其志，不能得其志，則嘉賓不能盡（當作竭）其力。』蓋通釋全詩之義。」是也。

## 二章

呦呦鹿鳴。食野之蒿。我有嘉賓。德音孔昭。視民不恌，君子是則是傚。我有旨酒。嘉賓式燕以敖。

釋曰：《毛傳》：「蒿，菣也。」孔《疏》引孫炎曰：「荆楚之間謂蒿爲菣。」又引郭璞曰：「今人呼爲青蒿。」按《本草綱目》云：「蒿有水陸二種，《詩》：『呦呦鹿鳴，食野之苹。』此陸生皤蒿也。」然則苹亦蒿屬，或同物異名耳。

《鄭箋》：「孔，甚。昭，明也。」「德音孔昭」，謂嘉賓之德音甚昭明也。

《鄭箋》：「視，古示字也。」按：《説文》云：「視，瞻也。从見示。」段注云：「引申之義，凡我所爲，使人見之，亦曰視。《士昏禮》『視諸衿鞶』，注曰：『視乃正字，今文作示。俗誤行之。』《曲禮》：『童子常視母誑。』注曰：『視，今之示字。』《小雅》：『示民不恌。』《箋》云：『視，古示字也。』按此三注一也。古作視，漢人作示。是爲古今字。」

《毛傳》曰：「恌，愉也。」宗豪按：《説文》無「恌」字，蓋本作「佻」，云：「佻，愉也。从人，兆聲。《詩》曰：『視民不佻。』」又：「愉，薄也。」又昭公十年《左氏傳》引《詩》曰：「德音孔昭，視民不佻。」字亦作「佻」。《孔疏》云：「佻，偷也。言君子之人爲賓客，德音甚明。其視下民，不偷薄苟且也。」古蓋無從人之「偷」，凡經傳「偷薄」字蓋本作「愉」，「愉」字古音他侯切，今誤讀羊朱切。殆亦妄人所改。

《毛傳》云：「是則是傚，言可法傚也。」言嘉賓之德音甚昭明，可以示之於民，使之不愉薄，足爲民所法傚也。今按：《說文》無「傚」「効」字。本止作「效」耳。昭公七年《左氏傳》云：「仲尼曰：能補過者，君子也。《詩》曰：『君子是則是效。』孟僖子可則效已矣。」引《詩》正作「效」字。《說文》云：「效，象也。」引申爲效法義。

式，用也。以，且也。敖，《毛傳》訓遊。《說文》云：「敖，出游也。从出放。」言我有旨美之酒，嘉賓用燕且遊樂也。

## 三章

呦呦鹿鳴。食野之芩。我有嘉賓。鼓瑟鼓琴。鼓瑟鼓琴。和樂且湛。我有旨酒。以燕樂嘉賓之心。

釋曰：此章前六句蓋承上章「我有旨酒，嘉賓式燕以敖」。芩，《毛傳》曰：「芩，草也。」陸璣《毛詩草木鳥獸蟲魚疏》云：「芩，草。莖如釵股，葉如竹。蔓生澤中下地鹹處，爲草真實，牛馬亦喜食之。」《說文》云：「芩，草也。《詩》曰：『食野之芩。』」陸氏《釋文》引《說文》：「芩，蒿也。」與今《說文》異。當從《釋文》訓蒿爲是。首章之苹，次章之蒿，此章之芩，當盡是蒿屬也。

「和樂且湛」，《毛傳》曰：「湛，樂之久也。」宗豪按：《說文》云：「湛（直林切），没也。」又：「没，湛也。」二字轉注，此湛，没之正字。今俗謂爲沈没，非是。又《說文》「女部」曰：「媅（丁含切），樂也。」又「耳部」云：「耽，耳大垂貌。」則媅樂字當從女作「媅」。今作「湛」「耽」者，皆是「媅」字之假。末二句，《毛傳》曰：「夫不能致其樂，則不能得其志，不能得其志，則嘉賓不能竭其力。」此通論全詩文意也。

《吕記》引范氏曰：「食之以禮、樂之以樂。將之以實，求之以誠，此所以得其心也。賢者豈以飲食幣帛爲説哉？夫昏姻不備，則貞女不行也。禮樂不備，則賢者不處也。賢者不處，則豈得樂而盡其心乎？」斯得詩人之恉矣。故孟子曰：「古之賢王，好善而忘勢，古之賢士何獨不然？樂其道而忘人之勢，故王公不致敬盡禮，則不得亟見之。見且猶不得亟，而況得而臣之乎？」此之謂也。

## 二、四牡　凡五章，章五句

《序》曰：「勞使臣之來也。有功而見知，則説矣。」

程氏曰：「四牡之義，閔使人之勤勞，故云『有功而見知，則説矣』。上不知下之勞，則下不自盡其力，故《四牡》之義廢，則君臣缺矣。」

### 首章

四牡騑騑。周道倭遲。豈不懷歸。王事靡盬。我心傷悲。

釋曰：《毛傳》云：「騑騑，行不止之貌。周道，岐周之道也，倭遲，歷遠之貌。」按《説文》無「騑」字。《玉篇》云：「騑騑，行不止也。」《廣雅》曰：「騑騑，疲也。」謂行不止而疲也。《説文》云：「婓，往來婓婓也。」則婓騑義同。「倭遲」，陸氏《釋文》引《韓詩》作「倭夷」。《説文》云：「倭，順貌，《詩》曰：『周道倭遲。』」又：「委，隨也。」然則「倭遲」者，蓋皆隨順而遠之意，故《傳》訓爲歷遠也。字或作「倭夷」「威夷」「逶迤」者，蓋皆聲轉耳。

鹽，《毛傳》訓爲不堅固，朱熹《集傳》從之，曰：「駕此四牡而出使於外，其道路之回遠如此，當是時豈不思歸乎？特以王事不可以堅固，不敢徇私而害公，是以内顧而傷悲也。」「王事靡鹽」釋爲「王事不可以不堅固」，失其意矣。今按《説文》云：「鹽，河東鹽池。」蓋是苦字聲假。《爾雅·釋詁》云：「棲、遲、憩、休、苦……，息也。」苦訓爲息，則王事靡鹽者，猶王事無已也，謂其從事於王事之勞苦也如此，乃不暇思歸矣。

## 二章

四牡騑騑。嘽嘽駱馬。豈不懷歸。王事靡鹽。不遑啓處。

釋曰：《毛傳》曰：「嘽嘽，喘息之貌。馬勞則喘息，白馬黑鬣曰駱。」《説文》「嘽」或作「痑」。蓋三家詩也。「嘽」下云：「喘息也。《詩》曰：『痑痑駱馬』。」「痑」下云：「馬病也。《詩》曰：『痑痑駱馬』。」「駱」字義，《説文》與《毛傳》相同。此章以「嘽嘽駱馬」見馬之勞，則人之勞苦亦可見。朱熹獨訓「嘽嘽」爲「衆盛之貌」（蓋本《采芑·傳》），則視勞使臣義爲不類矣。

又《毛傳》曰：「遑，暇。啓，跪。處，居也。」謂使臣勞於王事，不暇居處也。按《説文》無「遑」字，蓋是「皇」字之假。

此章意與上章相近。上章言「我心傷悲」，此章言「不遑啓處」，欲以見王事之勞耳。

## 三章

翩翩者鵻。載飛載下。集於苞栩。王事靡鹽。不遑將父。

釋曰：朱熹曰：「興也。翩翩，飛貌。」《毛傳》曰：「鵻，夫不也。」按鵻當作隹，短尾鳥也。《爾雅・釋鳥》云：「隹，其（衍文）鳺鴀。」郭璞注：「今鵓鳩。」箋曰：「夫不，鳥之愨謹者，人皆愛之。可以不勞，猶則飛則下，止於栩木。喻人雖無事，其可獲安乎？感厲之。」昭公十五年《左氏傳》曰：「祝鳩氏，司徒也。」杜預注云：「祝鳩，鷦鳩。鷦鳩孝，故爲司徒。」又引樊光曰：「祝鳩，夫不。孝，故爲司徒。」此處當從《左氏傳》訓「鵻」爲孝鳥，所以起興使臣之勞於王事而不遑將養其父母，曾孝鳥之不若耳。《鄭箋》失之。

「載飛載下」，猶「則飛則下」「且飛且下」也。苞，物之叢生者。栩，柞櫟之屬。（説見《鴇羽・疏》）「不遑將父」，謂不暇將養其父也。

## 四章

翩翩者鵻，載飛載止。集於苞杞。王事靡盬。不遑將母。

釋曰：《毛傳》云：「杞，枸檵也。」此承上章而言，上章言「不遑將父」，此章言「不遑將母」，《呂記》引范氏曰：「忠臣孝子之行役，未嘗不念其親，君之使臣，豈待其勞苦而自傷哉？亦憂其憂如己而已矣。此聖人所以感人心也。」意謂君設言使臣之情以勞之。

## 五章

駕彼四駱。載驟駸駸。豈不懷歸。是用作歌。將母來諗。

釋曰：「駕彼四駱，載驟駸駸。」《毛傳》曰：「駸駸，驟也。」《説文》云：「驟，馬疾步也。」又：「駸，馬行疾也。《詩》曰：『載驟駸駸。』」此謂駕彼四駱之馬，疾馳駸駸焉也。

「豈不懷歸，是用作歌。將母來諗。」《毛傳》曰：「諗，念也。」箋曰：「諗，告也。君勞使臣，述序其情。女曰我豈不思歸乎？故作此詩之歌，以養父母之志，來告於君也。」《説文》云：「諗，深諫也。」《箋》訓「諗」爲「告」，是用其本意。復訓「來」爲「往來」之「來」，失其意矣。王引之《經傳釋詞》云：「來，詞之是也。《四牡》曰：『將母來諗。』言我惟養母是念也。」諗，仍從《毛傳》訓爲念。蓋聲之假也。

《吕記》引范氏曰：「父，至尊也。母，至親也。知母之親，則知父之尊矣。知父之尊，則知君之重矣。卒章及母而不及父，本其恩之所起以教愛也。愛母則敬父矣。敬父則尊君矣。未有愛親而不愛其君者也。」吴良貴曰：「是用作歌，亦文王自謂也。言我爲是之故，特作歌勞汝，汝可將我此歌告母也。（此亦訓「諗」爲「告」，所異者，鄭君告於君，此謂告於母。）母之恩愛偏多，而於子之出也，懸望尤切，故上言將父將母，而此獨言母不及將父者，父母雖同，而情之所鍾，父猶可解，母須曉告使之釋然也。」説可並存。

## 三、皇皇者華　凡五章，章四句

《序》曰：「皇皇者華，君遣使臣也。送之以禮樂，言遠而有光華也。」

《吕記》引程氏曰：「天子遣使四方，以觀省風俗，采察善惡，訪問疾苦，宣道化於天下，下國蒙被聲教，是以光華。」

## 首章

皇皇者華。于彼原隰。駪駪征夫。每懷靡及。

釋曰：《毛傳》云：「皇皇，猶煌煌也。高平曰原。下濕曰隰。忠臣奉使，能光君命，無遠無近，如華不以高下易其色。」《吕記》引程氏曰：「皇華之光明於野，猶王澤之流布光華天下也。故以爲興。」「駪駪征夫，每懷靡及。」《傳》曰：「駪駪，衆多之貌。征夫，行人也。每，雖。懷，和也。」按《説文》云：「駪，馬衆多貌。」又：「侁，行貌。」「駪」字恐是「侁」字之假，謂征夫行役，侁侁然也。《毛傳》訓「每懷」爲「雖和」，王肅推其説曰：「使臣之行，必有上介衆介，衆多内懷中和之道，猶自以爲無所及，是以驅馳而咨諏之。」是以此章啓下章咨諏之言。鄭君於「每懷」之訓，改「和」爲「私」，云：「《春秋外傳》曰：『懷私（當作和，此鄭君改）爲每懷也。』「和」當爲「私」。衆行夫既受君命，當速行，每人懷其私相稽留，則於事將無所及。」王説爲是。

## 二章

我馬維駒。六轡如濡。載馳載驅。周爰咨諏。

釋曰：《説文》云：「馬二歲曰駒。」駒，蓋是馬之幼而壯者。「如濡」，《鄭箋》曰：「言鮮澤也。」二句蓋言使臣車馬之盛也。

《毛傳》曰：「忠信爲周，訪問於善爲咨，咨事爲諏。」按襄公四年《左氏傳》云：「《皇皇者華》，君教使臣曰：必諮於周。臣聞之：訪問於善爲咨，咨親爲詢，咨禮爲度，咨事爲諏，咨難爲謀。」（説詳前引）《爾雅・釋詁》云：「詢、度、咨、諏，謀也。」此章言「周爰咨諏」，二章言「周爰咨謀」，四章言「周爰咨度」，卒章言「周爰咨詢」，其義一也。《吕記》引歐陽永叔曰：「諏、謀、度、詢，但變文以叶韻爾，詩家若此之類甚多。」是也。

## 三章

我馬維騏。六轡如絲。載馳載驅。周爰咨謀。

釋曰：《說文》云：「騏，馬青驪文如綦也。」「六轡如絲」，《傳》云：「言調忍也。」《毛傳》曰：「咨事之難易爲謀。」此蓋與上章意同。

## 四章

我馬維駱。六轡沃若。載馳載驅。周爰咨度。

釋曰：「駱」見《四牡》篇。「沃若」，猶沃沃然也。《毛傳》曰：「咨禮義所宜爲度。」

## 五章

我馬維駰。六轡既均。載馳載驅。周爰咨詢。

釋曰：《毛傳》曰：「陰白襍毛曰駰。」「均，調也。」「親戚之謀曰詢。兼此五者，雖有中和，當自謂無所及，成於六德也。」《鄭箋》云：「中和，謂忠信也。五者，咨也，諏也，謀也，度也，詢也。雖得此於忠信之賢人，猶當云已將無所及於事，則成六德。言慎其事。」陳啓源曰：「《（春秋）外傳》之六德，本文亦自明矣。云：懷和爲每懷，咨才爲諏，咨事爲謀，咨義爲度，咨親爲詢，忠信爲周。」是於諏、謀、度、詢、周外，益之以懷和，是謂六德。其説視鄭君爲長矣。

載《聯合校刊》第十二期，香港中文大學聯合書院，一九六五年十一月。頁六八—七三。

# 荀子性惡論與化性起僞説

荀卿遭紛濁之世，懷先聖之業，冀王道之大行，舉汙世以隆治，然而時君世主，競鉤勢利，忘義以爭，逐逐莫厭，而況百家之説充塞天下，治怪説而玩琦辭，縱性情而安恣睢，使天下之民舉而聽之，則將人欲橫肆而仁義靡存矣。天下國家寧有不亂亡者乎？君子之悲，志士大痛，孰甚於此？荀卿疾之，激爲性惡之説，其立言雖或未安，遣辭時且乖戾。東坡復以深惡李斯、韓非，而罪荀卿之「高談異論，有以激之」，譬猶晝寢餔啜，責過其師，恐非的論。究乎荀卿立言之旨，殆欲隆禮以矯性，積善而通神，吾人讀其書而想其爲人，察其用心，則曲爲之原可也。

## 性與僞

荀卿性惡之論，具見於《性惡》篇中，其言曰：

人之性惡，其善者僞也。

又曰：

今之人，化師法，積文學，道仁義者爲君子；縱性情、安恣睢，而違禮義者爲小人，用此觀之，然則人之性惡明矣。其善者，僞也。

又曰：

不可學，不可事，而在人者謂之性；可學而能，可事而成之在人者謂之僞，是性僞之分也。

又曰：

> 聖人積思慮，習僞故，以生禮義而起法度，然則禮義法度者，是生於聖人之僞，非故生於人之性也。若夫目好色，耳好聲，心好利，骨體膚理好愉佚，是皆生於人之性情者也。感而自然，不待事而後生之者也。夫感而不能然，必且待事而後然者，謂之生於僞，是性僞之所生，其不同之徵也。

以此觀之，是荀卿逕以人之本性爲惡，其所爲善者，是詐僞耳，「善」「惡」、「性」「僞」皆相對成文，其云「性」「僞」者，猶「情」「僞」耳。（按荀卿以「性」「情」爲一物屢見於荀書中，上文所引「目好色，耳好聲，心好利，骨體膚理好愉佚，是皆生於人之性情者也。」《性惡》篇又云：「今人之性，飢而欲飽，寒而欲暖，勞而欲休，此人之情性也。……夫子之讓乎父，弟之讓乎兄，子之代乎父，弟之代乎兄，此二行者，皆反於性而悖於情也。……故順性情則不辭讓矣，辭讓則悖於情性矣。」《儒效》篇曰：「縱性情而不足問學，則爲小人矣。」又曰：「行忍情性然後能脩。」皆「性」「情」並舉之證。但言性者，蓋舉性以晐情也。）「情」是情實、「僞」乃詐僞，二者意正相對，《易・繫傳》曰：「聖人立象以盡意，設卦以盡情僞。」僖公二十八年《左氏傳》云：「險阻艱難，備嘗之矣，民之情僞，盡知之矣。」《禮記・樂記》云：「著誠去僞，禮之經也。」孔《疏》云：「誠，謂誠信也。僞，謂虛詐也。」則「詐僞」「情實」二事對立明矣。而楊倞注荀書《性惡》篇「人之性惡，其善者僞也」句，以「爲」「矯」釋僞字之義，其言曰：

> 僞，爲也，矯也。矯其本性也，凡非天性而人作爲之者，皆謂之僞，故爲字，人傍加爲，亦會意字也。

徐鍇《說文解字通論》亦云：

> 僞者，人爲之，非天真也，故人爲爲僞。

《四庫全書總目提要》云：

> 至其以性爲惡，以善爲僞，誠未免於理未融，然卿恐人恃性善之說，任自然而廢學，因言性不可

恃，當勉力於先王之教。故其言曰：「凡性者，天之（所）就也，不可學，不可事。禮義者，聖人之所生也，人之所學而能，所事而成者也。不可學，不可事而在人者謂之性，可學而能，可事而成之在人者謂之僞，是性僞之分也。」其辨白僞字甚明。楊倞注亦曰：「僞，爲也。凡非天性而人作爲之者，皆謂之僞，故僞字人傍加爲，亦會意字也。」其説亦會卿本意。後人昧於訓詁，誤以爲真僞之僞，遂譁然掊擊，謂卿蔑視禮義如老莊之所言，是非惟未睹其全書，即《性惡》一篇，自篇首二句以外，亦未竟讀矣。

是皆以「人爲」釋「僞」，不知「僞」訓「作爲」，於古無徵也。《尚書·周官》：

恭儉惟德，無載爾僞。（孔《傳》：言當恭儉、惟以立德、無行姦僞。）作德心逸日休，作僞心勞日拙。

孔《傳》：

爲德直道而行，於心逸豫而名且美。爲僞飾巧百端，於心勞苦而事日拙不可爲。

《周禮·地官·大司徒》云：

以五禮防萬物之僞而教之中。

賈公彦疏云：

《禮記·樂記》曰：「禮者，著誠去僞。」故以禮防萬民之僞而教之使得中正也。

襄公三十年《左氏傳》曰：

《詩》曰：……「淑慎爾止，無載爾僞」，不信之謂也。

杜預注云：

逸詩也。言當善慎舉止，無載行詐僞。

《爾雅·釋詁》：

載、謨、食、詐，僞也。

《説文》「人部」：

僞，詐也。从人爲聲。（按：屬形聲字，楊倞謂是會意，非。）

《廣雅·釋詁》：

猶、誦、詐、僞，欺也。

此皆「僞」字本義訓「詐」之塙證，即荀卿書中，「詐」「僞」二字連用者，亦數數見也。其《不苟》篇云：

詐僞生塞，誠信生神。

《禮論》篇云：

君子審於禮，則不可欺以詐僞。

《樂論》篇曰：

著誠去僞，禮之經也。

《性惡》篇曰：

今與不善人處，則所聞者，欺誣詐僞也。

然則荀卿本意，固亦未嘗以「僞」爲「作爲」之字也。自楊倞以下諸儒，紛紛曲爲解説。錢曉徵、郝蘭皋、段懋堂又重爲之辭，以證誠「僞」「爲」二字古通之説。錢大昕跋《荀子》曰：

古書僞與爲通，荀子所云：「人之性惡，其善者僞也。」此僞字即作爲之爲，非詐僞之僞，故又申其意云：「不可學、不可事而在人者謂之性，可學而能，可事而成之在人者，謂之僞。」此「僞」即「爲」之證也。

郝蘭皋《荀子補注》與王引之伯申侍郎《論荀卿書》曰：

> 至於性惡性善，非有異趣。性雖善，不能廢教，性即惡，必假人爲，爲與僞古字通。其云：「人之性惡，其善者僞也。」僞即爲耳。

段懋堂於《說文》「人部」「僞，詐也」下注云：

> 徐鍇曰：「僞者，人爲之，非天真也，故人爲爲僞。」是也。荀卿曰：「桀紂性也，堯舜僞也。」（按《荀子》無此文，段氏誤據東坡《荀卿論》矣。）「人之性惡，其善者僞也。」「不可學，不可事而在人者謂之性，可學而能，可事而成之在人者謂之僞。」又曰：「生之所以然者謂之性。」（《正名》篇）「心慮而能爲之動，謂之僞，慮積焉，能習焉而後成謂之僞。」（《正名》篇）荀卿之意，謂堯舜不能無待於人爲耳。玉裁昔爲謝侍郎墉作《荀卿補注》曾言之。

錢竹汀據《堯典》「申命羲叔，宅南交，平秩南訛，敬致。」「南訛」，《史記・五帝本紀》作「便程南爲」，證「僞」即「爲」字。按「爲」字古音入歌韻，讀如「譌」。蓋其字本作「南爲」，後乃假「譌」爲之，作「訛」者，乃「譌」之俗字耳，《史記》作「南爲」者，是用其本字也。又《漢書・王莽傳》云：

> 予之南巡，必躬載耨，每縣則薅，以勸南僞。

「僞」字蓋亦「爲」之音假，非「僞」即「爲」也。蓋荀卿性僞之説，於理未融，諸儒雖曲爲之説，終未能補苴罅漏也。其《性惡》篇云：

> 今人之性，飢而欲飽，寒而欲暖，勞而欲休，此人之性也。今人飢見長而不敢先食者，將有所讓也；勞而不敢求息者，將有所代也。夫子之讓乎父，弟之讓乎兄；子之代乎父，弟之代乎兄。此二行者，皆反於性而悖於情也。然而孝子之道，禮義之文理也。故順性情則不辭讓矣，辭讓

> 則悖於情性矣。用此觀之，然則人之性惡明矣，其善者、僞也。

是以孝弟之行爲反悖，此非以性善爲詐僞者何？《性惡》篇又曰：

> 凡人之欲爲善者，爲性惡也。夫薄願厚，惡願美，狹願廣，貧願富，賤願貴。苟無之中者，必求於外。故富而不願財，貴而不願勢，苟有之中者，必不及於外。用此觀之，人之欲爲善者，爲性惡也。

「富而不願財，貴而不願勢」，是豈人之情哉？謂「無之中者，必求於外」，「人之欲爲善者，爲性惡也」。然而堯舜固天下至善之人矣，則其所以爲善者，豈以其性分初本至惡者邪？吾未之信也。又曰：

> 故檃括之生，爲枸木也；繩墨之起，爲不直也；立君上，明禮義，爲性惡也。

以檃括之於枸木，繩墨之於不直，以喻立君上，明禮義者，爲人之性本惡。然則世豈無直木乎？人之性又豈生而盡惡乎？又曰：

> 夫聖人之於禮義也，辟則陶埏而生之也。然則禮義積僞者，豈人之本性也哉？

夫陶人爲器，取資瓦埴，舍瓦埴則無以爲器。使人之性果無善也，則雖有禮義之法，將安所施哉？蓋人之性分，必兼有善惡，特聖人則善多而惡少，其善者少而不善者多，則爲桀紂盜跖耳，荀卿書中亦未嘗固執人性之必爲惡也。《王制》篇曰：

> 水火有氣而無生，草木有生而無知，禽獸有知而無義，人有氣有生有知，亦且有義，故最爲天下貴也。

《大略》篇云：

> 義與利者，人之所同有也。

人之所以異乎禽獸者，以其生而有義也，則忘義而爲惡者，又豈盡人之性哉！又《禮論》篇曰：

凡生乎天地之間者，有血氣之屬必有知，有知之屬莫不愛其類。今夫大鳥獸則失亡其羣匹，越月踰時，則必反鉛，過故鄉，則必徘徊焉，鳴號焉，躑躅焉，踟蹰焉，然後能去之也。小者是燕雀，猶有啁噍之頃焉，然後能去之。故有血氣之屬，莫知於人，故人之於其親也，至死無窮。

鳥獸之喪其類，則啁噍悲鳴，孝子之事親，至死不窮，由其生而能愛也。則荀卿不復謂人之性惡矣。其《富國》篇復曰：

人倫並處，同求而異道，同欲而異知，生也。

楊注云：

同求異道，謂或求爲善，或求爲惡，此人之性也。

是則直以人性之善惡殊分，而一繫之於天焉。又《性惡》篇云：

塗之人，可以爲禹，曷謂也？曰：凡禹之所以爲禹者，以其爲仁義法正也，然則仁義法正有可知之理。然而塗之人也，皆有可以「知」仁義法正之「質」，皆有可以「能」仁義法正之「具」，然則其可以爲禹明矣。……今塗之人者，皆内可以知父子之義，外可以知君臣之正，然則其可以知之「質」，可以能之「具」，「其在塗之人明矣」。今使塗之人者，以其可以知之質，可以能之具，本夫仁義之可知之理，可能之具，然則其可以爲禹明矣。

謂人皆有可以「知」仁義法正之「質」，有可以「能」仁義法正之「具」，則「知」「能」本具於人，不假外求，不學而知，不慮而能，孟子之所謂良知良能也。荀卿固亦謂「其在塗之人明矣」。此非性善而何？其《大略》篇亦云：「禮以順人心爲本，故亡於禮經而順人心者，皆禮也。」使人性之果爲惡也，然則順人心以爲惡而可以爲禮之本，可乎？是則荀卿論性之説，至多鑿枘，近人楊筠如著《荀子研究》，乃引以爲「荀子書爲後人湊雜」而成之據。其説云：

又如《性惡》篇說：「人之性惡，其善者僞也。……可學而能，可事而成之在人者，謂之僞。……凡禮義者，是生於聖人之僞，非故生於人之性也。」這裏所謂僞，是人爲之義，（按：此說非。說詳上）一切禮義，都生於僞。而《樂論》篇卻說：「窮本極變，樂之情也；著誠去僞，禮之經也。」把僞變爲詐僞之僞，而反以爲去僞爲禮之經了。這裏所謂僞，固然與《性惡》篇矛盾，也與《正名》篇的「心慮而能動謂之僞。慮積焉，能習焉而後成，謂之僞。」大相反對，明明是把《荀子》變爲《中庸》派的「唯天下至誠爲能盡其性」了，還能認爲一個人的著作嗎？又如陳登元君對下列兩條也很懷疑：

一、《非十二子》篇：忍性情，綦谿利岐，苟以分異人爲高，不足以合大衆，定（明）大分，……是陳仲史䲡也。

二、《大略》篇：義與利者，人之所同有也。

他覺得與性惡論的思想不對，其實這也可認爲思想矛盾的例證。

按楊氏列舉四點論證，以斷言《荀子》書爲「雜湊之書」，上文所録，是其第二項論證——「思想的矛盾」所舉之例。而復云：「可以斷定不是一人的說話」。不知荀子性惡之論，非特與書中其他各篇有不合者，即《性惡》篇中「然則其可以知之質，可以能之具，其在塗之人明矣」云云，與性惡之說亦覺齟齬不安，豈將謂《性惡》篇亦不出於一人之手乎？余恐荀卿性惡之論，亦專爲孟子而發，蓋是時孟子之學行，荀卿欲排而去之，以接孔子之傳耳。陳澧《東塾讀書記》卷十二云：

《荀子・非十二子》，實專攻子思、孟子。黄東發云：「欲排二子而去之，以自繼孔子之傳也。」（原注：《日鈔》卷五十五）故其非十子，但曰它囂魏牟也、陳仲史䲡也、墨翟宋鈃也、慎到田駢也、惠施鄧析也，獨於子思、孟子，則曰：「子思、孟軻之罪也。」且非子思、孟子之語，亦倍多於它囂之等，其言曰：「案飾其辭而祗敬之，曰：此真先君子之言也（原注：楊倞注云：「先君子，孔子也。」）子思唱之，孟軻和之，世俗之溝猶瞀儒，嚾嚾然不知其所非也，遂受而傳之，以爲仲尼、子游（弓），爲茲厚於後世。」據此，則當時儒者，皆深信子思、孟子得孔子之傳矣，尚可排而去之乎？後來王子雍之於鄭康成，陸子靜之於朱晦菴，又從而效之，夫亦可以不必矣。

蘭甫先生此論，最能得荀卿用心，荀卿持性惡之論以攻孟子性善之説，必先引孟子之言而後駁斥之，《性惡》篇曰：

> 孟子曰：人之學者其性善。曰：是不然。是不及知人之性，而不察乎人之性僞之分者也。

又曰：

> 孟子曰：今人之性善，將皆失喪其性故也。（楊倞：孟子言失喪本性，故惡也）曰：若是則過矣，今人之性，生而離其朴，離其資，必失而喪之，用此觀之，然則人之性惡明矣。

又曰：

> 孟子曰：人之性善。曰：是不然。凡古今天下之所謂善者，正理平治也；所謂惡者，偏險悖亂也。是善惡之分也已。今誠以人之性固正理平治邪？則將惡用聖王，惡用禮義矣哉！雖有聖王禮義，將曷加於正理平治也哉！今不然，人之性惡。

又曰：

> 故善言古者，必有節於今；善言天者，必有徵於人。凡論者貴其有辨合，有符驗，故坐而言之，起而可設張而可施行。今孟子曰：人之性善。無辨合符驗，坐而言之，起而不可設張而不可施行，豈不過甚矣哉！

可見荀卿性惡之論，殆欲破孟子性善之説，詖辭詭論，不覺言之支離矣。以視孟子之以仁義禮智，我所固有，反身而誠，强庶而行，人皆可以爲堯舜之足以鼓舞善心，則荀卿之去聖有間矣。昌黎云：「考其辭，時若不粹。」其斯之謂與！

## 化性起僞

荀卿既以人性爲惡，「生而好利爭奪，有疾惡殘賊，有耳目之欲，聲色之好」，而昌化性起僞之説，以爲僞起乃生禮義，「以義制利」，「以僞飾性」，欲其「通於神明，參於天地」，「長遷而不反其初」，則「塗之人，可以爲禹」。是其歸趣亦與孟子「人皆可以爲堯舜」不殊也。其旨歸乎化性，其術則勸學而隆禮也。

其化性起僞之言，見於《性惡》篇中，曰：

故聖人化性而起僞，僞起而生禮義，禮義生而制法度。然則禮義法度者，是聖人之所生也。

是謂欲化惡爲義，必待禮義法度以起之也。《儒效》篇亦云：

性也者，吾所不能爲也，然而可化也。情（楊注云：情當作積。）也者，非吾所有也，然而可爲也。注錯習俗，所以化性也；并一而不二，所以成積也。習俗移志，安久移質，并一而不二，則通於神明，參於天地矣。

《不苟》篇云：

君子養心莫善於誠，致誠則無它事矣。唯仁之爲守，唯義之爲行，誠心守仁則形，形則神，神則能化矣。（楊：誠心守於仁愛，則必形見於外，則下尊之如神，能化育之矣。化，謂遷善也。）誠心行義則理，理則明，明則能變矣。（注云：義行則事有條理，明而易，人不敢欺，故能變改其惡也。）變化代興，謂之天德。（注云：馴致於善謂之化，改其舊質謂之變，言始於化，終於變也。）

又曰：

操之則得之，舍之則失之，操而得之則輕，輕則獨行，獨行而不舍，則濟矣。濟而材盡，長遷而不反其初，則化矣。

《正論》篇云：

聖王在上，圖德而定次，量能而授官，皆使民載其事而得其宜，不能以義制利，不能以僞飾性，則兼以爲民。

則荀卿之意，殆亦欲「以義制利」，「以性飾僞」，「長遷而不反其初」也。故《勸學》篇云：「神莫大於化道，福莫長於無禍。」孟子曰：「大而能化之謂聖，聖而不可知之謂神。」其爲學之鵠，在學爲聖人耳。

《勸學》篇云：

學惡乎始？惡乎終？曰：其數則始乎誦經，終乎讀禮，其義則始乎爲士，終乎爲聖人。

《儒效》篇曰：

我欲賤而貴，愚而知，貧而富，可乎？曰：其唯學乎！彼學者：行之，曰士也；敦恭焉，君子也；知之，聖人也。上爲聖人，下爲士君子，孰禁我哉！

變化氣質，積善去邪，則優入聖域，其庶幾乎！其《勸學》篇又云：

學不可以已。青，取之於藍，而青於藍，冰，水爲之，而寒於水。木直中繩，輮以爲輪，其曲中規，雖有槁暴，不復挺者，輮使之然也。故木受繩則直，金就礪則利，君子博學而日參省乎己，則知明而行無過矣。

「而寒於水」句下，楊倞注云：「以喻學則才過其本性也。」此段荀子欲彰明學之要，在求知之明與行之無過，其《議兵》篇亦云：

知莫大乎棄疑（疑是不明，棄疑則明矣），行莫大乎無過，事莫大乎無悔，事至無悔而止矣，成不可必也。

而爲學之道，未可以遽致，貴乎積漸以求進也。《勸學》篇云：

故不積蹞步，無以至千里。不積小流，無以成江海。騏驥一躍，不能十步，駑馬十駕，功在不舍。

又曰：

真積力久則入，學至乎没而後止也。

《性惡》篇云：

今使塗之人，伏術爲學，專心一志，思索熟察，加日縣久，積善而不息，則通於神明，參於天地矣。

《吕氏春秋・不苟論・博志》篇云：「蓋聞孔丘墨翟，日諷誦習業，夜親見文王周公旦而問焉。用志如此其精也，何事而不達？何爲而不成？故曰：精而熟之，鬼將告之，非鬼告之，精而熟之也。」用志不分，乃凝於神，此之謂也。而所以爲學之道，則隆禮是也，《勸學》篇云：

其數則始乎誦經，終乎讀禮。

又曰：

將原先王，本仁義，則禮正其經緯蹊徑也。若挈裘領，詘五指而頓之，順者不可勝數也。

《王霸》篇云：

國無禮則不正。禮之所以正國也，譬之猶衡之於輕重也，猶繩墨之於曲直也，猶規矩之於方圓也，既錯之而人莫之能誣也。

又曰：

故人莫貴乎生，莫樂乎安，所以養生安樂者，莫大乎禮義。

《天論》篇云：

在天者莫明於日月，在地者莫明於水火，在物者莫明於珠玉，在人者莫明於禮義。……禮義不加於國家，則功名不白。

《王制》篇云：

天地者，生之始也；禮義者，治之始也；君子者，禮義之始也。爲之，貫之，積重之，致好之者，君子之始也。故天地生君子，君子理天地。君子者，天地之參也，萬物之總也，民之父母也。

荀卿論禮之要，舉盡於此矣。夫以義制利，以僞飾性，道學問以盡精微，厚積靡而詣至善，天地之功就，聖人之能事畢矣。故曰：「天地合而萬物生，陰陽接而變化起，性僞合而天下治也。」

載《華風》創刊號，香港中文大學聯合書院中文學會，一九六六年五月。頁一〇——一八。

# 「飛卿下語鎮紙」解

王拯《龍壁山房文集・懺盦詞序》說：「唐之中葉，李白沿襲樂府遺音，爲《菩薩蠻》《憶秦娥》之闋，王建、韓偓、温庭筠諸人復推衍之，而詞之體以立。其文窈深幽約，善達賢人君子愷惻怨誹不能自言之情，論者以庭筠爲獨至。」王氏認爲「窈深幽約」是當時詞壇流行的風氣，我們姑置不論，但推許温庭筠是此類詞作中最爲獨至者，甚或推爲「花間鼻祖」者[一]，我們從詞體的發展過程，和温詞的内容及寫作技巧看來，可信是不移之論。清人對温詞推崇備至，像張惠言説他的詞「深美閎約」；周濟説他：「下語鎮紙」，「神理超越，不復可以迹象求矣」；劉熙載説他「精妙絶人」。要逐一索解，因牽涉問題太廣，絶非三言兩語可以道出。本文試圖就周濟的「飛卿下語鎮紙」一語，作一解釋。

周濟在他的《介存齋論詞雜著》中説：

詞有高下之别，有輕重之别。飛卿下語鎮紙，端己揭響入雲，可謂極兩者之能事。

從上文看來，周介存所謂「下語鎮紙」，原是上文「輕重之别」的注脚，並且舉韋莊詞之「揭響入雲」來和温詞的「下語鎮紙」作輕重的對比。然則我們又該如何理解飛卿詞之「重」呢？我們不妨拿飛卿的《菩薩蠻》第一首仔細看看：

小山重疊金明滅⊙
鬢雲欲度香腮雪⊙
嬾起畫蛾眉⊙

弄妝梳洗遲⊙
照花前後鏡⊙
花面交相映⊙
新貼繡羅襦⊙
雙雙金鷓鴣⊙

《菩薩蠻》一調只由兩句七言句和六句五言句子組成，温飛卿在填這調子時，特别注重起二句的七言句子，以下各例，可與「小山重疊」作一比較：

水精簾裏頗黎枕。暖香惹夢鴛鴦錦。（其二）
蘂黄無限當山額。宿妝隱笑紗窗隔。（其三）
翠翹金縷雙鸂鶒。水紋細起春池碧。（其四）
杏花含露團香雪。緑楊陌上多離别。（其五）
玉樓明月長相憶。柳絲裊娜春無力。（其六）
鳳皇相對盤金縷。牡丹一夜經微雨。（其七）
牡丹花謝鶯聲歇。緑楊滿院中庭月。（其八）
寶函鈿雀金鸂鶒。沉香閣上吴山碧。（其十）

在以上各組七言句中，温飛卿運用了許多靡麗的詞藻，組成了許多華美的意境，用詞之美，堪説是「富艷精工」。造境之美，又何止「眩人耳目」呢！值得注意的是在這些七言句組中，每句差不多都包含了兩個至三個形象，作者只是把這些片段的形象巧妙地組成了句子，呈現在讀者的眼前，在每組句子間，並没有連接性的字眼，向讀者作若何導引式的叙述，只是並列地陳置了兩組（以每句爲一組）形象，希望讀者通過形象所孕含的美感，聯想到較深的層次，達致形象思維的效果。下面我們再回到「小山重疊」這兩句上看看。

首句「小山重疊金明滅」這句的解釋，注家歧見頗多，近時蕭繼宗先生的説法頗能綜括各家意見：

> 小山二字，注家多誤解。或謂「山」爲「屏山」，則所謂「金明滅」者，指屏上之畫，金碧相映耳，句意似通。然按以全文，則辭意不屬。全詞寫美人妝裹，如「鬢」，如「腮」，如「眉」，如「面」，皆不外此，如首句單説屏風，幾於全不相關矣。或謂「小山」謂「眉」，似近情理；但兩眉何至「重疊」？若謂「重疊」屬「金」，則古人無以黄畫眉者。況下文又提及「蛾眉」，飛卿詞筆，何至窘複如是？按詞中以「山」狀物者有四：曰「山屏」，亦曰「屏山」；曰「山眉」，亦曰「眉山」；曰「山枕」，亦曰「枕山」；曰「山額」，亦曰「額山」。此處「小山」謂「山額」也。飛卿詩《照影曲》云：「黄印額山輕爲塵。」又《菩薩蠻》詞：「蕊黄無限當山額。」一用「山額」，一用「額山」，皆謂美人之額耳。至於所謂「金明滅」，唐宋人以黄塗額，略似今日之印度女妝。飛卿詩：「柳風吹盡眉間黄」，又「額黄無限夕陽山」，又牛嶠《女冠子》：「額黄侵膩髮」可證。又毛熙震《女冠子》：「脩蛾慢臉，不語檀心一點——小山妝。」蓋當時婦人眉間點黄，詞人或用「金」，或用「檀」，或用「蕊」，皆狀其黄耳。李後主《一斛珠》：「晚妝初過，沈檀初注些兒個。」李珣《浣溪沙》「翠鈿檀注助容光」，皆謂眉間之黄。又周邦彦《瑞龍吟》「侵晨淺約宮黄」，用「點」，用「注」，用「約」，可知層層塗染爲一圓點，正中最濃，四周漸匀漸淡，詞中「重疊」二字，可得的解。至於「小山」之「小」字，初看似尚未安，實則古人審美，以婦人額小爲美，如王鼎《一半兒》曲：「鴉翎般水鬢似刀裁，小顆顆芙蓉花額兒窄。」可知前

人重視「窄額」，若寬顙隆額，則偉丈夫矣。

但無論小山爲「屏山」、爲「眉山」、爲「山額」，説來都覺牽强，因爲此三種解釋都無法與「重疊」二字協調〔二〕，詩人造語決不至支吾若是的。至於「金明滅」三字，又不管是「日光」或「額黄」，恐怕都没法達到「明滅」的效果罷〔三〕。因此我們不得不再仔細繹讀此詞一遍了。張惠言《詞選》在這首詞下加注語説：

此章從夢曉後領起，「嬾起」二字，含後文情事。

初讀張臯文注語，很容易放過，後來讀到譚復堂在《詞辨》中「嬾起畫蛾眉」句旁注了「起步」兩字評語，不覺豁然開朗。因而領悟到這首詞的起二句是用逆起的筆法。按語意説是該先説「嬾起」「弄妝」，那麼「小山重疊」和「鬢雲欲度」自然是妝成之美了。這弄妝梳洗後的「小山」便舍髻髮莫屬了。下面幾條資料可作佐證：

一、《山海經·注》引《事物紺珠》：「君山在洞庭湖中，亦名洞庭山，狀如十二螺髻。」

二、李賀《美人梳頭歌》：「春風爛熳惱嬌慵，十八鬟多無氣力。」

三、蘇軾《題李思訓畫長江絶島圖》：「峨峨兩煙鬟，曉鏡開新妝。」

四、黄庭堅《雨中登岳陽樓望君山》：「滿川風雨獨憑欄，綰結湘娥十二鬟。」

五、辛棄疾《水龍吟》詞：「遥岑遠目，獻愁供恨，玉簪螺髻。」

《山海經注》、蘇黄詩、辛詞都以女子髻鬟喻遥山絶島，温詞則反其意以小山喻髻鬟又有何不可？讀李長吉的《美人梳頭歌》，可知當時女妝有多至十八鬟的，如此「重疊」二字也就有了着落，雖不必多至十八鬟，但只兩三鬟也自然具重疊之意了。「金明滅」三字自然也是指髻鬟之間的釵鈿簪飾耀目生輝的意思了。

詩人筆下的鏡頭是從美人靚妝中捕捉了如小山重疊的烏潤髮髻，其中滿頭珠翠、耀目生輝。接着，詩人廓展了畫面，第二句顯現在鏡頭前的是這位女子香腮勝雪、雙鬢雲輕的美麗面龐。畫面上產生了强烈的色彩對比，似雪的香腮給人無限凝重的感覺——雪給人感受到嚴凝的氣氛，也從而產生了完美、無瑕的延伸義。把鬢髮説作雲，是説美女雙鬢之輕，這點在飛卿詩詞中屢用蟬鬢，可以參證，不贅。「欲度」二字用得非常精妙，可以使讀者在如雪之白的凝重中，體驗到絲絲的動感，强化了畫面的美感。綜括來説，首二句着重讓人感受到美人靚妝之美，鏡頭的轉動不大，節奏相當緩慢。

下闋「照花」二句緊承着上句「弄妝」而來，「花」是比喻鏡中之人，與後面兩闋中的「月明花滿枝」「鸞鏡與花枝」的「花枝」具同一意義，而這美艷如花的效果是上闋起句的總結。小山重疊、簪飾明滅、香腮勝雪，蟬鬢雲輕所營造的美感，在此處落一「花」字輕輕點破。至於「前後鏡」的作用，華連圃説得好：

> 對鏡簪花，乃屬常事，惟欲瞻顧後影，故必用前後雙鏡也。〔四〕

筆者雖不同意華連圃把「照花」説成對鏡簪花，却認爲他解釋爲了瞻顧後影而用前後雙鏡非常確切。這種寫法是違反了《詩經・伯兮》「自伯之東，首如飛蓬，豈無膏沐，誰適爲容」，和那些「自君之出矣，明鏡暗不治」〔五〕，「自君之出矣，嬾妝眉黛濃」，「自君之出矣，妝奩日掩塵」等詩句的傳統手法，反而用誇張的手法刻意描畫出一個嚴妝盛服的形象。攬鏡顧影，純是出於一種自矜、自憐的心態。正因爲没有了「伯」和「君」的悦己者對象，閨中人反而更刻意修飾起來了，這能不使我們聯想到：

> 進不入以離尤兮，退將復脩吾初服。
> 製芰荷以爲衣兮，集芙蓉以爲裳。
> 不吾知其亦已兮，苟余情其信芳。

儘管被服高潔難覓賞者，却絶不氣餒。紉蘭攬芷，高冠陸離，是屈靈均脩其初服的自矜；攬鏡顧影，愁對鷓鴣之成雙，又如何看不出温飛卿的自嗟不遇。以女子之不耦比喻士之不遇，原是中國文學的古老傳説，張惠言説此闋之製是感士不遇，那是對此詞的會心之言，怎可以「過於深求」目之呢！

這首詞的結句，温飛卿也巧妙地運用了他那營造形象的手法，寫那女子攬鏡顧影之餘，再把鏡頭凝聚在繡羅襦的雙雙金鷓鴣上。畫面再度顯現了璀璨奪目，與開始時小山重疊、簪飾耀目的畫面前後呼應。其間作者並不曾下一語向讀者説出其内心世界的喜怒哀樂，但他顯然希望通過這兩種畫面對比的效果，促使讀者産生一種物猶如此，人何以堪的感受。因此在細味飛卿此詞時，即使不能徹底了解詞意，但直覺上也該感染到那種寂寥的重壓罷。陳廷焯感受到的是「無限傷心，溢於言表」。因爲他領會了飛卿這種詞的「欲露不露」，「不許一語道破」的言語技巧。葉嘉瑩先生對此詞的結句的認識是：「自起床、化妝、照鏡，直寫到穿衣矣」，把此詞的四組句子看成直叙式的描寫，那末温飛卿浪擲如許筆墨究竟所爲何事呢？只在侈陳衣飾的「華麗精美」嗎？那又未免淺視了飛卿罷！文學作品是以文字技巧營構出形象，使讀者能窺視其内在的實質。若是我們只看到表面的現象，而無法透視到其實質時，那末我們《詩》《騷》的比興手法也大可一筆抹殺，而一切此等作品俱可以賦體視之了。

下文綜結構成此詞下語鎮紙的因素：上面説過此詞只用四組句子組成，運用的題材只限於鏡前的美人，但飛卿却把這有限的素材，運用緩慢的節奏，逐步顯現於讀者眼前：

小山　釵飾

雲鬢　雪腮

（弄妝）

顧影

鷓鴣成雙

緩慢的節奏可以加强作品的感染力，使讀者產生晦澀感，形象不容易從眼中溜過，因而產生「重」的感覺。這是從文字的節奏感來說。從内容上來説，便又得回到上面所討論的比興手法來了。比興的手法可以使作品的意義含蓄深藏，傳統詩詞的沉鬱效果，多由比興產生，陳廷焯所説的「意在筆先，神餘言外」，正是這種效果。傳統的詞學家不講節奏感，却注意到逆筆的問題。逆筆是把句子的語意次序顛倒過來，先説了果，然後才説因，像此詞之以「小山重疊」起句，而起步却在「嬾起」句便是。這種逆筆有兩種目的：一是突出主題，有先聲奪人之感。詩詞中善發思端的作品大抵都用這種逆起法，如《古詩十九首》中之《行行重行行》《涉江采芙蓉》等是。另外一個目的是要利用這種顛倒語意次序的手法，使讀者閲讀時產生艱澀，在理解時多生委婉曲折，不致一瀉而下。像下首：

杏花含露團香雪，綠楊陌上多離別。

起二句已是逆起的手法，接著説：

燈在月朧明，覺來聞曉鶯。

三四兩句才是此詞起步，這更是逆筆中的逆筆了，逆筆猶如書法上的逆鋒，是會產生厚重的感覺的。綜言之，「下語鎮紙」的原因是：

節奏慢故語重

多比興故意深

多逆筆故力厚

重、深、厚造成「鎮紙」的效果。

## 注釋

〔一〕王士禎《花草蒙拾》。

〔二〕葉嘉瑩《温庭筠詞概説》以爲「山字較有藝術距離」，「重疊自是形容曲折之屏山」云云，亦殊難「以理智分析解説」矣。

〔三〕葉氏《概説》以「朝日初升與畫屏之金碧相映生輝」釋「金明滅」，想亦是感覺體味所得。

〔四〕華連圃《花間集注》。

〔五〕徐幹《室思》。下引爲徐照及沈鳳超賡作。

載《文史學報》第十四期，台灣中興大學文學院，一九八四年六月。頁九—十四。

# 錯綜倒裝與詩詞句法

在中國近代修辭學專著裏，都有「錯綜」「倒裝」（或顛倒）兩種修辭手法。如陳望道《修辭學發凡》、楊樹達《漢語文言修辭學》、陳介白《修辭學講話》、黃慶萱《修辭學》等。各家給「錯綜」和「倒裝」所下的定義，大抵相同。如陳望道認爲「錯綜」是使句子的「形式參差，詞面別異」〔一〕的修辭手法，其目的在避免説話的單調；「倒裝」則是「特意顛倒文法上普通順序」〔二〕的手法，藉「以加强語勢，調和音節，或錯綜句法」。從陳望道解釋這兩種手法的定義時，竟把「錯綜句法」視作「倒裝」的修辭目的了。下面我們再看看黃慶萱給「錯綜」和「倒裝」下的定義：

錯綜：凡把形式整齊的辭格，如類疊、對偶、排比、層遞等，故意抽換詞彙、交蹉語次、伸縮文句、變化句式，使其形式參差，詞彙别異，叫做「錯綜」。〔三〕

倒裝：語文中特意顛倒文法上的順序的句子。〔四〕

按黃書所下的定義來説，倒裝的定義比錯綜簡單得多，似乎可以包涵在「錯綜」的「交蹉語次」「變化句式」的定義裏。我們再看看下面幾個例句，在陳望道、陳介白、黃慶萱三書中怎樣歸類：

一、心折骨驚。（江淹《别賦》）

二、孤臣危涕，孽子墜心。（江淹《恨賦》）

三、香稻啄餘鸚鵡粒，碧梧棲老鳳凰枝。（杜甫《秋興》八首）

四、吉日兮辰良。（屈原《九歌·東皇太一》）

五、春與猿吟兮秋鶴與飛。（韓愈《羅池廟碑》）

陳望道把一、二、三歸入「倒裝」，把四、五歸入「錯綜」〔五〕。陳介白把三、四、五列爲「錯綜」〔六〕。黄慶萱列一、二、三爲「倒裝」〔七〕。從他們對同一例句的歸類的矛盾，便可以看出他們對「錯綜」「倒裝」的定義並不一致，甚至有把這兩種手法混同的現象，這點留待下文再討論。

討論「錯綜」一類修辭的手法，始於宋人的詩話，黄慶萱引宋釋惠洪《冷齋夜話》所舉杜詩「紅稻啄殘鸚鵡粒，碧梧棲老鳳凰枝」説明「事不錯綜，則不成文章」〔八〕。今本《冷齋夜話》中無此條，而在惠洪的《天廚禁臠》卷上列有「錯綜句法」一類，下引三例：

《秋興》

紅稻啄殘鸚鵡粒，碧梧棲老鳳凰枝。

又

繰成白雪桑重緑，割盡黄雲稻正青。

又

林下聽經秋苑緑，江邊掃葉夕陽僧。

惠洪解釋：

前子美作，次舒王作，次鄭谷作，然是三種錯綜，以事不錯綜，則不成文章。若平直敘之，則曰「鸚鵡啄殘紅稻粒，鳳凰棲老碧梧枝」。以紅稻于上，以鳳凰于下者，錯綜之也。言繰成則知白雪爲絲，言割盡則知黄雲爲麥也，秦少游得其意，時發奇語。其作《睡足軒》則曰：「長年憂患百端慵，開斥僧坊頗有功。地撤蔽虧僧界静，人除荒穢玉奩空。青天併入揮毫裏，白鳥時來隱几中。最是人間佳絶處，夢殘風鐵響丁東。」〔九〕

惠洪這段解釋「錯綜」的話，與黃書所引《冷齋夜話》完全一致而《禁臠》加詳，他認爲杜詩之把紅稻與鸚鵡上下倒置是「錯綜」而非「倒裝」，是明白不過的。又如沈括《夢溪筆談》：

> 「春與猿吟兮秋鶴與飛」，古人多用此格，如《楚詞》「吉日兮辰良」又「蕙肴蒸兮蘭藉，奠桂酒兮椒漿」。蓋欲相錯成文，則語勢矯健耳。杜子美詩「紅稻啄餘鸚鵡粒，碧梧棲老鳳凰枝」，此亦語反而意全。〔一〇〕

王觀國《學林》云：

> 屈平《九歌》曰：「蕙肴蒸兮蘭藉，奠桂酒兮椒漿。」「蕙肴蒸」不可以對「奠桂酒」，而特倒其語者，取夫句老而格新也。〔一一〕

沈氏説使「語勢矯健」「相錯成文」的句子，與王觀國説「倒其語」的例句，基本上不屬同一類型，王氏所説的「倒其語」，可能便是後來修辭家「倒裝」修辭法的濫觴。陳望道同時指出，元王若虚舉歐陽修《醉翁亭記》「泉甘而酒洌」的「旋造」的例子，説是倒裝的一體〔一二〕。從宋元人對這種詩句的句法組織的分析來看，他們似乎對「錯綜」或「旋造」的理解，是異名而同實，但却不叫「倒裝」〔一三〕。「倒裝」是後世修辭家新立的名目。不管叫「錯綜」或「旋造」，他們都能指出這種修辭手法的特殊意義。如沈括説爲達到「矯健」的目的，而「相錯成文」。惠洪指出「事不錯綜，則不成文章」。

總括來説，在宋元人眼中，對「錯綜」或「旋造」這類破壞一般句子詞序的手法，都認爲是達到一定的造句修辭目的。沈括所説的矯健可以了解爲：矯是矯强、不妥貼的形象；健是指句語的感染力强。我們不難聯想到韓愈的《薦士》詩：

> 横空盤硬語，妥貼力排奡。

語句文字妥貼是文章的基本要求，但文章要寫得矯健，便非得有排奡的硬語不可。營造這種矯健的硬語的目的，我想是基於以下的幾點設想的：

第一、句中的詞序的不順適，使到句子拗口，而拉慢了句子的節奏。

第二、句子緩慢的節奏使讀者産生一種艱澀的閱讀感覺。

第三、這種艱澀感可加深讀者的印象。

説到「倒裝」，我認爲這可能是近代修辭家，把前人「錯綜」作「倒其語」的解釋時而逐漸派生出來的新術語。其實細看宋人舉的例子，明顯地沈括所舉的「春與猿吟」和「秋鶴與飛」，「吉日」和「辰良」，「蕙肴蒸」和「奠桂酒」等句子的不平衡，和杜詩把「紅稻」和「鸚鵡」顛倒，「碧梧」和「鳳凰」倒置，顯然不同。前者我們若是説成爲了加强語勢還有可説，若解釋爲遷就韻脚時，那便成了詩人在受韻脚的限制，爲了遷就韻脚而顛倒字句，恐怕難以作爲一種修辭技巧來接受罷。我認爲《九歌》和昌黎的《羅池廟碑》可視作「錯綜」一類，而杜詩屬另一類。我們要集中討論這兩句杜甫的名句，試圖探索「倒裝」到底能否成立。

這兩句是杜甫《秋興》八首第八首的三四兩句：

香稻啄餘鸚鵡粒，碧梧棲老鳳凰枝。

上句異本作紅豆、紅稻、紅飯、香稻，今以香稻爲正。啓功先生在《古代詩歌駢文的語法問題》這篇文章裏，曾就這個問題作過相當深入的討論。元介白先生拿這兩句作爲詩句駢文句的顛倒修辭的例證。他認爲這兩個句子的語義是：

（那裏有）鸚鵡啄餘（的）紅豆粒（和）鳳凰棲老（的）碧梧枝。〔一四〕

而他認爲杜甫之所以要把鸚鵡紅豆，鳳凰碧梧兩組詞顛倒過來，是爲着要突出「紅豆碧梧是那個風景區中名貴的物産」，所以有意地把它們突出，放在首位。

對於元介白先生這個解釋，我認爲有難以愜心的地方。不錯，爲着突出某些主題，詩人往往採取逆入的手法，作爲詩句的發端，像《十九首》「涉江採芙蓉，蘭澤多芳草」，本來的意思是要説澤畔芳草衆盛，可是作者偏偏要採擷那芙蓉，爲了要突出那芙蓉，所以把句子的次序顛倒過來。但是，我們回頭來看杜詩這兩句，儘管説紅豆、碧梧名貴，可怎也比不上鸚鵡和鳳凰，因此，説要突出「名貴的物産」這理由是難以接受的。我認爲這兩個句子所以這樣安排，是杜公的一個苦心營構。我們試把這兩句寫成下面的形式（括號是筆者試譯的白話文）：

香稻啄餘　（看這狼藉的香稻）
鸚鵡粒　（盡是鸚鵡的飼料）
碧梧棲老　（那株蒼老的梧桐）
鳳凰枝　（不正是鳳凰們的舊巢嗎？）

作者選擇了鸚鵡粒和鳳凰枝這兩個主題詞，目的是要寫出長安盛時鸚鵡粒食香稻和鳳凰棲息碧梧的舊事，也暗示出杜甫對於當時奢華的「氣象」的感受。「香稻啄餘鸚鵡粒」不正是豐年粒米狼戾，不知節儉的諷喻嗎？「鳳凰枝」表面是來自古老的鳳凰神話，但骨子裏，杜公豈不是要通過這老大的碧梧，作今昔對比，藉以憑吊那些遠離了的「鳳凰」嗎？杜甫在這首詩的結句，便透露出他的心迹：「綵筆昔曾干氣象，白頭吟（别本或作『今』）望苦低垂。」這種吊古傷今之情，在寫到「香稻」二句時，便用了「錯綜」的手法表達了出來。「香稻啄餘」「碧梧棲老」是他今日想望的長安景象；「鸚鵡粒」「鳳凰枝」是追憶昔日盛時的氣象。通過「香稻」二句的句法安排，作者以緩慢的節奏隱晦地表達出他的今昔之感，而這種今昔之感，是對唐室的奢靡一個很大的譏刺，使人讀來不致有韋莊的《秦婦吟》的「天街踏盡公卿骨」般的露骨了。如果更改原作——把「香稻粒」「碧梧枝」三字連綴成詞的話，這兩個詞裏面的

「粒」字和「枝」字成了一種冗贅，不止破壞了原作豐富的語意，恐怕「語不驚人死不休」的杜子美是斷然不屑爲的。

以上是我對杜詩「香稻」句例的粗淺看法，他這種做法是要達到兩個不是「倒裝」所能解釋的目的：

一、節奏慢，突出了今昔的對比。

二、語意豐富，暗寓了諷刺的意義。

但是這兩個句子基本上並不像沈括所説的爲着達到矯健的「錯綜」，也不是王若虛解釋「泉甘而酒洌」的「旋造」。杜詩裏有一類句子，或者可以解釋他們所謂矯健的「錯綜」或「旋造」。這種句子在杜公五律中最常見。下面舉一個例子看：

石泉流暗壁，草露滴秋根。（《日暮》）

照正常的語意，這兩句應該寫作：

暗泉流石壁，秋露滴草根。

但是秋根變了草根，出現了平仄的錯誤，但杜甫不光是從平仄的角度考慮的，我看他在造句時還是從詞義的豐瘠去看問題。我們試把這兩句裏的泉、壁、露、根四種事物，寫成下面兩種組合，一種是：

暗泉
石壁
秋露
草根

另一種是：

石泉
暗壁
草露
秋根

後者詞藻涵義顯然比前者來得豐富，再其次，我們看句子的組織，除了杜甫的一式外，還可以有：

一、暗泉流石壁，秋露滴草根
二、石壁泉流暗，草根露滴秋
三、泉流石壁暗，露滴草根秋
四、暗石泉流壁，秋草露滴根
五、流泉暗石壁，滴露秋草根
六、石壁泉流暗，草根露滴秋

類似的句子還可以有很多組合，但是句意會愈弄愈模糊，除了第三句較可取外，其他各句不是不叶平仄，便是語意牽强費解，更不要説與杜公的原作相比擬了。像這類的句法，可以説是在一種求生、求新而不害語意，合乎平仄的原則之下去追求一種矯健的硬語。像這一類句子，我想是可以用「錯綜」來解釋的。杜詩這類例子很多：

緑垂風折笋，紅綻雨肥梅。（《陪鄭廣文遊何將軍山林十首》之五）
水流心不競，雲在意俱遲。（《江亭》）
竹批雙耳峻，風入四蹄輕。（《房兵曹胡馬詩》）
水落魚龍夜，山空鳥鼠秋。（《秦州雜詩》之一）

抱葉寒蟬靜，歸來獨鳥悲。（《秦州雜詩》之四）
老樹空庭得，清渠一邑傳。（《秦州雜詩》之十二）
味苦夏蟲避，叢卑春鳥疑。（《苦竹》）
於身色有用，與道氣傷和。（《梔子》）
紅取風霜實，青看雨露柯。（同上）

杜詩這類句子大多是用「錯綜」的手法，變换了恒常性的詞組，達致生新的效果。

下面我們再看看一些詞的句法問題。李清照在她的《詞論》提到：

至晏元獻、歐陽永叔、蘇子瞻學究天人，作爲小詞，直如酌蠡水於大海，然皆句讀不葺之詩爾。〔一五〕

《歷代詩餘》載陸游評蘇東坡詞的一段話：

世言東坡不能歌，故所作樂府多不叶律。〔一六〕

陳師道《後山詩話》也説：

退之以文爲詩，子瞻以詩爲詞，如教坊雷大使之舞，雖極天下之工，要非本色。〔一七〕

從以上三家之理論，我們可以了解宋人對東坡詞有所不滿，推尋其不滿的原因，不外兩點：

第一、詞的基本風格應該要婉約，而東坡詞的風格往往不合婉約的條件。

第二、東坡填詞在句法上往往違反了詞律，所以後人各指責他的詞是「句讀不葺之詩」，或「多不叶律」。

從詞的内容該不該婉約這一點來説，在今天看來，東坡詞儘管也有婉約韶秀的一路，但他許多作品充溢了一種豪情勝概，一片天機流行，這些作品不止建立了他自己的豪放詞風，也給後世詞家樹立了豪放的楷模，起了典範作用。在詞的發展來説，他這種風格是突破於婉約之外，開了後世豪放一派。也就是説，在詞的發展史中，這不止不足爲病，反而是他的優點。至於第二點，到底他的詞是否合律的問題，却是值得討論的，要討論他的詞是否不叶律，不妨先看他的《陽關曲》：

暮雲收盡溢清寒，銀漢無聲轉玉盤。
此生此夜不長好，明月明年何處看。〔一八〕

在同年（戊午）又有《書彭城觀月詩》，題云：

「余十八年前中秋夜，與子由觀月彭城，作此詩，以陽關歌之。」〔一九〕

所謂「以陽關歌之」，意思是説用王維的陽關三疊曲來唱此詩，我們看看王維的《陽關曲》：

渭城朝雨浥輕塵，客舍青青柳色新。
勸君更進一杯酒，西出陽關無故人。

與東坡之作兩相比勘，可見兩首平仄全合，再拿傳説是元人之作的《魏氏樂譜》〔二〇〕所録的《陽關曲》的句法看：

渭城朝雨　浥輕塵
客舍青青　柳色新
柳色新
勸君更進　一杯酒
一杯酒
勸君更進　一杯酒
西出陽關　無故人

無故人

西出陽關　無故人

根據《魏氏樂譜》這種將詩中二、三、四句分截成四、三的句子，後三字重復誦唱，故稱三疊。此譜的特色是這末三字必定可以與上四字離析成詞。我們雖不能確知《陽關曲》當時的誦唱方式，但憑《魏氏樂譜》可以推論東坡的《陽關曲》也可離析爲上四下三的句子：

暮雲收盡　溢清寒

銀漢無聲　轉玉盤

轉玉盤

此生此夜　不長好

不長好

此生此夜　不長好

明月明年　何處看

何處看

明月明年　何處看

句法組織完全相合，所以認爲東坡不懂音律，以詩爲詞的説法，是可以置疑的。其次，在膾炙人口的東坡詞裏，被目爲最有句讀問題的《念奴嬌·赤壁懷古》中，一般人所爭論的過片問題：

遥想公瑾當年小喬初嫁了雄姿英發

和下闋數句：

故國神遊多情應笑我早生華髮

一般的本子在換頭處作六五四斷句，「故國神遊」以下作四五四斷句。我的學生梁仲文君，曾比較東坡其他同調作品的句讀，和本調中上下闋相應句子的長短和平仄，推論出換頭處應作六四五，而「故國」句應作四四五〔二一〕。此處不擬再贅。要補充的一點還是關於詞序的問題。「故國」句中的「多情」是應該專指上文的「一時多少豪傑」。因此在「故國」句中，「多情」（人）成了主語，東坡把這四字安排在「故國神遊」，與「我早生華髮」中間，目的是要以「多情」二字同時照顧「神遊」與「早生華髮」二事。這種安排不止是節省文字的良法，更可使讀者在「應笑」的「笑」字下停頓，加强「我早生華髮」句子在表達出東坡那種尚友古人的心情與無奈的自嘲。這種處理的手法，在他那首「次韻章質夫楊花詞」的《水龍吟》裏也有異曲同工之妙。章質夫的原作見於《唐宋諸賢絶妙詞選》卷五。章詞的結句是：

望章臺路杳　金鞍遊蕩　有盈盈淚

萬樹《詞律》録此闋結句，也以五四四爲正〔二二〕。坊間的詞選本如龍榆生的《唐宋名家詞選》在東坡和作之後，雖録章氏原作，但坡詞的句讀却仍斷作上七下六的句子：

細看來不是楊花　點點是離人淚

龍先生是當代詞學大家，且既録有章氏原作，原不應有此紕漏，那便怪不得人們要説東坡詞不協律了。我想古人作詩填詞本來不加句讀，後人爲了便於理解，才加上句讀。今天藉著討論「錯綜」與「倒裝」所引起詩詞句法上的問題，嘗試解釋一下這首詞誤讀的問題。先要考慮：照原作五四四斷句，會不會引起讀者誤解？其次，這樣讀會不會使人覺得在語意上較七六斷句遜色？第二個問題的答案是毫不遜色。因爲他基本上把這十三字句子的語氣分成三個層次：第一層是否定的述語，第二層指出被否定的對象，第三層説明所要顯示的真相，極盡迴環曲折之妙。所以「楊花」在句子裏是以「中間現象」而存在的，既是一般人所看到的，也是詩人眼中的形象。「楊花點點」四字放在中間，前面的五字句「細看來不是」的去聲「是」字，在兩句之間造成了停頓，這停頓帶引讀者追隨着他的思維去探索和焦慮這句所要否定的是甚麽，再看下去才明白詩人筆下所呈現的「楊花點點」，並不是真的楊花，只是離人的斷腸淚。如果把這句詞寫成符合語序的話，可以這麽寫：

道是楊花點點
仔細看來都不對
那點點楊花
是離人的珠淚

「楊花點點」這中間句子的作用是，既緊扣上文，作爲上文的注脚，又屬管領下句，説明了「楊花點點是離人淚」。因此，要了解這十三字，必須特别注意這四字的組合。這四字的組合造成了一個强烈的形象，詩人藉此帶引讀者去聯想——從「楊花點點」聯想到詩人真正要寫的「離人淚」。這種句子的組合好處是可以節約文字，只用了十三個字而可表達兩種意思：第一是點明了他所寫的楊花只是借物寄意。第二是以緩慢的節奏壓抑著讀者的渴望，慢慢才道出真相。

所以，我認爲後人説東坡詞是「句讀不葺之詩」大概是由於我們對於句讀的成見而産生，古人的句讀只是長吟的停頓，這停頓完全視乎讀者對作品的理解而定的。要是讀者的理解與作者的原意相左時，自然便造成作者與讀者之間句讀上的差異。换句話説，如果説東坡詞「句讀不葺」，恐怕只是後人對原作的句子語序的誤解而下的判語。東坡詞的特殊語序其實也是一種文字上的錯綜技法，藉着「錯綜」的修辭手法來達到特殊而富深意的效果。用一般的語意觀點來判斷他的作品難免要以别體視之了。

從以上的討論，我企圖説明：傳統詩詞在語序上的變换性很大。愈是大家的筆下，其行筆愈靈活，其變換性愈大。這種詞序的變換有一定的修辭目的，是要達到特殊而有意義的語言效果，「爲倒裝而倒裝」的修辭法，在修辭學裏恐怕是不存在的。

## 注釋

〔一〕陳望道《修辭學發凡》，香港大光出版社，一九七三年版，頁二〇四。

〔二〕同〔一〕，頁二一四。

〔三〕黃慶萱《修辭學》，三民書局，一九七九年版，頁五二七。

〔四〕同〔三〕，頁五五一。

〔五〕同〔一〕，頁二〇四—二一六。

〔六〕陳介白《修辭學講話》，信誼書局，一九七八年版，頁一七五。

〔七〕同〔三〕，頁五五八。

〔八〕同〔三〕，頁五五八。

〔九〕釋惠洪《石門洪覺範天府禁臠》卷上，中華書局影印明正德丁卯刊本。

〔一〇〕沈括《夢溪筆談》卷十四。

〔一一〕王觀國《學林》卷七。

〔一二〕同〔一〕，頁二一六，黃書同時舉王若虛「旋造」之例，而誤認陳望道所補充《恨賦》「孤臣危涕，孽子墜心」和《別賦》「心折骨驚」句例爲王若虛所引，非，王氏說見《滹南遺老集》卷三十六，引歐公醉翁亭句，云：「似是旋造也。」

〔一三〕元王構《修辭鑑衡》卷一「詩」下引《古今總類詩話》舉《九歌》「蕙殽蒸……當曰蒸蕙殽、奠桂酒，今倒用之，謂之蹉對。」

〔一四〕啓功《古代詩歌駢文的語法問題》，見《啓功叢稿》，中華書局，一九八一年版，頁二〇九—二三六。

〔一五〕《李清照集校注》，人民文學出版社，一九七九年版，頁一九四。

〔一六〕《御選歷代詩餘》，《四庫全書》本，卷一百十五。
〔一七〕《後山集》卷廿三，中華書局聚珍仿宋版，頁五。
〔一八〕《東坡樂府》卷下，古典文學社影印元延祐本。
〔一九〕朱彊村編《東坡樂府》本詞下朱注引。
〔二〇〕見姚莘農先生編《詞樂叢刊》第一輯（一九八五年版）所録。
〔二一〕《華風》年刊第二、三期合刊，中文大學聯合書院中文學會，一九六九年。
〔二二〕《詞律》卷十六收此調一百一字及一百二字兩體，百二字體中舉稼軒和放翁之作爲例，結句都作五、四、四。

載《中國語文集刊》第三期，香港中文大學中國語文學會，一九八五年。頁九——十一。

# 楚辭學六十年

《詩經》三百篇以後，崛起於南方文壇的《楚辭》，開闢了中國文學的新領域。屈原悲劇性的生命、豐富的想像力和其瑰偉的文學作品，帶領着中國人的魂靈在中國文學的歷史上徜徉了兩千多個年頭。《楚辭》不僅影響了中國文學的創作技巧、豐富了中國文學的寶庫，而屈原其人更成爲後世詞章家的不祧之祖，他的思想和行爲也成了處於亂世的狂狷之士的指標。

「昔漢武愛《騷》，而淮南作傳」（《文心雕龍・辨騷》），《楚辭》成爲「顯學」約在西漢武帝、宣帝之際（公元前一四〇——前四九），《史記・王褒傳》云：「宣帝時，修武帝故事，講論六藝羣書，博盡奇異之好。徵能爲《楚辭》者九江被公召見誦讀。」漢宣帝認爲《楚辭》「皆合經術」，所以在講六藝之餘更特徵求「能爲《楚辭》者」，使與六藝之學並駕齊驅。而王逸《楚辭章句》更尊《離騷》爲「經」，大大提高了《楚辭》的學術地位。民國以來，研究《楚辭》的專注汗牛充棟，一九八〇年游國恩先生的《楚辭注疏長編》第一編《楚辭纂義》的出版，可說是過去六十年《楚辭》研究的一個總結，今天我們不妨把過去六十年來的研究發展概略地作一番回顧。

一九二二年胡適之在《讀書雜誌》第一期發表了《讀楚辭》一文，對屈原其人及其作品都提出了疑問。第一，胡先生懷疑屈原是否確有其人？他的兩項論證是：一、《史記・屈原賈生列傳》不可靠。二、「傳說中的屈原」若真有其人，也必不生於秦漢以前。胡先生認爲「其時（按：指戰國時）不可能出現如屈原般的忠臣思想」，所以屈原只不過是「一個複合物，是一個『箭垛式』的人物」。先秦時屈原是

「文學的箭垜」，因爲「那一小部份的南方文學，也就是歸到屈原、宋玉幾個人身上去」；到了漢朝則成爲「倫理的箭垜」，因爲「後來漢朝的老學究把那時代的『君臣大義』讀到《楚辭》裡去，就把屈原用作忠臣的代表，從此屈原就又成了一個倫理的箭垜了」。因此胡氏認爲屈原其人的存在與否是值得懷疑的。

第二，胡先生要討論《楚辭》的文學價值問題。他認爲《楚辭》只是漢儒眼裡的一部忠臣教科書；對《楚辭》的文章，他認爲：《天問》「文理不通，識見卑陋，全無文學價值」；《九歌》「與屈原的傳說絶無關係，細看内容，大概是最古之作，是當時湘西民族的宗教歌舞」；至於《離騷》，他說：「若不願完全丢棄屈原的傳說，或者可以認爲《離騷》是屈原作的」；而《九章》「至多只有一部份是屈原作的」；《遠遊》根本是「晚出仿作」；《卜居》《漁父》可視爲「《楚辭》進步已高的作品」。在胡先生所提出以上這兩大懷疑之下，《楚辭》的真實性自然便站不穩脚了。其實在胡適之前，四川人廖季平的《楚辭新解》早已否定過屈原的存在，並認爲《離騷》是秦始皇時方士所擬的「仙真人詩」〔一〕。不過廖書流傳不廣，故而未曾受到注意。胡適之重提這些問題時才引起《楚辭》學者廣泛的重視和熱烈的討論。

陸侃如在同年十月十四日發表了《讀讀楚辭》，針對胡氏之說，提出了反對的意見，認爲胡適「文學的箭垜」的假設不合理；在辯證作品的真僞方面，陸氏雖認爲《天問》《卜居》《漁父》仍當爲屈子之作，但對屈子其他作品却不無懷疑了。

孫楷第一九四七年發表了《九歌爲漢歌辭考》，指稱：

> 《九歌》乃巫詞，非原作。近世儒者已有先覺，非余創見。然則《九歌》殆秦以前古詞乎？是又不然。余謂九歌非古，殆漢武帝時詞也。〔二〕

孫氏所稱的巫詞，自然是胡氏「宗教歌舞」的化身。但孫氏所矜爲創獲的是這種《巫詞》並不古，只是漢武帝時詞而已。他說：

> 余疑《九歌》所祠諸神，除《河伯》祠臨晉，《湘君》《湘夫人》或祠陳倉，《國殤》或祠之道中，應别論外；餘皆爲武帝時宮中所祭。〔三〕

孫氏懷疑的根據是《史記・封禪書》記載有漢武帝置壽宮及壽宮北宮的故事，以及《封禪書》所序壽宮中神人關通之狀，便認定《九歌》是武帝的巫詞。其實孫氏所據的《封禪書》和《郊祀志》，洪興祖的《補注》早已引用過了，只不過洪氏認爲《太一》《東君》《司命》《雲中君》之祀古已有之，武帝不過復修故事而已。

一九四八年何天行的《楚辭作於漢代考》（原題《楚辭新考》，一九三七年衛聚賢嘗爲斥資印行百部以彰顯之）也在胡氏的兩項懷疑的基礎上大加發揮。何氏此文引據崔適《史記探原》，引申爲「劉歆以續作手段達到僞託的目的」，並列舉六項證據來證明《屈賈列傳》非出自太史公之手。至於作品，則列出十四項證據斷定《離騷》爲淮南王劉安所作；又舉八項證據斷言《九歌》爲漢武帝宮庭作品；與孫楷第之説桴鼓相應。至於《九章》，何氏以爲除《橘頌》與《楚辭》無關外，餘皆《離騷》以後僞作；《遠遊》則據陸侃如説，以爲是東漢人作，《天問》則爲秦末人作；《卜居》《漁父》與漢賦同源，時代與漢賦相等。孫何兩家這一連串因胡適「只開風氣」所引出的對屈原其人及其作品的討論，雖説提高了學術的討論氣氛，却也給屈原和《楚辭》蒙上了團團迷霧。博雅之士如劉永濟竟也以《九章》只有《惜誦》《涉江》《哀郢》《抽思》《懷沙》五篇是屈子之作，《思美人》《惜往日》《橘頌》《悲回風》四篇俱非屈子的作品。〔四〕後學之士又如何能辨識真僞呢？雖有郭沫若《屈原考》，許文雨《讀孫楷第九歌爲漢歌考》等辯證文字，迷霧是不易廓清的。

過去三十多年來《楚辭》學者一再的討論，今天我們不止可確信有屈原這個人的存在，甚至可以查考出他的生卒年月。王逸的生於寅年、寅月、寅日之説，根據推算，當是公元前三四三年正月二十一日或二十二日左右，問題在於換算爲西曆後的確實日期。一九四二年郭沫若提出「生於二二七九年前的正月初七日，死於二二一八年前的五月五日，享壽六十有二」〔五〕。一九五四年，浦江清的《屈原生年月日的推算問題》一文，以漢武帝太初元年（前一〇四）太歲在寅爲起點，列出算式向上推算，得到「元前三三九年，楚威王元年正月十四日庚寅，即陽曆二月二十三」〔六〕的新結論，修正了郭說。一九七三年胡念貽的《屈原生平新考》，又推翻了浦說，而將屈原生年定於公元前三五三年（《文史》第五輯）。至於屈原卒年，一九八一年章培恒在其《關於屈原生平的幾個問題》中否定了郭沫若的說法（公元前二七八年，楚頃襄王二十一年），但却未能提出確切的新見解，只是認爲約當在楚頃襄王三十年之後〔七〕。暫且撇開上述各種意見的孰是孰非不論，至少我們可肯定屈原是確有其人，初步清除了自廖季平、胡適以來懷疑屈原存在的迷霧。自然這種撥雲霧的工作是相當迂曲的。三十多年來，學者們一直在爭論屈原的思想是儒家還是道家。一般都認爲他的作品具有豐富的「浪漫主義」色彩，但文學史家却又說他是《詩經》「現實主義」傳統的承繼者。有的學者不滿傳統上把「離騷」解釋作「遭憂作辭」，而運用他們的語法知識把「離騷」讀成動賓短語——「摛騷」。湘夫人的捐袂遺褋，王逸說那是屈子欲「捐棄衣物，裸身而行，將適九夷」的出世思想，二十世紀的《楚辭》學者却說那是西亞神話裏人神相戀的故事，「男信徒既將投入水中與女神相聚，衣服無可用之，只有一路拋棄」。對同一問題的解釋竟有這麼大的差距！難怪後學要爲之徘徊道左了。

一九八〇年十一月出版的游國恩先生主編的《長編》可說是近六十年來《楚辭》學的里程碑。游先生在《長編》的總序裡握要地說明了《楚辭》研究的概況：「嘗謂居今日而言《楚辭》，其要有五：一曰校其文，二曰明其例，三曰通其訓，四曰考其事，五曰定其音。」游先生此言確能籠括近世《楚辭》學的大略。游先生在總序之末更有這麼一段語重心長的話：

今觀其辭，宗國之念至切，發揚蹈厲，深入人心，足以鼓舞其遺民志士報仇雪恥之義氣，真天地間不可少之文也。故楚之亡也，南方民氣湮鬱數十年，乃不久豪傑蜂起，耰鋤西向。陳王揭竿，首號張楚，葛嬰附義，亦立襄彊；而居巢人范增且説項梁立懷王後以從民望，則其時南人之夙心可見。及項羽踵起，劉季奮興，不數年間，卒以踣秦。三户之謡，於斯竟驗。嗚呼！南方之强，豈偶然哉？夫楚既仇秦，則秦之所以防楚者必周，而摧滅其人之性者亦必甚。屈子之文，最易激發人情，宜爲秦人之所忌；度其時《楚辭》一書，非焚即禁，與《詩》《書》百家同例。其幸而獲存者，則秦之速亡，諷誦猶在人口故也。

游先生認爲屈子文章「最易激發人情」，足與「摧滅其人之性」的暴秦相抗，這種態度跟論辯《九歌》《九章》是否屈子所作，是截然不同的兩種境界。游先生進一步更要把屈子之文和我們的現實生活結合起來，他説：

嗟夫！國難深矣！世之人倘亦有讀屈子之文而興起者乎？則庶乎三閭之孤憤爲不虚；而區區之志，亦可與忠義之士相見於天下矣。

游先生憂國之心躍然紙上，他希望世之人能讀屈子之文而興起，如屈子當年之「喚起人心，復我故國於數十百年之後」。可惜的是游先生文末用了書甲子的辦法，記此文成於癸酉秋七月初六，其年爲公元一九三三年，「國難」云云，難以索解了。

注釋

〔一〕參見郭沫若《屈原考》，載於《資聲月刊》一卷六期，一九四二年九月三十日。已收入郭著《今昔浦劍》中。

〔二〕孫楷第《滄州集》下册，中華書局，一九六五年版。

〔三〕同注〔二〕。

〔四〕見劉永濟著《屈賦通箋》，人民文學出版社，一九六一年版。一九八三年上海古籍出版社版《屈賦音注詳解》仍以《思美人》以下四篇非屈作。

〔五〕同注〔一〕。

〔六〕參見《歷史研究》，一九五四年，一期。

〔七〕參見《學術月刊》，一九八一年，十期。

載《聯合書院三十周年論文紀念集》，香港中文大學聯合書院，一九八九年。頁七九—八二。

# 與何文匯論東坡詞書

文匯吾兄著席：

拜讀大作《論東坡「大江東去」詞句讀》。考索精微，論證翔實，曷勝佩仰。竊惟坡公文字佳處多於上下文轉折見迴環之妙，如《次韻章質夫楊花詞》結句「細看來不是楊花點點是離人淚」，必作五、四、四讀，乃見語意委曲；作七、六句讀，便是淺稚。且質夫原唱亦作五、四、四，坡公次韻，焉有不依原作之理？而坊間選本竟無視章氏原作，悉讀坡詞爲七、六句。賢如龍榆生亦未省此，況其他乎？至夫《念奴嬌》「小喬初嫁了雄姿英發」之句，若於「了」字斷，則易生遺嫁小喬既已之曲解。亦以知宋人所以有「嫁予」之異本者，即緣於「嫁了」不可解之故，可徵宋人已有上五下四之謌。無怪乎近世衆口一詞，習非勝是矣。顧苦水（隨）之言曰：「公瑾之雄姿英發，何與小喬之嫁。」一言以爲不智，信焉。足下篤信好古，辭而闢之，恐不免枯僧野唄，獨唳於荒山破刹之譏也。爰賦廿八字，用解寂聊：

早生華髮爲情多，淘盡風流入浩歌。
道是小喬都嫁了，周郎英發待如何。

弟宗豪拜上時壬申夏午將之臺員

匆候

著安

載黄坤堯、朱國藩編《大江東去：蘇軾〈念奴嬌〉正格論集》，香港中文大學中國文化研究所，一九九二年八月。

# 柳宗元謫居永州柳州的孤囚生活和詩文

## 一、引言

對柳子厚的詩風，蘇東坡作過以下的評論：

李杜之後，詩人繼出，雖間有遠韻，而才不逮意，獨韋蘇州、柳宗元發纖穠於簡古，寄至味於澹泊，非餘子所及也。〔一〕

東坡的意思是説柳詩表面看來澹泊，而内裡却蘊涵著深永的「至味」，而在他簡古的詩風裡，却處處流露纖密穠郁的情味。因此我們可以理解到「簡古」和「澹泊」只是柳詩外在的一種風姿態度，而内涵却有極穠郁細膩的深情和雋永的「至味」。但東坡對柳詩的品味還是著重在他的「深情」上，他把柳詩與韓昌黎作比較：

子厚詩在陶淵明下，韋蘇州上。退之豪放奇險則過之，而温麗情深不及也。所貴乎枯澹者，謂其外枯而中膏，似澹而實美。淵明子厚之流是也。若中邊皆枯澹，亦何足道。佛云如人食蜜，中邊皆甜，人食五味，知其甘苦者皆是，能分别其中邊者，百無一二也。〔二〕

東坡説温麗情深處，昌黎不及子厚，可説深有見地。他形容陶詩和柳詩「外枯而中膏，似澹而實美」，强調品味詩篇要「中」「邊」兼顧，確是不易之論，而他認爲柳詩之所以能夠做到「外枯中膏，似澹實美」的效果，完全基於子厚的「情深」。東坡這種論調提出以後，元遺山似乎領略得最深刻，他説：

謝客風容映古今，發言誰似柳州深？朱絃一拂遺音在，却是當年寂寞心。〔三〕

元遺山拿謝靈運和柳子厚比照，謝詩風姿之美自然足以輝映千古，但言外寄意却萬萬比不上柳詩之「深」。難得的是元遺山指出了柳詩之所以有朱絃疏越，一吟三歎的效果，完全是子厚當年寂寞的生活使然。把他的詩文和他的生活結合起來看，確能使我們有更深的體會。這也是本文寫作的動機。

## 二、永州司馬任内的生活與詩文

柳宗元是在唐德宗貞元二十一年（公元八〇五）參與王叔文推行新政活動，任禮部員外郎。不數月，新政失敗，他和劉禹錫、韓泰、韓曄等八人俱貶爲司馬，史稱八司馬，其時宗元不過三十三歲。宗元於憲宗永貞元年（八〇五）十一月到達永州。次年憲宗改元元和。柳宗元在永州司馬任内一住十年，至元和十年（八一五）正月被詔回長安，宗元於二月抵長安，却於三月再被貶爲柳州刺史，表面上官職從司馬升爲刺史，實質上貶所却遠較永州爲差，生活條件自然也遠不如永州。他在永州受磨難十年，一旦奉詔北還，心中的喜悦自是難以名狀。但回京一月後即再被貶往柳州去，他内心的憤懣是可以想像的。結果他就在柳州刺史的任上第四年死去，得年四十七。

綜觀柳宗元一生，可説是個桀驁不馴的人。而當時唐朝的政治氣候却是民風窳敗，官吏則「美食安坐」，「呼喝於内庭外衢」。白居易便曾這樣形容當時的壞風氣：

時議者率以拱默保位者爲明智，以柔順安身者爲賢能，以直言危行者爲狂愚，以中立守道者爲凝滯。故朝寡敢言之士，廷鮮執咎之臣，自國及家，浸以成習。〔四〕

柳宗元面對這種社會風氣，官場惡習，而却依然抱著「凡居其位，思直其道；道苟直，雖死不可回也。如回之，莫若亟去其位」。〔五〕因此宗元的被貶而「亟去其位」，可説是求仁而得仁的結果。原應如伯夷叔齊一般，不當有所怨懟才是，但他究竟是個感性豐富的詩人，因此他謫居永州之日，日以搜求奇山異水，以其清勁之筆去刻劃「永中幽麗奇處」。〔六〕但即使在這些膾炙人口的遊記，他還是流露出「鏟刈穢草，伐去惡木，烈火而焚之」〔七〕那種表面看似是爲了修整小丘的蕪穢的地方，使自然美景的幽麗呈現於人前，骨子裡却是藉著整治大自然的蕪穢來比喻他對待不堪入目的紕俗的一種厭惡，以至務欲去之而後快的心情，大有杜工部「惡竹直須斬萬竿」的氣概。他的《永州八記》表面上雖説是寄情山水之作，吟詠《離騷》以銜感山水，託興魚鳥以見其孤憤。所謂：

喜笑之怒，甚於裂眦；長歌之哀，過乎慟哭。庸詎知吾之浩浩，非戚戚之尤者乎。〔八〕

「浩浩」是指他避世的浩然孤往之志，「戚戚」自然是他的憂生之歎。這幾句話可説是他的一篇自白。他在到永州第三、四年上，還得過痞疾：

僕自去年八月來，痞疾稍已。往時間一二日作，今一月乃二三作。用南人檳榔餘甘，破決壅隔大過，陰邪雖敗，已傷正氣，行則膝顫，坐則髀痺，所欲者補氣豐血，彊筋骨，輔心力，有與此宜者更致數物，得良方偕至益善。永州於楚爲最南，狀與越相類。僕悶即出遊，遊復多恐：涉野有蝮虺大蜂，仰空視地，寸步勞倦；近水即畏射工沙蝨，含怒竊發，中人形影，動成瘡痏。〔九〕

他對永州水土不服，健康之差，也可從下面兩篇文章看得很清楚：

居蠻夷中久，慣習炎毒，昏眊重膇，意以爲常，忽遇北風，晨起薄寒中體，則肌革瘮懍，毛髮蕭條，瞿然注視，怵惕以爲異候，意緒殆非中國人。〔一〇〕

殘骸餘魂，百病所集，痞結伏積，不食自飽。或時寒熱，水火互至，內消肌骨，非獨瘴癘爲也。……是以當食不知辛鹹節適。洗沐盥漱，動逾歲時，一搔皮膚，塵垢滿爪。誠憂恐悲傷，無所告愬，以至此也。〔一一〕

他自稱「水火互至，內消肌骨」「肌革瘆懍，毛髮蕭條」，從他四十七歲早逝看來，這些他自我形容的健康狀況，相信都確是實情而並非夸飾之辭。所以新舊《唐書》對他在永州的境況都作相類的記載：

既罹竄逐，涉履蠻瘴，崎嶇堙厄，蘊騷人之鬱悼，寫情敘事，動必以文。〔一二〕

既竄逐，地又荒癘，因自放山澤間。其堙厄感鬱，一寓諸文，倣《離騷》數十篇，讀者感悲惻。〔一三〕

所謂「堙厄感鬱」「崎嶇堙厄」都是指他在此一時期生活之困迫而言。綜觀他在永州十年的困厄生涯，可説嘗盡了生人的苦事。他在永州司馬任上的第二年，母親盧太夫人病故，王叔文也於是年被賜死。第五年（元和四年）患痞疾〔一四〕，自謂「憂恐傷悲，無可告愬」（是年子厚先後上書翰林學士蕭俛、李建，京兆尹許孟容等請除罪移官，然衆畏其才高，懲刈復迫，終無用力者）。是年其妻父楊憑以貪污罪貶臨賀尉。第六年，十歲稚女和娘卒，其《寄許京兆孟容書》云：「煢孤立，未有子息。荒陬中少士人女子，無與爲婚。世亦不肯與衆人親暱。」其煢獨之狀可見。第七年摯友呂溫卒於衡州。八年姊婿崔簡卒於驩州。所以在元和九年，他寫了著名的《囚山賦》，把他平素耽愛的丘山比作陷阱：

楚越之郊環萬山兮，勢騰踴夫波濤；
紛對迴合仰伏以離迾兮，若重墉之相褒；
爭生角逐上軼旁出兮，下坼裂而爲壕。

欣下顉以就順兮，曾不敢平而又高。
沓雲雨而漬厚土兮，蒸鬱勃其腥臊；
陽不舒以擁隔兮，群陰沍而爲曹。
側耕危穫苟以食兮，哀斯民之增勞；
攢林麓以爲叢棘兮，虎豹咆㘎代狴牢之犬嘷。
胡井眢以管視兮，窮坎險其焉逃？
顧幽昧之罪加兮，雖聖猶病夫嗷嗷。
匪兕吾爲柙兮，匪豕吾爲牢；
積十年莫吾省者兮，增蔽吾以蓬蒿。
聖日以理兮賢日以進，誰使吾山之囚吾兮滔滔？〔一五〕

許多自然山川的形勝，在他筆下成了牢獄的高城重墉，林麓成了叢棘，虎豹成了獄犬，他終於搗破了他過去寄情山水的閒情逸致的秘密。晁無咎説明了柳宗元寫《囚山賦》的用意。他説：

語云：「仁者樂山。」自昔達人，有以朝市爲樊籠者矣，未聞以山林爲樊籠者。宗元謫南海久，厭山，不可得而出，懷朝市，不可得而復，丘壑草木之可愛者，皆陷穽也，故賦《囚山》。淮南小山之辭，亦言山中不可以久留，以爲賢人遠伏，非所宜爾，何至以幽獨爲狴牢，不可一日居哉？〔一六〕

徑直地把子厚這十年永州的貶謫生涯對他的羈絆，等同幽囚於山水之間的心情剖白無遺。《囚山賦》可以説是他貶居永州十年以來，精神肉體飽受折磨而迸發出内心深處的憤激之情。所以茅坤批評柳宗元的一些遊記文章説：「全是叙事，不著一句議論感慨，却澹宕風雅。」恐怕還是值得商榷的。

## 三、自永州移柳州的「孤囚」心聲

元和九年十二月，柳宗元的永州謫居生活有了轉機，唐憲宗有詔追王叔文餘黨入京。宗元於翌年（元和十年）正月登程入京，沿途他寫了許多詩篇：

投荒垂一紀，新詔下荆扉。
疑比莊周夢，情如蘇武歸。〔一七〕

投荒歸來，子厚有隔世之感，拿蘇武自比，十年永州生活的苦況可知了。撫今追昔，他不免有許多獨醒的寂寞：

無限居人送獨醒，可憐寂寞到長亭。
荆州不過高陽侶，一夜春寒滿下廳。〔一八〕

他渡汨羅北上遇風，屈原的悲劇故事没有引起他的悲傷，他對回京服官還是充滿了希望：

南來不作楚臣悲，重入脩門自有期。
爲報春風汨羅道，莫將波浪枉明時。〔一九〕

汨羅江上的風浪，竟敵不過他心底的春風吹拂，十年的困厄惡夢，一朝竟一掃而空。二月他回到長安，在長安近郊的灞亭他寫的一首七絶，可作爲這組北上詩的結束：

十一年前南渡客，四千里外北歸人。
詔書許逐陽和至，驛路花開處處新。

花開處處新，與其説是驛路所見，毋寧説是他的心花怒放。可惜他這兩個月回京的欣喜，到三月便成了夢幻泡影，因爲唐憲宗和武元衡深惡王叔文的餘黨，結果二月乙酉柳宗元、劉禹錫等五司馬再被貶爲

「官雖進而地愈遠」的遠州司馬。柳宗元與生平好友却難得有短暫的相聚的機會，他們二人一同自長安起程到湖南衡陽，到衡陽後兩人分頭赴貶所，子厚經水路赴柳州，夢得陸路赴連州，子厚臨分手時贈劉的七律〔二〇〕可以看出子厚此時的心情：

十年顦顇到秦京，誰料翻爲嶺外行。
伏波故道風煙在，翁仲遺墟草樹平。
直以慵疏招物議，休將文字占時名。
今朝不用臨河别，垂淚千行便濯纓。

五六一聯不免流露出他心底的辛酸，一生的事功無望，恐怕只能贏得文章的時名而已。這只是詩人無奈的解嘲語罷。謝榛却偏看上了他的結句，説這兩句「至怨至悲，太不雅矣」〔二一〕。詩人心底的辛酸，靈魂深處的創傷又怎能用無聊文人的雅與不雅來衡量呢？

元和十年六月二十七日，子厚到達柳州，七月他寫了首登柳州城樓七律，分别寄給劉禹錫、韓泰、韓曄和陳諫四人：

城上高樓接大荒，海天愁思正茫茫。
驚風亂颭芙蓉水，密雨斜侵薜荔牆。
嶺樹重遮千里目，江流曲似九迴腸。
共來百越文身地，猶自音書滯一鄉。〔二二〕

詩人登上城樓，目睹大荒漠漠，他却視作無窮愁思。他彷彿又有了《囚山賦》的感覺，嶺樹重遮，已深深透露出不自由之感，江流迴曲，竟也使詩人肝腸寸斷了。他這種斷腸的痛，在傳誦千古的與浩初上人看山七絶寫得更精妙：

海畔尖山似劍鋩，秋來處處割人腸。
若爲化得身千億，散上峰頭望故鄉。〔二三〕

青山羅列，他却看成劍鋩，處處青山入眼，他都有斷腸之感，所以使他腸斷者自然是貶謫生活如囚徒般不自由。這些劍鋩般的青山除了使他腸斷以外，只能引起他的一個狂想，攀上那些尖山之巔去遥望故鄉——長安。長安不只是他的故鄉，也是他終生能一騁平生之願的京師。元和十二年丁酉，他岳父楊憑在長安去世，他爲楊憑寫了祭文。一反常例，他這篇祭文强調楊憑在元和四年上遷爲京兆尹，而被李夷簡彈劾他在江西觀察任上貪贓不法而被貶爲臨賀尉一事大作文章，説楊之被貶是：「道峻多謗，德優見憎。」最後更把自己不幸的遭遇也寫了進去，他中情激越地説：

天道悠遠，人世多虞，寄心雙表，長恨囚拘。〔二四〕

他把貶謫的生活乾脆寫作「囚拘」了。在他死前一年的三月至七月間，他還上書宰相李夷簡陳情，自稱：「廢爲孤囚，日號而望者十四年矣。」〔二五〕可見他死前這段柳州的生涯，他的心境恍如孤囚，寫的詩歌大都是勞苦倦極，疾痛慘怛之音，難以言其「深」了。

## 注釋

〔一〕蘇軾《書黄子思詩集後》。
〔二〕蘇軾《評韓柳詩》。
〔三〕元好問《論詩絶句》。
〔四〕白居易《策林・使百職修皇綱振》，《白氏長慶集》卷六十三。
〔五〕《與韓愈論史官書》。

〔六〕《袁家渴記》。
〔七〕《鈷鉧潭西小丘記》。
〔八〕《對賀者》。
〔九〕《與李翰林建書》。
〔一〇〕《與蕭翰林俛書》。
〔一一〕《寄許京兆孟容書》。
〔一二〕《舊唐書》，卷一六〇，本傳。
〔一三〕《新唐書》，卷一六八，本傳。
〔一四〕《韓醇詁訓·柳先生文集》，卷四十二繫《自衡陽移桂十餘本植零陵所住精舍》，於元和三年（八〇八）所住精舍即永州龍興寺，宗元有《永州龍興寺西軒記》記其事，「至則無以爲居，居龍興寺西序之下」。子厚患痞，即在寓居龍興寺西軒之時。又有《茆簷下始栽竹》詩云：「適有重膇疾，蒸鬱寧所宜。」是初得足疾未久也。元和四年（八〇九）宗元《與李翰林建書》云：「僕自去年八月來，痞疾稍已。……行則膝顫，坐則髀痺。所欲者，補氣豐血，強筋骨，輔心力。有與此宜者，當致數物。」「仙靈毗」即所欲致之一物。其《種仙靈毗》詩即作於元和四年冬，時痞疾尚未瘳也。
〔一五〕《柳河東集》，卷二。元和四年有《遊朝陽巖遂登西亭二十韻》有「囚居固其宜，厚羞久已色」之句，與《寄許京兆孟容書》所云：「年少氣鋭，不識幾微。……果陷刑法，皆自所求取得之。」是知子厚此種囚居之感早在貶永之初即已有之。
〔一六〕經世堂本《柳河東集》，卷二，《囚山賦》，題下注。
〔一七〕《朗州竇常員外寄劉二十八詩見促行騎走筆酬贈》，《柳河東集》，卷四十二。
〔一八〕《離觴不醉至驛却寄相送諸公》，《柳河東集》，卷四十二。
〔一九〕同注〔一七〕，《汨羅遇風》。
〔二〇〕同注〔一七〕，《衡陽與夢得分路贈别》。
〔二一〕謝榛《四溟詩話》，卷四。
〔二二〕《登柳州城樓寄漳汀封連四州》，本集，卷四十二。

〔二三〕《與浩初上人同看山寄京華親故》，本集，卷四十二。

〔二四〕《祭楊憑詹事文》，本集，卷四十。

〔二五〕《上門下李夷簡相公陳情書》，本集，卷三十四。

載《珠海學報》第十七期（復刊號），二〇〇一年。頁九——十七。

# 校訓與校歌

## 一、校訓「明德新民」取義

「明德新民」一詞是《禮記·大學》篇開宗明義的幾句話：「大學之道，在明明德，在新民，在止於至善。」（據朱熹《四書集注》本）《大學》本是《小戴禮記》的第四十二篇，宋儒尊信此篇，取之與《中庸》《論語》《孟子》合爲《四書》。[一] 其間朱子對《大學》篇章次第，更在二程子改定本的基礎上，再加改定，並且分列「經」「傳」，對《大學》的義理分析，確然功不可没。他在《書大學後》一文裏，對他在《大學章句》裏章節次序的改動，做了概括的説明：

> 右《大學》一篇……今見於戴氏《禮書》，而簡編散脱。傳文頗失其次，子程子蓋嘗正之。某不自揆，竊因其説，復定此本。傳之一章、二章、三章，並從程本，而增「《詩》云：瞻彼淇澳……。」以下四章、五章，並今定六章，從程本。七章以下，並注舊本。序次有倫，義理通貫，似得其真，謹第餘如上。

朱子對「失次」的傳文，重新釐定其次第。他在《章句》裏把「大學之道，在明明德，在新民，在止於至善」至「其所厚者薄而其所薄者厚，未之有也」列爲首章，是爲大學之經。

朱子在傳之次章裏，解釋經文「新民」之義説：

> 湯之《盤銘》曰：「苟日新，日日新，又日新。」《康誥》曰：「作新民。」《詩》曰：「周雖舊

邦，其命維新。」是故君子無所不用其極。

朱子把上引「《康誥》曰」和「湯之《盤銘》曰」這兩段文字上移，以緊接經文，確然使經、傳文意密合無間，遠勝舊本。下面簡述「明德」與「新民」。

## （一）明德

「德」字在《尚書》裏最早見於《堯典》：「克明俊德，以親九族。」[二]在《虞書・皋陶謨》裏更進一步提出了「三德」「六德」「九德」之目，[三]而總結之爲「天命有德」。皋陶所指的不是重視帝王的先天資質，更强調後天的修養，今古文並存的《盤庚》三篇裏的「含德」「實德」「積德」「爽德」「同德彰善」，以至提出「器非求舊，惟新」，强調「新」的意義，在在都説明了「德」是要靠後天的修爲，要「日新」以協其「成德」的。武王克殷，天下底定，出現在《周書》裏的「德」字，也就有了不同的意義。

在《周書》，《康誥》《召誥》《洛誥》《多士》《無逸》《君奭》《多方》《立政》《吕刑》《文侯之命》等篇，有許多有關「德」的條目。從周初《康誥》的「明德慎罰」，到周平王追述周初建國「克慎明德」（《文侯之命》），充分反映出周初的政治實況，武王克殷，雖説是以至仁伐至不仁，到底殷王朝的政權已有長遠的歷史，遠離中央的許多殷屬國「頑民」，還在進行抵抗周室的工作。所以在上列這些篇章裏，强調的是「明德慎罰」（《康誥》）、「秉德明慎」（《君奭》），一再强調「明德」「敬德」「祗德」，其目的是在「康乂民」，「乂我受民」，務求「不廢王命」。方東美先生説那是「周公要開創政治新局面，用文化的力量、道德的精神來感化新克服的許多國家」，[四]可謂灼見。值得注意的是在《康誥》裏既提出了「明德慎罰」，也進一步提出了「新民」一詞。

## （二）新民

《康誥》說：「汝惟小子，乃服惟宏王，應保殷民，亦惟助王宅天命，作新民。」可知周公標舉文王「明德慎罰」的目的在於「應保殷民」，使這些殷民能「作新民」。這和《君奭》篇所說的「其汝克敬德，明我俊民」的意義是一致的——達到「作新民」的政治目的。在《大學》裏，「新民」的意義要從道德的層次上去理解。要作「明我俊民」的工作，比較《康誥》裏「作新民」的意義更爲深廣，更具永恒的意義。後儒往往執著於「新民」與「親民」的字面作爭論，我看是大可不必的。

在《大學》的鄭注本裏，鄭康成只注「明德」，而不注「親民」。但在後文引《康誥》以下三句，鄭君注云：

> 皆自明明德也。

又在湯之《盤銘》「苟日新，日日新，又日新」，《康誥》「作新民」，以及引《大雅・文王》「周雖舊邦，其命惟新」等句下注：

> 君子日新其德，常盡心力，不有餘也。

還是用「日新其德」作注，鄭注顯然忽略了「作新民」的意義，或是没有注意上面「親民」與此處「新民」之間的關係。所以我認爲朱熹把「《康誥》曰」以下至「皆自明也」移作《傳》之首章，釋「明明德」；把「湯之《盤銘》」至「無所不用其極」作爲傳之次章，釋「新民」，在義理上確較圓融。此外，我們更可以從字形上去考慮「新」字的問題。大概在戰國時代「新」「親」二字往往相混，或互相通假。近世平山出土的中山國文字可資佐證：

新字在中山王器中都作：

新　方壺：「新君子之」。圓壺　二例：「于皮新杢」。「敬命新地」。

新字加穴旁後，便又讀作親：

親字異體，同親。大鼎：「叜邦難寴」。

方壺：「⿸厂悉深則孯人新」。

大鼎：「含盧老貯⿰新阝⿺辶率參軍之衆。」

中山王𠁁大鼎銘文中更有⿰新阝字，從文例來看該讀作「親」字：

從上舉中山王器銘中的三字來看，確然難辨「新」「親」，中山王器銘鑴刻嚴謹精美尚且如此，一般手寫的簡牘文字，「新」「親」二字相混，也就可推想得之。在一九六五年山西出土的侯馬盟書裏的委質類（摹本一五六：二十）：「䟣及新君弟子孫（合文），隥及新君弟子孫（合文）。」兩句的「新君弟」，李裕民讀爲「親羣弟」，新字從斤作新（見附圖），也是「新」「親」二字通假之證。

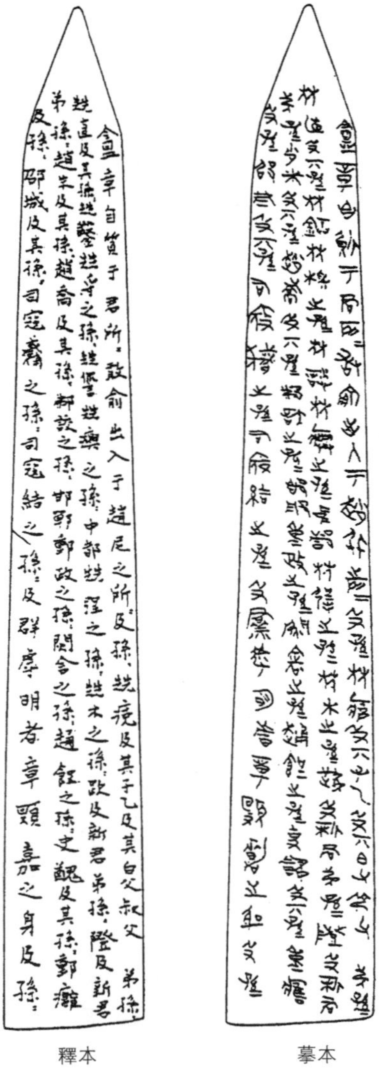

釋本　摹本

附圖　侯馬盟書一五六：二十

## 二、校歌歌詞簡介

聯合書院校歌歌詞以四言韻語寫成，文詞典雅，由本院中文系首任系主任陳湛銓教授執筆。爲了使同學們更透澈瞭解這首典雅作品的意義，下面嘗試把它譯成語體文：

**我校聯合，氣象萬千！**

看我們聯合書院，氣象有多宏偉！

**集義斯大，謂金非堅。**

只有秉持了天地間的浩然正氣，才能有今天的茁壯成長。我們的意志，更絕非精金可以比堅。

**善與人同，才由學廣，**

善良的本性，是人所同具；天賦的才華，必須努力學習才能發揮出來。

**識古知今，開來繼往。**

認識往古，衡量當前。肩負起繼往開來的文化責任。

**明德自馨，新民存誠，**

我們有純潔的德行，自足芳馨。要教育羣衆，必須誠敬。

**時止則止，時行則行。**

能瞭解歷史演變的規律，因時制宜，才能實現我們的理想。

**浩浩青天，昭昭白日，**

青天浩瀚，白日當空。

**爾式爾瞻，唯精唯一。**

我們要保有這顆純潔精微的心，努力善道，作萬民的榜樣。

## 注釋

〔一〕朱熹《大學章句序》云：「宋德隆盛，治教休明，於是河南程氏兩夫子出，而有以接乎孟氏之傳，實始尊信此篇，而表章之。既又爲之次其簡編，發其歸趣，然後古者大學教人之法，聖經賢傳之指，粲然復明於世。」

〔二〕《尚書注疏》卷二。

〔三〕同注〔二〕卷四《皋陶謨》：「日宣三德，夙夜浚明有家。日嚴祗敬六德。亮采有邦。翕受敷施，九德咸事。」又云：「皋陶曰：都！亦行有九德。亦言其人有德，乃言曰：載采采。禹曰：何？皋陶曰：寬而栗、柔而立、愿而恭、亂而敬、擾而毅、直而温、簡而廉、剛而塞、彊而義。」（此處句讀悉從星笠先生《正讀》）

〔四〕方東美《原始儒家思想之因襲及創造》，《方東美先生講演集》頁一三〇。

載吴倫霓霞主編《明德新民：聯合書院四十年（一九五六—一九九六）》，香港中文大學聯合書院，一九九六年十月。頁二二一—二二四。

# 藝文篇

# 詩詞

## 宋王臺懷古

倉皇何事奔南服，此地空嗟片石存。昔日山邱曾寂寞，只今車馬競飛翻。厓門波浪長流恨，燕市風沙豈負恩。短鬢蕭疏斜照裏，漫歌楚些爲招魂。

載《聯合校刊》第九期，香港中文大學聯合書院，一九六四年七月。頁四四。

## 颶風襲港凍雨橫窗徹夜不寐有作

簌簌玄飈起天末，奔馳如挾萬千兵。疏林鳥雀群爭夕，陋巷人家盡失聲。坐覺風濤摇四壁，窮搜文字入三更。迢迢鄉國今何在，深谷高陵夢不成。

載《聯合校刊》第九期，香港中文大學聯合書院，一九六四年七月。頁四四。
另載《華風》創刊號，香港中文大學聯合書院中文學會，一九六六年五月。頁一一二。

## 夜坐

暴風狂雨益猖披，獨坐秋窗只自疑。蕩蕩彼天寧可問，茫茫吾道竟何之。人間漸覺清音遠，夢裏時驚高岸移。我欲乘桴到無極，十年偃蹇轉成癡。

載《聯合校刊》第十期，香港中文大學聯合書院，一九六四年十二月。頁五十。
另載《華風》創刊號，香港中文大學聯合書院中文學會，一九六六年五月。頁一一七。

## 重游石澳

孤懷渺渺怯登臨，聯袂郊行一展襟。亂葉西風秋宇靜，空山北雁夕陽深。寒生短褐微侵骨，愁似狂潮欲上心。最是消魂攜手處，重來人遠獨沈吟。

載《聯合校刊》第十期，香港中文大學聯合書院，一九六四年十二月。頁五十。

## 春日雜詩

行世真如蝨處褌，治生計拙欲無言。十年夢裏家何處，一室人閒雀噪門。幽抱每嫌三爵淺，壯心時擬六龍奔。臨風賦得相思句，寄與知交子細論。

載《聯合校刊》第十一期，香港中文大學聯合書院，一九六五年五月。頁五四。

## 甲辰歲除花市老梅

聞君生長水之湄，窮海殘年見一枝。盡掃市廛桃李色，寧慚籬落雪霜姿。稜稜鐵骨堪誰語，淡淡冰心只自奇。細雨催春香漸減，輒生聊爲賦新詩。

載《聯合校刊》第十一期，香港中文大學聯合書院，一九六五年五月。頁五四。

## 酒後

酒後歡娛苦易過，愁來真欲廢吟哦。少年翰墨徒增氣，小子心胸輒起波。地徧群爭天外月，俗卑誰和郢中歌。著鞭古道猶孤往，止怪逢人已不多。

載《聯合校刊》第十二期，香港中文大學聯合書院，一九六五年十一月。頁七四。

## 乙巳冬日從馮梁二師游青山奉和簡齋師原均

幽寺有僧懷好音，追隨屐杖遠相尋。高陵深谷多喬木，流水清風激壯心。韓石移來摹錯落，青山不老耐憑臨。往來踏偏人間路，萬里關河入夢深。

載《華風》創刊號，香港中文大學聯合書院中文學會，一九六六年五月。頁一一七。

## 秋熱

八月南荒火鑠金，送涼合日雨成霖。四山寂靜終虛待，斗室煎蒸自不堪。行酒解憂時袒腹，鑿冰却熱竟寒心。西風莫負黄花約，早爲吹愁一散襟。

載《華風》創刊號，香港中文大學聯合書院中文學會，一九六六年五月。頁一一七。

## 春老

春老郊原意已哀，忍看飛絮付蒿萊。尊罍傾夢忘深淺，風雨横身獨往來。俠骨難邀時世合，孤懷但向好山開。清泉解作幽人語，應共松濤説幾回。

載《華風》創刊號，香港中文大學聯合書院中文學會，一九六六年五月。頁一一七。

冬前

寒氣集冬前，群芳有榮悴。江南萬斛愁，都作嫣紅計。

載潘新安、程中山編《愉社詩詞輯録》，香港匯智出版有限公司，二〇一一年十月。頁一。

步兩當軒都門秋思韻二首

其一

卅年歸計故遲遲，又見蕭疏楊柳絲。高路天寒猶獨往，中腸酒熱劇催詩。細栽籬菊旌芳潔，忍斫高梧助釜炊。祝得來春陰氣盡，會須重展裂雲枝。

其二

寵柳騎楊事已空，故園無樹不飛紅。從知花事緣春盡，準擬心期有夢通。窮海此生甘白首，壽陽今日走青驄。高樓良夜君應醉，莫説醒狂是次公。

載潘新安、程中山編《愉社詩詞輯録》，香港匯智出版有限公司，二〇一一年十月。頁二一一—二一二。

## 奉題小山草堂詩稿車塵集續

昔讀小山集，初驚大雅音。又似六朝語，髣聽五弦琴。琴弦説我耳，雅音摇我心。手舞而足蹈，太息而低吟。裛之意不盡，細嚼情愈深。酒邊輕看劍，花底重題襟。積稾待重刊，有字皆璆琳。我得先讀之，讀罷豈能暗。不惜莛叩鐘，聊欲發精金。不計蕪詞卑，聊寫予微忱。如子專且勤，是予心所欽。

載潘新安《小山草堂詩稿・車塵集續》，香港自刊本。

## 石橋詩稿題詞

雅會隔田多好語，謝客風容最心許。霜菊皓月較心清，杯酒微吟輒傾吐。嶺上初日生曙色，簷間鳥鵲呼儔侶。到耳啁哳成好音，譜入新詞韻自古。目眚未疑天地闊，孤懷眇眇獨愁予。高論能因俗世捐，從知志士用心苦。

載謝啟睿著《石橋詩稿》，香港自印本，一九八三年。

## 紙花

### 其一

垂手折腰翻亂旋，錦幃繡被鬱金裙。憐君風態能銷國，差欠荀鑪一夕熏。

### 其二

暈紅刻翠效伶俜，桃李由來意態輕。雨露未霑顏色薄，寧堪寂默守空瓶。

載潘新安、程中山編《愉社詩詞輯録》，香港匯智出版有限公司，二〇一一年十月。頁三〇三。

## 題疏篁樓詩詞稿

天下畫手俱索塗，如君識畫絶代無。頃刻揮灑雲山出，畫成輒擬浮江湖。萬里神州初解凍，越洋來探新方壺。自由民主誠可貴，解放何獨羨黑奴。異國山河非吾土，周行疲極思舊廬。歸來吟詠淘金慘，歌詩百篇增唏嘘。先生有筆參造化，重寫張侯長江圖。

載羅鶴鳴著《疏篁樓詩詞稿》，香港當代教育出版社，一九九六年。

## 擬行路難並序

濠鏡潭子之南岸，填土成洲，歲時既久，蔚爲紅樹林。鷗鷺旦夕飛鳴上下，遂成橋南佳景。霍子志釗因製紅林白鷺圖以紀之，不數月，紅林竟以芟夷聞，霍子憤而焚畫，賦此哀之。

梟用智，禽擇木，向陽葵藿能衛足。老榕安時五百年，無用之用全其天。芊芊草樹紅爛熳，中有鷗鷺舞聯翩。天惟厚生地豐膴，何堪一朝施斤斧。芟夷盡處徒增欷，重來不見藏鷗渚。

丁丑夏午余既迻居蓮洋之南岸與抱樸劉兄昕夕相見讀畫論詩至足樂也一日眎我中秋舊作句云「羈人久已安夷狄」讀之憮然賦此答之

陰晴圓缺失天時，對酒放歌不自持。堂上纖兒詈周孔，劫餘貞士利明夷。文章偶欲專一壑，鏡海冥尋甘孑遺。百載興亡奚足論，票姚照眼盡新詩。

載《歲華：香港中文大學三十五年中國語言及文學系教師文藝作品集》，香港中文大學中國語言及文學系，一九九八年十二月。頁一四七。

## 東風第一枝 癸未元月二十三日，沈秉和杜瑞華伉儷召飲，以東風第一枝爲題，追懷往事。冬春翁爲賦百字令，芝蘭杜若，雅韻紛陳，因步元玉呈正。

多謝東皇，招邀佳侶，今宵重踐詩約。窗前滿目芳菲，牆頭幾枝沃若。憐君苦節，香雪海，三冬齧齗。瓊蕊吐，一地清寒，佇候天邊歸鶴。見説道，人情澹薄，千萬點，丹心炳爍。會須寫入吟箋，爭教飄零海角。惜花時節，愁日暮，清樽獨酌。素瓶小，貯得冰魂，莫把芳心抛却。

載何乃文、洪肇平編《嶺雅》第三十二期，二〇〇三年十一月。頁七五。

## 次均肇平秋日見寄

狂歌飛舞及芳辰，合眼觀天日月新。莫道要荒無故物，定教興廢付詩人。壯心休向窮愁老，至貴寧如自在身。來日難忘雞黍約，芒鞋竹杖步盤囷。

詩稿爲洪肇平教授所藏。

# 齊白石年表

**●一八六三年　癸亥　同治二年**

十一月二十二日，齊白石生於湖南湘潭縣南百里之杏子塢星斗塘。胡適《齊白石年譜》（以下簡稱胡《譜》）自校本校語注明癸亥十一月二十日爲「陽曆十二月二十日」。白石居長，派名純芝，後名璜，字渭清，又字蘭亭，號瀕生，別號寄園、白石山人、寄幻仙奴、寄萍堂主人、老萍、萍翁、阿芝、木居士、木人、老木、三百石印富翁、杏子塢老民、借山吟館主者、借山翁。先生父貰政公，母周氏，同邑周雨若女。

**●一八六四年　甲子　同治三年**

二歲，養於家。

**●一八六五年　乙丑　同治四年**

三歲，養於家。多病，祖母與母禱於神祇，白石食母乳，醫謂母忌食羶膩，故周太君年節不知肉味。

**●一八六六年　丙寅　同治五年**

四歲，養於家。病愈，祖父始教之識「阿芝」二字。

**●一八六七年　丁卯　同治六年**

五歲，養於家。二月弟純松生，字效林，歿於民國十九年庚午。

**●一八七〇年　庚午　同治九年**

八歲，居家。正月十五後，從外祖父周雨若讀書。二月十五始學描紅。「性喜畫，以習字之紙裁半張畫漁翁起，外祖父嘗責之，猶不能已。」（《自記》）是年秋，輟學。家貧，在家牧牛砍柴，白石《周太君身世》云：

純芝及弟純松嘗牧牛，歸來遲暮，姑媳懸望。祖母令純芝佩一鈴，太君加銅牌一方，上有「南無阿彌陀佛」六字，與鈴合佩，云可祓除不祥。日夕聞鈴聲漸近，知牧兒將歸，倚門人方入廚晚炊。

十一月，三弟純藻生，字曉林。

**●一八七四年　甲戌　同治十三年**

十二歲，居家。是年三月九日（甲戌正月二十一日），娶陳春君爲童養媳，白石《祭陳夫人文》云：

清同治十三年正月二十一日，乃吾妻于歸期也。是時吾妻年方十二。（按：陳春君生於一八六三年二月十三日，同治元年壬戌十二月廿六日，長白石一歲。）

六月十八日（甲戌五月五日）祖父萬秉公歿。

**●一八七六年　丙子　光緒二年**

十四歲，居家。十月，四弟純培生。

**●一八七七年　丁丑　光緒三年**

十五歲，正月拜本家叔祖齊仙佑學爲木匠，仙佑擅粗木作，白石力小不勝，三月後爲仙佑遣返。五月再拜本家齊長齡爲師，長齡亦粗木作，時禮敬細木作，以爲非智巧者不能爲。白石乃立志改學細木作。

**●一八七八年　戊寅　光緒四年**

十六歲，轉拜雕花木匠周之美爲師學細木作。白石後撰《大匠墓志》記其事。

**●一八七九年　己卯　光緒五年**

十七歲，居家。八月，五弟純雋生，字祐五。民國十七年戊辰卒。

**●一八八一年　辛巳　光緒七年**

十九歲，居家。出師，與陳春君圓房。

**●一八八二年　壬午　光緒八年**

二十歲，在家。初讀乾隆板套色《芥子園畫傳》，窮半年之力以薄紙勾寫上色，裝成十六册。此後據畫譜作雕花木活。

**●一八八七年　丁亥　光緒十三年**

二十五歲，居家。爲雕花木匠，始畫神像功對。

**●一八八八年　戊子　光緒十四年**

二十六歲，居家。以齊鐵珊之薦，拜蕭傳鑫薌陔爲師，學畫肖像，盡傳其法。後又得文少可家傳畫像法，技益進。正月，六弟純楚生，字寶林，民國三年甲寅卒。

**●一八八九年　己丑　光緒十五年**

二十七歲。居家。拜胡沁園、陳少蕃爲師學詩畫。二師爲白石取名璜，號瀕生，别號白石山人。陳少蕃親授《孟子》《唐詩三百首》及唐宋八家文。胡沁園授以工筆花鳥草蟲，又出所藏古今名人書畫以供觀摩。薦之於譚荔生（溥）之門學山水。始學道州何紹基體書。八月七日（夏曆七月十一日）長子良元伯邦生。

**●一八九〇年　庚寅　光緒十六年**

二十八歲，居家。在杏子塢、韶塘一帶畫像謀生。讀書習畫不輟。畫像以外，常畫帳檐、袖套、鞋樣之屬。間畫屏條、中堂等。是年又從蕭薌陔學裝裱。

●一八九一年　辛卯　光緒十七年

二十九歲，居鄉。以賣畫爲生。讀白居易《長慶集》。白石《往事示兒輩詩》有「自燒松火讀唐詩」之句，即記此時事也。

●一八九二年　壬辰　光緒十八年

三十歲，居鄉。漸有畫名，不專畫像，兼及花鳥草蟲山水人物，工筆仕女尤有聲於時，有「齊美人」之譽。所獲漸豐，自書「甑屋」兩大字懸於壁上。

●一八九四年　甲午　光緒二十年

三十二歲，居鄉。三月二十七日（夏曆二月二十一日）次子良黻生（字子仁，娶王訓女）。是年春黎錦熙之父松安黎培鑾請白石爲其先人製遺像。其年夏退園王訓仲言發起組「龍山詩社」，成員包括齊白石、王仲言、羅真吾、羅醒吾、陳茯根、譚子荃、胡立三，號「龍山七子」。白石居長，推爲社長。

●一八九五年　乙未　光緒二十一年

三十三歲，居鄉。長塘黎培鑾組「羅山詩社」，「龍山七

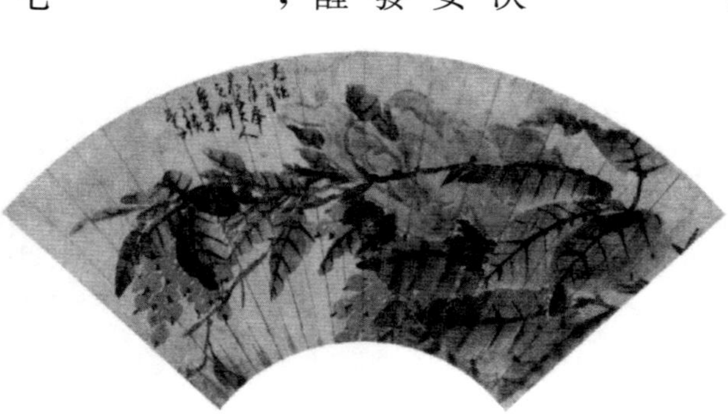

齊白石先生早期作品

子」亦入社作詩應課，白石繪製山水花鳥詩箋分贈同社。宣統元年己酉（一九〇九）白石《與黎大松安書》記其事甚詳。

## ●一八九六年　丙申　光緒二十二年

三十四歲，居鄉。開始摹印。胡《譜》本年條下黎錦熙按云：

白石此年始講求篆刻之學，時家父與族兄鯨庵正研究此道，白石翁見之，興趣特濃厚，他刻的第一顆印爲「金石癖」。……家父的《松翁自訂年譜》載：「自丙申至戊戌共刻印約百二十方，己亥又摹丁黄印二十餘方。」

## ●一八九七年　丁酉　光緒二十三年

三十五歲，居鄉。始入湘潭縣城爲人畫像。爲嚴雲鶴治印，復以嚴氏之介，獲交郭葆生人漳、夏壽田午詒。

## ●一八九八年　戊戌　光緒二十四年

三十六歲，居鄉。獲黎薇蓀寄自四川之《丁黄印譜》，鋭意摹刻。黎戩齋《記白石翁》云：

翁（白石）之刻印，自胎息黎氏，從丁黄正軌脱出。初主精密，後私淑趙撝叔，猶有奇氣，晚則軼乎規矩之外。

十月，次女阿梅生。

**●一八九九年　己亥　光緒二十五年**

三十七歲，居鄉。是年正月二十日，以張鐵匠仲颺之介，謁見王湘綺，湘綺許爲八指頭陀，見《湘綺樓日記》正月二十日記。十月十八日請見湘綺老人，以詩文爲贄，拜門爲弟子。影摹《丁黄印譜》，技乃大進。胡《譜》本年條下引白石《與譚三兄弟刊收藏印記》記此年白石爲譚延闓兄弟刻印，爲丁拔貢可鈞惡詆一事甚詳，見胡《譜》頁十一。是年手自拓印《寄園印存》四本。

**●一九〇〇年　庚子　光緒二十六年**

三十八歲，居鄉。是年二月，全家遷往蓮花峰下百梅祠堂（又名「梅公祠」）。始構「借山吟館」，「學爲詩數百首」。梅公祠去星斗塘五里，先是白石以《南嶽圖》六尺中堂十二幅得筆潤三百二十兩，因得承典梅公祠及水田十畝。

**●一九〇一年　辛丑　光緒二十七年**

三十九歲，居鄉。以蔡毓春枚功之介，識內閣中書李鎮藩翰屏，與之成莫逆。是年十二月十九日祖母馬孺人歿。

**●一九〇二年　壬寅　光緒二十八年**

四十歲，居鄉。歲杪始出遊，是年四月初四日，三子良琨生（字大可，號子如，後名愚公，別號漁家村人。娶張登壽仲颺之女）。是歲冬十月，應夏午詒壽田之聘赴西安，教夏姬人姚無雙學畫。白石刻「無雙從遊」小印以記其事。白石自湘赴西安，道出洞庭，作《洞庭看日圖》；風雪過灞橋，作《灞橋風雪圖》。歲杪抵西安，以夏午詒之介，識樊樊山增祥，白石以印數方爲贄，樊山贈銀五十兩爲報，並手書白石刻印潤例一紙。時樊山方在陝西臬司任也。胡《譜》是年下黎錦熙有按語云：

辛丑以前，白石的畫以工筆爲主，草蟲早就傳神。他在家一直地養草蟲——紡織娘、蚱蜢、蝗蟲之類，還有其他生物，他時常注視其特點，作直接寫生的練習。歷時既久，自然傳神，所以他的畫並不是專得力於摹古。到壬寅，他四十歲，作遠遊，漸變作風，才走上大寫意的花卉翎毛一派。

## ●一九〇三年　癸卯　光緒二十九年

四十一歲。夏午詒侍父夏時進京，邀白石偕行。先是白石於壬寅遊西安之前（據胡《譜》考證約在光緒二十七年辛丑，一九〇一）始作《借山吟館圖》。途中過華陰縣，登萬歲樓，作《華山圖》。渡黃河，在弘農澗畫《嵩山圖》。在京識張翊六貢吾、曾熙農髯、李瑞荃筠庵，在筠庵處得見八大山人、徐青藤、金冬心等名家畫册；賞鑑汪啟淑《漢銅印叢》，鈎存二百餘字。夏午詒發起雅集餞春於陶然亭，白石作《陶然亭餞春圖》。

## ●一九〇四年　甲辰　光緒三十年

四十二歲。應王湘綺之約，偕張仲颺遊江西，湘綺爲作《白石印草序》，爲《借山圖》題詞。中秋日還家，改借山吟館爲借山館，自撰《借山館記》。胡《譜》此年條下黎錦熙按語云：

我的《甲辰日記》：「十一月六日寄園先生來」，「七日，鐙下與寄庵先生學魏碑用筆法」。這是他從李筠庵處得來的。

## 一九〇五年　乙巳　光緒三十一年

四十三歲。胡《譜》記是年應廣西提學使汪頌年之約偕遊桂林陽朔。在桂林，始以刻印爲活，樊樊山爲訂潤例。是年識蔡鍔、黃興。

## 一九〇六年　丙午　光緒三十二年

四十四歲。胡《譜》本年條下引白石《自記》云：

越年節（己巳），得父示，四弟（純培）與貞兒（良元）從軍到廣東，命璜追尋。璜過蒼梧，至廣州，居祇園寺，探問則移軍欽州矣。璜到欽州，郭葆蓀留之教姬人畫。……久客思歸，攜四弟與貞兒由香港海道至上海。

按白石居廣州達兩年以上，由香港海道返上海，則是己酉（一九〇九）年事。郭葆生別署葆蓀，富收藏，白石遂得臨摹郭氏所藏徐青藤、八大山人、金冬心等名跡。八月間還湘，是爲三出三歸。九月二十日，周之美病逝，白石撰《大匠墓志》。始置田地於茶恩寺茹家坤。顏所居曰「寄萍堂」，堂内造一書室曰「八硯樓」。十二月初七，長孫秉靈（字近衡，號移孫）生。

## ●一九〇七年　丁未　光緒三十三年

四十五歲。是年春復應郭葆生之約，往梧州轉水道往欽州，偕郭葆生小住肇興，遊鼎湖山觀飛泉潭。展品第四號《鼎湖飛泉圖》，署款乙丑（一九二五）年作，蓋是乙丑年重寫此遊舊稿，故云「乙丑秋八月爲晏也仁兄法家畫並題舊句」。又往高要，遊端溪。又隨軍往東興，過北侖河鐵橋，看安南山水，見野蕉百株，緑陰蔽天，作《緑天過客圖》，收入《借山圖卷》。是歲冬回湘，是爲四出四歸。

## ●一九〇八年　戊申　光緒三十四年

四十六歲，是年二月，踐羅醒吾之約再赴廣州。羅醒吾任職廣東提學衙門，爲同盟會會員，白石留穗，嘗以卷軸掩飾，爲羅傳遞同盟會秘密文件。此時白石居廣州，但以爲人刻印爲活。徐改《表》記白石秋間返故里，以此爲白石五出五歸。（胡《譜》本年條但記「仍遊廣州」，不言白石歸里。據《寄園日記》之《己酉重遊廣州日記》載「戊申十二月初十日得郭觀察初六日電書招遊欽州」，則白石本年底確已歸里，徐《表》謂白石秋間返里，未知所據。）

## ●一九〇九年　己酉　宣統元年

四十七歲。展品三十六號之《花鳥姻緣圖》即此年作，款署：「宣統改元春三月游天涯亭訪蘇髯遺跡，客窗無塵，爲養源六弟造《花鳥姻緣圖》。」據《己酉日記》，白石於本年二月十二日辰刻起程之廣州，十六日乘湘譚大輪之漢口，十七日自漢口轉乘大通輪船之上海，十八日抵上海，廿三日乘安徽輪船赴香港，廿六日抵港。閏二月初二郭葆生由穗來港與白石相會，初三日乘海南輪赴北海，初七抵北海。三月初五日條下補記上月廿七日事：「與醒吾弟李杞生兄遊天涯亭，復訪蘇髯遺像於亭後，並畫天涯亭圖。」至月之末爲鄭樸生刊印四，又自刊「天涯亭過客」印。《花鳥姻緣圖》即此時所作。《白石詩艸自序》云：「壬寅年，吾年四十始遠遊。至己酉，五出五歸，身行半天下。雖詩境擴，益知作詩之難。多行路，還須多讀書，故造借山吟館於南嶽山下，……熟讀唐宋詩，不能一刻去手」，並將出游所作山水稿重畫，編入《借山圖》中，得五十餘册。

## ●一九一〇年　庚戌　宣統二年

四十八歲。是年黎鯨安造聽葉庵於嶽麓山下，白石應邀往遊，白石有《孤吟寄黎鼂衣》詩（題下白石自注：「鼂衣者，黎承禮辛亥後自呼也」）。胡《譜》此年下黎錦熙按語云：「麓山湖南高等學堂，即嶽麓書院舊址，是年黎鯨庵爲監督，張鐵匠爲教務長，招白石游山，尋李北海麓山寺碑。」《借山圖卷》編成。爲胡廉石畫《石門二十四景圖》。

## ●一九一一年　辛亥　宣統三年

四十九歲。胡《譜》：「在長沙，求王闓運爲他祖母馬孺人作墓誌銘，並求他寫碑。」又「是年三月初八日清明節，節後二日應王闓運之邀到瞿鴻機家看櫻花和海棠，並禊飲於瞿家的超覽樓」。湘綺命白石作《超覽樓禊集圖》，久未報命。

● 一九一二年　壬子　民國元年

五十歲。徐《表》云：居家作畫。鑿竹成筧，引山泉入院。親自設計並動手製作寄萍堂内一應陳設、几案。據黎錦明回憶：一九一〇至一九一二年間，白石每年都要在黎家小住數月，與黎松安切磋詩畫，還爲黎氏辦的杉溪家庭學校上書畫課。

● 一九一三年　癸丑　民國二年

五十一歲，居家。十一月，次子良黼卒。胡《譜》本年條下引白石《祭次男子仁文》云：

九月初六日，忍令兒輩分爨。十一月初一日，吾兒病作，初八日死矣。

● 一九一四年　甲寅　民國三年

五十二歲，居家。四月二十八日胡沁園卒。白石作畫二十餘幅，焚化於胡氏靈前，别作七言輓詩十四首，祭文一篇，又製輓聯云：

誘我費盡殷勤衣缽信真傳三絶不愁知己少

負公尤爲期望功名應無分一生長笑折腰卑

是年夏，六弟純楚卒於湘潭，得年二十七。

● 一九一五年　乙卯　民國四年

五十三歲，居家。是年冬，王湘綺病故，得年八十五。

● 一九一六年 丙辰 民國五年

五十四歲，居家。是年九月獲觀張叔平（世準）畫四幅，白石臨摹一過，以贈黎戬齋。

● 一九一七年 丁巳 民國六年

五十五歲。胡《譜》引《白石詩草·京師雜感詩》自注云：「余陰曆五月十二日到京，適有戰事，二十日避兵天津，火車過黄村、萬莊，正遇交戰，車不能停，强從彈雨中衝過。易實甫猶約聽鮮靈芝演劇，余未敢應」。又引《白石詩草自叙》云：「丁巳春，湘中軍亂，草木疑兵，復遯京華」。白石初抵京時，居於西河沿排子胡同郭葆生家，五月二十日張勛復辟，段祺瑞致討，故白石隨郭葆生避居天津租界。六月回京，七月移居法源寺與同里楊昭儁潛庵同寓。日夕爲楊昭儁治印，《枕善而居》《視道如華》等皆傳世佳製，印跋多記當時之事。此時白石但以賣畫篆刻爲業，與陳師曾、姚芒父、陳半丁、羅癭公兄弟、汪藹士、蕭龍友等相交。徐《表》記其與陳師曾討論畫印云：

白石在琉璃廠南紙店掛單賣畫賣印，時任教育部編審員的陳師曾以爲格調不俗，便到法源寺造訪。二人意氣識見相投，遂成莫逆。白石出《借山圖卷》請其論定，師曾題詩曰：「曩於刻印知齊君，今復見畫如篆文。束紙叢蠶寫行脚，脚底山川生亂雲。齊君印工而畫拙，皆有妙處難區分。但恐世人不識畫，能似不能非所聞。正如論書喜姿媚，無怪退之譏右軍。畫吾自畫自合古，何必低首求同群」。九月，白石離京之時曾有贈師曾詩：「槐堂六月爽如秋，四壁嘉陵可卧遊。塵世幾能逢此地，出京焉得不回頭」。

法源寺僧道階、衍法寺僧瑞光亦從白石遊，瑞光作人物，得白石之傳。是年六月樊樊山爲白石作《題借山吟館詩草》，以爲白石詩皆劌心鉥肝之作，勉其印行。十年後白石刊《借山吟館詩艸》，即以此文爲《序》。九月底還鄉，十月初十抵家，茹家坤宅已遭搶掠一空。

## ●一九一八年　戊午　民國七年

五十六歲，居湘潭。《白石詩艸自序》云：

越明年戊午，民亂尤熾，四野煙氛，竄無出路。有戚人居紫荆山下，地甚僻，茅屋數間，幸與分居，同爲偷活，猶恐人知。遂吞聲草莽之中，夜宿露草之上，朝餐蒼松之陰。時值炎熱，赤膚汗流。緑蟻蒼蠅共食，野狐穴鼠爲鄰。如是一年，骨與枯柴同瘦，所有勝於枯柴者，尚多兩目，驚怖四顧，目睛瑩然而能動也。

讀之戰慄，戰事之慘有如此者。展品第七十一號之《丁巳劫灰之餘》《重游京師歸後》《艸間偷活》三面印，可爲此時實録。

## ●一九一九年　己未　民國八年

五十七歲。三月初，三上京師，作定居之計。是年老父年八十一，母年七十五，兒女年幼，賴春君夫人仰事俯畜。白石過黄河有句云：「安得手有嬴氏趕山鞭，將一家草木同過此橋耶。」在京仍居法源寺，以賣畫刻印爲活。九月陳夫人春君來京，爲聘副室胡寶珠，胡氏籍四川酆都縣，生於光緒二十八年壬寅八月，小白石四十歲。九月偕春君、寶珠回鄉省親。

是年決意改變畫法，《白石詩艸自序》云：

余作畫數十年，未稱己意。從此決定大變，不欲人知。即餓死京華，公等勿憐。乃余或可自問快心時也……獲觀《黃癭瓢畫冊》，始知余畫過於形似，無超凡之趣，決定從今大變。人欲罵之，余勿聽也；人欲譽之，余勿喜也。

## ●一九二〇年　庚申　民國九年

五十八歲。二月携三子良琨長孫秉靈（移孫）來京師就學。自法源寺移居宣武門內石鐙庵。是年夏直皖戰起，復携子孫自石鐙庵移居東城帥府園郭葆生家以避兵。胡《譜》本年條下黎錦熙按語云「十八日，次煌（林世燾）及瀕翁來，面後余同至西城觀音寺，爲看房子」，又云「廿四日，至觀音寺聽講，（時圓瑛和尚在此講《楞嚴經》）……梁任公亦至，坐瀕翁處」，是白石八月下旬已移居城西觀音寺，後因不耐寺內佛號鐘聲，復營居鬼門關外。識林琴南、徐悲鴻、陳散原、梅蘭芳、朱悟園、賀履之等，皆在遷居觀音寺以後。是年

齊白石大師與門生李苦禪合影

春，畫《花果册》，中有題記云：

余畫梅學楊補之，由尹和伯處借鉤雙鉤本也。友人陳師曾以爲工真勞人，勸其改變。

後廿五年白石印行此册，加題跋語云：

予五十歲後之畫，冷逸如雪。避鄉亂，竄於京師，識者寡，友人陳師曾勸其改造，信之，即一棄。今見此册，殊堪自悔，年已八十五矣。乙酉，白石。

此跋題於民國三十四年乙酉（一九四五），白石八十五歲。跋言「殊堪自悔」，是白石自言改造後之畫作，無復昔日之「冷逸」，是老年頗悔於「改造」之作矣。是年十月返鄉省親。

## ●一九二一年　辛酉　民國十年

五十九歲。正月携長子良元北上。五月應夏午詒之約赴保定，同游蓮池書院，作《蓮池書院圖》，復爲曹錕畫《廣豳風圖》十六幅。九月九日返湘，廿五日得子如書，言移孫病篤，因携春君回京，十一月二十八日偕春君南歸。十二月二十日胡寶珠生四子良遲，字翁子，號子長。

## ●一九二二年　壬戌　民國十一年

六十歲，在湘潭渡歲。三月，還北京。陳師曾携白石畫往日本，參加東京府廳工藝館之「中日聯合繪畫展覽會」。白石《杏花》等畫，每幅售得百金，二尺紙之山水得二百五十金（《白石詩艸·賣畫得善價復惻然紀事》詩自注）。四月在長沙與張仲颺、胡石庵、楊重子（楊度之弟）、黎戩齋諸人過從，爲楊重子治印甚多，爲黎戩齋畫《鴛鴦芙蕖》橫幅。五月回京。

六月初二移居三道栅欄十號，翌日南返接家眷，十二日携春君、寶珠及良遲北上，二十日抵京。十月初一，長孫秉靈病死湘潭。十七日摯友郭葆生卒於北京，白石記云：「朋友之恩，聲名之始，余平生以郭五爲最。」

## ●一九二三年　癸亥　民國十二年

六十一歲，居北京。始作《三百石印齋記事》。二月十四，良元四子秉聲生，字耕夫。六月廿七良琨長子秉公生，字生客，號燕來。八月七日，陳師曾奔母喪，得痢疾猝死於南京，年四十八。白石有《師曾亡後得其畫扇題詩哭之》絶句：

一枝烏桕色猶鮮，尺紙能售價百千。君我有才招世忌，誰知天亦厄君年。

十一月十一日，寶珠生五子良已，字子瀧，號遲遲。

## ●一九二四年　甲子　民國十三年

六十二歲，在京。八月，三子良琨畫名漸著，携妻兒分居於象橋坊。其妻張仲颺女，名紫環，亦擅畫梅花（展品之白石印章，多得張氏捐贈）。

## ●一九二五年　乙丑　民國十四年

六十三歲，在京。二月二十九日，大病，不知人事者七日夜。四月還湘潭，匪亂未已，城居數月不得還鄉，未能省視父母。九月應齊如山約赴綴玉軒閒話，爲主人畫蟲，梅畹華爲歌一曲相報。翌日白石贈以詩，有句云：「他年君是李龜年」，梅家植牽牛花百種，白石以爲巨觀，始畫此花。

**●一九二六年　丙寅　民國十五年**

六十四歲。初春還湘潭，「值家園大亂，百里星塘，使我年各九十之父母不能相見，竟成長別」。乃轉漢口，水路至南京，乘火車經天津，二月底返京。三月廿三日，白石之母周太夫人卒於湘潭，享年八十二歲。白石自作《齊璜母親周太君身世》。七月初五白石父齊貰政公亦病逝於鄉，享年八十八歲。白石央樊樊山爲父母各書墓碑一紙，各作像贊一紙。是年冬，買跨車胡同十五號宅，年終入住。

**●一九二七年　丁卯　民國十六年**

六十五歲，居北京。時林風眠長北平藝專，聘白石教中國畫。五月廿二日，胡寶珠生長女良憐，乳名大乖。是年白石五弟死於匪亂。

**●一九二八年　戊辰　民國十七年**

六十六歲。是年北京改稱北平，北京藝專改稱北平大學藝術學院，白石受聘爲教授。九月初一，寶珠再誕一女，名良歡。九月，《借山吟館詩艸》刊行。十月，《白石印草》刊行。胡佩衡編《齊白石畫册初集》印行。是年冬，徐悲鴻任北平大學藝術學院院長，仍聘白石爲教授。

印行居京後第一本印艸，自稱「印拓二百」（見《癸酉自記印艸》）。

●一九二九年　己巳　民國十八年

六十七歲，在北平。是年春，徐悲鴻卸北平藝術學院院長職南下，白石贈詩畫送行。四月上海舉辦第一屆全國美術展覽會，白石作山水一張參展。

●一九三〇年　庚午　民國十九年

六十八歲，在北平。胡適藏白石仕女畫兩張，皆鈐「木人」印，其一題「庚午八月造」，殆皆此年所作。五月書篆書心經九言長聯，見展品五十二號。是年白石二弟卒於鄉。

●一九三一年　辛未　民國二十年

六十九歲，在北平。正月二十日，樊樊山卒，年八十六。正月二十六日，寶珠第三女出生，名良止。夏，小住於張篁溪之張園。重陽日，與黎松庵登宣武門，有詩記其事，詩下自注云：

其時東北失守，張學良主義無抵抗。

九一八事變後事也。曾孫耕夫生（良元次子次生之長子）。是年應聘私立京華美術專門學校。

●一九三二年　壬申　民國二十一年

七十歲，在北平，正月初五，門人釋瑞光卒，白石親往蓮花寺致奠。七月，徐悲鴻編《齊白石畫册》刊行於上海。是年張次溪始編《白石詩艸》。央吴北江、楊雲史、趙幼梅、宗子威、李釋堪、張篁溪、黎松安、王訓等爲作題辭，白石贈畫爲謝。爲吴北江所作《蓮池講學圖》蓋用辛酉（一九二一）游蓮池書院舊稿也，近時在港拍賣。

## ●一九三三年　癸酉　民國二十二年

七十一歲，在北平。元宵節《白石詩艸》問世，白石《自序》題云：「癸酉買鐙日，時居舊京西城鬼門關外」。所録盡丁巳前後所製也。三月，日軍侵佔熱河，五月後，平津告急，白石有戒心，避居門人紀友梅東交民巷宅二十餘日。

六月，拓存庚午、辛未所刻印爲六册十本，是其居京第二《印艸》，拓存壬申、癸酉兩年所刻印，得四册十本，先生自記云：

> 以上皆七十衰翁以硃砂泥親手拓存。四年精力，人生幾何，餓殍長安，不易斗米。如能帶去，各檢一册置之手側，勝人入陵珠寶滿棺。是吾子孫，毋背斯囑。

白石老人此際之生活心境可知。是年魯迅、鄭振鐸編印《北平箋譜》收白石畫作二十幅。

## ●一九三四年　甲戌　民國二十三年

七十二歲，在北平。四月二十一日，寶珠生第三子良年（行六，字壽翁，民國廿七年十二月廿三日殤）。展品四十號贈伯猷之《老少年》，即此年十月所製。

## ●一九三五年　乙亥　民國二十四年

七十三歲。正月，扶病往觀徐悲鴻畫展。四月携寶珠還鄉掃墓，《白石自壯略》云：

乙亥夏初携姬人南還，掃先墓。烏鳥私情，未供一飽。哀哀父母，欲養不存，自刻「悔烏堂」印。

在鄉與王仲言諸舊交重叙，散財施鄰里，以濟荒年。居鄉半月還北平。五月初五，訪陳散原，爲《詩艸》請序。五月下旬，爲鐵栅欄之斜撐傷足，幾成殘疾。《三百石印齋記事》云：

余今年衰敗疊出，既痛右臂，又痛右腿，最可怕者頭暈。

## ●一九三六年　丙子　民國二十五年

七十四歲，遊四川。正月邀張次溪、汪慎生訪右安門外之羅兩峰故居花之寺，不果。三月初七，應張篁溪之邀赴張園拜袁崇煥遺像，晤陳散原、楊雲史、吴北江。閏三月初七，應四川王纘緒之邀，携寶珠、良止、良年遊四川，登青城、峨眉。《白石自狀略》云：「入蜀，見山水勝於桂林，惜東坡未見也。」然白石此行，無詩無畫，後六年，白石《自題日記》後云：

一九三六年老畫家齊白石與大兒子良元（右）及三兒子良琨（左）在故都合影

翻閱此日記簿，始愧虚走四川一回，無詩無畫，……後人知翁者，翁必有不樂事，與趣毫無，以至此。

是年冬，爲賽金花書墓碑，白石欲於陶然亭靈飛（賽金花）墓側營生壙。

## ●一九三七年

**丁丑　民國二十六年**

七十五歲，改稱七十七歲。在北平。長沙術士舒貽上以白石是年脱丙運交辰運，與八字中之戌相沖，宜用瞞天過海法，口稱七十七，以逃過七十五一關。白石從其言，本年三月十二日以後所作書畫印章，率題七十七歲矣。正月十七日，寶珠又生一女，不育。陽曆七月七日，盧溝橋事變，日本全面發動戰爭。七月廿八日，平津淪陷，白石辭藝術學院及京華美專教席，閉門不出。九月，陳散原卒於北平。

## ●一九三八年

**戊寅　民國二十七年**

七十八歲，在北平。五月廿六日，寶珠生第四子良末，字紀牛，號耋根。九月徐悲鴻自桂林寄《千里駒圖》爲賀。十二月十四日，良遲長子秉聲生（行十，字隱聞）。十二月二十三日，六子良年死。是年南京湖南先後淪敵，《三百石印齋記事》輟筆。起癸亥（一九二三），終於本年。

## ●一九三九年

**己卯　民國廿八年**

七十九歲，在北平。在門上高懸「白石老人心病復作，停止見客」。徐悲鴻來信求白石精品，以舊作《耄耋圖》贈之。九月，爲瞿氏補畫《超覽樓禊集圖》，踐辛亥之宿諾也。

三月一日書《餘年安得子孫賢》付良止，見展品五十六號。

**●一九四〇年　庚辰　民國廿九年**

八十歲，在北平。正月以大字直幅書《畫不賣與官家竊恐不祥告白》懸諸門上。正月十四日，髮妻陳春君卒於湘潭，白石作《祭陳夫人文》述其德。撰《白石自狀略》一卷，胡《譜》云：「此卷有三個稿本，文字稍有異同。」

**●一九四一年　辛巳　民國三十年**

八十一歲，在北平。五月四日，邀集胡佩衡、陳半丁、王雪濤等戚友二十九人作證，立胡寶珠爲繼室。又立陳春君胡寶珠所生之子各三人分鬮産業字，記於《齊氏五修族譜》中。

**●一九四二年　壬午　民國三十一年**

八十二歲，在北平。在陶然亭覓得生壙，正月十三日携寶珠、良已訪其地，晤住持僧慈安。作《西江月・重上陶然亭望西山》詞，有句云「西山猶在不須愁，自有太平時候」，久盼恢復，如大旱之望雲霓。

**●一九四三年　癸未　民國三十二年**

八十三歲，在北平。又於門首懸出「停止賣畫」四大字。爲門人邱石冥書展作短文，高標「要我行我道，下筆要我有我法」。十二月繼室胡寶珠病歿，年四十二。

**●一九四四年　甲申　民國三十三年**

八十四歲，在北平。六月七日得藝專通知領煤，白石覆函申明「非貴校之教職員」。又作《題畫蟹》詩云「處處草泥鄉，行到何方好？去歲見君多，今年見君少」，知敵氛之日銷亡矣。九月，夏文珠女士來任看護。

**●一九四五年　乙酉　民國三十四年**

八十五歲，在北平。正月二十七，有記夢日記，記有抬空棺入借山館，自以爲必難久活，憂之而醒。是年陽曆八月十四日，日本無條件投降，十月十日北平受降，白石與侯且齋、董秋崖、余倜等置酒以賀。白石賦七律，有「太平看到眼中來」之句。展品二十二號《清白傳世圖》即此際作。

**●一九四六年　丙戌　民國三十五**

八十六歲，在北平。八月徐悲鴻任北平藝術專科學校校長，聘白石爲名譽教授。是年秋，白石請胡適爲寫傳記。十月十六日，北平美術家協會成立，徐悲鴻任會長，白石任名譽會長。十月，中華全國美術會主辦白石作品展覽，良遲與夏文珠陪同南下，遊玄武湖、雞鳴寺、中山陵、明孝陵、燕子磯等名勝。于右任設家筵款接；張道藩拜白石爲師。十一月《齊白石作品展》移往上海展出，汪亞塵主其事。白石在上海晤梅蘭芳、符鐵年、朱屺瞻等故人。歲暮返京。

**●一九四七年　丁亥　民國三十六年**

八十七歲，在北平。五月十八日重訂潤格。八月，胡適寫成《齊白石自述編年初稿》，交白石審閱。是年李可染以徐悲鴻之薦拜入白石門下。展品四十五號之《富貴白頭圖》及四十六號爲尊五所作《牽牛花》，皆本年作。譚濟夫遠道來謁，談刊印之道，白石爲製「譚濟夫」白文印，見展品第九十九號。

**●一九四八年　戊子　民國三十七年**

八十八歲，在北平。四月，黎錦熙自湘回京，胡適請黎氏爲《白石自述編年》作訂補，黎費時達半年，至本年十一月始完成訂補；胡適又將訂補稿交鄧廣銘審訂。展品二十號之《枇杷》，二十一號之《荔枝》，三十三號之《蝦戲》，四十七號爲熙文作《紅荷》，皆本年作。

**●一九四九年　己丑　民國三十八年**

八十九歲，在北平。一月三十日，北平解放。

一月中，鄧廣銘完成《白石自述編年》訂補工作，三月胡適交商務印書館刊行，改題《齊白石年譜》。黎鄧二人之訂補以按語附每年之下。七月二十一日，中華全國美術工作者協會正式成立，白石獲選爲全國委員會委員。九月，爲毛澤東刻朱、白姓名印兩方。十月，中華人民共和國成立，以北平爲首都，改稱北京。

● 一九五〇年　庚寅

九十歲，在北京。四月，中央美術學院成立，徐悲鴻任院長，仍聘白石爲名譽教授。四月，毛澤東在中南海設筵接待白石，朱德、俞平伯等作陪。十月，白石以丁丑（一九三七）所篆聯語「海爲龍世界，雲是鶴家鄉」及辛巳（一九四一）所作《鷹》贈毛澤東。同月，政府爲修繕跨車胡同十五號住所，十一月間完成。白石懸「白石畫屋」匾額於門上，其跋語稱「不遺子孫」，欲效南岳「鄴侯書屋」故事，留爲千秋天下人見之。是年獲聘爲中央文史館館員。

● 一九五一年　辛卯

九十一歲，居京。夏文珠辭職，聘伍德萱爲秘書。胡絜青拜白石爲師。爲東北博物館畫《和平鴿》，題曰「願世人都如此鳥」。

● 一九五二年　壬辰

九十二歲，居京。十月，亞太區和平大會在京召開，白石作《百花與和平鴿》致意。十月五日，毛澤東函謝白石與徐石雪、于飛闇、汪慎生、胡佩衡等合作畫贈之《普天同慶》畫軸。白石被選爲中國文學藝術界聯合會主席團委員。十二月，榮寶齋以木版水印《齊白石畫集》十二幅。展品第三十四號爲湖南文管會製於本年。

● 一九五三年　癸巳

九十三歲，居京。一月七日（壬辰年十一月二十二日），周揚、徐悲鴻、郭沫若、李濟深、何香凝等文化藝術界人士二百餘人，爲白石祝壽，周揚代表文化部頒予白石「人民藝術家」榮譽獎狀。是夕，中華美協、中央美院爲白石設宴賀壽，周恩來出席道賀。生日後，毛澤東補送茶油寒菌、羊毫筆、參茸等物爲賀。十月四日，當選爲中國美協第一任理事長，北京國畫研究會主席。是年政府下令肅清市區内一切墳墓，白石陶然亭生壙亦在清除之列，白石尚欲假「幻住園」爲埋骨之地，因作《幻住園圖》贈葉恭綽致意。葉以四詩報之，有句云：「結鄰有約何須買，試寫秋墳雅集圖。」

周總理祝賀齊白石先生九十三歲壽辰

一九五三年中國藝術家協會主辦的齊白石繪畫展覽會預展時張瀾副主席到場參觀。張瀾副主席和齊白石老人在會場上談話。

● 一九五四年　甲午

九十四歲，居京。三月，東北博物館舉辦「齊白石畫展」於瀋陽。四月二十八日，中國美協主辦「齊白石繪畫展覽會」於北京承乾宮。八月，湘南選白石爲全國人民代表大會代表。九月十五日，白石出席首届人大第一次會議。是日蔡若虹、夏衍編導紀録片《畫家齊白石》開拍。是年始臨《曹子建碑》。

● 一九五五年　乙巳

九十五歲，居京。六月，與何香凝、于飛闇、陳半丁等十四人合製《和平頌》巨幅，以獻時在芬蘭召開之「世界和平大會」。十二月十一日，德意志民主共和國總理格羅提渥來訪，授白石以德國藝術科學院通訊院士榮譽狀。是年秋，文化部撥款爲白石修建地安門外雨兒胡同五號宅，白石於十二月二十九日遷入新居。

● 一九五六年　丙申

九十六歲，居京。三月十六日，白石遷回跨車胡同舊宅。四月二十七日，世界和平理事會頒予白石一九五五年度國際和平獎金。九月一日假臺基廠九號中國人民保衛世界和平委員會舉行頒授儀式。茅盾代表該理事會之評議委員會頒予白石榮譽獎狀、獎章及獎金五百萬法郎，畫家郁風代表白石讀謝辭。白石捐出獎金半數成立中國畫基金，曰「齊白石獎金」。黎錦熙、齊良巳合編，白石自訂《齊白石作品選集》進行編印，白石爲作序。展品第四十八號《紅梅》即此年作。

## ●一九五七年　丁酉

九十七歲，居京。五月。中國畫院成立，白石任榮譽院長。九月十五日卧病，十六日加劇，下午四時送北京醫院搶救無效，六時四十分辭世。九月十七日入殮，依生前遺囑以常用姓名籍貫兩石印及紅漆手杖入棺。九月二十一日上午七時三十分，周恩來、陳毅、董必武、林伯渠、陳叔通、李維漢、周楊桃、沈雁冰等率四百餘衆公祭，下葬於西直門外魏公村湖南公墓中繼室胡寶珠夫人墓側。立石爲記，碑曰「湘潭齊白石之墓」，白石生前手篆也。

（篇幅所限，注文從略。）

載《白石墨韻：齊白石書畫篆刻集》，澳門大學、澳門中華文化藝術協會，一九九八年七月。頁一三〇——一三四。

編者按：一九九八年澳門博物館舉辦「白石墨韻書畫篆刻展」，澳門大學爲是次展覽刊出《白石墨韻：齊白石書畫篆刻集》。本文爲該集專文之一，作者爲俾便參觀者參考，故有「展品第幾」字樣。

# 繪事述

原書：《易繫傳》曰：「聖人有以見天地之賾，而擬諸其形容，象其物宜，是故謂之象。」又曰：「古者庖犧氏之王天下也，仰則觀象於天，俯則觀法於地，觀鳥獸之文，與地之宜，近取諸身，遠取諸物，於是始作八卦，以通神明之德，以類萬物之情。」而倉頡造書，首稱象形，所謂畫成其物，隨體詰詘也。暨夫周室，郁郁乎文，然而卜甲之刀，彝鼎之畫，類多象形之作，是知上古之世，固不别何者爲書，何者爲畫。蓋書者，如也。如者，如其象也。宣王之世，史籀作篆，文字孳乳，然後書畫判焉。乃近世作者，初未嘗學心畫之法，而率爾操觚，肆意塗抹，作爲荒誕怪神之圖，實事難形而虚僞不窮，韓非辟之已甚，因枝振葉，沿波討源，有識君子，當知所後先矣。

六法論：南齊謝赫昌言六法，天下宗之。六法者：曰氣韻生動，曰骨法用筆，曰應物象形，曰隨類賦彩，曰經營位置，曰傳摹移寫。斯實不移之的論，萬世之鴻謨也。然觀古今衆作，固知骨法用筆以下五者易得，而氣韻生動難求。何則，蓋骨法用筆五者得於歲月巧密中求之，而氣韻生動，必乃曠世之士，不得志於世，退而獨善其身，吟咏其志於篇什之間，寄其高雅於縑素之上，和順積中，而英華發外，默契神會，不知然而然也。彼末俗之徒，蔑棄法度，摹寫之事，尚未能工，而遽言「創作」「性格表現」云云，特欺世駭俗耳，曷足以言氣韻哉？立志鄙下，雖孜孜從事，而去之彌遠矣。

載《經緯文藝》創刊號，經緯書院中文學會，一九六三年。

# 高句麗廣開土好太王碑跋

## 一

「高句麗廣開土王碑」，舊稱「高句麗好太王碑」，或「好太王碑」，翁阮諸家俱未之見，光緒六年出土於奉天懷仁縣境，葉鞠裳記其出土始末云：

（高句麗好太王碑）光緒六年，邊民斬山刊木，始得之。窮邊無紙墨，土人以徑尺皮紙，擣煤汁拓之，苔蘚封蝕，其坳垤之處，拓者又以意描畫，往往失真。乙酉年（光緒十一年）中江李眉生丈得兩本，以其一贈潘文勤師，共三四十紙，屬余爲排比考釋，竭旬日之力，未能聯綴。其後碑估李雲從裹糧挾紙墨，跋涉數千里，再往返，始得精拓本。聞石質麤駁，又經野燒，今已漸剝損矣。碑字大如盌，方嚴質厚，在隸楷之間。〔一〕

而楊惺吾「高句麗廣開土好太王談德碑跋」則謂「是庚子中日之役覓得」，與葉氏異説，劉節亦以楊氏之説爲不可信，恐當以葉氏光緒六年之説爲是。據葉氏所記，知是碑拓墨善本之難覯矣。余嘗聞康侯師云：「晋人碑刻之樸茂重拙者，無如好太王碑。」余訪求十餘年，未嘗遇一拓墨，數年前於書肆見楊惺吾所刻雙鈎本，以索價過昂而止，但過録楊氏釋文跋語，存之篋中而已。今春過叵可居，康侯師出示友人陳君所藏拓本，神完氣足，視楊氏鈎本爲遠勝，多年夙願，乃得償矣。是本爲淡墨拓剪裝本，凡百餘紙，每紙兩行，行三字，字大約三吋。然各紙次序顛倒，不相連屬，因取昔所過録楊氏雙鈎本釋文及鄭叔問《釋文纂考》略考其立碑年代，並訂其釋文云爾。

## 二

廣開土王名談德，即朝鮮史所謂高麗十九世爲談德者是也，金富軾《東國通鑑》稱太武神王爲一世，下數十七世孫爲廣開土王者，蓋不數朱蒙（本碑稱鄒羊）及儒流王（碑作儒留王）耳。其在位之年約有二說：

（一）晋太元十七年。壬辰立，義熙八年壬子卒。《東國通鑑》《東國史略》並主此說。

（二）漢建安十六年辛卯年立。蜀漢建興十年壬子卒。鄭叔問《高麗國永樂好太王碑釋文纂考》主之。

今考碑記「永樂五年，歲在乙未」，其年或當晋孝武帝太元二十年，逆數五年，則爲太元十六年辛卯。而《東國通鑑》以爲立於太元十七年壬辰，殆誤。碑云：「二九登祚，卅九宴駕。」計在位二十二年，是談德之卒年爲晋義熙八年壬子。故知《東國通鑑》稱其太子長壽王巨連立於義熙九年爲不誤也。然鄭叔問云：

今以碑中所紀地名考之，如帶方郡始置於東漢末建安中，見諸史志，而碑云：「倭侵入帶方界」，可知好太王併吞百殘、新羅諸國，觀兵肅慎，蕩平倭奴，其稱霸三韓，必在後漢、蜀漢之間，信而證也。據碑中記年：乙未、丙申、戊戌、己亥、庚子、甲辰、丁未、庚戌考之，由永樂五年乙未，上推元年辛卯，當東漢建安十六年，與碑云「二九登祚」之年正合，由永樂廿年庚戌，下推廿二年壬子，當蜀漢建興十年，與碑云「卅九棄國」之年亦合。〔二〕

是鄭氏以帶方郡始置於後漢建安之間，而遽認好太王破百殘、新羅在漢魏之際矣。考《東國史略》蜀漢建興十年，當高麗東川王朝，下距毌邱儉大破丸都，東川王逃竄沃沮十二年，〔三〕是時高麗國勢衰頹，何得有廣開土之舉哉？鄭氏之説，失之疏略矣。

碑又云：「以甲寅年九月二十九日乙酉，遷葬立碑」，以《東國通鑑》及此碑文所記好太王卒年當義熙八年計之，則是碑之立，當在晉義熙十年，可無疑矣。葉鞠裳斷此石之年代當義熙十年，卓識洵爲叔問所不及。

## 三

此碑拓本極尠，楊惺吾、鄭叔問二氏所見之本計有：

（一）繆筱珊藏初拓本（模糊殊甚，恐是煤烟初拓本）。
（二）楊惺吾藏本（與繆氏藏本略同）。
（三）曹彝卿藏本（清晰，曹氏得之東北）。
（四）楊惺吾墨鈎本（據曹本雙鈎）。
（五）鄭叔問藏本（光緒戊戌所得精拓本）。
（六）李眉生藏初拓本（大抵與繆氏所藏同）。
（七）潘祖蔭藏本（與李本同）。
（八）潘祖蔭原石墨鈎本。
（九）盛伯羲拓本（盛伯羲遺工精拓本）。

諸本之中，大抵以曹彝卿藏本及盛伯羲本爲精善，鄭叔問戊戌所得本，蓋即盛氏拓本，吴仲懌云：

> 初拓墨罕覯，衹潘文勤師有一就石上墨鈎本。己丑（光緒十五年）伯羲祭酒盛昱鳩貲遣工往精拓，始散見於京師。〔四〕

然則盛伯羲所遣往精拓之人，豈即葉鞠裳所記之碑估李雲從邪？不可知已。碑文之考釋，昉于盛伯羲，其後復有王廉生族人王少廬釋文，〔五〕丁日照釋文，〔六〕鄭叔問復嘗見陸誠齋及德清傅氏二跋，〔七〕晚近復有日人池内宏廣開土王碑之考訂，〔八〕法國沙畹復親訪滿洲，得是碑佳拓，復實測其碑之寬廣短長，撰文刊於通報（T'oung Pao Series Ⅱ Vol. Ⅸ），而劉節比較諸家搨本，撰爲《好大王碑考釋》爲最詳贍。海隅金石藏書奇缺，余遍訪公私所藏，了無所得。僅參酌劉節氏考釋暨鄭、楊二家釋文隸定碑文如下：

惟昔始祖鄒牟王之創基也，出自北夫餘天帝之子，母河伯女郎，剖卵降出，生子有聖
□□□□□□命駕南一
命駕巡車南下，路由夫餘奄利大水。王臨津曰：我是皇天之子，母河伯女郎，鄒牟王。爲我連
葭（鄭讀爲葭）浮龜，應聲即爲南二
連葭浮龜龜。然後造渡於沸流谷，忽本西城山上而建都焉。永樂乢（疑即繼字）位，因遣黄龍來下
迎鄭讀爲迎王，王於忽本東罡罡，黄南三
龍頁（鄭讀爲負）昇天。顧顧命世子儒留王以道輿治，大朱留王紹承基業業，𠈕（劉讀爲𠀋）至十七世
孫，國罡上廣開開土境平安好太王南四
二九登祚，號爲永樂太王，恩澤洽于皇天，威武梲（鄭讀爲横）被四海。掃除□□，庶寧其業。國
富民殷，五穀穀豐豐熟。昊天不南五
吊，卅有九宴晏駕棄棄國，以甲寅年九月廿九日乙酉，遷就山陵。於是立碑銘記勳績，以永後世

焉。其詞曰：南六

永樂五年，歲在乙未，王以碑麗不息，□又躬率住鄭讀爲往討叵富山，負山至鹽水上，破其丘部洛落六七百當甲（劉據沙畹本作牛，楊亦作甲）馬羣南七

羊不可稱數。於是旋駕，因過襄平道，東來□力、城，北豊五備（疑即夫餘五部）猎猶遊觀土境，田猟獵而遻還。百殘新羅，舊是屬民。南八

由來朝貢。而倭以亲：卯年來，渡海破百殘。□□□羅，以爲臣民。以六年丙申，王躬率永軍討利殘國，軍□□南九

首攻取壹八城，臼模盧城，若模盧城，幹[illegible]利□，□□城，閣彌城，牟盧□，彌沙城，□舍蔦城，阿旦城，古利□，□南十

利城雜雜彌城，奥利城，勾牟城，古模耶（鄭讀那，疑是耶字），羅城，頁□□□□，兮而耶羅□，瑑城，□□□□□□□奴城，沸□□南十一

利城，彌鄒城，也利城，大山韓城，掃加城，敦拔□，□□□婁賣城，散口城，□婁城，細城，牟婁城，亐婁城，蘇灰西一

城，燕婁城，析支利城，巖門至城，林城□□□□□□□□城，就鄒城，□拔城，古牟婁城，閏奴城，貫奴城，彡穰西二

城，□□□□□羅城，仇天城，□□□□□其國城。賊不肷（鄭讀爲服）氣，敢敢出督戰戰，王威赫怒，渡河利水，遣刾刺迫城橫□西三

□□□便國城。百殘王困逼，献出男女生白一千人細布千匝匹歸王。自誓從今以後，永爲奴客。太王恩赦□西四

迷之衔（鄭讀御，劉讀衔，劉説是）。録其後順之誠。於是□五十八城，村七百，將殘王弟並大臣十人，
旋師還都。八年戊戌，教遣偏偏師觀西五
帛（鄭疑肅字之泐）慎土谷，因便抄得莫新羅城，加太羅谷，男女三百餘人。自此以來，朝貢論事。
九年己死亥百殘違誓，與倭和西六
通。王巡下平穰，而新羅遣使白王云：倭人滿其國境，潰破城池，以奴客爲民，歸王請命，太王
思後矜衿其忠□西七
㘣特字泐文遣使還，告以□□。十年庚子，教遣步騎五萬，往救新羅，從南居城至新羅城，倭滿其
中，官兵方至，倭賊退西八
□□□□□□□來背，息追至任䑵那加羅，從拔城，城即歸欣服安羅人戎兵拔新羅城，㞳城倭
滿。倭潰，城大西九
□□□□□□□□□□□□□□去九盡。𦤳至隋來安羅人戎兵，□□□□□□□□□□□
□□□□□西十
□□□□□羅人戎兵。昔新羅□錦未有身來朝□□□□□開土境好太□□□□□□□僕
勾北一
□□□□朝貢。十四年甲辰而倭不軌，浸侵入帶方界，□□□□石城□連船□□□□□
□□□平穰北二
□□□□相遇。王憧慟，要腰截盪蕩刺，倭寇潰敗，斬煞帶數。十七年丁未，教遣步騎五萬，
□□□□□□□師北三
□□合戰戰，斬煞湯蕩盡。所稚鄭以爲穫省鎧鉀一萬餘餘，軍資器械，不可稱數，還破沙溝城，婁城，

□□□□□□□□□北四

□城。廿年庚戌，東夫餘舊是鄒牟王屬民中粄叛不貢，王躬率往討，軍到餘城，而餘城國駢

□□□□□□□北五

□□，王恩普處，於是旋還。又其慕化隨官來者，味仇婁鴨盧，卑斯麻鴨盧，城立婁鴨盧，肅斯舍

□□，□□□北六

□盧，仇凡所攻破城六十四，村一千四百。守墓人煙户：賣勾余民國煙二，看煙三；東海賣國

煙三，看煙五；敦城北七

□四家盡爲看煙；亐城一家爲看煙；碑利城二家爲國煙；平穰城民國煙一，看煙十；呰連二

家爲看煙；佳住婁北八

人國煙一，看煙卌二，梁谷二家爲看煙；梁城二家爲看煙；安失連廿二家爲看煙，改谷三家爲

看煙；新城三北九

家爲看煙；南蘇城一家爲國煙；新來韓穢沙水城國煙一，看煙一；牟婁城二家爲看煙；豆比

鴨岑韓五家爲北十

看煙；勾牟客頭二家爲看煙；永底韓一家爲看煙；舍蔦城韓穢國煙三，看煙女一；古家耶羅

城一家爲看煙；北十一

炅古城國煙一，看煙三；客賢韓一家爲看煙，阿旦城雜珍城合十家爲看煙；巴奴城韓九家爲看

煙；臼模盧北十二

城四家爲看煙；若模盧城二家爲看煙；牟水城三家爲看煙；幹氐利城國煙二，看煙亼；彌

舊城國煙六看煙北十三

□□□□□□□□□□三家爲看煙；豆奴城國煙一，看煙二；奥利城國煙二，看煙八；須鄒城國煙二，看煙五；爲東一

殘南居韓國煙一，看煙五；大山韓城六家爲看煙；農賣城國煙一，看煙一；閏奴城國煙二，都煙廿二；古牟婁東二

城國煙二，看煙八；瑑城國煙一，看煙八；味城六家爲看煙；就咨城五家爲看煙；彡穰城廿四家爲看煙；散那東三

城一家爲國煙；那旦城一家爲看煙；勾牟城一家爲看煙；於利城八家爲看煙；比利城三家爲看煙；細城三東四

家爲看煙。國罡上廣開土境好太王存時教言：祖王先生，但教取遠近舊民守墓洒掃。吾慮舊民轉當羸劣，東五

若吾萬年之後，安守墓者，但取吾躬率所略來韓穢，令備洒掃。言教如此。是以如教令，取韓穢二百廿家，慮東六

其不知法則，復取舊民一百十家，合新舊守墓户國煙卅，看煙三百，都合三百卅家。自上祖先王以來，墓上東七

不安石碑，致使守墓人煙户羌錯。惟國罡上廣開土境好太王盡爲祖先王墓上立碑銘，其煙户不令羌錯。東八

又制守墓人，自今以後，不得更相轉賣。𨿽（鄭讀爲雖）有富足之者，亦不得擅擅買，其有違令賣者，刑之，買人制令守墓之東九

《高句麗廣開土好太王碑跋》拓本（南四）

《高句麗廣開土好太王碑跋》拓本（南八）

《高句麗廣開土好太王碑跋》拓本（東八）

《高句麗廣開土好太王碑跋》拓本（西二）

## 注釋

〔一〕葉昌熾《語石》卷二。
〔二〕鄭文焯《高麗國永樂好太王碑釋文纂考》。
〔三〕魏毌邱儉破丸都之年，史載多異辭，此據王國維《魏毌邱儉丸都山紀功石刻跋》説。
〔四〕《高麗國永樂好太王碑釋文纂考·後跋》。
〔五〕見鄭氏《碑文纂考後跋》引。
〔六〕見吴仲懌《鄭氏釋文纂考後跋》。
〔七〕同注〔五〕。
〔八〕收入池内宏《滿洲國安東省輯安縣高句麗遺蹟》，錢稻孫譯本。

載《聯合書院學報》第十一期，香港中文大學聯合書院，一九七三年。頁九九—一〇七。

# 論師古與創新：李研山先生的藝術道路

## 一

研山先生逝世匆匆已經過了十四個年頭，十四年來，李研山的名字漸漸已被人們淡忘了，年青的一代不論對李研山其人其畫都感覺陌生。偶然從老一輩熟悉近代廣東畫壇的口中，聽到的不過是研山先生生活中的片鱗隻爪，或者，偶然從畫市上看到研山先生的寸楮片紙，便珍同拱璧。可惜的是，研山先生的作品，始終没有結集，人們對于李研山的生活和藝術上的成就，始終是不甚了了的。去年初便聽説研山先生的哲嗣允鉌君在進行編集研山先生的作品，對愛護研山先生的朋友來説，這真是使人雀躍的消息，因爲朋友們都知道研山對自己的作品非常珍視，他自己不滿意的作品寧可撕掉也不肯送給人，而一直他自己珍藏的作品，可以説是研山先生自選的傑作。研山先生辭世後，這批作品便一直保留在允鉌兄手中，他要爲研山編集，自然是以這批作品爲基幹。朋友們一直盼望着，可是也漸漸失望了，因爲出版的消息渺然如泥牛入海。直在去年年底的一個晚上接到了梁師簡齋的電話，説是約好允鉌兄吃茶看畫集的排印稿。聽到這消息馬上趕到茶肆，哪知道看到的不是一本普通的畫集，而是一本厚厚的三百多頁的巨著，裏面包括了研山先生的作品、先生的印章和藏品。難得的是編者用了很長的篇幅把研山先生的生活和他前後期藝術風格作了很翔實的報導。據允鉌兄説，他爲了真實地報導研山先生的藝術和他的生平起見，曾到處訪問了在各個時期與研山先生交往密切的朋友，更參考了研山先生的日記、詩文稿，以及歷年來報章雜誌上刊載有關研山先生的文章。從資料的蒐集、整理到編輯付印，足足花去了四年多的時間，我這才恍然這本集子的印出之曠日持久之故了。

誠如編者在編後記所慨歎，可惜李研山生于廣東而不生于中原，以致身後冷落如斯。研山先生身後的寂寞是真的，其名字對外省書畫界也是較陌生的。照一般人的印象，往往以爲廣東畫壇的代表者便是嶺南派，嶺南派所擅長的是花鳥畫，結果便歸納出這麽個似是而非的結論：「廣東畫可觀者花鳥而已。」因此，年前中大文物館舉辦了一次廣東名家山水畫展覽，當時便聽到很多「識者」頗不以爲然。無可否認，嶺南高氏兄弟在近代廣東畫壇上的影響是深遠的，其功過也自有待歷史的評定，可是受中原正統畫家歧視也是無可諱言的：十多年前，一位寫花鳥畫的朋友拿了些作品去向某國畫大師求教，大師看了看後淡淡地説了一句話：「哦！你是學嶺南畫的。」〔一〕可見一斑。研山先生的繪畫藝術，適與嶺南的革新路綫相反，而走著「摹古」的路子。在戰後研山先生避地香港，在思豪酒店舉行辛卯畫展時，名書畫家陳芷町荒齋撰文力加推崇，舉研山先生與張大千、溥心畬、吳湖帆爲當代四大家，陳氏説：

> 研山挺生嶺表，早遊上京，本其少小寢饋婁東法乳之淵源，進而摩挲唐宋元明之真蹟，盡窺秘奧，豁然貫通。於是初則取石田之雄奇，合衡山之靈秀爲一變；繼而尋究元人野逸之趣，而鼓盪其丰神爲二變。心悟手從，孜孜罔懈，蓋已三十年於兹矣。

可知陳氏之所以推許先生者爲其「摹古功深」，研山先生教學生也是高舉「師古」的大旗，他説：

> 夫名家、名作，皆從大心、深心、静心充沛而致，覽之者當宜默參自加證驗，始可相應而受其用。〔二〕

又説：

> 若徒誇創新，妄自尊大，不問摹古，不師形物，狂妄輕形，學之不充，安望其成。〔三〕

不只説明他對繪畫藝術的見解，也透露了所謂「師古」的真意。本文用意便是要對研山的「師古」精神作一點闡釋。

# 二

允鉌兄在《李研山書畫集》的編後記裏這樣說：

一些人對研山先生的畫有這樣的批評：「可惜師古太多，創作太少。」我以爲作這種批評的人，不僅不了解李研山，也根本不了解「師古」之意爲何物。允鉌兄在介紹研山先生的繪畫藝術曾作了解釋：

在他（李研山）的觀點中「師古」和「創新」是一個統一的問題。他大致認爲中國的文化藝術在整個歷史的發展過程中，是在一種完全相繼而連續的互不排斥的和諧的過程裏，逐漸演變和不斷改進所形成而豐富起來的。……他並不反對現代社會和中國文化藝術中需要更多各種不同性質和類型的畫，這是另一種性質的問題。

無可否認，在中國的文化藝術發展過程中，「師古」對承先啓後有著很大的作用，允鉌兄這種體認完全是正確的，不過筆者以爲「師古」的精神有進一步解釋的必要。我們知道中國各種文藝在不同的世代裏發揮了不同的作用，形成了不同的風格。可是在異中却有同，同的是中華民族植根深遠的民族性，儘管在不同的世代裏，不同的社會裏，不同性分的作家們會創作出不同風格的作品，可是傳統的民族性基調是相通的。欠缺了這種傳統的民族性基調，那這種作品便像少了根，即使一時生長蓬勃，總怕只是曇花一現而已。因此我們要了解畫家的「師古」精神，必須先了解他們所「師」的「古」的內涵是什麽。

畫家「師古」之風雖說是大盛於華亭一派，其實却是繪畫六法論中的「傳移摹寫」的發揮。董其昌對「師古」的理論發表了他所「不合而合」的原則：

嘗謂右軍父子之書，至齊梁而風流頓盡。至唐初虞、褚輩一變其法，乃不合而合，右軍父子殆如復生。此言大不易會，蓋臨摹最易，神會難傳故也。巨然學北苑，元章學北苑，黄子久學北苑，倪迂學北苑。一北苑耳，而各各不相似。他人爲之，與臨本同，若之何能傳世也。〔四〕

他並且認爲畫家下筆之先必須「醞釀古法」，若「略涉杜撰，即成下劣」。驟然看起來，華亭的趣似乎只在墨守「古法」，其實却不然，董氏所追求的並不是模山範水式的大自然的重現，而是超越了自然的物趣而表現的筆情墨韻。屠隆便明確地指出了士夫畫的特點是「不求物趣，以得天趣爲高」〔五〕的了。這也可以説明董華亭爲何有「山水不如筆墨」之論，董氏此説絶不是屏絶真山水而一以臨摹爲不二法門，而是把重心放在超越了自然的「物趣」的「天趣」上，因而强調作者主觀的筆墨技法絶對比自然的「物」重要，可是他認爲作者在掌握了主觀的筆墨以後，仍然當以自然爲師，所以他説：「畫家以古人爲師，已是上乘，進此當以天地爲師。」〔六〕

董華亭處於明代師古畫風的全盛期，論者許爲文人畫的集大成者，他的朋友陳繼儒推許他爲士氣派的宗師：

畫以士氣爲主，自吾鄉董思翁拈題正印，文度（趙左）子居（沈士充）同時同參，始從文沈兩先生直溯元四大家以及荆關董巨，皆以李營邱爲師，營邱以盧鴻乙爲師，此士氣派也。獅子一滴乳，散爲諸名家。〔七〕

所謂士氣派，也就是指士夫畫，「士氣」是士大夫畫所獨有的，有别於畫工們的「院氣」。然則這種「士氣」指的是甚麽？董思翁下了很確切的定義：「士人作畫，當以草隸奇字之法爲之，樹如屈鐵，山似置沙，絶去甜俗蹊徑，乃爲士氣。」惲南田更進一步説：

> 不落畦徑，謂之士氣，不入時趨，謂之逸格。其創制風流昉于二米，盛于元季，泛濫明初。稱其筆墨則以逸宕爲上，咀其風味則以幽澹爲工。雖離方遯圓，而極妍盡態。〔八〕

南田用「逸格」來補充了「士氣」的不足之意，並且進而説明了「士氣畫」要具有「逸宕」和「幽淡」的條件。在《南田畫跋》裏，他更引述了他底本家前輩惲香山的話：

> 香山翁曰：「須知千樹萬樹，無一筆是樹；千山萬山，無一筆是山；千筆萬筆，無一筆是筆。有處恰是無，無處恰是有，所以爲逸。」

這番話更好是董思翁「師古」路向的最好注脚，客觀自然在畫家的筆底已經與他的主觀筆墨圓融地結合在一起，達致了物我交融的境界。我們若再進一步看看董思翁所推崇的「士氣畫」前輩，大概自王維以後，宋朝他推許趙大年和米芾，他對元人却最佩服，四家而外，趙子昂和高房山他也很推許，但却最推尊倪瓚。他欣賞倪迂「無畫史縱横習氣」，他説倪雲林「以天真幽淡爲宗」，並且認爲「縱横習氣，即黄子久未能斷。幽淡兩言，則趙吴興猶遜迂翁」〔九〕，又説倪畫是從趙大年一派出，「雖工緻不敵，而荒率蒼古勝矣」。倪雲林自己也承認他畫竹是「聊以寫胸中逸氣耳」，又説：「僕之所謂畫者不過逸筆草草，不求形似，聊以自娱。」惲南田也屢屢説：「迂老幽澹之筆，余研思久之，而猶未得也。」又説：「雲林畫天真澹簡，一木一石，自有千巖萬壑之趣。」綜合來看，「士氣派」所持的「士氣」可以用「逸氣」來解釋，這種逸氣形之於筆墨，便具有「天真幽澹」「荒率簡古」的作風，其中的作者，應以倪迂爲極軌。

我們若把董思翁所推許的「士氣派」大家，來跟研山先生的仿古之作來比對一下，研山先生所努力的目標不是很清楚嗎？研山先生的生命因一九三七年的戰火而改變了，他選擇了古人避世的態度，挾着禿筆走天涯，把自己的下半生獻給了中國傳統繪畫藝術，借著故國河山，來寄託他家國之痛。我第一次拜會先生于鑽石山時，壁上正懸著他底一幅寫秦少游詞意圖，予我印象至深，上面這樣題著：

斜陽外，寒鴉數點，流水遶孤村。以荒寒之筆，寫秦七詞意，能稱此天生好言語否？

「荒寒」二字足以盡先生之精詣否？

注釋

〔一〕類似評論可參閱《李研山書畫集》三十四頁「設色山水卷」張爰跋語。

〔二〕同注〔一〕十九頁。

〔三〕同注〔二〕。

〔四〕董其昌《畫旨》。

〔五〕屠隆《畫箋》：「蓋士氣畫者，乃士林中能作，隸家畫品，全法氣韻生動，不求物趣，以得天趣爲高。觀其曰寫而不曰畫者，蓋欲脱盡畫工院氣故耳。」

〔六〕同注〔四〕。

〔七〕李佐賢《書畫鑑影》録陳《跋沈子居長江萬里圖》長卷。

〔八〕惲壽平《南田畫跋》。

〔九〕董其昌《畫禪室隨筆·畫源》。

載《明報月刊》第十卷第六期（總一一四期），香港明報雜誌有限公司，一九七五年六月十日。頁一〇〇—一〇三。

# 論筆墨與氣韻

謝赫《品録》區別古今畫人爲六品，而於流傳有緒之畫中懸六法以爲畫工巧拙之準的。六法者何？曰：氣韻生動、骨法用筆、應物象形、隨類賦彩、經營位置、傳移模寫。其間之「模寫」「位置」爲謀篇之事，「象形」「賦彩」爲體物之工，固無論矣，而六者之中首標「氣韻生動」，「骨法用筆」次之，良以氣韻骨法，通乎書道，本之文心，爲諸藝事之最高境界，故第一品五人之中，除陸探微包孕古今「非復激揚所能稱贊」之外，於曹不興則曰：「觀其風骨，名豈虚成」，於衛協則稱其「雖不該備形似，頗得壯氣」；於張墨、荀勗則曰：「風範氣韻，極妙參神，但取精靈遺其骨法，若拘以體物，則未見精粹。」評二品之顧駿之則謂其「神韻氣力，不逮前賢」；陸綏「則體韻遒舉，風彩飄然」。論三品之毛惠遠則曰：「出入窮奇，縱横逸筆，力遒韻雅，超邁絶倫」；於戴逵則曰：「情韻連綿，風趣巧拔」；稱江僧寶之「用筆骨梗，甚有師法」。六品之中，丁光居末，謝氏乃謂其「筆迹輕羸，非不精謹，乏於生氣」。故知六法之中，求「氣韻」之生動，以骨法爲先，而骨法之形成，以用筆爲貴，蓋相得而益彰者也，凡所稱「風骨」「壯氣」「骨法」「骨梗」「氣力」，皆賴筆法而後成，「遒舉」「巧技」「輕羸」亦觀於用筆而可見，則謝氏之重視「骨法用筆」從可知矣。至於「應物象形」以下四法，乃謀篇體物之功，非本文所論，惟謝氏未明標墨法。暨乎梁元帝之論山水，始陳「筆妙墨精」「破墨高下」〔一〕之説，然後筆墨之説，日趨完備，至王摩詰出，變青緑爲潑墨，於墨法之運用，大加發揮，以爲足以「肇自然之性，成造化之功」。〔二〕吾華繢事，又躍進一境焉。荆浩《筆法記》述畫之六要：一曰氣、二曰韵、三曰思、四曰景、五曰筆、六曰墨。復詳釋之曰：

氣者，心隨筆運，取象不惑；韻者，隱迹立形，備遺不俗；思者，刪撥大要，凝想形物；景者，制度時因，搜妙創真；筆者，雖依法則，運轉變通，不質不形，如飛如動；墨者，高低暈淡，品物淺深，文采自然，似非因筆。

六要之中，刪謝氏之「隨類賦彩」而代之以「墨」，刪「傳移摹寫」而以「思」與「景」二事爲謀篇之術。尤有進者，謝氏以「氣韻」連詞，荆氏則離析爲二事；謝氏單提用筆，而荆浩乃明言「墨非因筆」。然則氣韻與筆墨，果屢進而析之愈精，其必有説矣。謝氏於氣韻無確詁，方聞先生言之已審，[三]細讀謝氏品第各家之語，如論張墨、荀勗云：「風範氣韻，極妙參神，但取精靈，遺其骨法。」「精靈」者，喻其「風範氣韻」，「骨法」者，謂其用筆也。論陸綏稱其「風彩飄然」，論陸逵稱「情韻連緜」，故謝氏「氣韻」一詞，實兼具「風範」「風采」「情韻」「風趣」諸義，而氣韻所貴者，似與方教授大文中所舉西方所言之「秀氣」「和諧」或「興味」者無殊。[四]至謝氏所舉「風骨」「壯氣」「骨法」「氣力」「骨梗」諸詞，蓋皆就「骨法用筆」言，恐非謝氏「氣韻」一詞所能該，必待荆浩六要之説出，析「氣」於「韻」外，乃易得其義。善乎笪江上之言曰：「點畫清真，畫法原通於書法；風神超逸，繪心復合於文心。」故知繢畫之事原不異乎文辭，曹子桓論文倡「文以氣爲主」之論，《與吴質書》亦稱「公幹時有逸氣，但未遒耳」，劉彦和復暢其流曰：

才有庸俊，氣有剛柔，學有淺深，習有雅鄭，並性情所鑠，陶梁所凝，是以筆區雲譎，文苑波詭者矣。故辭理庸俊，莫能翻其才；風趣剛柔，寧或改其氣；事義淺深，未聞乖其學；體式雅鄭，鮮有反其習。各師成心，其異如面。[五]

黄侃《文心雕龍札記》云：

風趣，即風氣，或稱風氣，或稱風力，或稱體氣，或稱風辭，或稱意氣，皆同一義。

黃叔琳亦云：

氣即風骨之本。

叔琳之言尤得彦和用心。彦和又云：「思不環周，索莫乏氣，無風之驗也。」（《風骨》）又曰：「方其搦翰，氣倍辭前，暨乎成篇，半折心始。」（《神思》）其《風骨篇》云：「是以怊悵述情，必始乎風，沉吟鋪辭，莫先於骨。故辭之待骨，如體之樹骸，情之含風，猶形之包氣。結言端直，則文骨成焉；意氣駿爽，則文風清焉。」闡風骨之於情辭之要，莫善乎此。至其《附會篇》稱「事義爲骨髓，辭采爲肌膚」，《辨騷》言「骨鯁所樹，肌膚所附」，《封禪》言「樹骨於訓典之區」，《檄移篇》言「陳琳之檄豫州，壯有骨鯁」，是皆變文以見義耳。故彦和以「風骨」「骨鯁」論文，而謝赫以「風骨」「骨梗」「壯氣」論畫。其於藝事之表象不同而理致則一，然則畫事中，求骨氣之卓立，舍筆法復奚求哉？沈宗騫云：

昔人云「筆力能扛鼎」，言其氣之沈著也，凡下筆當以氣爲主。氣到便是力到，下筆便若筆中有物，所謂「下筆有神」者，此也。〔六〕

張庚云：

錢香樹論作文曰：「用筆須重，重則厚而古。」此語深得文之三昧。余謂畫亦如是。王麓臺自題《秋山晴爽圖》云：「不在古法，不在我手，而又不出古法我手之外，筆端金剛杵，在脱盡習氣。」香樹所謂重，即金剛杵之意也。温紀堂亦云：「我師每一下筆，腕臂皆力。」觀三君之言，可得用筆之故矣。〔七〕

唐岱云：

余嘗見明止仲題畫詩：「北苑貌山村，見墨不見筆，繼者爲巨然，筆從墨間出。」始悟古人授受得力之微，蓋北苑骨藏於肉，巨然於肉透骨，後之學者以骨易見筆，肉難徵墨，由是肉漸消而骨

加出，迄於今有過於尚骨者，幾成髑髏矣，尚得謂之畫哉？〔八〕

沈云「下筆當以氣爲主」，張氏所謂「重」也，「筆端金剛杵」也，「腕臂皆力」也，莫非骨法用筆之事。運筆得法，而氣生焉。至唐岱「骨易見筆，肉難徵墨」之説，其意雖在貶流俗乾筆之失，實亦筆墨之妙諦。南田論惲香山之畫有云：

香山翁蓋於北苑三折肱矣，但用筆全爲雄勁，未免昔人筆過傷韻之譏，猶是仲白高冠長劍，初見夫子氣象。〔九〕

又論江貫道云：

貫道師巨然，筆力雄厚，但過於刻畫，未免傷韻，余欲以秀潤之筆化其縱橫，然正未易言也。〔一〇〕

南田論貫道之畫，筆力雄厚而失之過於刻畫以致傷韻，香山於南田爲先輩，《南田畫跋》中屢引香山論畫之語，固南田夙所服膺者，然亦嫌其用筆全爲雄勁，未免筆過傷韻之譏，此蓋南田翁重韻貶骨之論。今以惲本初傳世之作觀之，南田所議，未免過苛，兹不備論。綜觀上引諸條，知畫中風骨（氣）之所樹，實賴乎用筆，而神韻之所流，乃乞靈於用墨。笪江上有云：

墨以破用而生韻，色以清用而無痕。〔一一〕

又云：

宜濃而反淡則神不全，宜淡而反濃則韻不足。〔一二〕

並言畫中之韻實賴墨法以傳，江上復云：

山隈空處，筆入虚無，樹影微時，墨成煙霧。筆中用墨者巧，墨中用筆者能，墨以筆爲筋骨，筆以墨爲精英。

復推論筆墨兩者之關係，謂「墨以筆爲筋骨，筆以墨爲精英」可謂篤論。江上富收藏，精筆硯，與石谷、南田交至篤。三人者嘗爲書畫唱酬者累月不輟，〔一三〕江上所見，當與石谷、南田有合處。江上所謂「精英」者猶南田所謂「秀潤之筆」，畫中之韻是也，賴墨法以傳之，墨法有不足者，賦色以助之。戴醇士有云：

> 余畫嬾設色，此楮不適於墨，假色以助其韻。〔一四〕

墨以傳韻，色以助韻，蓋猶江上所云「墨以破用而生韻，色以清用而無痕」之義耳。綜論之，就繪事言，筆法所以見其氣，墨法所以傳其韻；以文章言，骨氣以見其峻爽，華辭以呈其藻麗。風骨之於辭采，亦猶筆力之於墨韻。鍾記室云：「干之以風力，潤之以丹采。」〔一五〕又其論思王之詩曰：「骨氣奇高，詞采華茂」，謂能兼美也。論公幹之詩曰：「真骨凌霜，高風跨俗，但氣過其文，雕潤恨少。」氣過之論，寧非南田「筆過傷韻」之喻？故筆墨二者實宜兼重，筆過足以傷韻，墨濫則氣敗矣，此洪谷子所以嗤吳道子有筆而無墨，項容有墨而無筆也。唐岱有云：「古人之作畫也，以筆之動爲陽，以墨之靜爲陰，以筆取氣爲陽，以墨生彩爲陰，體陰陽以用筆墨，故每一畫成，大而丘壑位置，小而樹石沙水，無一筆不精當，無一點不生動，是其功純熟，以筆墨之自然，合乎天地之自然，其畫以稱獨絕也。」〔一六〕觀乎劉彥和「若風骨不飛，則振采失鮮，負聲無力」〔一七〕之言，豈無合於繪心也哉？

予耳至樂樓主人之名久矣，其平居敦行誼，好文章，蓄書畫以厲其志，所藏多忠臣義士、仁人隱逸之遺蹟，往嘗讀墨齋勞先生爲輯之《明遺民書畫録》，輒心焉慕之，邇者主人擇其所藏之尤者展出中大文物館，欲以發潛德之幽光，表忠貞於末俗，余因得先睹焉。其石濤《黄硯旅詩意册》所謂離方遁圓，窮妍極態，無得無稱矣。若惲道生云「帶筆帶墨，無筆無墨，又有筆有墨」者。〔一八〕他作如石谿之《雨花木末圖》、漸江之《松巖蕭寺圖》《雲根丹寶圖》、查繼佐之山水册、鄒衣白之《擬大癡》、程穆倩之《讀書秋樹根》、深度之山水册、方密之之《截斷紅塵圖》等，類皆壯於氣而儉於墨，戴文節所謂「潤含春雨，乾裂秋風，得倪迂吮筆之妙」者。〔一九〕大抵麤服亂頭者多，冰肌玉骨者鮮也。〔二〇〕此蓋明末諸賢於甲申國變以後，多結茅深山，遯跡方外，莫不思親近魚鳥，耽意於枯寂之墟，時以豪素騁發其激宕積鬱不平之懷，有託而逃，豈與塵俗之士爭一日之短長哉？宜其所製富蒼古遒勁之氣也。劉彦和論建安之文曰：「觀其時文，雅好慷慨，良由世積亂離，風衰俗怨，並志深而筆長，故梗概而多氣也。」〔一一〕持此以讀明遺民之畫，思過半矣。

## 注釋

〔一〕梁元帝《山水松石格》。

〔二〕王維《山水訣》。

〔三〕方聞《謝赫第一法》：「在其（謝赫）著作中，絶無將『氣韻』作模稜兩可或總括性的使用，故『氣韻生動』一詞，極難給予一既精謹又簡明的定義。」（據方文中譯，刊《故宫周刊》一卷三期。）

〔四〕同注〔三〕。

〔五〕劉勰《文心雕龍·體性篇》。

〔六〕沈宗騫《芥舟學畫編》。

〔七〕張庚《圖畫精意識》。

〔八〕唐岱《繪事發微》。

〔九〕惲壽平《南田畫跋》。

〔一〇〕同注〔九〕。

〔一一〕笪重光《畫筌》。

〔一二〕同注〔一一〕。

〔一三〕關冕鈞《三秋閣書畫録》載笪江上、王石谷合作《秋谿漁艇圖卷》江上題識。

〔一四〕《南田畫跋·題畫偶録》。

〔一五〕鍾嶸《詩品序》。

〔一六〕《繪事發微》。

〔一七〕《文心雕龍・風骨篇》。

〔一八〕《三秋閣書畫録》惲香山書畫册。

〔一九〕戴熙《題畫偶録》評垢道人畫。

〔二〇〕《故宫書畫録》，周亮工集名家山水册，龔半千題程青谿畫云：「逸品首推二谿，曰石谿，曰青谿。石谿殘道人也，青谿，程侍郎也，皆寓公。殘道人畫，麤服亂頭，如王孟津書法；程侍郎畫，冰肌玉骨，如董華亭書法。」二者相較，蓋青谿於泉石林巒間，得煙水澄明之致；石溪於層巒疊巘中，著幽邃蒼古之意。

〔二一〕《文心雕龍・時序篇》。

載《明遺民書畫研討會記録》，香港中文大學中國文化研究所，一九七五年八月三十一日。頁六三三—六三八。

另載《中國文化研究所學報》第八卷第二期，香港中文大學中國文化研究所，一九七六年十二月。

# 簡岸先生學述

## 一

簡朝亮先生（一八五一—一九三三）字竹居，又字季紀，别署季己。廣東順德簡岸鄉人，學者因稱簡岸先生焉。少游朱九江次琦先生之門，九江先生講學禮山草堂，以讀書修身兩事教門弟子。其讀書之實有五，曰：經學、史學、掌故之學、性理之學、詞章之學；修身之實有四，曰：敦行孝悌、崇尚名節、變化氣質、檢報威儀。先生之學，根柢六經，融會漢宋，要以孔子之微言大義爲歸，而終求乎踐履之實。從游之士，以性分稟賦之異，各有專詣，其卓然大成者首推南海、簡岸兩先生。南海傳九江先生掌故之學，於古今治亂得失之故，究洞無遺，以爲晚清之積弱，非變法不足以圖强，著《孔子改制考》以張其説。簡岸先生踐履篤實，樂道自得，於九江先生之學無所不悦，而性理之學，尤契心傳。築讀書草堂於簡岸，讀學著書終其生焉。蓋南海主動求變，故倡維新；簡岸主靜守常，故務崇古。南海思藉治術以昌明孔道，簡岸欲假著述以光大孔學。其有功於孔子，固難軒輊也。簡岸先生講學於讀書草堂者歷十年，起光緒十六年（庚寅）訖二十五年（己亥）。翌年庚子，先生以世變日亟，挈家避地陽山縣，主人黄賓夔爲築讀書草堂於其地之將軍山，學者聞風而至，弦歌不輟，是歲先生已年逾知命矣。光緒三十四年（戊申），患山居不靖，復攜家隱居佛山之忠義鄉，杜門著述，終身不出。民國十八年（己巳）秋，其門弟子醵金購得廣州永福寺舊址，修葺爲松桂堂以校刊先生著述，迎先生居松桂堂。民國二十二年（癸酉）八月十日，先生以疾卒於松桂堂，得年八十有三。先生述作之已刊行者有《尚書集注述疏》三十五卷、《論語集注補正述疏》十卷、《孝經集注述疏》一卷、《禮記子思子言鄭注補正》四卷、《讀書草堂明詩》四卷及《讀書堂集》十三卷。

## 二

簡岸先生承禮山之教，於經史諸子之學，無所不窺，其門人張子沂詠南序其《讀書堂集》有云：「雖深山雪夜，幽齋火明，其功不少輟，往往徹宵無寐，鷄鳴嚮晨，猶聞讀稿微聲，時放筆於案者，洒然也。凡爲脱稿，本古經之義而旁通諸史，時詔遠近學者申告之，斷斷乎𢀖宣其義，如《漢書》所謂皆明經術者也。」其治學精勤，誨人無倦如此。然禮山之教重人倫而篤孝弟，故簡岸之學亦以禮爲先也。光緒三十四年（戊申），禮部聘先生爲禮學館顧問官，辭不就，撰《禮説》一篇以獻，大𢀖孔子愛禮復禮齊禮因禮之旨。民國十七年（戊辰），旅港門人倡建孔聖堂於港島之嘉露連山以宣講聖道，先生爲之記曰：

《論語》曰：「殷因於夏禮，所損益可知也。周因於殷禮，所損益可知也。其或繼周者，雖百世可知也。」如以百世而推，其道孰能棄禮歟？由周而來，有道者從禮則治且興，無道者背禮則亂且亡，其可知皆實驗，故曰孔子萬世之師也。

其申明禮義，推崇孔子爲「萬世師」矣。又曰：

《中庸》所以言至聖之道者，所及者遠也。曰：「舟車所至，人力所通；天之所覆，地之所載，日月所照，霜露所墜，凡有血氣者，莫不尊親，故曰配天。」此以見天圜包地圜九萬里，皆及至聖之道焉。……庶幾四海内外，可大同斯道也。道既大同，彼此各得其平。《論語》有一言可行者，曰：「其恕乎。己所不欲，勿施於人。」明此一言，謂「恕」之一字也。恕以取平，萬物無偏。

大同惟恕，即此一言，豈不世爲天下師哉？

是又以聖道造端乎尊親，大同必歸於仁恕，而尊孔子爲「天下師」矣。今者孔聖堂尚以時祭孔孟，亦先生之遺教也。禮學以外，先生最得禮山性理之傳，故其研幾探微，覃心《易》義，今摘其補正《論語集注》數條以見之，《論語・子路》「不恒其德，或承之羞」句下注云：

《易》象自下而上，六畫成卦，故有六爻以效動焉。其爻辭，周公爲之也。巽下震上曰恒，邢《疏》謂《恒》九三《爻辭》，王弼云：「處三陽之中，居下體之上，處上體之下。上不全尊，下不全卑，中不在體，體在乎恒。而分無所定，無恒者也。德行無恒，自相違錯，不可致詰，故『或承之羞』。」蓋邢據《易》王《注》也，今當備考焉。《後漢書・馬援傳》注引鄭《易注》云：「巽爲進退，不恒其德之象。又互體兑，兑爲毁折，或有羞辱也。」程《傳》云：「三，陽爻居陽位，處得其位，是其常處也。乃志從於上六，不惟陰陽相應，風復從雷，於恒處而不處，不恒之人也。其德不恒，則羞辱或承之矣。」此《易》説宜兼也。朱子《本義》云：「或者，不知其何人之辭。」言人皆得進之，不知其所自來，是也。故孔子《象傳》云：「不恒其德，無所容也。」

援皇《疏》王弼之言，明皇《疏》本出於王弼；引程《傳》以補鄭《注》，是融會漢宋之證。

又「子曰：不占而已矣」句下朱《注》曰：「其義未詳。」下復引楊氏説云云。《述疏》云：

鄭《注》云：「《易》所以占吉凶，無恒之人，《易》所不占也。」非也。夫《恒》九三《爻辭》，非《易》所占無恒者乎？申鄭者曰：「《禮・緇衣》稱『人而無恒，不可以爲卜筮』，即鄭説也。」失之矣。《易・象》云：「初筮告，再三瀆，瀆則不告。」若無恒者，二三其德，其於卜筮必再三瀆焉。故《緇衣》引詩言龜厭者以明之，而非所謂不占也。且《緇衣》云：《易》曰：「不恒其德，或承之羞。」「恒其德偵，婦人吉，夫子凶。」是引《恒》卦《爻辭》，又不惟九三也。其言各出故也。告，讀若谷。偵，古通貞。朱子於鄭《注》不采焉。其采楊氏説，亦以爲略通已也。故云：「其義未詳。」蓋如楊氏説，則占者非必遇《恒》九三也，未由知無常之取羞矣。謹按：《易·繫辭傳》云：「以卜筮者尚其占。」故曰「君子居則觀其象而玩其辭，動則觀其變而玩其占。」蓋辭者，占辭也。君子以占故，則必先玩占辭焉。如先玩至於《恒》九三占辭，豈不懼無恒則或進之羞乎。惟不占，則不以占故而先玩占辭。斯無恒亦不懼也。故孔子傷之曰：「不占而已矣。」

既辯鄭《注》之誤以明朱子不採鄭《注》之故，復據《易》義以見楊説之未善。

又，「不得中行而與之」章下注云：

《易》義，以行之無過不及者爲中行。如《泰》之九二曰：「得尚于中行。」猶《解》之九二曰：「得中道也。」狂者之志，狷者之節，皆有過不及焉。其不及則激厲之，其過則裁抑之。將見狂者力行，其進取，則取古之人，而進於道矣。將見狷者致知，其有所不爲，則可以有爲，而亦進於道矣。《易·復·象傳》云：「中行，獨復，以從道也。」庶幾於狂狷復之歟。

援《易·泰》《解》之義以説「中行」，據《復·象》以説「狂狷」，復辯包《注》、邢《疏》之失曰：

包氏云：「狂者，進取於善道；狷者，守節無爲。欲得此二人者，以時多進退，取其恒一。」由今考之，孟子云：「人有不爲也，而後可以有爲。」今而曰守節無爲，非洽也。《易·乾·文言》云：「上下無常，非爲邪也。進退無恒，非離群也。君子進德脩業，欲及時也。」蓋君子進退，中行時宜。道無恒一，而恒於進德。今而曰時多進退，取其恒一，亦非洽也。夫進取之進，猶進德之進。邢《疏》申包説：謂狂者知進而不知退，此豈明其進取於古之人進退善道者乎？曾晳言志，異乎酬知己者矣，豈不知退乎？狷者以退爲進焉，邢《疏》謂狷者應進而退，亦因包説而失之也。

簡岸《易》學之精微，《述而》「五十以學《易》」最足以見之，經云：子曰：「加我數年，五十以學

《易》，可以無大過矣。」朱子《集注》云：

劉聘君見元城劉忠定公，自言嘗讀他論，加作假，五十作卒。蓋加假聲相近而誤讀，卒與五十字相似而誤分也。愚按：此章之言，《史記》作「假我數年，若是，我於《易》則彬彬矣。」加，正作假，而無五十字。蓋是時孔子年已幾七十矣，五十字誤，無疑也。學《易》則明乎吉凶消長之理，進退存亡之道，故可以無大過。蓋聖人深見《易》道之無窮，而言此以教人，使知其不可不學，而又不可以易而學也。

先生據《史記·孔子世家》及《釋文》不言此章有「五十」之文，而以劉安世所見「五十」作「卒」之本爲古：

忠定者，劉安世之謚也，《宋史》有傳。元城者，今直隸省大名府元城縣也。金氏履祥云：舊經無版本。太學博士，兼立諸家本。學者所在傳寫焉。迨後唐長興三年以來，國子監始有版本。然與唐開元本，微有不同。開元本所寫已與古本不同。自來民間傳寫本猶有存者，故劉忠定尚得見他論也。《史記》世家云：「孔子晚而喜《易》。序《彖》《繫》《象》《說卦》《文言》。讀《易》韋編三絕。曰：『假我數年，若是，我於《易》則彬彬矣。』」蓋此叙於孔子年六十八，歸魯後也。如史遷所見古本爲五十字，豈其叙此於歸魯後乎？《釋文》云：魯讀易爲亦，今從古。此據鄭《注》也。魯讀亦屬下焉，而《釋文》不言五十異文，猶其不言加作假也。

由是推之，他論五十作卒，安見必非古本乎？

復辯何《注》、邢《疏》說「五十」之謬，而作「卒」之異文爲可從，又據《易》說申明「無過」之義：

何《注》云：「《易》窮理盡性以至命。年五十而知天命。以知命之年，讀至命之書，故可以無大過。」邢《疏》云：「加我數年，方至五十，謂四十七時也。」邢據「三年通一藝」而爲之說爾。今考《禮・經解》云：「孔子曰：『入其國，其教可知也。其爲人也，絜靜精微，《易》教也。』」蓋《易》教亦國教焉，《晉語》所以言司空季子明《易》占也。今以孔子之聖，何爲年幾五十而始學《易》乎？如非始學也，則又終身學焉，豈可定五十乎？夫五十而知天命，此孔子七十後之言也，豈年幾五十而豫期之乎？且年幾五十，非若年幾七十之將盡也，何必以加年言之乎？或曰：「加者計數之辭。」然何不曰：「吾年四十七，將學《易》三年。」而乃言之迂曲乎？《漢志》言「三年通一藝」者，以六藝去《易》而言也。《易》學無窮，豈以三年限乎？或曰：「《曲禮》云：『五十曰艾，服官政。』《王制》云：『五十始衰，六十不親學。』故孔子言『五十學《易》』焉，將假入官之年而窮經也。此加，作假也。」今考「僖二十八年」《左傳》云：「天假之年。」蓋假者，天假之也。《書・多方》云：「天惟五年須暇之子孫。」暇者，假也。亦天假之也。若夫年四十餘而厲學，我不入官，即其暇矣。此自我爲之，不必人假之也。安在天假之乎？孔子之學，不知老之將至，豈同六十不親學之常乎？或曰：「五十者，非謂年也；五十者，合天地之中。此數理之學也。」今考《易・繫辭傳》云：「大衍之數五十，其用四十有九。」此「用九」「用六」所由生也，豈惟言「五十以學《易》」乎？苟辯於斯，則五十作卒之異文宜從也。《易・繫辭傳》云：「吉凶者，失得之象也。變化者，進退之象也。」故《泰・象傳》云：「內君子而外小人。君子道長，小人道消也。」《否・象傳》云：「內小人而外君子。小人道長，君子道消也。」此吉凶之分也，亦存亡之著也，而進退因焉。《乾・文言》云：「知進退存亡，而不失其正者，其唯聖人乎。」蓋《易》者，聖人以其知，而示人之不知者也。《易・繫辭傳》云：「聖人以此洗心，退藏於密，吉凶與民同患。」故曰：「其出入以度，外內使知懼。又明於憂患與故。無有師保。如臨父母。」此所謂「懼以終始。其要無咎」也。故曰：「無咎者，善補過也。」孔子學《易》，其言天地萬物也，皆以人事言之。凡六十四卦，其《象》皆稱君子以之者焉，求無過也。今不曰「可以無過」，而曰「可以無大過」，謙也。《集注》云：「聖人言此以教人。」謂其使知此也，則失聖人之自勉者矣。此朱子未及脩之爾。如曰蓋聖人深見《易》道無窮而言此焉。學者於此，則知《易》不可不學，而又不可以易而學也。

夫《易》學極天理而窮人事，先生於《子罕》「子罕言利」章中嘗據《易》義以辨義利矣：

《易·乾文言》云：「利者義之和也。」何注稱焉。凡《易》言利者，皆義之得宜而和也。此義中之利焉。若《大學》，所稱不以利爲利，以義爲利也。《經》云：「因民之所利而利之。」其即《文言》稱「君子利物，足以和義」者乎？蓋子之言，利若斯也。利物者，義中之利也；然有慮焉。《易·繫辭傳》云：「利用安身，以崇德也。」非亦義中之利邪。《經》云：「知者利仁。」即斯意也，非罕言之；慮其計利則害義也。《經》云：「有殺身以成仁。」故曰：「造次必於是，顛沛必於是。」此孟子所以言「舍生取義」也；董子所以言「正其誼不謀其利」也，皆足以明乎「子罕言利」者也。如以利爲利，此義外之利焉，則子不言矣。《經》云：「放於利而行，多怨。」又云：「見小利，則大事不成。」皆所戒也。孟子云：「何必曰利？」誠知乎懷利以相接者之不宜言也。如學者不辯於斯，義外之利，且競言矣，況義中之利乎。

而天道綿邈，非人所能究知者，此孔子所以樂天知命，孟子所以修身俟之之故。樂天者成天道也，脩身者求在我者也，人事也。《漢書·董仲舒傳》云：「孔子曰：天地之性人爲貴。明於天性，知自貴於物，然後知仁誼，知仁誼然後重禮節，重禮節然後安處善，安處善然後樂循理，樂循理然後謂之君子。」夫仁義、禮節、處善、循理者，人之所以貴於萬物者也。及其至也，乃能「篤信好學，守死善道」（《泰伯》）。簡岸於此章下引《易·繫辭傳》申之曰：

化而裁之存乎變；推而行之存乎通；神而明之存乎其人。默而成之，不言而信，存乎德行。如非好學歟，則何以能變通盡神而成其所信者哉？

是亦足見先生體道之深矣。下復引揚雄、龔勝之事爲說：

漢揚雄好學，似矣，非篤信而好之也。王莽簒漢，雄爲莽大夫，則無守也，其道安在。龔勝不受莽太子師友祭酒之官，不食十四日而死，無慚乎好學明經者矣。《漢書・贊》云：「守死善道，勝實蹈焉。」豈不然乎。《漢書・傳》云：「勝死時七十九矣。有老父來吊，哭甚哀，既而曰：『嗟乎！薰以香自燒，膏以明自銷，龔生竟夭天年，非吾徒也。』」此豈不謂守死非善道邪！其傳録之，何也？班固爲《漢書》，常排死節，此其私心猶在爾。

既識揚雄之爲莽大夫爲無所守，復引《漢書》記龔勝事斥班固排死節之私心，嚴氣正性，非先生見道之深，曷足語此？然亦禮山「崇尚名節」之遺教也。

《易》學而外，先生最重詩學，及門弟子無不能詩者。先生論詩首重性情，其言曰：

言詩派者曰學李，曰學杜，曰學韓，曰學某派，是知詩派之末，而不知性情之本，無思兼者也。豈不異《離騷》邪！《史記》曰：「《國風》好色而不淫，《小雅》怨誹而不亂，若《離騷》者，可謂兼之矣。」《離騷》則無可頌，如非《離騷》時，兼頌奚不可也。（按：先生論詩以爲雅可兼風，「雅自政事而言，亦風也」。引《大雅》吉甫「其詩孔碩，其風肆好」爲證，「頌則以風之美者陳告」，是頌亦可兼風。）古之言詩者，書文初開，因性情而漸著於文，未有韻書，惟和之以天成之聲音。其爲詩也順而易，故《國風》女子皆有成章。後世爲詩者，時因制試案韻書成律句，先防聲病，非由性情。其爲詩也勉而難，故士人詩學勤今體而疏古體。如欲得詩歌之正，非自子瞻言（按：謂熟讀《國風》《離騷》，曲折盡在是）思

之，通子夏《詩序》而爲詩，何以得詩義哉？（見《讀書草堂明詩》卷一）

其論詩既重性情，其治《詩》亦不專主一家之言，而必以性情爲歸。

《論語·陽貨》「小子何莫學乎詩」章下「可以怨」句，朱注云：「怨而不怒。」先生舉《詩序》之言而論朱注之不善：

《詩序》云：「亂世之音怨以怒，其政乖。」今《集注》言怨而不怒者，斯不從《序》說也。蓋《詩》怨而不怒者多矣；然怒則有焉。《詩·巷伯》云：「取彼譖人，投畀豺虎；豺虎不食，投畀有北；有北不受，投畀有昊。」《詩》孔《疏》謂此爲怒之甚也，以政乖由譖故也。則《集注》說未可概詩義歟。孔《注》云：「怨刺上政，本《詩序》也。」惟《序》於此言亂世政乖者爾。詩之言怨者，又非一端也。

先生謂詩之言怨非止一端，怨而怒者亦所在多有，《巷伯》之怒，亦以國亂政乖，疾惡讒佞之故，是亦出於性情之本真，不足爲病者也，要言之，「詩由性情之本而生，非由字韻之末而生」（《讀書草堂明詩》卷一先生自注），二語可以砭末俗之病矣。

## 三

先生講學著述終其身，陶鈞群才，作育多士，以下略述其薪傳。先生之學既重經史性理，其及門弟子無不博通經史，通《易》理，如南海張子沂詠南，陽山黃其勛贊襄，鶴山劉敬德雪一、南海何猷仲秩、何紹莊直孟，馬黼文富文、三水梁士訢少保（先生東床，長兄士詒）、順德黃節純熙、伍莊憲子、鄧實秋枚、鄧方秋門、岑光樾敏仲、新會何衮仲褒、開平張啓煌筱峰、新會李洪澤智崇，俱有聲於時。其以詩名世者黃晦聞、伍憲子、鄧秋枚、秋門兄弟。設教講學嘉惠士林者張筱峯、李智崇，卓著成績。分述其學術大略如次：

（一）黄節，原名玉崑，字純熙，號晦聞，別處佩文，順德人。受業簡岸讀書草堂三年，與同門鄧秋枚、秋門兄弟赴上海，搜集明清禁書，創國學保存會。復辦《國粹學報》辨華夷之別。民國興，任廣東高等師範監督，歷任北京大學、清華大學教授，後嘗出任廣東教育廳長。傳《詩學》，箋注漢魏樂府、陳思、阮籍、大小謝、鮑照等詩。民國廿二年秋，簡岸先生殁，聞耗慟哭成疾，二十四年一月卒於北平。得年六十二。其詩集曰《蒹葭樓詩》，行政院長汪精衛爲刊行之。先生之詩取徑後山，而氣勢排奡不讓海藏，録《諸將》五首之二《詠台澎》一首，時當戊戌間，台澎新割讓日本也：

> 極天風鶴到澎湖，漫説炎州一小隅。嶺海春深邊信急，臺城秋老大軍孤。八閩地險今何恃，七道邊防敵不虞，依舊嶼分三十六，義軍猶欲殺倭奴。

其《庚子重九登鎮海樓》七律云：

> 東南佳氣鬱高樓，天到滄溟地陡收。萬舶青烟瀛海晚，千山紅樹越臺秋。曾聞栗里歸陶令，誰作新亭泣楚囚。憑眺莫遺桓武恨，陸沈何日起神州。

蒼涼壯闊，直欲摩遺山之壘，豈與時流爭勝哉？

（二）伍莊，字憲子，又字憲盦、獻盦，順德人。年十八，從游南海萬木草堂，後以慈命受業讀書草堂。光緒三十年（甲辰）與徐君勉主《香港商報》筆政，宣揚孔道，成立孔聖會於荷里活道（今文武廟左鄰有其會址），先後主《南洋總匯報》《廣州國事日報》，倡導民主，深入民心。辛亥革命成功，先生簡任廣東内務司長。四年十一月，袁氏稱帝，先生與梁任公、蔡松坡、徐君勉諸公發動推翻帝制。袁氏徂逝，先生在京主持《唯一日報》，呼籲南北和議，後以和平無望，先生遠適三藩市，主持《世界日報》，鼓吹和平團結。九一八事變，倡儀各黨組織聯合政府，一致抗日。太平洋戰事發，先生原擬赴桂林，以八十高堂不能遠行，乃滯留香港，隱居奉母。民國三十八年，母羅太夫人卒。先生辭絶政事，執教於聯合書院，鼓吹中國文化，發揚人道精神。一九五九年九月，先生病逝九龍，得年八十餘。先生畢生奔走革命，宣揚文教，詞章之學，特其餘事耳。三十四年（乙酉）先生與黄偉伯、謝焜彝、馮漸逵、沈仲節、李景康諸公合組碩果詩社，鼓吹風雅，極一時之盛。其命名碩果者，取「碩果不食，爲我心惻」古詩教之義，蘄有補於世道人心，非徒爲文酒之會也。今居港之能詩耆老，無不出於碩果社者。先生詩集曰《夢蝶詩存》，未見。録其《秋懷》七律一首：

鬱鬱孤懷固不舒，故園草木失扶疏。漸忘兒女春閨事，肯傍龍蛇大澤居。萬里投荒尋笠屐，幾人爭地借犁鋤。意時尚憶秋聲賦，夜起挑燈讀異書。

（三）鄧實，字秋枚，號君實，順德人，與弟秋門同游讀書草堂三年，與弟秋門及同門黄晦聞相偕之上海組國學保存會。袁氏稱帝，秋枚撰文聲討，不遺餘力，有功於建國也。先生處横流滔滔之日，欲申明天下之公誼公言，使復著於天下，乃與晦聞等搜集四方珍帙，刊爲《國粹叢書》以行世；又以欲鼓吹新思想，則唯有韻之文爲易入，故序其弟秋門《小雅樓湖海感事詩》有云：「夫日本變法，詩歌猶存，法德强邦，以詩興國。故發人之志氣，鼓吹人愛國之精神，莫善於詩。」先生亦有《湖海感事詩》一卷，未見。

（四）鄧方，字秋門，秋枚弟，年十六隨兄秋枚受業簡岸讀書草堂，穎悟異常人。光緒二十四年（戊戌）卒，年二十一。有遺詩千餘篇，三十年（庚子），所著《小雅樓湖海感事詩》刊行於廣州，黄晦聞爲之序。録其《諸將》五首之一：

台灣莽莽七鯤洋，此地終成割據場。五夜燒雲山鬼火，十年窺島水仙航。洗兵魚海星辰黑，秣馬鯨池組練光。安得椎牛三十嶼，將才重見戚南塘。

是亦爲台澎割讓而作，中兩聯瓌詭而渾成，視晦聞所作不遑多讓，誠天生聰明絶異之才也。

（五）張啓煌，字筱峯，開平人。少孤，事母孝。及壯，受業簡岸讀書草堂三年。赴光緒（癸卯）恩科鄉試，中式第二名舉人。辛亥革命，設帳澳門，轉遷香港與同門李智崇合教原道書院，遵簡岸遺規，守禮山教條。港人得聞禮山簡岸之學，蓋多受之筱峯與智崇兩先生也。先生淹通經史，精《易》理。以爲以義理解《易》，不始於宋儒而始於王弼，弼能於象數之外説《易》，爲能出風氣之外，所惜雜入清談，則又不能脱時代之風氣，誠爲知言。先生著作繁富，有《學門述要》《五經述訓》《孟子講義》《四書文法》《朱九江先生集注》《殷粟齋文集》《開平縣志》等傳世。

（六）李洪澤，字智崇，又字賜崇，新會人。少慕鄉賢陳白沙先生之風，清峻澹名利。光緒二十三年（丁酉）偕弟智達受業簡岸讀書草堂，三年通大體。杜門潛修，淹博群籍，尤邃於《易》。後復從外祖潘蘭坪習岐黄術。辛亥政變後，隱居增城，行醫活人。旋應同門張筱峯之邀，赴港合教原道書院，并就聘漢文師範學院講席（按：即今羅富國教育學院之前身）。香港從事中文教育者多出先生之門。太平洋戰事發，香港淪陷，先生攜家人回里，遇寇擾，悲憤成疾卒，得年七十。先生遺著有《讀書堂紀聞》十卷、《讀學筆記》二十卷、《宋明儒哲學概論》、《焚香卜易記》等多種。

宗豪以公元一九四七年丁亥移居港島，入少周小學，得聞孔孟之道，旋入讀金文泰中學，頗聞簡岸餘緒；既入大學，乃知簡岸揚嶺學之大略，謹撰是篇，用告來者。本文撰寫期間，承簡岸弟子何子忠曼庵先生提供《禮山草堂緒餘》及簡岸先生手稿等資料，謹志不忘。

孔子誕生二千五百四十二年辛未八月廿八日宗豪識於港島之均風樓

載《海峽兩岸學者首次儒學對話》，中國孔子基金會學術委員會編，濟南齊魯書社，一九九三年十二月。頁二八〇—二九三。

# 影印殷粟齋集弁言

《殷粟齋集》者，開平張啟煌先生之遺著也。先生字筱峯，廣東開平沙崗鄉人，早歲從簡竹居先生遊，爲朱九江先生之再傳弟子。光緒間先生以鄉試第二名中式，得派山西省候補知事。辛亥革命後奉母還鄉，初授徒於新會縣城，後與鄰邑趙宗壇先生合館於新昌埠。如是者絳帳屢遷，最後又與同門李智崇設立原道書院於香港，遵簡岸遺規，宏禮山教化，港中學子之得聞宋明理學精義，實有賴二先生之傳授。筱峯先生淹通經史，著作宏富，所著《學門述要》《五經述訓》《孟子講義》《四書文法》《朱九江先生集注》《開平縣志》各篇，久爲世重。惟《殷粟齋文集》未見刊行，知之者鮮。今幸得先生之門人利榮森博士出所藏抄本付印，俾後學可窺見先生爲學之涯略，其意至善。

先生遺作之以「殷粟」爲名者，《殷粟齋集》外，別有《殷粟齋易談》《殷粟齋春秋》兩種。「殷粟」云者，蓋「周粟」之對稱。於時先生避地港澳，師管幼安「講詩書、習俎豆、非學者勿見」之故智，與諸生習禮、講詩書者二十餘年，論學論文，是亦欲存兩間清剛粹美之氣者。因裒集手定學者課卷及先生自爲之文凡千有餘篇，以經史子爲序。集部之製以人名爲題者，按時代入之史部。集中各題悉以開通讀書門徑爲主，因材施教，彫琢成章，實總集之體，而以先生一手改定，故入之別集，號曰《殷粟齋集》，亦呂氏《東萊博議》之成例也。

先生論學，特重氣節，如「夷齊叩馬箕子陳疇論」條云：「武王伐紂時，去文王死已十餘年。《史記》

稱武王上祭于畢，在孟津之前。畢，文王墓也，何嘗不葬？王介甫因此力辯夷齊無叩馬事。介甫何人，配與之論夷齊乎？合箕子以論夷齊則可也。武王之非不孝不仁，夷齊寧不知之？武王之可以傳《洪範》，寧獨箕子知之？顧亭林所稱明代夷齊者，以死自誓。不臣清室，而肯備顧問，開大清一代儒宗。《日知録》一書，自謂自體及用，可爲王者師。古今聖賢路上人，傳道之事，誠不急于其守節之志。亦正唯有守節之志，然後可以任傳道之事。……夷齊叩馬，經之經；箕子陳疇，經之權。但無經不許輕言權，此不可不知也。」此先生以守節與傳道不可析分之一例。又「柏舟群小説」條云：「無氣節而徒有德性，則必致隱忍偷生；無智謀而徒有氣節，則必致殺軀無濟；無德性氣節而徒有智謀，則必不免擅權專政。」此可見先生不蔽於一偏之達論。

先生於經子百家之書無所不觀，尤深於《易》學，然後能以《易》明經，以《易》詮史，若「兼山艮君子以思不出其位」條：「艮之大象曰：兼山艮，言兩山並立也。自兩以上至千山萬山，皆作兩山觀之。兩雷、兩風、兩水、兩澤皆有相往來之理，惟兩山并立，不相往來，此止之象也。曰君子思不出其位，卦互震坎，震爲出，坎爲隱伏；隱伏不出，坎陽在中，象心，心，所以思也。……《中庸》曰：『君子素其位而行，不願乎其外。』得此意矣。」又「負且乘致寇至」條云：「解之六三曰：負且乘，致寇至。虞氏：負，倍也。二變時艮爲背，謂三以四艮倍五也，五來寇三時，坤爲車，三在坤上，故負且乘。五之二成坎，坎爲寇盜，上位慢五，下暴於二，慢藏誨盜，故致寇至。此特言其象耳。……世未有小人居君子之位，而盜賊不接踵於天下。秦有李斯、趙高而後有陳勝、吴廣；唐有李林甫、楊國忠而後有安禄山；明有魏忠賢而後有李自成、張獻忠。《詩》曰：「人之云亡，邦國殄瘁。」無善人之謂也。讀《詩》至《伐檀》《碩鼠》而知魏滅於晉之由，至《黄鳥》《晨風》而知秦入於漢之故。……」斯皆足見先生之經學根柢於《易》，其於絜靜精微之理，體會彌深。其所論輒取經史以徵於人事，詳考據而不拘於古人之成説，明義理而不落空言，體用兼備，此誠真實無妄之學者。集中勝義紛陳，皆能發前人所未發，其好學深思，尤非時流所可企及，善學者循讀其文必能自得之矣。

戊寅夏日《殷粟齋集》編者賴恬昌、杜祖貽、常宗豪、楊公烈、文覺謙謹識

載張啟煌著《殷粟齋集鈔本·目録》，香港北山堂藏版，一九九八年。

# 湖南博物館藏白石篆刻跋

胡適《齊白石年譜》光緒二十二年丙申（一八九六）條下，黎錦熙按語云：

白石此年始講求篆刻之學。時家父（黎德恂，字松安，別署松庵，小於白石八歲）與族兄鯨庵（黎承禮，字薇蓀，號鯨庵，白石印友，摹刻得力最多）正研究此道，白石翁見之，興趣特濃厚，他刻的第一顆印爲「金石癖」，家父認爲「便佳」。此印及其早歲的工筆畫「處女作」，多存我家，直到民國二十三年湘潭淪陷，被日軍摧燒殆盡——家父的《松翁自訂年譜》載：自丙申（一八九六）至戊戌（一八九八）共刻印約百二十方，己亥（一八九九）又摹丁黃印二十餘方。這幾年白石與家父是常共晨夕的，也就是他專精摹刻圖章的時候。他從此鍥而不舍，並不看作文人的餘事，所以後來獨有成就。〔一〕

黎氏這段按語説明了兩點：一是白石老人於一八九六年丙申始「講求」篆刻之學，第一顆印是朱文的「金石癖」（圖1）；二是白石並不把篆刻擬視爲文人餘事，所以後來有成。關於第一點對後人評論白石篆刻的影響很大，視「金石癖」一印爲白石「入門時正式刻成的一方石章」，而認爲它只是「起步之作」，而嫌其「粗疏」。〔二〕其實諦視此印雖用朱文切刀法，而雄勁之氣，隱隱見之，恐非初學操刀者所能到。若以浙派「古拙」之趣求之，此印或尚有未盡善處；但若非白石已有近二十年刻木的運刀之術，易作他人，恐難有此雄勁。何況白石開始治印之年是否果如黎氏

圖1　黎錦熙説白石所刻第一顆印“金石癖”

所云在丙申（一八九六）之歲？也大可懷疑，「講求」二字，更大堪玩味。

第二點黎氏指出白石不把治印視作文人餘事，而是專精摹刻，因而「獨有成就」，倒是其言不虛。圖2是白石刻於戊戌（一八九八）年的「我生無田食破硯」仿丁鈍丁，印上有黎鏶安（名承福，字壽承，黎承禮鯨庵之弟）補刻的款識：「鈍叟有此印，寄老仿之，直得神似。近來以鐵書稱者，吾家松莽（松安）鯨公（薇蓀）而外，它人未許夢見斯種也。」此印用切刀法摹鈍丁，確已「神似」。此印上距丙申（一八九六）頭尾不足三年，而能精進如此，下過鍥而不舍的苦功是可信的。白石於民國六年丁巳（一九一七）夏五月因避鄉亂，竄入京華，借居法源寺，始識陳師曾。七月陳師曾贈七古一首《題借山圖》，認爲白石「印工而畫拙」。〔三〕陳師曾筆下的「工」「拙」之意雖不易索解，但據黎錦熙的《瑟僴日記》所記：

（六年）十月廿五日，師曾來，談及瀕翁近所刊印，縱橫有餘，古樸不足。畫格甚高，然能賞之者即能評其未到處。〔四〕

陳師曾對白石那時的篆刻，雖有「古樸不足」之憾，而他確是覺得白石彼時之畫作未如篆刻。展品第八十九號「北城沙門」，九十號「萬物滄江」、九十一號「桂樹叢生」三白文印，確得縱橫捭闔之勢。此三石邊款未記年月，若與丁巳（一九一七）居法源寺爲楊昭儁所刻的一系列印章比較，可信此三石當是同期之作。以白石丁巳（一九一七）五十五歲的作品而論，自丙申至丁巳，中歷二十二年，其間白石經歷了壬寅至己酉（一九〇二—一九〇九）的五出五

圖2　戊戌（一八九八）白石仿丁敬“我生無田食破硯”朱文印

歸，「身行半天下，得與一時勝流交遊」，以白石的天份，加上鍥不舍的精勤，此時他的印學實已卓然獨立，而不必等待後來形成單刀印的橫畫下光上毛，豎畫左光右毛的公式化風格，才肯定他的創新精神。李奇峰的《齊白石印集》著録了兩方丁巳年白石贈給陳師曾「五石堂」和「朽木不折」兩面白文印（圖3），〔五〕此印陳師曾先刻，故有陳刻邊款：「養庵贈此石，遂破斧鐙下。」然師曾對己作並不愜意，因而磨去，央白石代刻，所以白石在陳款旁加刻：「朽道人自刻自廢，可惜也。」（圖4）白石在另兩邊又刻了兩段識語：

> 余既刊「五石堂」，又刊「朽木不折」，非朽道人意也。「印無安穩倒頭刊」，余舊句也。髮盡目昏，故我猶在，可笑也已。（圖5右）五石堂主人之篆刻，余不若也。索之于余，得毋喜其爲人耶？一笑報之。丁巳七月同客京華。弟璜。潛庵招飲，可早來。十六日。（圖5左）

圖3　（左）朽木不折　（右）五石堂

圖4　兩面印陳齊兩人之邊款

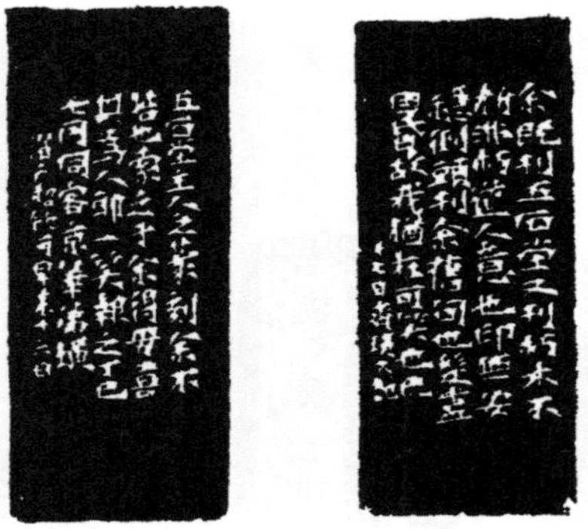
圖5　兩面印之白石款識

從白石的識語看來，師曾自刻的原石只刻了「五石堂」，白石在石的另一頭加刻了「非朽道人意」的「朽木不折」，並在邊款上自刻舊句「印無安穩倒頭刊」作此印的注脚，此印以衝刀作漢白文印，氣象恢宏，唐雲先生以「樸茂蒼潤」譽之，〔六〕實已足與當時印名滿天下的陳師曾相頡頏。試看陳師曾「無娛爲歡」

一印（圖6），此印也是陳師曾爲借居法源寺的楊昭儁所刻，並在邊款上説明「無娛爲歡」是崔騆語（圖7右），白石在印的另一面加刻邊款，指出「我以無娛爲歡」爲董京答孫楚語，陳師曾誤記爲崔騆語（圖7左）。董京答孫楚語見《晉書·隱逸傳》，作「無娛我以爲歡」。白石款刻於丁巳九月一日，計白石與師曾相識於是年七月，師曾爲白石題《借山圖》七古，白石爲師曾補刊「五石堂」「朽木不折」，九月白石爲師曾「無娛爲歡」印加刻跋語，可見二人此際朋友講習的相得之情了。可以説從丙申（一八九六）到丁巳（一九一七）的二十二年當中，白石在篆刻上確是下過一番苦功的。在這二十二年中，「五出五歸」（壬寅至己酉）的八年，白石「身行半天下，廣結天下勝流」，是白石行萬里路，開擴目光的階段；而壬寅（一九○二）以前，則是白石在篆刻上閉門痛下苦功的階段。從白石「講求篆刻」的丙申（一八九六）年起計，到壬寅（一九○二）年，合共有七年，這七年再加上「五出五歸」的八年，閉門的苦功加上身行半天下的閲歷，該説得來殊不易了。白石有《憶羅山往事》詩兩首〔七〕，追憶與羅松安共學印刻之勤苦：

圖6　無娛爲歡

圖7　（左）白石加刻邊款　（右）陳師曾邊款

其一

石潭舊事等心孩，磨石書堂水亦災。
風雨一天拖雨屐，傘扶飛到赤泥來。

其二

誰云春夢了無痕，印見丁黃始入門。
今日羨君贏一著，兒爲博士父詩人。

在第一首第二句下，白石自注：

余學刊印，刊後復磨，磨後又刊。客室成泥，欲就乾，移於東，復移於西，移於八方，通室必成池底。

黎錦熙在這兩首詩的按語中，也記録了白石刻印「隨刻隨磨」的努力：

後漸熟識鯨菴（承禮，字薇蓀，黎培敬第三子）、鐵安（承福，字壽承，培敬四子）兄弟，頗自負能篆刻，一日問鐵安：「我總刻不好，奈何？」鐵安答曰：「南泉的礎石，挑一擔歸，隨刻隨磨去，盡三四點心盒，都成石漿，就刻好了。」白石默識其言。自是至庚戌（一九一〇）十年間果成名。〔八〕

這樣説來，白石詩説「磨石書堂水亦災」實乃實録，湖南省博所藏的「一邱一壑自謂過之」朱文印，「黃金虛牝」白文印，都是用礎石刻的，兩印都是規模丁黃的，加上朱文印邊款有「丁酉秋」（一八九七）的字樣，可證白石詩與黎氏按語的可信，南泉的「礎石」，大概是白石治印時最易得的印材。直至民國七年戊午（一九一八），白石避兵匿居紫荊山下，（白石於上年丁巳十月自京還湘潭，初十到家）自言：「同爲偷活，猶恐人知。遂吞聲草莽之中，夜宿露草之上，朝餐蒼松之陰。時值炎熱，赤膚汗流。緑蟻蒼蠅共食，野狐穴鼠爲鄰。如是一年，骨與枯柴同瘦，所有勝於枯柴者，尚多兩目，驚怖四顧，目睛瑩然而能動也。」〔九〕此時「吞聲草莽之中」的白石刻了一方三面印（展品七十一號）記録其事，印文分別是：一、「艸間偷活」，二、「重游京華歸後」，三、「丁巳劫灰之餘」。這方印材也是礎石，可見礎石是他得之極易的印材。這方三面印都是用衝刀刻朱文，用筆用刀之獷悍剽勁處，爲老人前此所未見。在生死繫於一髮之際，老人那還顧及是皖是浙，純乎出於他多年的金石造詣，以及他少年時代的木匠技藝，不自覺地噴薄而出。篆法上也不管是秦是漢，古籀《説文》，一鑪共冶，甚且甘冒大不諱，杜撰成字。如「重游京師歸後」一印的游字，作㳺字的右旁竟省作斿，在篤信許書者看來，實已離經叛道，但却無害於全印章法的完整。白石這種大膽的創新風格，純然出於生命處於危疑之際，遭受了極大的逼迫下而產生的一種迴響，所以丁巳這年實是白石印學歷程的一大關鍵。

丁巳以前白石的印學字自然以學丁黄，摹趙撝叔之《金蝶堂印譜》爲人所樂道，〔一〇〕但其間受挫於丁拔貢一事，才是他治印歷程中的一個轉折。關於此事，白石在宣統二年庚戌（一九一〇）那年爲茶陵譚氏兄弟延闓（組安）、恩闓（組庚）、澤闓（組同、瓶齋）所刻的「茶陵譚氏賜書樓世藏鼎籍金石文字印」上刻了一段長跋追述此事。（圖8）湘潭敖普安先生有專文對此事作過翔實的探索，〔一一〕不贅。下面録出白石印跋，俾讀者知其梗概：

庚子（一九一〇）前，黎鐵安代無畏兄弟（組安延闓號無畏）索篆刻於余十有餘印，丁拔貢者以爲刀法太「孏」，譚子遂磨去之。是時余正摹龍弘秋庵，與丁同宗匠，未知孰是非也。黎鯨公亦師丁黄，刀

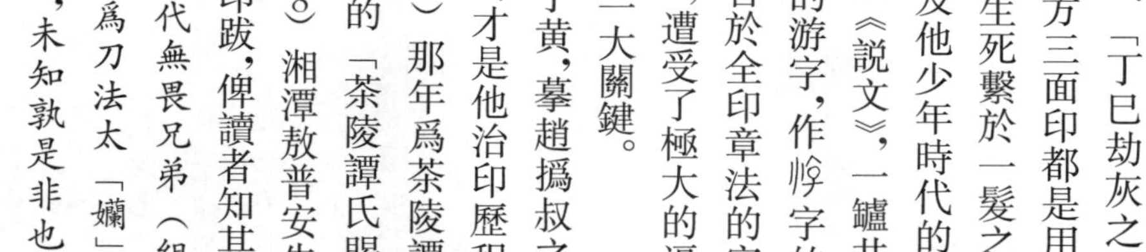

圖8　譚氏賜書樓藏書印

法秀雅，余始師之，終未能到。然鯨公未嘗見誹薄，蓋知余之純任自然，不敢妄作高古。今人知鯨公者亦稀，正以不落漢人窠臼耳。庚戌（一九一〇）冬節汪無咎來長沙，以譚子皆能刻印，想入趙撝叔之室矣；復喜余篆刻，爲刊此石以酬知己。王湘綺近用印亦余舊刊。余舊句云：「姓名人識鬢成絲」，今日更傷老眼昏眊，不復能工刻已。

這段感慨繫之的長跋，道盡了白石治印生涯的辛酸。張次溪筆録的《白石老人自述》也記載了這件事，〔二〕並且說他對丁拔貢的批評，只「付之一笑而已」。但從上段印跋可以看出，他對丁氏的惡詆以至譚氏兄弟磨去齊印改求丁刻，實在耿耿於懷。白石一則說他之學丁黄乃「純任自然」，以示與丁拔貢印風不同；再則舉王湘綺近印亦屬白石舊刊以自重。至於此次（庚戌一九一〇）再爲譚氏刻藏書印是爲了「以酬知己」，言外之意，不言而喻。

這次展品第六十七號「譚澤闓印」衝刀白文印，印側有淺刻邊款四行，字跡隱約可讀：

光緒丁未（一九〇七）嘉平月作於長沙臬署，小鈍丁。

「小鈍丁」正是丁可鈞的別號，可知此印原是丁未年（一九〇七）丁可鈞爲譚氏兄弟所刊之石，後又被譚氏兄弟磨去，改央白石重刻，所以才有「白石老人後刊」的款識。雖說白石得以一洗庚子譚氏磨印之恥，但譚氏兄弟任意磨滅印人心血，世態炎涼，至於斯極，白石老人與丁拔貢亦當同聲一哭也。

戊寅清明後三日草於濠鏡橋南之思玄閣

注釋

〔一〕胡適：《齊白石年譜》（以下簡稱「胡《譜》」）頁一一。一九七二年十二月台灣「中央研究院」胡適紀念館出版。

〔二〕茅子良《齊白石的篆刻》，見《書與畫》，上海書畫出版社，一九九三年第二期，頁二五。據茅文稱「此印刻於黎松庵家，後爲王森然珍藏」。

〔三〕見胡《譜》民國七年條下引陳詩：「履於刻印知齊君，今復見書如篆文。束紙叢蠶寫行脚，脚底山川生亂雲。齊君印工而畫拙，皆有妙處難區分。但恐世人不識畫，能似不能非所聞。正如論書喜姿媚，無怪退之譏右軍。畫吾自畫自合古，何必低首求同群？」詩中雖説白石「印工而畫拙」，但又説「皆有妙處難區分」，似乎對白石的印與畫無所軒輊於其間，工拙之「拙」，只可理解爲「古拙」，而不是指繪畫技巧上有不足之處。何況下文更説「但恐世人不識畫，能似不能非所聞」，對一般世人來説，畫遠比篆刻好懂，篆刻若不是有相當深度的士大夫，恐怕更不易弄得明白。從下句「能似不能」的意思看來，陳師曾筆下所説的「畫拙」，便是似與不似的問題，這正是畫家成敗得失的關鍵，便非一般世人所能知的。

〔四〕同注〔三〕胡《譜》民國六年下黎氏按語。

〔五〕李奇峰《齊白石印集》，一九九六年七月，香港翰墨軒《名家翰墨叢刊112》。

〔六〕同注〔五〕頁一六五。

〔七〕胡《譜》光緒二十五年己亥條下引，胡《譜》誤合二首爲一首，應是七絶二首。

〔八〕胡《譜》頁一二—一三。

〔九〕胡《譜》頁二五，民國七年戊午條下引《白石詩艸自序》。

〔一〇〕胡《譜》光緒二十五年己亥（一八九九）「影摹丁黄印譜，篆刻大進」條下，引録戩齋（黎薇蓀之子）《記白石翁》云：「家大人（鯨庵）以西泠六家中之丁龍泓、黄小松兩派印影與翁摹之。……翁之刻印，自胎息黎氏，從丁黄正軌脱出。初主精密，後私淑趙撝叔，猶有奇氣。」同年（己亥）下有黎錦熙按語，引楊潛庵（昭儁）語云「白石刻印改學撝叔後，在黎鯨庵家見《二金蝶堂印譜》，大喜，即假去用硃鉤存，其精不異原本」。據此白石學趙撝叔或在己亥前後。《白石老人自述》則説他光緒三十一年乙巳（一九〇五）始見趙氏印譜，白石學趙當從黎戩齋説。

〔一一〕敖普安《白石山人與丁拔貢》，載《齊白石研究文集》第一輯，湘潭齊白石研究會、齊白石紀念館編輯出版，一九九七年八月。據敖氏考證，丁拔貢名可鈞，字石渠，一作石琚（或作石璩，一字思劬）、師璩、小鈍，又字鈍丁，另署小鈍丁、曲園散人、虎溪生、師遽、蠖庵。湖南沅陵人，一八九七年光緒二十三年丁酉拔貢。工篆隸，兼長治印。早年從同縣鄔大宗等學篆刻，後受知於吴大澂，譚組安。

〔一一二〕《白石老人自述》頁五二一—六八，香港上海書局，一九六一年初版。

載《白石墨韻：齊白石書畫篆刻集》，澳門大學、澳門中華文化藝術協會，一九九八年七月。頁二六—二九。

編者按：一九九八年澳門博物館舉辦「白石墨韻書畫篆刻展」，澳門大學爲是次展覽刊出《白石墨韻：齊白石書畫篆刻集》。本文爲該集專文之一，作者爲俾便參觀者參考，故有「展品第幾」字樣。

# 李棪教授行狀

先生諱棪，號棪齋，別署勁庵，順德李仲約文田之文孫也。生於有清光緒三十三年丁未（一九〇七），髫齡從碩儒蘇寶盉習古文辭，稍長，來港入讀香港大學，從賴際熙太史讀廿四史。會蔡元培先生講學過港，賞先生穎悟，促其赴京深造。先生乃於民國二十一年北上，先後入讀輔仁大學及北京大學，問學於陳援庵、黃晦聞、胡適之諸君子。斯時先生致力於東林黨局之研探，疏其經歷，考其時日，務欲補明史之不足。窮數年之力，撰成《東林黨籍考》一書，鄧之誠先生譽之爲「能讀樞書」者。抗戰勝利後，先生展轉來港，執教赤柱聖士提反中學。一九五二年應聘赴英，先後任教於倫敦大學亞非學院及伯明咸大學，凡十四年。而於一九六四年歸港，任港大客座講席。翌年，應中文大學聯合書院之聘，爲中文系高級講師，主持系政。舉辦東莞鄧爾雅舊藏甲骨展覽於聯合書院，先生撰《卜辭貞人何在同版中之異體》及《殷帝辛田鷄獲犷解》二文以旌之。鄧氏遺屬感念先生厚意，盡捐所藏甲骨予聯合書院。先生晚歲深耽詩律，辨析五音，創爲「旋相爲宫」之法，繩諸陶杜之作多有合者。先生年八十餘，猶能日書小字數紙，夾注聲韻，朋輩羡其精能，而先生謙稱「老去填詩」。友人譚君爲治《棪齋之八十嗜填詩》以壯之。一九九一年辛未，先生以疾折足，施術後漸不良於行。一九九六年丙子十月十四日下午三時，病逝沙田威爾斯親王醫院，得年九十。

載《學海書樓七十五周年紀念集》，學海書樓，一九九八年。頁七二。

另載《吐露春風五十年：香港中文大學中文系圖史文集》，香港中文大學中國語言及文學系，二〇一五年。

# 康侯先生百齡冥壽書畫篆刻展覽序

番禺馮先生康侯，本名彊，後以字行。先生少好美術，才七齡，從祖母舅龍山温幼菊習丹青，幼菊以花卉命世，其山水亦酣暢能入石濤堂奥，先生作博古花卉，世或以淵源於黄士陵牧甫，不知實得温氏嫡傳也。先生髫齡習篆刻，私淑黟山黄牧父，年十六從劉留庵慶崧先生習六書及金石之字，留庵先生與牧父交厚，自言其治印歸宿，「惟知有漢，並朱文亦少作」。先生爲乾德樓麥氏治白文印而銘之曰：「秦漢爲法，丁鄧爲師，皖浙一鑪，衝切兼施。變化離合，刀筆相依。」其衝切相依之妙，實奠基於牧甫、留庵兩家。稍長，先生赴東瀛習實用美術，而治印未嘗稍輟。一九二三年癸亥，先生之尊君少敏公與北平篆刻名家壽石工（鑈）同值鹽曹，先生因以二石爲贄問道於石工，石工以爲「白文渾脱，微似漢銅，朱文細篆者，動折圓垂，直牧父得意之作也」，於先生印學大加揚扢，而先生益黽勉從事，名遂日噪於舊京。

康侯先生治印，力主以書入印，故於商卜文字、兩周金文、石鼓詔版、漢魏碑銘，無不心摹手追。中歲以後喜寫《祀三公山碑》《開通褒斜道石刻》《天璽紀功碑》三石，尤喜以《吴紀功碑》入印，爲乾德樓主作「字字微言要力行」即以《天璽紀功碑》入印。先生自以爲渾樸而不纖巧者，匪唯自得之深，亦致憾於徐三庚纖巧之病也。爲勞氏在山堂所刻「南海勞氏」一石，先生以爲「不習篆而摹印者」不足以語此，世之輕薄子之不習篆者，當知所以裁之。《祀三公山碑》先生深愛之，而摹寫不倦，而以入印最難神似，僅爲陳協之《穎川家寶》中「白雲常在山」一石差稱愜心耳。爲林雲陔刻「雲陔長年」白文方印，雖用《三公山》法，實以己意變化之矣。

雖然，先生習篆摹印無稍暇，每夜必手寫文字學及周秦古文字講義。時聯合書院蔣法賢校長請辭，師生之激於義憤者相率離校，黃淑陶院長重辦華僑書院，陳師湛銓、馮師康侯、梁師簡能率中文系學生百餘人來歸，並邀得毛師以亨、熊師潤桐、李師硯山來校兼課。以硯山先生爲藝術系主任，而先生以久病所纏，系務多假手康侯先生。時馮師已屆花甲之年，猶孜孜矻矻，誨人不倦。先生方與台北師範大學高鴻縉先生訂文字交，書疏往還，論學不輟。其勝義先生多采録編入《文字學》及《周秦古文字學》講義矣。如論六書之例，兩先生俱服膺吴敬恒氏「轉注假借皆側舉」，以異於指事、象形、形聲、會意「皆並舉」之例，蓋「上」「下」、「日」「月」、「江」「河」、「武」「信」四者，皆並舉二例以説明一書；轉注則以「考」爲「老」之轉注，以「令」爲「長」之假借，是舉二字以説明一事，故謂之側舉。然「令」之假借爲「長」，吴氏嫌其義有未安，欲易「長」爲「良」，兩先生俱不之從也。又如《散氏盤》有「賛田」一語，其字作「竟」。舊釋竟，孫詒讓讀爲「堳埒」之堳，于省吾從孫氏説而申之曰：「眉，謂疆界也。易爲動詞，眉，猶區畫也。過即散用田眉。」猶言「就散邑以田區畫之」也。高鴻縉先生《散盤集釋》猶以「釁」字説之，謂是「以牲血塗新鑄器罅隙，欲其經久耐用」。故借爲長久之長，然於説「眉田」之義無當也。康侯先生獨從章太炎説釋作「履」，「履田」，有實地勘察田界之義，與孫詒讓「堳埒」之説近而尤勝之。若此之類尚多，知不得以「印人」目先生矣。

余從先生游在己亥（一九五九）之秋，先生爲治姓名印，以「力求平澹，盡斂鋒芒」相勗，余終身服膺。後讀先生「在山堂」治「文采風流今尚存」印，有句云：「壯志任消礪，印中仍有我」，知先生础華屏欲，休休有容，豈徒以雕蟲遯世，抱道自高者哉？

新紀元龍集庚辰之歲冬月初一宗豪拜序於濠上之思玄閣

載常宗豪等編《馮康侯書畫篆刻集》，澳門博物館，二〇〇〇年十二月。

# 重印《温文節公集》序

故清都察院副都御史温文節公以己卯歲疾終里第之第八年，哲嗣中行先生輯集文節自撰《年譜》《奏議》《詩文集》都二十萬言，爲《温文節公集》若干卷梓行於世，以見文節身罹鼎革芒寒心苦之跡，亦云善繼志矣。今兹歲值庚辰，去文節之歿倏又一甲子矣，學海書樓董事賴恬昌先生倡議編印《學海書樓叢書》，以發潛德之幽光而勵末世之頹俗，得文節哲嗣必清先生以家藏之遺集見假，復益之以《哲學講義》四卷。《講義》者，文節於己巳歲就任香港大學聘席，教授哲學文詞兩科所編撰之課本也，歷時三載至歲辛未十二月始成書。其書闡明性道二義，實理學也，上起唐虞三代而以莊學終篇，而持論多以朱子爲歸，如論老子曰：「若曰：『旁月日，扶宇宙，揮斥八極，神氣不變』者，是乃莊生之荒唐；其曰：『光明寂照，無所不通，不動道場，遍周沙界』者，則又瞿曇之幻語。」斯皆紫陽之篤論，非時流所能知者。先是文節於癸亥歲三月初一與楊鍾羲、景方昶、王國維等同被召在南書房行走，乙丑五月二十日奉諭進講《貞觀政要》並編成講義。翌年丙寅《貞觀政要講義》編成，而於丁丑歲二月羅叔言爲斥資梓行於長春。宜與《哲學講義》爲雙璧，惜未見傳本，未能刊入全集爲不足耳。丁亥歲中行先生之刊行《檗庵文集》也，鄧君又同嘗與校讎之業，然魯魚亥豕之譌所在多有，今者又同先生亦以耆年告退，書樓乏專才董理讎校，漫漶處無從更正，斯爲憾耳。

龍集庚辰之歲之眔後學常宗豪拜序

載《温文節公集》，香港學海書樓，二〇〇〇年。

# 文化尋根的反思

## 一、引言

八十年前的「五四運動」從一場青年學生的愛國運動轉化而爲影響深遠的「新文化運動」。是新文化運動者把舊中國社會上的種種腐惡、人性的淪落等，統統歸咎於傳統文化裏的「吃人的禮教」，他們喊出了「打倒孔家店」的口號，要青年不要讀中國書，因爲讀多了中國書只會變成「活僵屍」；只有多讀西方作品，才能使青年成爲一個「活生生的人」。這運動以雷霆萬鈞之勢，把中國的傳統文化來了個徹底摧廓，孔孟及一切傳統思想在中國大地上已連根拔起。八十年代的「文化尋根」熱潮是在「五四運動」五十年後，中國的青年作家們對「五四運動」的重新檢討。

## 二、尋「根」的緣起

「尋根文學」此一名目是一九八四年十二月，由《上海文學》發起的「杭州聚會」上偶然談出來的。〔一〕這次「聚會」，是《上海文學》爲了討論與小説創作態勢和前景有關的較寬泛問題的小説研討會。「尋根思潮」的衍生，是導源於哥倫比亞作家馬爾克斯因《百年孤獨》獲頒諾貝爾文學奬，打破了西方文學壟斷的局面，因而促使中國新一代作家對民族文化作出了反省。一九八五年四月湖南的青年作家韓少功發表了《文學的根》一文大聲疾呼：

文學有根，文學之根應深植于民族傳統文化的土壤裡，根不深，則葉難茂。故湖南的青年作者有一個尋「根」的問題。〔一〕

文學界有這種「尋根」的呼聲，與之同時，美術界的新生力量，却對「尋根」持相反的看法，他們向文學界的「尋根」者作出了批評：

無論是最近在文學上興起的所謂「尋根」的熱潮，還是在繪畫上高喊發揚民族傳統，將中國畫推向新高潮的口號，或是在哲學上轉向孔孟老莊那裏尋找救世良方的苦衷，都是我們時代懷舊病者虛擬的幻象。〔二〕

作者李小山所指斥爲「發揚民族傳統」「向孔孟老莊尋找救世良方」的「尋根」者，不光是針對韓少功的文章，更是指責阿城和鄭義的作品和他們的主張。下面請看鄭義和阿城「尋根」的主張。

## 三、「文化斷裂帶」與鄭義、阿城的「尋根」主張

一九八七年二月，單正平發表了一篇《「尋根文學」論》，把「尋根文學」分作五個不同的「層面」：

（一）根在民風民俗，以李杭育爲代表。
（二）根在人性人情，以賈平凹爲代表。
（三）根在種族歷史，以鄭義爲代表。
（四）根在思維方式，以韓少功爲代表。
（五）根在文化精神，以阿城爲代表。〔四〕

單氏把鄭義和阿城的「尋根」主張分列於「種族歷史」和「文化精神」兩個不同的層面，是頗值得商榷的，從他們發表的兩篇文章看來，〔五〕都是立足於中國文化上的，阿城並指出文學有淪爲社會學的材料的危機：

> 最近又常聽説，我國的文學，在本世紀末將達到世界文學先進水平。這種預測以近年中國文學現狀爲根據，我也許悲觀了，總覺得有些根據不足，我的悲觀根據是中國文學尚没有建立在一個廣泛深厚的文化開掘之中。没有一個强大的、獨特的文化限制，大約是不好達到文學先進水平這種自由的，同樣也是與世界文化對不起話的。聽朋友講，洋人把中國人的小説拿去，主要是作爲社會學的材料，而不作爲小説，是不是這樣當然待考，但我們的文學常常只包涵社會的内容却是明顯的。〔六〕

他指出「文化」是高於文學的命題，不能只攀附在社會學的樹上：

> 文化是一個絶大的命題。文學不認真對待這個高於自己的命題不會有出息。〔七〕

他强調「封閉」之害：

> 就其封閉來説，世界文化便封閉在地球這個星體上，中國文化不過是整體中的部分，人類創造了文化，文化反過來又制約著人類。閉關鎖國還在其次，重要的是心態的封閉習慣意識。人類的封閉意識是普遍的，只是中國文化須與世界文化封閉到一起，才是我們所要求先進水平。〔八〕

阿城的文章裡没有用「斷裂」或「斷裂帶」等字眼，但「閉關鎖國」還是有「文化斷割」的暗示，無論如何，阿城的文學理論寫得似乎不如他的小説精彩，單正平對阿城的《棋王》作了扼要的分析和評述：

> 從入世的一面看，勤奮努力、好學上進、追求理想、安于貧賤、不移操守、孝敬母親、冀望成

功……這些構成了王一生積極進取的人生哲學，把儒家精神貫注在了生活中。這就是我們前面所説的哲學人生化的表現。

無論處在甚麼時代，人都必須活下去，而且要樂觀、充滿信心和希望，但是一個艱難時代又不允許你活得好，現實一再要摧毁你的樂觀、信心和希望。在這種情況下，人只有自尋解脱才是既能生存下去，又有精神安慰的唯一途徑。這是中國文化對「存在的普遍規律」的哲學的認識。要存活下去，不但要有上述哲學認識，還要掌握一種人生的藝術。王一生的人生藝術就是對棋道的深刻理解和這種理解在生活中的運用。

作爲文化的自我意識，《棋王》這部藝術品照出了中國文化的現狀（王一生活動的時代）和歷史（王一生體現的傳統精神），作爲文化主體的人（作者阿城和讀者我們）在小説中認識了自己。這個認識，在阿城，便是自我表現；在讀者，便是自我反省。[九]

單氏在文章全面肯定了阿城《棋王》的藝術價值，説他能把藝術與哲學融爲一體，充分顯現了傳統文化精神的特徵，真正達到認識文化傳統的尋根的目的。至於鄭義的尋根態度，來得比阿城堅決，他是受了馬爾克斯獲得諾貝爾文學奬的啓示，他反省了中國那麼多像魯迅、巴金偉大的作家，却始終拿不到諾貝爾奬，他更結合了自己的作品《遠村》《老井》，檢視作品裏的文化因素，他爲「覓不到多少文化的氣息」而自慚。他認爲「一代作家民族文化修養的缺欠」，「使我們難以征服世界」。對當代青年作家渴望學習傳統文化的熱誠，他這樣説：

最近的一些作品，在歷史感上，表現出一種强烈的尋根傾向。我所熟悉的一些青年作家，在文化感上，也正醞釀著一種强烈的尋根傾向。聚在一起，言必稱諸子百家儒禪道，還有研究易經八卦的，新鮮得很，有一點百家爭鳴的味道了。久而久之，便愈感自己没有文化，只是想多讀一點書，使自己不致過于淺薄。生活有的是，但表現力與生活不相平衡，寫不好便糟踏了。自己能否寫好，總有些兒懷疑。但一代人能跨越民族文化之斷裂帶，終于走向世界，我却堅信。〔一〇〕

不管阿城或鄭義，他們都關心傳統文化發展中的傳承問題，他們追溯文化斷裂形成的原因，都歸咎於五四運動。阿城說：

五四運動在社會變革中有著不容否定的進步意義，但他較全面地對民族文化採取虛無主義的態度加上社會一直動盪，使民族文化的斷裂延續至今。〔一一〕

這才換來上文所引李小山「時代懷舊病者」的譏諷。儘管阿城和鄭義批評「五四」的論調容或流於偏激，但持不同看法的陳思和認爲「五四運動」是死裡求生，因而「對傳統文化作了最嚴厲的批判」。他也坦然承認「『五四』既是文化鬥爭的一個分支，也是政治鬥爭的一種產物」：

中國人是在洋鬼子用槍炮打開東方大門的危難之際變法圖存的，先是聲光電化，繼是代議立憲，最後想到了思想文化，那一時期的知識份子却抱著極大的功利態度，把物質文明與西方文化聯繫在一起，把貧困落後與東方文化視作一體，所以他們認爲中國人必須斬斷自己的文化傳統，如火中鳳凰，自焚之後，才得復甦。當時新文化的主要陣地《新青年》是採取這個態度的。有讀者問陳獨秀：「貴志之義，似有揚西抑東之意，如此等處，恐尚須斟酌商量也。」陳直認不諱地回答：「東西文化，相距尚遠，兼程以進，猶屬望塵，慎勿以抑揚過多爲慮。」把中西文化的不同，視作時序上的差異，而不是種類上的區別。當時的新文化倡導者們幾乎都把中國文化與封建文化視爲一物，認爲擁護中國文化，即擁護封建文化、擁護專制復辟，辜鴻銘、康有爲就是代表；認爲反對中國文化，即反封建、反復古，就是革命倡新，陳獨秀、胡適之就是代表。政治陣營與文化陣營連成一體，組成了森嚴的壁壘。「五四」新文學運動發軔在這樣一個大文化背

景下，既是文化鬥爭的一個分支，也是政治鬥爭的一種產物。〔一二〕

阿城與鄭義顯然是無法接受自焚後而復甦的鳳凰而作出砭世之言，至於我開始介紹的韓少功，單正平把他列作「思維方式」的代表，也是不很恰當的，韓少功說「文化之根深植於傳統文化的土壤裏」，他的著重點是放在「規範文化」與「非規範文化」的二分法上的，和李杭育的主張並無二致，留到下列與李杭育的主張一併討論。

## 四、李杭育和李書磊的二分法

李杭育把中國文化分爲兩種：一種是傳統的，規範之內的秦漢以後的「中原文化」，一種是非傳統的，規範以外的「少數民族文化」。李氏自言他萬分痛恨傳統，並且認爲「純粹中國的傳統，骨子裏是反藝術的。」他說：

有時我真萬分痛恨我們的傳統。平心而論，中國文學的傳統並不很好。比較希臘（歐洲的傳統）和印度，我們的上古神話很不發達，漢民族沒有史詩，而戲劇的興起又太晚了，小說的起步太低了。甚至我們的長處，詩和賦（《楚辭》另當別論，下文詳說），與印度的上古詩歌總集《梨俱吠陀》（距今三千數百年）放在一起看，也不見得太了不起。《吠陀》一千零十七首，份量比《詩經》大得多，年代也早得多。《吠陀》是智慧和信仰，而《詩經》的主要成就是男女艷情。漢唐是了不起的，但那也未必就是「國粹」，未必是正經的中國傳統。敦煌的異彩，唐詩的斑斕，應該說得益于佛教及西域文化的傳入、交流。純粹中國的傳統，骨子裏是反藝術的。中國的文化形態以儒學爲本。儒家的哲學淺薄、平庸，却非常實用。孔孟之學不外政治和倫理，一心治國安邦，教化世風，便無暇顧及本質上是浪漫的文學藝術：偶或論詩也只「無邪」二字，仍是倫理的、「載道」的。文學的「載道」，與哲學的實用主義，宗教的世俗化，政治的禮儀化，社會關係的倫理原則等等，合成了中國傳統文化之根基。這種文化相應的民族心理，很少有藝術氣質。「國民常性，所察在政事日用，所務在工商耕稼，志盡于有生，語絶于無驗。」（章太炎《駁建立孔教議》）〔一三〕

李氏的論點既是基於「痛恨傳統」而發出，又如何能「平心而論」？他認定中國文化之精華保留中原的規範文化之外，便難怪要譏刺傳統文化的「尋根」者爲「用録音機雜交孔夫子」。他是以「五四」的繼承者自命的：

總而言之，我以爲我們民族文化之精華，更多地保留在中原規範之外。規範的、傳統的「根」，大都枯死了。「五四」以來我們不斷地在清除著這些枯根，決不讓它復活。規範之外的，才是我們需要的「根」，因爲它們分佈在廣闊的大地，深植於民間的沃土。

但我無論如何也不堪想像用録音機雜交孔夫子，會生長出甚麼香甜的花果來？理一理我們的「根」，也選一選人家的「枝」，將西方現代文明的茁壯新芽，嫁接在我們的古老、健康、深植於沃土的活根上，倒是有希望開出奇異的花，結出肥碩的果。〔一四〕

至於韓少功雖然也著重不規範文化，却並不像李杭育般敵視「規範文化」，不可與李杭育一概而論。〔一五〕最後我們要看看李書磊怎樣把「尋根」文學思想分爲「原始尋根」與「文化尋根」：

一類是以原始或半原始的生活作爲題材的作品，寫邊疆、寫少數民族、寫大山、草原、馬羊、牧人……寫「化外之民」。另一類是以漢民族古典的、規範的、傳統的生活爲題材，寫浸透著儒道文化的老中國的兒女們，也就是寫「化内之民」。僅僅是爲了簡便，我把前一類叫做「原始尋根」，後一類叫「文化尋根」。在創作中，這兩種不同題材的「尋根」文學作品在情調、主題傾向上都有較爲明顯的區分：前者普遍表現出一種嶄新的人格理想，表現出了同生活的進步相諧調的審美意向；後者則更多地流露出對傳統文化、傳統生活認同、讚美的情緒，表現出同社會發展相悖的生活觀念與文化觀念。〔一六〕

一句「同社會發展相悖」，便否定了「文化尋根」，李書磊對傳統文化的敵視與李杭育可說是桴鼓相應的：

作家没有看到道家從本質上是否定人生的（「無己」才能「無待」），那種「逍遥遊」是泯滅激情、泯滅活力、泯滅人性的。從這個意義上看，汪曾祺等人的這種「文化尋根」與我們社會中落後、愚昧的反現代化思潮暗合了，匯入了對抗社會進步的文化逆流之中。〔一七〕

最後他直接了當地說：

我對文學上認同傳統文化的尋根思潮非常反感，尤其是在我們民族正艱難而痛苦地進行自我改造的時候。從道德意義上看，中國傳統文化基本上是一種非人文化（儒家否定人，道家否定人生），魯迅對其所進行的「吃人」的概括無疑是準確的；即使僅僅從功利角度看，中國傳統文化也是一種曾經使我們民族與國家瀕臨衰滅的失敗的文化（這在近現代史文已有證明），而且還將繼續危害我們這個民族。〔一八〕

## 五、結語

「文化尋根」是八十年代中期中國青年作家從文學的角度提出的命題。動機是由於「十年浩劫」以後思想的解放，與西方文明接觸而產生的一種自我檢討。發現了文學自身的不足而設法向文化上求出路。至於後來衍生出「規範文化」與「非規範文化」的爭論，「原始尋根」與「文化尋根」的是非，這種種問題，都有待關心中國文化者仔細的探討。

## 注釋

〔一〕李慶西《尋根：回到事物本身》，《文學評論》一九八八年，四期。

〔二〕《作家》一九八五年，四期。

〔三〕李小山《中國畫存在的前提》，《美術思潮》一九八五年，七期。

〔四〕《江海學刊》一九八七年，二期。

〔五〕鄭義《跨越文化斷裂帶》，《文藝報》一九八五年七月十三日。阿城《文化制約著人類》，《文藝報》一九八五年七月六日。

〔六〕同注〔五〕，阿城文。

〔七〕同注〔五〕。

〔八〕同注〔五〕。

〔九〕同注〔四〕。

〔一〇〕同注〔五〕鄭義文。

〔一一〕同注〔五〕阿城文。

〔一二〕陳思和《中國新文學對文化傳統的認識及其演變》，《復旦學報》（社科版）一九八六年，三期。

〔一三〕李杭育《理一理我們的根》，《作家》一九八五年，九期。

〔一四〕同注〔一三〕。

〔一五〕韓少功《文學的根》：「有些規範的文化也可能由於某種原因，從經典上逝而流入鄉野，默默潛藏、默默演化。像楚辭的風采，現在閃爍於湘西的窮鄉僻壤，像舊時極其典雅的『威服』和極通行的『淨辦』（安靜意）等古語詞，現在多見於湘西方言。這一切，像巨大無比、曖昧不明、熾熱翻騰的大地深層，潛伏在地殼之下，承托著地殼——我們的規範文化。在一定的時候，規範的東西總是絕處逢生，依靠對不規範的東西進行批判性地吸收，來獲得營養，獲得更新再生的契機。」

〔一六〕李書磊：《從尋夢到尋根》，《當代文學思潮》一九八六年，三期。

〔一七〕同注〔一六〕。

〔一八〕同注〔一六〕。

載《仁聲》，香港樹仁大學中國語言文學系，二〇〇二年。

# 《綆短汲深——常宗豪書畫》自序

一九五五年歲在乙未，余以靳微天先生之薦，得窺嶺南派之門，習花卉翎毛之術，己亥歲（一九五九年）入羅富國師範美術組，時教署首席美術視學顧理夫先生（Michael Griffith）亦參與美術組教學。顧先生傾心中國文化，其爲人温文爾雅，儼然是位有道君子。我把過去五年來所作的嶺南翎毛花卉拿了些給顧先生看，顧先生很客氣地給我提了一個問題，要我考慮一下這些花鳥除了顏色有青黃紅紫之別外，在本質上有甚麼分別？聽了顧先生的話，我大感汗顔，回來仔細思考，確須改弦更張。其時，聯合書院因蔣法賢校長去職，一班以中文系爲主的師生，離開了聯合書院，在王淑陶院長的領導下，重新恢復了原來的華僑書院。華僑書院是當時除了香港大學以外，唯一的大專院校。重開的華僑書院藝術系主任是山水大家李研山先生，不過研山先生因患哮喘惡疾，長年卧病鑽石山一石屋，先生顔之曰石谿壺館，又號雙鋏笛樓。藝術系主任一職便由馮師康侯先生代理。其他在系内任教的有趙世銘、羅冠樵、陳汀蘭諸先生，都是研山先生任廣州市美校長時的高足。

康侯先生是著名篆刻大家，篆法瓣香黄牧甫，先生嘗爲我刻「宗豪」白文印，邊款記曰：「力求平澹，盡斂鋒芒，人生至理，豈獨治印爲然。」聊聊數語，不只道盡先生藝事造詣，更是先生治身處世的信條，而我少年狂妄，先生亦是以此針砭我的愚頑，今日思之，不禁汗下。

其後汀蘭先生無故失蹤，藝術系痛失良師，而從聯合書院出來加盟華僑書院的中文系師生，把聯合的傳統精神在華僑書院重新煥發起來。當時的老師有：系主任陳湛銓先生、熊潤桐先生、梁簡能先生。

三位老師的共同特點是都長於詩學。湛銓先生的詩學尤稱獨步，平素教詩要以李、杜、韓、蘇、黄、元旨趣，尤許元遺山爲圭臬，著有《修竹園近詩》三集。這次展品中最後完成的一件《修竹園詩》，便收録在《修竹園近詩二集》裡，詩題是《題黄石齊先生手札爲常宗豪弟》，詩共二首，每首八句。熊潤桐先生是廣州名士，與佟紹弼等號稱南園新五子，熊先生在華僑書院只兼任教一門《楚辭》，講課只手持一卷馬其昶的《屈賦微》，不作旁徵博引，只引吭高歌楚些，聽者便有如聆屈子哀吟之感。梁簡能先生主要教詩選和漢魏六朝詩論，但梁先生對我最大的影響無如他皮藏古書畫之富，寒齋入藏的第一張黄賓虹山水，便是梁先生介紹我向梁蘇記主人買的。因此我在完成藝術系一年級課程後，便轉讀中文系，至一九六三年癸卯畢業。

下面要談談我對古書畫的鑑賞能力。這我得要感激徐伯郊先生。伯郊先生本名文炯，是著名版本目録學家徐森玉先生的公子。我之獲識伯郊先生是因爲他是李棪先生輔仁大學的同學。李棪先生是晚清名宦李文田的裔孫，家藏的順德本《華山碑》大有名於時。李棪先生當時新自英倫歸來，接掌聯合書院中文系，我在系裡任助教，伯郊先生常來訪棪齋先生，李先生有時公務纏身，便由我款待伯郊先生。交談之下，伯郊先生對書畫的評鑑知識使我大爲傾服。在那段日子裡，我差不多每個星期天都做了他跑馬地「詩外簃」的座上客，期間伯郊先生蒐得名迹，必定不吝向我展示。後來更因伯郊先生的關係，得識大千先生和謝稚柳先生，使我大廣見聞。

總的來説，打從一九六三年癸卯中文系畢業後，便在中文系服務，直至一九九七年退休，雖説終日埋首在經史子集之中，但對書畫的耽好却是念兹在兹，從未澹忘的。

至於「綆短汲深」之義，語出莊子《至樂篇》：「褚小者不可以懷大，綆短者不可以汲深。」成玄英《疏》云：「夫容小之器，不可以藏大物。短促之繩，不可以引深井。」荀子《榮辱》也有相近的説法：

「短綆不可以汲深井之泉，知不幾者不可與及聖人之言。」大概是戰國時代一句流行的話。此次展覽我用了這四個字，那是自慚「綆短」而妄欲「汲深」，徒見其不自量而已。

載陳浩星主編《綆短汲深——常宗豪書畫》，澳門藝術博物館，二〇〇五年六月。

# 附録　常宗豪年表

● 一九三七年　生於山東烟台牟平縣。

● 一九四七年　移居香港，從廖志澧習四書詩文。

● 一九五一年　入讀金文泰中學。

● 五〇年代　先後就讀華僑、經緯兩書院，親炙陳湛銓、李研山、熊潤桐、馮康侯、梁簡能、陳汀蘭、羅冠樵諸先生。獲葉哲豪、靳微天、黄磊生、顧理夫、趙世銘諸先生對書畫藝術之啓迪。

● 一九五八年　加入香港中國美術協會，作品首次參加該會年展。

● 六〇年代　入讀香港中文大學，從高仲華讀禮，周子範讀語言學，夏書枚、鄭水心讀詞學，李棪齋讀甲骨金文。後以優異成績畢業並留校任教。

● 一九七六年　獲選爲日本創價大學訪問學人，與該會會長池田大作會面。回程往台北，謁張大千問畫道。

●一九七七年 獲美國洛氏基金會資助訪美，讀彼邦博物館庋藏名迹。

●一九七八年 接任香港中文大學中文系系主任。

●一九八四年 出任台灣中興大學中文系客座教授。

●一九九〇年 出任上海大學美術系客座教授。

●一九九二年 出任山東大學中文系客座教授。

●一九九三年 劉海粟卜居香港沙田，時晉謁問藝，劉氏賜題「瓌瑋博達」四字以寵之。

●一九九六年 獲香港國際創價學會頒贈香港 SGI 獎，以表彰多年來對藝術及文化之貢獻。

●一九九七年 自香港中文大學中文系任上榮休，續任珠海書院文史研究所及新亞研究所教授、香港藝術館及澳門博物館顧問。贈書三千多册予香港綜合文化中心之敦煌圖書館，同年移居澳門。

●二〇〇一年 澳門國際創價學會主辦、澳門博物館協辦及香港國際創價學會主辦之「木老土石頑——常宗豪、黎曉明伉儷書畫展」先後在澳門、香港舉行，並出版畫册《常宗豪黎曉明書畫集》。

- **二〇〇三年** 參加廣東美術館主辦「牆裡牆外——當代中國書法邀請展」。
- **二〇〇五年** 澳門藝術博物館主辦「綆短汲深——常宗豪書畫」，並出版同名圖録。
- **二〇一〇年** 病逝於澳門。

# 後記

夫春秋代序，日月不淹。恕齋先生辭世倏逾十載，而雨潤菁莪，沾溉至今；學林藝苑，共所宗仰。先生講學香港中文大學中國語言及文學系有年，教研之餘，復精研書畫，屢獲港澳文化機構邀辦書畫展，成就卓著。然先生學術之作，多刊於台港，惜未彙輯付梓，故知之者尠。其不知者或以爲先生但長於書藝，得毋憾乎？是故二三子議輯先生專著與論文若干，都爲一集，以致敬焉。是集之成也，讀者或可窺先生學術之堂奧矣。

本書題曰「常宗豪先生文存」，釐爲三篇。三篇者，文字學篇、文學篇、藝文篇是也。文字學篇及文學篇所收者俱爲學術論著，當中《漢字構形學》一種乃先生授課講義，初草於七十年代，後遞有修訂，手稿朱黄斑斕，而未嘗定稿，誠所謂精益求精，毫釐不苟也。書前有臺靜農教授題簽，未及付梓，誠憾事也。張光裕教授序謂《構形學》於「傳統六書説及唐蘭三書説，皆有精闢論述」，而《通志六書略六書義類指瑕》《章太炎轉注説辨疑》《楊魯交誼及其假借説》《唐蘭三書説的反思》諸篇即胎息於《構形學》，今置之篇首，以見先生「爲學之精審所在」。

文學篇所收《九歌新論》與《唐五代詞講義》二書及論文，與藝文篇所收編校及文稿，皆先生生前所刊行者，今日讀之，仍覺聲宏識卓。論著之外，尚有詩詞者，或爲感興之作，或爲唱酬之篇，皆自寫胸臆者也。洪肇平教授序「惜其不自珍惜，散佚難覓，今僅存二十餘首。其詩得宋人之骨幹，敷以唐人之風韻，可歌可誦也」。所存者雖少，然吉光片羽，彌足珍貴。今輯而録之，以見先生之辭章，堪可傳世。

先生嘗爲港澳報章撰文，亦爲藝評之什，唯未及收録，俟他日因緣果熟，另輯校付梓。書稿成於戊戌，而刊於壬寅，天下事信有因緣哉？《文存》之成也，端賴各方師友及文化機構襄助，書畫名家黃君實先生揮毫題字；香港恒生大學張光裕教授及香港樹仁大學洪肇平教授惠賜序文；張光裕教授更聯繫出版。諸位高賢隆情厚意，編輯委員會同仁感荷拜領，謹此再三申謝。

歲次壬寅夏至常宗豪先生文存編輯委員會

**圖書在版編目(CIP)數據**

常宗豪先生文存 / 常宗豪著.—上海：上海辭書出版社，2022

ISBN 978-7-5326-5705-6

Ⅰ.①常… Ⅱ.①常… Ⅲ.①漢字–古文字學–文集②中國文學–古典文學研究–文集③藝術評論–中國–文集 Ⅳ.①H121-53②I206.2-53③J052-53

中國版本圖書館 CIP 數據核字(2020)第 239116 號

CHANG ZONGHAO XIANSHENG WENCUN

**常宗豪先生文存**

**常宗豪 著**

**責任編輯** 張秋文
**裝幀設計** 黄 駿
**責任印製** 樓微雯

**出版發行** 上海世紀出版集團
上海辭書出版社(www.cishu.com.cn)
**地 址** 上海市閔行區號景路 159 弄 B 座(郵編 201101)
**印 刷** 上海中華商務聯合印刷有限公司
**開 本** 720×1000 毫米 1/16
**印 張** 37.25
**字 數** 498 000
**版 次** 2022 年 8 月第 1 版 2022 年 8 月第 1 次印刷
**書 號** ISBN 978-7-5326-5705-6/H·725
**定 價** 198.00 元